2011 年中央财政支持地方高校发展专项基金资助出版

《毛泽东思想和中国特色社会主义理论体系概论》

特色案例

陈国飞 马文祥 汪丽萍 马玉英 ◎ 著

中国社会科学出版社

图书在版编目（CIP）数据

《毛泽东思想和中国特色社会主义理论体系概论》特色案例／陈国飞等著.
—北京：中国社会科学出版社，2015. 12
ISBN 978 - 7 - 5161 - 7262 - 9

Ⅰ.①毛…　Ⅱ.①陈…　Ⅲ.①毛泽东思想 – 高等学校 – 教学参考资料
②中国特色社会主义 – 社会主义建设模式 – 高等学校 – 教学参考资料
Ⅳ.①A84②D616

中国版本图书馆 CIP 数据核字（2015）第 282047 号

出 版 人	赵剑英
责任编辑	任　明
特约编辑	乔继堂
责任校对	季　静
责任印制	何　艳

出　　版	中国社会科学出版社
社　　址	北京鼓楼西大街甲 158 号
邮　　编	100720
网　　址	http：//www.csspw.cn
发 行 部	010 – 84083685
门 市 部	010 – 84029450
经　　销	新华书店及其他书店

印刷装订	北京市兴怀印刷厂
版　　次	2015 年 12 月第 1 版
印　　次	2015 年 12 月第 1 次印刷

开　　本	710 × 1000　1/16
印　　张	22. 5
插　　页	2
字　　数	381 千字
定　　价	68. 00 元

前　言

　　《毛泽东思想和中国特色社会主义理论体系概论》（以下简称《概论》）是根据2005年《〈中共中央宣传部　教育部关于进一步加强和改进高等学校思想政治理论课的意见〉实施方案》设立的。作为大学生学习党的基本理论的基础课程，《概论》是高校本科生四门思想政治理论课中最重要的一门，承担着用马克思主义中国化最新成果武装大学生头脑的战略任务。《概论》课程在青海民族大学开设以来，积极探索和改革教学方式，不断提高针对性和实效性，现已形成比较成熟的课堂教学、案例式专题教学、实践教学相结合的教学方式，在实际教学中产生了良好反响，取得了明显成效，成为大学生学习党的基本理论最重要的课程，概论课程现已成为青海民族大学和青海省精品课程之一。

　　随着中国特色社会主义理论与实践的不断发展，概论教材从2008年出版以来，已进行过多次修订，现已形成2015年修订版。概论2015年新修订版认真贯彻党的十八大及十八届三中、四中、五中全会精神和习近平总书记一系列重要讲话精神，充分体现中国特色社会主义理论与实践的最新成果。新修订版对教材进行了全面修订，调整了框架结构，充实了相关内容，较大幅度地精简了文字，使教材的针对性和可读性明显增强。并对《概论》教材的使用提出了三条建议。一是要在全面、准确地理解和掌握基本理论上下功夫，尤其要深刻理解贯穿于两大理论成果之中的精髓和灵魂，掌握体现在两大理论成果之中的马克思主义立场、观点和方法。二是要采取理论联系实际的学习方法，联系改革开放和社会主义现代化建设的实际以及自己的思想实际，深刻理解和把握基本理论的精神实质，提高运用科学理论分析和解决问题的能力。三是要着力提高理论素养，培养理论学习兴趣，增强理论思维能力和创新能力。为了更好地帮助大学生系统掌握中国化马克思主义的形成发展、主要内容和精神实质，加深对党的基本理论、基本路线、基本纲领、基本经验、基本要求的理解和认识，增强对党的路线方针政策的理解和认同，不断增强道路自信、理论自信、制度自信，坚定中国特色社会主义理想信念。同时，为配合新修订教材的使用，提高教学效果，我们集体编写了《〈毛泽东思想和中国特色社会主义理论体系概论〉特色案例》一书。

　　本书以新修订的概论教材为基础，依据调整了的框架结构以及充实了的相关内容，结合本地发展实际，精选了50多个极具地方特色的鲜活的典型案例材料。希望通过大量丰富、鲜活、典型的案例，重点突出，贴近现实、贴近生活、贴近学生实际，使教学过程形象直观，力求体现思想政治理论课教学案例的特点，达到理论与现实的有机融合，旨在激发学生的学习兴趣，拓展学生的视野，启发学生的辩证思维，开启课堂教学形式和氛围，引导学生把握课程内容的精神实质，提高大学生的理论思维能力，帮助学生系统学习、掌握毛泽东思想和中国特色社会主义理论体系的基本原理和精神实质，坚定走中国特色社会主义道路的理想信念。

　　虽然案例式教学在我校已开展多年，特色案例教学更是我们思考和探索的一种新的尝试。但由于教学急需，时间仓促，水平有限，本书一定存在许多纰漏和不足之处，我们诚恳地希望专家学者和同行不吝赐教、批评指正。

主编　陈国飞

目　录

第一章

马克思主义中国化两大理论成果

案例一　正确评价毛泽东和毛泽东思想

【案例材料】

材料 1：新民主主义革命的胜利是无数先烈和全党同志、全国各族人民长期牺牲奋斗的结果。我们不应该把一切功劳归于革命的领袖们，但也不应该低估领袖们的重要作用。在党的许多杰出领袖中，毛泽东同志居首要地位。早在 1927 年革命失败以前，毛泽东同志就已经明确指出无产阶级领导农民斗争的重要性以及在这个问题上的右倾危险。革命失败后，他是成功地把党的工作重点由城市转入农村，在农村保存、恢复和发展革命力量的主要代表。在 1927—1949 年的 22 年中，毛泽东同志和党的其他领导人一道，克服重重困难，逐步制定和领导执行了使革命由惨重失败转为伟大胜利的总的战略和各项政策。如果没有毛泽东同志多次从危机中挽救中国革命，如果没有以他为首的党中央给全党、全国各族人民和人民军队指明坚定正确的政治方向，我们党和人民可能还要在黑暗中摸索更长时间。同中国共产党被公认为全国各族人民的领导核心一样，毛泽东同志被公认为中国共产党和中国各族人民的伟大领袖，在党和人民集体奋斗中产生的毛泽东思想被公认为党的指导思想，这是中华人民共和国成立以前 28 年历史发展的必然结果。

毛泽东同志是伟大的马克思主义者，是伟大的无产阶级革命家、战略家和理论家。他虽然在"文化大革命"中犯了严重错误，但是就他的一生来看，他对中国革命的功绩远远大于他的过失。他的功绩是第一位的，错误是第二位的。他为我们党和中国人民解放军的创立和发展，为中国各族人民解放事业的胜利，为中华人民共和国的缔造和我国社会主义事业的发展，建立了永远不可磨灭的功勋。他为世界被压迫民族的解放和人类进步事业作出了重大的贡献。

以毛泽东同志为主要代表的中国共产党人，根据马克思列宁主义的基本原理，把中国长期革命实践中的一系列独创性经验作了理论概括，形成了适合中国情况的科学的指导思想，这就是马克思列宁主义普遍原理和中国革命具体实践相结合的产物——毛泽东思想。在一个半殖民地、半封建的东方大国里进行革命，必然遇到许多特殊的复杂问题。靠背诵马克思列宁主义一般原理和照搬外国经验，不可能解决这些问题。主要在 20 世纪 20 年代后期和 30 年代前期在国际共产主义运动中和我们党内盛行的把马克思主义教条化、把共产国际决议和苏联经验神圣化的错误倾向，曾使中国革命几乎陷于绝境。毛泽东思想是在同这种错误倾向作斗争并深刻总结这方面的历史经验的过程中逐渐形成和发展起来的。毛泽东思想是马克思列宁主义在中国的运用和发展，是被实践证明了的关于中国革命的正确的理论原则和经验总结，是中国共产党集体智慧的结晶。我党许多卓越领导人对它的形成和发展都作出了重要贡献，毛泽东同志的科学著作是它的集中概括。①

材料 2：如果没有毛主席，至少我们中国人民还要在黑暗中摸索很长的时间。没有毛主席就没有新中国，毛泽东思想培育了我们整整一代人，没有毛泽东思想就没有今天的中国共产党。天安门前的毛主席像将世世代代挂下去。②

材料 3：毛泽东最伟大的功绩在于，他集中了中国共产党和人民群众的奋斗经验和智慧，成功地把马克思主义的基本原理和中国革命的具体实践相结合，创立了具有中国气派和民族形态的马克思主义——毛泽东思想。这是毛泽东留给中国共产党人的最宝贵的思想遗产，毛泽东思想这面旗帜，培养了一代又一代的中国人。③

【案例点评】

毛泽东同志是伟大的马克思主义者、伟大的无产阶级革命家、战略家

---

① 1981 年《中共中央关于建国以来党的若干历史问题的决议》。

② 1980 年 8 月 21 日邓小平接受意大利记者法拉奇采访时的谈话。

③ 魏晓文、杨慧民：《"毛泽东思想、邓小平理论和三个代表重要思想概论"课教学案例解析》，高等教育出版社 2008 年版，第 13 页。

和理论家。毛泽东多次从危机中挽救了中国革命，并成功地领导了中国革命。早在 1927 年革命失败以前，毛泽东同志就已经明确指出无产阶级领导农民斗争的极端重要性以及在这个问题上的右倾危险。革命失败后，他是成功地把党的工作重点由城市转入农村，在农村保存、恢复和发展革命力量的主要代表。在 1927—1949 年的 22 年中，毛泽东同志和党的其他领导人一道，克服重重困难，逐步制定和领导执行了使革命由惨重失败转为伟大胜利的总的战略和各项政策。他为中国共产党和中国人民解放军的创立和发展，为中国各族人民解放事业的胜利，为中华人民共和国的缔造和社会主义事业的发展，建立了不可磨灭的功勋，为世界被压迫人民的解放和人类进步作出了重大贡献。

【思考题】

简述毛泽东同志的历史功绩和毛泽东思想的历史地位。

【案例提示】

本案例可适用于第一章第二节"毛泽东思想"中第三标题——"毛泽东思想的历史地位"部分，在教学中还会配合一些图片资料和视频资料向学生介绍，让学生生动体会和感受伟人不平凡的一生和主要贡献，来增强大学生对正确评价毛泽东和毛泽东思想的历史地位这部分知识的学习和深层次理解，树立毛泽东思想是中国共产党人最宝贵的精神财富，毛泽东思想是我党必须长期坚持的指导思想等正确认识。

案例二　为人民利益甘于奉献的领路人

近年来，青海省各级党组织和广大党员又按照中央和省委的统一部署，牢牢把握"推动科学发展、促进社会和谐、服务人民群众、加强基层组织"的目标要求，在各条战线上发挥着重要作用。在推动经济社会发展、促进社会和谐稳定、深入基层服务群众中，在推动"四个发展"的各项工作中，在玉树抗震救灾和灾后重建的艰苦奋斗中，在深入开展创建先进基层党组织、争当优秀共产党员的活动中，基层党组织的政治核心作用和党员先锋模范作用进一步发挥，党群干群关系进一步密切，党的先进性和纯洁性进一步彰显。基层党组织和共产党员中涌现出了许多先进集体和优秀个人，他们赢得了全省各族人民群众的赞誉，为全省共产党员和领导干部树立了光辉的榜样，秦文贵、仲万云、索南达杰等人就是其中杰出的代表。

材料1：柴达木盆地的"领头雁"——仲万云

坐落在柴达木盆地里的海西蒙古族藏族自治州乌兰县柯柯镇赛纳村，是一个从青海东部农业区互助县土族之乡搬迁来的移民新村，位于青海省海西州乌兰县西北4公里处。如今这里已有汉、土、藏等民族组成的186家农户800多名村民，一排排整齐的红砖瓦房大都有封闭玻璃阳台，屋内窗明几净，宽阔平整的水泥路纵横交错，一棵棵生机盎然的小树在村子四周环绕……。从村庄建设到村民生活，从班子建设到家庭和谐，在新农村建设的征程中，赛纳村是乌兰社会主义新农村建设的典范，是乌兰县的荣耀，也为整个海西州作出了表率。而带领这个村子走到今天的是党支部书记——仲万云。[1]

初任书记，他深知"开弓没有回头箭"

2000年5月，仲万云肩负着互助县驻乌兰县赛什克农场移民安置领导小组副组长的重任，带领互助县五十、松多、红崖子沟等13个乡镇的280多名乡亲来到赛什克农场。这里原是赛什克农场二队搬迁后的遗留地，面对柴达木的荒凉以及残墙破房、烂土堆和泥沙沟，看着迁移来的几百口人住无所居、食无所愿，他萌生过回乡的念头。但是，当他看到随从乡亲们期望的眼神，想到县委、县政府委以的移民安置重任，不忍心更不甘心放弃。于是，他带领大家复垦耕地，并多方奔走，到县扶贫办、县农牧水务局等单位争取资金和项目。在省、州、县有关部门的关心和扶持下，他为村民争取到了面粉、化肥和种子、盖房的建筑材料，还为年轻劳动力找到了打工挣钱的路子。赛什克农场地处偏僻，加之干旱少雨，乡亲们饮水相当困难，为解决这一难题，2001年，他辗转于州县有关单位，几经周折，终于给村里争取到了通水项目，自此乡亲们喝上了甘甜的自来水。

2002年5月18日移民新村定名为赛纳村，赛纳在青海土族语言中意

---

① 《仲万云：柴达木盆地的"领头雁"》，全国农村党员干部现代远程教育网—优秀村党支部书记风采，http://www.dygbjy.gov.cn。

为"好""出色"或祝福，移居村民们将赛纳村美好的前景寄予踏实能干的仲万云身上。他在饱尝生活的各种艰辛的同时，也深刻地感受到了党的富民政策的召唤，从当选为党支部书记的那一天起，仲万云就感受到了自己身上担子的份量，在柴达木盆地获得这样的一个舞台之后，他对自己、对村民们提出很严格的要求，他不忍心这些庄稼人永远地贫穷下去，他深知这既是村民对他的信任，更是一份责任。

多渠道探索集体经济，增加农民收入

仲万云深知赛纳村所要解决的不仅仅是村民的温饱问题，需要更快更好的发展，特别要发展壮大村集体经济，只有村里有钱，才能为村民办好实事。两委班子最大的任务就是带领群众脱贫致富，共同致富，要使乡亲们在这里看到信心和希望。

在这种思想的指导下，他们在鼓励每一个人努力奋斗的同时，也一直注重集体经济实力的壮大。通过寻找符合村情的路子，多渠道探索集体经济收入渠道。2006年，他们引资300多万元，先后办起了采石场和采砂场，一方面为本村人员打工创造了就业机会，另一方面为海西的铁路建设、工业建设提供了砂石，增加了本村收入，壮大了集体经济实力。据统计，在不到两年的时间里，他们村的集体纯收入就达到了30多万元。利用这些钱，他们为全体村民缴纳了2007年、2008年两年的合作医疗基金。

结合赛纳村地多人少的现状和当地光照条件较好的优势，引导村民在种植小麦、油菜的基础上，发展订单农业，与青海医学院签订了247亩蒺藜等中药材种植项目；同时积极发动村民在稳定粮食生产的基础上，大力发展循环农业。每年秋收打碾后，把留有秸秆的耕地反租给当地牧民放牧，既提高了土地使用效率，又增加了村民收入。

后来，仲万云又与柯柯镇领导多次到省内互助县和省外宁夏等地实地考察学习了獭兔养殖技术等情况，认为在村里养殖獭兔是村民致富的一条好路子。为试养獭兔，他整天蹲在獭兔棚，琢磨着獭兔的习性，观察着獭兔的举动，翻阅着有关獭兔养殖的书籍。几经试验，终于试养成功。目前，已出售364只，创收2万多元。另外，为了让村民有钱赚，他还多次组织村民外出打工，增加收入。仅2008年，村里输出劳务1680余人次，创劳务收入246万元。如今，塞纳村已有包括种、养殖基地，专业合作社在内的小型村办企业5家。

为全村群众谋利益谋发展

自担任赛纳村党支部书记以来，为了新村的发展和村子里的事，仲万云经常在外奔忙。他是个热心人，心里总惦记着村里家庭相对困难的村民，惦记着身患重病的老人，惦记着无力上学的孩子们。2008 年，村民阎国良的妻子身患重病，没钱看病，他大老远地给妻子打电话从家里拿了1500 元；村民杨生发由于脾脏手术，花了 12000 多元，他得知详情后带头捐了 500 多元，村民们也纷纷伸出援手，先后捐款 8600 多元，帮杨生发一家解决了生活困难。2005 年，村民李生成的孩子李长云考取哈尔滨工业大学，一家人为一时凑不齐高额学费而发愁，仲万云听说后，从外地寄回了 1000 元帮孩子上学；村民胡国喜的儿子胡小强因学习成绩较差不想上学，仲万云又多次到孩子家中耐心说服动员，又帮助联系到柯柯铁路中学继续就读⋯⋯。

多年来，村民们遇到解决不了的困难就找这位默默为全村谋发展、为村民谋利益的好书记，每一次他都会鼎力相助。2007 年和 2008 年，他和村"两委"班子商量，先后为全村 768 人缴纳了两年的新型合作医疗参合金 1.47 万元，使赛纳村群众得到了实实在在的好处。

文明村庄处处新

为解决赛纳新农村建设中村民思想观念落后的问题，近两年来，仲万云和村"两委"班子成员想方设法筹集资金，先后多次组织村干部、党员、部分村民和致富带头人到省城西宁城西区的吧浪村、韦家庄村和省外先进发达地区的乡村实地参观，学习新农村建设的好经验好做法，使加快赛纳新农村建设成为村干部和群众的共同心声。

首先从加快村里的基础设施建设入手，推进新农村建设步伐。2008 年，赛纳村投资 137 万元建起了建筑面积 889 平方米集文化、卫生、党员活动室为一体的综合办公楼，这在全县所有行政村尚属第一。仲万云和村"两委"班子争取资金 180 万元，准备硬化村道 14.7 公里。还为每家农户补助现金 200 元，发放水泥 3—6 袋。为整治村容筹劳 1498 人，出动车辆 212 辆，整治村庄"脏、乱、差"现象。为美化村貌，在县林业局的支持下，他们在村里栽植北京柳、新疆杨等 30 万株。一座座整齐划一的农家户院，一排排整齐的红砖瓦房，一条条平整宽阔的硬化道路，一行行生机盎然的小树苗环绕村社四旁，柴达木深处的赛纳村呈现出经济发展、文明和谐的蓬勃生机。不论村里修路建校，还是带领村民外出打工，仲万云和村"两委"班子总是吃苦在前、享受在后。

不到十年，这个村庄竟奇迹般地获得了很大的发展，一跃成为整个柴达木盆地的样板村。如今在赛纳村，我们到处看到的是红花绿树，随处听到的是狗吠鸡鸣，我们宛然回到了古人的诗境。但有别于古诗的是，这里的一切又都充满了时代气息，打上了很深的青海东部农业区的烙印。不论是各种各样的花卉，还是随风摇曳的榆树，它们大多来自青海东部，是跟从主人一起来到柴达木盆地的，具有很强的生命力。每每到了春天，顺应季节的召唤，它们与庄稼一同觉醒，装点着这个村庄，使村庄变得像公园一样美好。

冬天，花木凋零之后，这个村庄的生机却一点儿也没有减损。走出大门，穿行在村巷里，人们就会看到漆在粉墙上的一幅幅充满了生活情趣的书法和绘画作品。这些作品大多是中国传统书画题材，从苏东坡的《赤壁怀古》到毛泽东的《沁园春·雪》，从土族生活到当代漫画，内容极其丰富。最令人难忘的是，这里的每一条村规民约，都那么鲜艳地上了墙。而且与众不同的是，这些口号式的乡规民约都很朴实，都很贴近人心，谁读了都觉得很亲切，很舒心，根本没有什么大话空话。过去在青海东的老家时，他们也很想贴年画，挂字画，以装点自己的生活，但是，他们寒碜的生活环境不允许。如今，他们不仅在自己的家里实现了这一愿望，还使整个村庄变成了一个巨大的书画走廊。如今，村庄中心一个偌大的广场宛然是城市的街心花园，集纳了海西不曾有过的风景。

在889平方米的办公楼里，赛纳村搭建起了文化、卫生、党团活动等多种功能的活动舞台，为集体经济的发展攒足了后劲。在整洁舒适的广场上，他们安装了各种锻炼器材，使广大村民得到了一个与城市里一样的健身环境。每每到了农闲的季节，农民们就在这里聊天、休闲。每每到了节假日，小孩子们就不约而同地来到这里锻炼游玩。村民们自觉地养成了良好的休闲习惯，素质不断得到提高。环境在熏陶着农民，农民也珍惜着这样的优美环境。

为鼓励先进、树立典型，形成良好的民风，村里还组织开展形式多样、内容丰富的奖评活动。对村妇联评选的好婆婆、好媳妇和团支部评出的优秀共青团员以及村支部评出的优秀共产党员、村民评出的"优秀村干部"，每年都拿出1万元钱进行奖励。然而，仲万云自己从不要村上的工资报酬，遇到村上的事情，他总是拿出自己家的辛苦钱为别人分忧解难。仲万云也很重视村里孩子们的教育问题。全村学龄前儿童入学达100%，村"两委"班子还对每年考取大学的学生奖励1000元钱。村里还通过开运动会、表演文娱节目、表彰劳模等形式丰富村民们的精神生活，使他们享受到了从来没有过的富裕和尊荣。

仲万云深知一个村的全面发展，必须团结协作、广集民智。为此，他身体力行，在村上积极推行"说事"制度。赛纳村有相当成熟的"说事"制度和其他各项制度，事关赛纳村发展建设的大事，先由村"两委"班子商量，考虑成熟后，在征求全体党员和村民代表意见的基础上修改完善，再征求各级人大代表、政协委员、老干部和老党员的意见，最后由村民大会通过。在这个村庄里，村民们尽管来自不同的村庄，有汉、土、藏三个民族，但都很团结。在关键的事情上，一旦两委班子通知开会，他们就会很快集中在一起。一切都是公开的，一切都相信广大农民。而一经村民大会定好的事，仲万云带头付诸实施。6年来，村里坚持"说事"制度的记录本就有四本，为村民们办成的大小实事、好事达300多件。

党旗永远鲜艳如新

仲万云用他的坚强毅力和苦干实干精神，在柴达木深处带领大家用不到4年的时间，使赛纳村在荒芜的土地上崛起，开创了建设新农村的新天地。村"两委"班子当时确定的"三年安个家""五年拉个电""十年吃上自来水"的目标和思路，仅用3年时间全部实现，村集体积累也达到30万元。每当人们提起赛纳村的创业和发展过程，许多人都会由衷地说："仲书记是赛纳村的脊梁，没有他就没有今天的赛纳村。"乌兰县委组织部部长邹晟评价说，仲万云不仅是位农村能人，而且在自己致富的同时，带领村民共同致富，并能正确处理个人与集体的关系，这种精神值得学习。柯柯镇党委书记张志强说，仲万云思想解放、脑子活、办法多、在村里威信高。村民们对他很服气，只要他召集村民大会，村民不吃饭都会来。

在塞纳村发展的道路上，仲万云及村"两委"班子尽心竭力，团结带领群众增收致富，他们以实际行动使群众心目中的党旗永远鲜艳如新。仲万云本人也多次受到省州县的表彰奖励，先后获得2006年青海省"优秀共产党员"、海西州"优秀共产党员"、2007年海西州致富能手、2008年海西州"十一五"建功立业先进个人等荣誉称号。2006年，他所在的赛纳村党支部被评为海西州先进基层党组织，2007年赛纳村被列为海西州社会主义新农村建设试点村。①

材料2：无手园丁的生命赞歌。

在青海省湟中县下麻尔村小学，有一位不同寻常的老师，他没有双手，但每一天都会在黑板上写下一屏屏好看的、神气活现的板书，他就这样为学生书写了30个春秋。他还能画画，他批改作业时用两支断臂夹住钢笔，流畅自如地写出批语，速度不亚于常人。使用电脑时，他用单臂推动按压鼠标，电脑显示屏上的小箭头灵活地跳来跳去，准确地指向目标。他还可以侧身从口袋里用单臂掏出手机，夹在臂窝中，用另一支断臂尖端处麻利地点击按键，然后用臂窝夹着手机放到耳边通话。在马复兴面前，人们心中充满的是尊敬和佩服。②

1959年寒冬，马复兴出生在下麻尔村。4个月大时掉进了炕边的火堆里，浑身被烧得一塌糊涂，两只小手已烧成焦炭，双手没了。4岁那年，一位下乡干部对马复兴的父母说："一定要让这孩子上学，只有这样他才会有出路。"这句话深深地印在马复兴幼小的心里。

从此，哥哥姐姐们每天放学回来，他就悄悄地用嘴翻阅他们的课本，用心记忆，等他们上学后，他就用脚夹着小木棍在院子里练习写字。马复兴能够用一双断臂正常写字，用了将近4年时间进行练习。身体的残疾，反而成为学习的动力。马复兴付出了多于常人数倍的努力，学习成绩一直名列前茅，从初二开始，他相继担任团支部书记和班长，1977年，他以优异成绩考入汉东中学高中部。马复兴最大的遗憾是高中毕业后没能报考大学。几经波折，1981年3月，马复兴到下麻尔小学当上了民办教师。学生家长不放心，背后议论：连手都没有，怎么教孩子？他们三三两两悄悄跑到学校，站在窗外看个究竟，一些家长甚至把孩子领回了家。

正常人举手之劳的事，比如翻阅书本、写板书等，对初为人师的马复兴来说都需要付出极大的努力。备课时，他需要同时翻阅课本和参考资料，但由于没有双手，往往是翻看这本书时，那本就合上了。因此，别人一天能备三四节课，而他只能备一节。但他从未耽误教学进度，他常常加班加点，备课到深夜。前些年由于校舍和师资紧张，下麻尔小学是混班上

---

① 《让荒原变成花园式村庄——海西州乌兰县柯柯镇赛纳村党支部书记仲万云事迹》，2012年3月30日，人民网—青海频道 http://qh.people.com.cn。

② 《青海教师马复兴：不用双手在讲台上耕耘30春秋》，2011年12月20日，中国日报网，http://www.chinadaily.com.cn。

课，即一个教室内坐着两个年级的学生，一个教师要同时教两个年级的课程。尽管没有双手，马复兴也没有例外，承担着同正常人一样的工作量。

下麻尔村地处青海封闭、落后的脑山地区，群众教育意识淡薄，再加上前些年学杂费负担重，学生辍学现象十分严重。曾经有一段时间全校学生从100多名减少到40多名。看到学生越来越少，马复兴挨家挨户去做家访。尽管遭到家长的拒绝甚至反感和驱赶，但是马复兴以自己的执著和亲身经历感动和说服了家长，孩子们陆陆续续地回来了，而今全村适龄儿童入学率已达100%。

马老师既是老师，也是学生的朋友。教书27年来，他已记不清自己究竟资助过多少贫困学生，除了给钱，还送本子送笔。而在2002年之前，他还只是一名每月收入只有200多元的民办教师。山区条件艰苦，这里老师流动性大，在目前全部8名教师中，只有马复兴和他的妻子赵玉花是老教师，其他的老师都是最近一两年才调来的。作为同事和妻子的赵玉花说："老马每天早上第一个赶到学校，晚上也往往是最后一个离校，学校才是他真正的家。"①

马复兴自强、自立和无私奉献的精神赢得了社会的承认。他撰写的论文在全国教育论文征文活动中曾获得一等奖，他还被评为"青海省残疾人自强模范"，多次被授予"湟中县教育系统先进工作者""优秀班主任""优秀教师"等荣誉。2012年9月9日晚，由中央电视台和光明日报社共同主办的第二届"寻找最美乡村教师"大型公益活动揭晓了"最美乡村教师"名单，马复兴等10名教师被授予"最美乡村教师"称号。马复兴的事迹受到了许多人的关注和赞扬，人们说："最难得的是，他是一个普通的残疾人，感动着成千上万的健康人；他是一个普通的党员，却为广大党员树立了难得的榜样。"我们企盼他平凡而伟大的巧臂人生继续绽放绚丽的火花，装点人间和谐的天空！②

材料3：忠于祖国石油事业的秦文贵。

秦文贵，1961年出生，河北省平山县人，中共党员，现任中石油工程技术分公司副总经理，全国青联副主席。

---

① 赵俊杰：《青海湟中县教师马复兴获"最美乡村教师"称号》，《西海都市报》2012年9月11日。

② 《无手园丁的生命赞歌——记青海残臂教师马复兴》，2011年7月20日，人民网，http://qh.people.com.cn。

　　1982 年，从华东石油学院毕业的秦文贵毫不犹豫地选择了我国海拔最高、工作条件和环境最艰苦的油田——青海油田。他坐了 3 天火车，又坐了两天汽车后，站在了这片土地上。最初迎接他的，除了湛蓝的天空和刺眼的阳光外，就是一望无际的沙漠和矿工们在荒滩上搭起的"地窝子"。刚来时，秦文贵常因踩到人家的"房顶"，而遭到从"地窝子"里钻出来的人的训斥和埋怨。

　　秦文贵从他踏上柴达木盆地的那刻起，就把自己当作了青海人。在那片戈壁荒漠里，他一干就是 20 年。在极为艰苦的条件下，他以顽强的毅力，刻苦钻研，先后主持完成了"狮子沟裂缝油藏综合研究""尕斯库勒油田开发井优化井身结构"等多项科研项目，推广应用了"U 型解卡法""成像测井"等数十项新技术、新工艺，解决了大量生产技术难题，大幅度提高了钻井速度，使两个月打成一口井的梦想变成现实。1995 年，他在尕斯油田处理技术套管事故时，提出了钻井简化套管程序的大胆设想。经过半年的苦心钻研，秦文贵和他的科技组完成了简化套管程序课题，并成功地打出了 4 口深开发井，节约钻井成本近 700 万元。[①]

　　1992 年，秦文贵获得了赴加拿大卡尔加里大学学习的机会。学习结束后，他拒绝国外石油公司高薪聘请，毅然回国。对这段往事，他认为"青海油田派我出国学习，学习完毕回来是很自然的事情。我是青海油田的一分子，我对青海油田有感情，也肩负着责任"。他以对祖国石油事业的热爱和忠诚，走出了一条当代青年知识分子在苦干、实干中锻炼成长之路。在他被授予全国劳动模范，1997 年成为首届"中国青年五四奖章"获得者后，2009 年 9 月 10 日，秦文贵被评为"100 位新中国成立以来感动中国人物"。在荣誉面前，他更加谦虚，"爱国精神代代相传，但在不同的时代，有不同的表现方式。过去，为祖国抛头颅洒热血是爱国；今天，立足岗位、开拓创新是爱国。是祖国培养了我，一个人的理想只有深深根植于自己所热爱的大地，才能开出最艳最美的花朵。我所取得的每一点成果和进步，都凝聚着几代石油人的智慧和心血。一代代石油人为祖国石油事业呕心沥血、艰苦奋斗，我是代表他们当选'双百'人物的"。成名后，他依旧保持着质朴的本色和品格，他说："获得荣誉，对我是鞭策，更是压力。作报告、搞演讲，这都不是我擅长的，我还是喜欢做自己

---

① 《秦文贵》，《泸州日报》2009 年 7 月 27 日，第 15 版。

的专业工作。"

2003年，秦文贵调到北京，但是对青海这片土地始终恋恋不舍，常梦回这片他一生中收获最多的地方。当年刚到青海时的种种不适，已成为他最美的回忆。这里有他热爱的事业——油井，有与他并肩战斗和生活了二十多年的同事和老领导，他说："工作之余，我总是想起我在青海度过的每一天，想那里蓝得透亮的天，想那里热情、质朴的人，想那里陪伴了我二十多年的油田。每个人的成功都是要有时间和空间的，决定我成功的时间、空间都在青海。是青海油田人的朴实真诚，坚定了我认真工作、踏实做人的信念，我感谢他们，更感谢青海"，"但无论在哪儿，我还是奋斗在我热爱的石油事业上"。

秦文贵爱岗敬业，尽职尽责的主人翁精神；不图享乐、报效祖国的爱国精神；舍小家、顾"大家"，一心为国家的大局精神；不畏艰险，勇往直前的进取精神；公而忘私、忘我工作的奉献精神，集中反映了新一代石油职工的优秀品德，他在不平凡的人生经历中忠实地实践着自己"在为社会创造价值的奋斗中实现自身人生价值"的人生信条。①

材料4：可可西里的环保卫士

杰桑·索南达杰，青海省玉树藏族自治州治多县索加乡人，生于1954年，是中国共产党的优秀党员，是在新的历史条件下成长起来的党的优秀领导干部。他忠于党和人民的事业，充满对祖国、对人民的无限热爱。他1974年从青海民族学院毕业后回到故乡，立志把自己的一切献给治多草原。在县民中任教期间，他辛勤培育下一代，被学生和家长称为好园丁、好老师。在任教育局副局长时，为发展藏族地区的教育事业日夜操劳，作出了显著成绩。在索加乡任党委书记时，他的足迹踏遍了索加乡的山山水水，为改变索加乡的贫困面貌付出了大量心血。

杰桑·索南达杰生前任治多县委副书记，致力于开发利用资源，振兴民族经济。为保护生态环境、制止日益猖獗的淘金、盗猎活动，1992年组织成立治多县"西部工作委员会"，杰桑·索南达杰担任西部工委书记。期间，他先后12次率领工作组进入平均海拔5000米以上的可可西里无人区，进行了野生动植物资源的调查和以藏羚羊命运为主题的野生动物

---

① 《让理想深深根植于祖国大地——专访秦文贵》，2009年9月25日，青海新华网，ht-tp：//www.qh.xinhuanet.com。

保护工作，成为可可西里野生动物保护第一人。他在可可西里工作期间，组织成立了"可可西里野生动物保护"办公室和"可可西里高山草地保护"办公室，并向有关部门申请成立"西部林业公安分局"和"可可西里国家级自然保护区"。1994年1月18日，40岁的索南达杰和4名队员在可可西里抓获了20名盗猎分子，缴获了7辆汽车和1800多张藏羚羊皮，在押送歹徒行至太阳湖附近时，遭歹徒袭击，索南达杰为保护藏羚羊在无人区与18名持枪偷猎者对峙，流尽了最后一滴血，被可可西里 -40℃的风雪塑成一尊冰雕，血洒千年冻土，身捐万里荒原——成为人们心目中永远的英雄。

杰桑·索南达杰以自己的实际行动实践了党章中规定的党和人民的利益高于一切的原则，实践了共产党人全心全意为人民服务的宗旨，在他身上充分体现了党的领导干部的优秀品质和始终保持与人民群众血肉联系、倾听群众呼声、关心群众疾苦、尽力为群众排忧解难的高尚情操，赢得了全省各族人民群众的赞誉，为全省共产党员和领导干部树立了光辉的榜样。杰桑·索南达杰后来被国家环保总局授予"环保卫士"的光荣称号，被中共青海省委授予"党的优秀领导干部"称号。①

【案例点评】

在赛纳村发展的过程中，仲万云及村"两委"班子尽心竭力，带领群众增收致富，他们以实际行动使群众心目中的党旗永远鲜艳如新。秦文贵扎根高原油田，他以对祖国石油事业的热爱和忠诚，对科技创新的执著追求，带领职工促进科学技术和先进生产力的不断进步，走出了一条当代青年知识分子在苦干、实干中锻炼成长之路。杰桑·索南达杰为发展藏族地区的教育事业作出了显著成绩，为改变索加乡的贫困面貌付出了大量心血，模范实践了共产党人全心全意为人民服务的宗旨，为保护国家珍稀动物和高原生态环境献出了自己的生命。无手老师马复兴扎根基层，勤勤恳恳，献身民族地区的教育事业，表现出了身残志坚、自立自强的进取精神，艰苦奋斗、锐意进取、忠诚教育、爱岗敬业的奉献精神，与时俱进、开拓创新的时代精神，有人用"人间奇迹""新时代的英雄"来评价他。

仲万云等优秀共产党员是带动广大人民群众开展生产和建设活动、贯

---

① 王予波：《大美青海》，青海人民出版社2010年版，第228页。

彻落实科学发展观、全面建成小康社会、建设社会主义和谐社会的领路人、旗帜和榜样，他们模范地执行党的方针和政策，创造性地开展各方面的工作，是人民群众的主心骨，是维护国家利益和人民群众利益的忠实代表，他们是许许多多优秀共产党员中的典范。

他们在建设实践中注意充分调动和发挥人民群众的积极性、主动性和创造性，坚持深入基层、联系群众，了解民情、体察民意，不断从群众中汲取智慧和力量，使工作部署更加符合客观实际、符合经济社会发展规律、符合人民的意愿和期盼。在生产发展的基础上，使人民群众不断获得切实的经济、政治和文化利益，起到了共产党员的先锋模范带头作用。

在中国特色社会主义建设进程中，无论是推动党的建设还是社会发展进步都需要越来越多这样的带头人。他们为了国家和人民的利益，带领群众艰苦奋斗，充分展现出共产党人为国为民、务实奋进的形象。体现了共产党员的先进性，有利于增强党组织的凝聚力和战斗力、扩大党的群众基础、密切党群和干群关系，也有利于加强党的执政能力建设，尤其是有利于提高党的基层领导干部推动先进生产力发展、带动群众创业致富的能力，维护民族团结、发展社会主义民族关系和实现民族和谐的能力，参与市场经济活动的能力以及建设社会主义新农村等能力。

我们学习这些先进典型，就是要紧密结合本职工作，学习他们坚持提高政治修养和理论素质，努力践行科学发展观的大局意识；学习他们坚持立足岗位和自身实际，模范践行新时期保持共产党员先进性基本要求的优秀品质；学习他们坚持党的根本宗旨，始终把群众的利益放在第一位，服务发展、心系群众的奉献意识；学习他们坚持勤奋工作、钻研业务，不断创造一流工作业绩的敬业精神；学习他们坚持团结带领群众共同应对挑战，共建美好家园，众志成城、攻坚克难的奋斗精神；学习他们严格遵守纪律，保持廉洁自律的高尚情操；学习他们热爱祖国、热爱人民，与违法犯罪分子坚决斗争、不怕牺牲、英勇献身的英雄主义气概。把自信开放创新的青海意识转化为自强不息、爱岗敬业、无私奉献的自觉行动，更加自觉地坚定理想信念，更加努力地提高自身素质，更加主动地服务各民族人民群众，更加有力地促进科学发展，以昂扬向上的精神风貌和脚踏实地的工作作风，振奋精神，开拓创新，在平凡的工作岗位上做出不平凡的成绩，为全省经济社会又好又快发展提供动力和保证，推动建设富裕文明和谐新青海的进程。

【思考题】

以上述几位优秀共产党员的先进事迹为例，说明其践行"三个代表"重要思想对于加强党的建设、推动社会发展进步有哪些积极作用？

【案例提示】

本案例可适用于第一章第三节"中国特色社会主义理论体系"中第三标题——"中国特色社会主义理论体系的历史地位"部分。在大学生对中国特色社会主义理论体系科学把握和深层次理解的基础上，通过介绍本地方先进模范人物的事迹，教育学生学习他们献身祖国和人民的宝贵精神和优秀品格，树立坚定的中国特色社会主义理想信念，将来为促进改革开放和现代化建设事业作出贡献。

案例三　青海积极探索欠发达地区科学发展之路

【案例材料】

近年来，在青海72万平方公里的土地上，全省500多万各族人民正奋力开拓，通过实施"生态立省"战略，培育特色优势产业，为经济欠发达地区走科学发展之路作出了有益探索。这是我们坚持实事求是的思想路线，立足省情贯彻落实科学发展观的必然选择，是建设富裕文明和谐新青海的必由之路。坚持这条道路，就是要实现又好又快的跨越式发展，使经济更加繁荣、生态更加良好、人民更加幸福、社会更加和谐，加快新青海建设进程，加快迈入全面小康社会，让青海各族群众与全国人民一起共享改革发展的成果。

生态立省：实现科学发展的新战略

青海是一个生态大省，素有"江河源头""中华水塔"的美誉，是我国重要的高原生态屏障。黄河、长江、澜沧江因发源于此而世界闻名，我国的第二大内陆河——黑河，也发源于青海。据资料介绍，黄河总水量的49%、长江总水量的25%、澜沧江总水量的15%均来自青海。江河源区较为稳定的生态环境和水源供应，不仅为西部地区的开发创造良好的自然环境，也为我国及东南亚各国的经济发展及生态安全提供了重要的保证。

但是近年来，由于受大气变化和过度放牧影响，草场退化、沙化严重等问题越来越突出。因此，青海的生态不仅仅关系到青海，更关系到全国乃至世界。保护好青海的生态环境，不仅是青海经济社会可持续发展的需要，也是维护我国乃至全球生态安全的需要。①

2007 年，在青海省委十一届三次全体会议正式提出"生态立省"战略，这标志着青海确立了全新的发展思路。实施生态立省战略的确立，有利于解决发展与保护的矛盾，一定要牢固树立保护生态就是保护生产力、建设生态就是发展生产力的理念，坚持在保护中发展、在发展中保护，努力实现保护与发展的"双赢"。

青海的"生态立省"分三个层面展开。第一个层面，保护生态环境。根据生态实际，着力打造三江源生态圈、青海湖生态圈、祁连山南麓生态圈、柴达木生态圈和湟水流域生态保护圈。第二个层面，发展生态经济。第一产业以发展绿色农牧业、特色种植业为主；第二产业以发展循环经济为主，坚持"减量化、再利用、资源化"的原则，发展绿色工业，同时大力发展新能源、新材料；第三产业以发展生态旅游业为主。第三个层面，培育生态文化。动员全省人民增强生态保护意识，提高生态保护的自觉性。

根据《青海省区域经济协调发展规划》，三江源地区定位为"禁止开发区"，环青海湖地区为"限制开发区"，西宁和海东地区为"重点发展区"，柴达木地区为"重要经济增长点"。从 2005 年起，青海省委、省政府决定三江源地区玉树、果洛、黄南三州重点考核民生、生态、稳定，让当地干部能够把主要精力放在保护环境上，避免走先污染后治理的老路。在三江源地区发展生态畜牧业、发展高原生态旅游业、发展民族特色文化产业，把这些作为当地的新兴支柱产业和新的经济增长点，使群众从中受益。这正是根据地区特点，发挥特色，寻求科学发展之路的鲜明而生动的体现。

2005 年起国家开始实施三江源生态保护和建设工程，根据保护和建设总体规划，从 2004 年开始到 2010 年，我国投资约 75 亿元用于三江源国家级自然保护区的保护和建设，涉及退牧还草、重点湿地保护、黑土滩治理、生态移民等 22 个子项目，目前各项工作进展顺利且已取得明显的

①《科学发展看青海：走出欠发达地区科学发展之路》，《青海日报》2009 年 8 月 4 日。

阶段性成效，三江源区域出现增水、增草、增收的喜人局面。

在青海，保护生态同样可以加速经济发展、保护生态就是保护生产力、建设生态就是建设生产力的理念不断被实践所验证。2008年，在全省地区生产总值比上年增长12.7%的情况下，青海省污染减排出现"拐点"，COD（化学需氧量）排放总量首次实现下降，二氧化硫排放量继续回落，青海水环境、大气环境质量持续得到改善。

总之，在国家的大力支持下，最近几年青海省先后投资近百亿元资金，组织实施了生态环境综合治理与建设工程，通过退耕还林、退牧还草、禁牧搬迁、封山育林、鼠害防治、黑土滩治理等项目的整体推进，有效减轻了天然草场的压力，植被覆盖度和草地能力开始恢复和提高，草地退化趋势得到遏制，草畜矛盾得到缓解，局部地区生态环境开始好转，生态功能开始恢复。

循环经济：转变经济发展方式新突破

青海是一个资源富省，面临的最迫切任务是加快发展，青海的比较优势在于资源，发展的各个方面都与资源的开发利用密切相关。抓住节约、保护和有效利用资源这个关键，也就抓住了青海转变经济发展方式的要害。把资源优势转化为经济优势，提升经济质量，做大经济总量，唯一的选择就是避免走以大量消耗资源、牺牲环境为代价的发展道路，转变经济发展方式，追求绿色发展，在工业方面推进资源节约型发展，走循环经济之路。青海提出"生态立省"战略，目的就是要立足青海最大的优势，走新型工业化道路，坚持在综合循环利用资源中谋求又好又快发展，走出一条经济发展与生态保护双赢的可持续发展之路。

青海盐湖工业集团有限责任公司赖以生存的察尔汗盐湖，位于有"聚宝盆"之称的柴达木盆地，这里拥有丰厚的资源，其中氯化钠、氯化钾、氯化镁的储量均居全国首位。但是长期以来企业只是简单地挖掘着察尔汗盐湖里的盐，当省委、省政府提出从"资源开发战略"向"资源转移战略"这一重大转变时，盐湖集团越发感到了开发与利用并举的重要性。

2005年10月，柴达木地区被列为国家首批循环经济产业试点园区。公司通过对当地各种资源的科学配置，实现了盐化工、煤化工、天然气化工、有色冶炼等多个产业之间的协调发展，形成了一条完整的循环经济产业链，对资源开发达到了效益最大化。循环经济发展的体系开始形成。工业产业链逐步延伸，资源开发利用正向规模化、产业化和综合利用方向发展，形成了能源工业、盐化工业、冶金采选业、煤化工业、建材工业、农畜产品加工业六大工业体系。作为中国最大的循环经济试验区——柴达木循环经济试验区，目前已经实现三个层次的循环：资源间的循环利用、产业间的循环组合、企业内的循环生产，这样的水平在全国也是领先的。

为了不断推进循环经济的创新发展，青海省政府与中科院共同成立中国柴达木循环经济研究院，在油气勘探开发和加工，盐湖提取钾、锂、镁、硼，有色金属采选以及废矿利用等方面取得 57 项科研成果，有力支撑了循环经济发展。2007 年，西宁经济技术开发区又被列为国家第二批循环经济试验区，循环经济的有效推进，为青海的经济社会发展注入了强大活力。如今，两个园区已经成为推动青海新型工业化进程的重要增长极。

生态旅游：打造"大美青海"新品牌

2007 年，青海省政府组织到香港举办招商推介活动，为了起到最佳的招商效果，他们经过反复推敲，将此活动命名为"大美青海——香港行"。果然，"大美青海"的招牌吸引了众多投资者，签订经贸项目 16 项，涉及金额 54.37 亿元。"大美青海"的品牌越来越响亮。"大美青海"品牌的确立，是"生态立省"战略推进过程中的又一个亮点。在 2007 年，青海省提出"发展高原生态旅游业，打造高原旅游名省"！

青海平均海拔在 3000 米以上，这里属于寒旱环境，山大沟深。过去，大家没有把这种资源当优势，重新审视青海的资源，人们发现，这里的资源正符合现代人追求原生态旅游的潮流。在"建设高原旅游名省"战略引领下，旅游业正在成为青海增长速度快、带动作用强、发展潜力大、产出效益好的优势产业。青海的旅游资源丰富且具有独特性，而生态又极具脆弱性，一旦破坏将很难恢复。我们一方面重视保护生态环境，着力减少人文景观对生态环境的影响，增强各方生态保护意识；另一方面充分利用自然风光、宗教文化和民族风情资源，发展高原特色旅游如生态旅游、民俗旅游和探险旅游等，打造环西宁"中国夏都"旅游圈、环青海湖旅游圈、青藏铁路旅游经济带等景区，同时开发具有地方特色的旅游产品，积极推进旅游产业特色化、规范化和品牌化发展，取得了显著的生态效益和经济效益。

近年来，青海省不断完善旅游配套服务，对生态旅游的投入不断加大，旅游对青海经济社会发展和生态保护的作用也日益彰显。随着旅游资源的开发，藏毯、唐卡、花帽等民族工艺品的生产规模不断扩大，昆仑玉、黄河石等系列产品开发步伐明显加快，吸纳了大量的人员就业，很多人因此走上富裕之路。

发展生态旅游业，青海广大干部群众不单纯追求速度和数量，而是在保护的前提下追求质量。在景点建设上，主要是以保护好自然景观来吸引游客。如西宁市湟源县的日月山景点阶梯两旁的土坡，被一块块一尺见方的草块覆盖。据介绍，在日月山景点兴建过程中，他们先将部分草皮移植他处，待建设完工后，再将草皮移植回来。目前，这一经验已在青海省推广。同时，他们还在游客较多的景点，铺设栈桥、栈道，尽最大可能地避免人为因素对景观的影响和破坏。①

改善民生：建设和谐新青海

对于经济欠发达地区来说，保障和改善民生是一个永恒的主题。青海省近年来一方面不断增强经济实力，为解决民生问题提供坚实的物质基础，让农牧民真正得到了实惠；另一方面，他们则把有限的财力向群众最关心、最直接、最现实的利益问题倾斜，着力保障和改善民生，形成和谐社会共同建设、共同享有的良好氛围。青海在民生改善的多方面做到了"全国率先"。

2008 年底，全省州县通公路率达 100%，乡镇通公路率达到 100%，建制村通公路率 62%，青海修路惠民的力度不断加大，以二、三级公路为主的"两横三纵三条路"主骨架公路网已成型。

2005 年率先实现农村合作医疗全覆盖，比全国提前三年。为了彻底改变青海农村牧区广大群众看病就医难问题、完善基层医疗服务体系建设，省政府在全省范围内全面实施村卫生室建设工程。到 2008 年全省建成了 3247 个标准化卫生室。此外，为了满足农牧民群众就近就医的需求，让患病的牧民群众得到及时救治，省里还为 156 个村配发了流动卫生服务车，常年在牧区流动为牧民看病。

2003 年率先将全省农牧区义务教育阶段家庭贫困学生全部纳入"两免一补"范围，比全国提前四年；2003 年率先实现城市低保全覆盖，比

---

① 《青海实施"生态立省"战略 确保雪域高原碧水蓝天》，2009 年 12 月 11 日，新华网 http：//www.xinhuanet.com。

全国提前五年；2007 年实现城镇居民基本医疗保险全覆盖，比全国提前三年；2007 年率先实现农村低保"应保尽保"；2007 年推出《廉租房管理办法》，对城镇低收入人群实施全面住房救助，比全国提前了一年。

2013 年，青海改善民生工作取得新成效，财政用于民生的资金占到 75.6%，十项民生实事全面完成，主要表现在：

多管齐下促进就业创业——高校毕业生总体就业率达 88%，中职毕业生就业率达 97%，全年城镇新增就业 6 万人，城镇登记失业率为 3.3%，农牧区劳动力转移就业 115 万人次。

千方百计增加居民收入——推进收入分配制度改革，实施提高企业退休人员基本养老金、清欠农民工工资等措施，城乡居民收入实现与 GDP 同步增长，城镇居民人均可支配收入达到 19499 元，农牧民人均纯收入达到 6196 元，分别增长 11% 和 15.5%。

社会保障提标扩面——新农保、城居保参保率分别达到 91% 和 75%，社会事业全面发展。

扶贫开发成效突出——以集中连片开发为重点，抓好整村推进、产业扶贫和易地搬迁，完成 376 个整村推进和 72 个易地扶贫搬迁项目，全年减贫 21.3 万人。

推进保障性安居工程建设——建成各类城镇保障性住房 7.57 万套，开工率、建成率、入住率分别达 100%、106%、100.7%；建成农村危房改造、游牧民定居和奖励性住房 9.13 万户，累计开工建设城乡保障性住房 34.07 万套和 50.9 万户。[①]

【案例点评】

青海有自己特殊的省情特点：生态环境和生态地位非常重要，矿产资源、旅游资源、文化资源和农牧业动植物资源十分丰富，多民族聚居，欠发达地区等。

青海坚持实事求是思想路线，不断解放思想，创新发展思路，确立"生态立省"战略，通过发展生态经济和循环经济、培育生态文化来保护资源环境、协调人与自然的关系；通过发展循环经济转变经济发展方式；

---

① 《青海省 2013 年国民经济和社会发展计划执行情况与 2014 年计划草案的报告》，《青海日报》2014 年 1 月 30 日，第 3 版。

提高人民收入和生活，积极发展社会公共服务和社会保障事业，改善民生。从青海科学发展的实践中可以看出，解决当前经济社会发展中诸多矛盾和问题必须一切从实际出发，根据省情特点确定正确的发展战略；积极提升发展理念并不断创新实践；以人为本是实现科学发展的落脚点；必须充分调动人民群众的积极性主动性和创造性。

【思考题】

科学发展观在青海是如何具体贯彻落实的？青海实践科学发展观的启示是什么？

【案例提示】

本案例可适用于第一章第三节"中国特色社会主义理论体系"中第三标题——"中国特色社会主义理论体系的历史地位"部分，也可用于第一章第四节"实事求是思想路线与马克思主义中国化理论成果的精髓"中第三标题——"实事求是是马克思主义中国化理论成果的精髓"部分，在教学中还会配合一些图片资料和视频资料，通过对西部欠发达地区在中国特色社会主义实践进程中，一切从实际出发，探索科学发展道路宝贵实践的生动介绍，增强大学生对落实和实践科学发展观的深刻理解和科学把握。

案例四　青海农牧区依据省情特点和资源优势积极发展特色经济

农牧业是青海的传统产业，在不断解放思想、落实和实践科学发展观的进程中，青海立足自然优势，确立农牧区生态经济、绿色经济发展新模式，取得了生态效益、社会效益与经济效益的"多赢"。青海农牧区积极发展高原特色农牧业、特色加工业、特色文化产业和特色旅游业等新兴产业模式，经济结构趋于合理和优化，经济发展方式正在努力实现根本性转变。①

① 《青海实施"生态立省"战略　确保雪域高原碧水蓝天》，2009 年 12 月 11 日，新华网，http：//www. news. cn。

一　青海发展特色经济的有利条件

（一）具有丰富天然的特色农牧业资源优势。青海境内拥有天然草场5.47亿亩，占全省国土总面积的51%，是中国五大草地畜牧业发展基地之一；牦牛绒、西宁大白毛和柴达木山羊绒、鲜牛奶、油菜、马铃薯、蚕豆、青稞、双孢菇、白灵菇、紫皮大蒜、莴苣、胡萝卜等是传统优势作物和重要出口农产品，在国内外市场十分畅销。

（二）具有独特的气候条件、自然环境和技术优势。青海气候冷凉，日照充足，昼夜温差大，适宜喜温凉性蔬菜、中藏药材、球根类花卉等作物生长，单位面积产量高。青海是生产无公害、绿色和有机农畜产品的理想生产区，另外重视种、养殖先进技术的研发和应用。

（三）有独特的生态资源和丰富的民族民间文化艺术资源。青海山川地貌独特、自然风光壮丽，多样性、原生态的自然景观和多民族传统文化交会融集，形成了独具特色的生态及人文资源，特色旅游业和文化产业的发展有天然优势。

（四）良好的政策环境。党中央自十六大以来提出了一系列惠农政策，省委、省政府也明确提出了发展农牧区特色经济的思路和目标，各项惠农政策正在得到落实，为农牧业发展提供了有利的政策支持和社会环境。

二　积极构建农牧区特色产业体系

（一）因地制宜调整种养殖结构，发展特色农牧业，加快农牧业产业化。立足农牧业品种资源优势，着重培育了牛羊肉、绒毛、马铃薯、油菜、牛奶、蚕豆、蔬菜、花卉苗木、中藏药、饲草等十大主导产业及生产基地；自2009年10月底，青海海南州建立了全国唯一的生态畜牧业国家可持续发展实验区，2010年起在全省全面推行；水产业方面以冷水鱼类养殖为主；林业则是结合生态环境建设，积极扩大果品、沙棘、枸杞等经济林木的种植。同时，积极促进农畜产品加工、储运、保鲜、营销产业发展，农牧业产业化带动传统农牧业向现代农牧业转变。

（二）发展特色旅游业。青海的旅游资源具有独特性，而生态又极具脆弱性。我们一方面重视保护生态环境，另一方面充分利用自然风光、宗教文化和民族风情资源，发展高原特色旅游如生态旅游、民俗旅游等，积极推进乡村旅游特色化、规范化和品牌化。具有浓郁民族风情、田园风光的"农家乐""牧家乐"及"风情园""采摘节"等活动，吸引了越来越多的游客领略和体验丰富多彩的民俗宗教文化及田园生活。

（三）发展农牧区特色文化产业。青海有丰富的民族民间文化艺术资源和非物质文化遗产，充分重视其挖掘保护和传承发展，是地区经济、社会、文化和民族关系发展的重要内容，也是提高农牧民素质和就业技能，增加收入、改善生活的重要途径。许多农牧民依据歌舞、刺绣、绘画、剪纸、编织、雕刻等传统技艺，并通过技能培训，积极参与到了文化产业中来。

（四）大力发展具有地方文化特色的民族纺织业及手工业，把西宁建设成"世界藏毯之都"。藏毯产业是青海着力培育和支持的特色优势产业，拥有两千多年悠久历史、富含青藏高原民族文化特色的藏毯产业，如今是广大农牧民脱贫致富的有效途径，具有良好的发展势头和市场前景。

三 发展特色经济的根本目的是造福于民

（一）特色经济发展致力于提高经济发展水平。特色农牧业发挥资源优势和比较优势，提升了经济总量和市场竞争力，提高了农牧业经济效益；农牧业产业结构不断优化；特色农牧业的发展，提高了农牧业的物质技术装备水平，特色农牧业区域化、规模化、基地化和产业化发展，经济发展方式正在努力实现根本性转变。

（二）特色经济的快速发展致力于促进农牧民就业和增收。特色农牧业的发展也带动了加工、营销等产业，还有生态旅游业、特色文化产业和藏毯产业的发展，创造了大量的就业机会，为当地农牧民增收创收、可持续开发利用农牧区资源、推动精神文明建设等方面效果显著，起到了积极作用。

（三）特色经济发展着眼于生态环境的保护和建设。青海省农牧区尤其是占71%区域的藏区自然条件差，过去农牧业生产中草畜矛盾、水土流失、草地和森林资源退化、环境污染破坏等问题比较突出，通过组织实施生态环境综合治理、退耕还林草、养畜设施建设等生态环境建设工程，引导和帮助农牧民转变生产经营方式，全省湿地水资源、物种多样性得以保护，森林覆盖度增长，生态环境得到治理。

（四）近年来青海通过发展特色经济不断增强经济实力，为解决民生问题提供了坚实的物质基础，农牧业经济发展最快、农牧区面貌变化最大、农牧民得到实惠最多。①

总之，青海各地农牧区根据生态、自然条件和资源优势等实际各有侧重地发展特色产业，最大程度地保护和建设生态环境，节约、高效、可持

---

① 《青海农牧民得实惠最多的10年》，《青海日报》2010年1月4日，第6版。

续地利用生态资源和自然资源，充分挖掘、保护和传承民族民间优秀文化资源和特色手工业技艺，一方面实现经济发展、社会财富的增长及人民生活的提高，另一方面重视资源保护和环境友好，这充分体现了对科学发展和绿色发展的价值认同与实践追求。

【案例点评】

青海农牧民人口占多数，农牧区地域辽阔，大力发展特色产业和特色经济有利于保护生态环境和科学发展，是在探索符合"生态立省"要求的农牧区科学发展之路和文明发展之路。

青海作为我国乃至亚洲的重要水源地和全球重要生态屏障，不可替代的生态地位、生态功能及欠发达的省情决定了必须充分利用好当地特色资源，转变经济发展方式，实现绿色发展、科学发展，所以在正确分析和认识省情特点的基础上确立了"生态立省"战略。青海还是农牧民人口占多数、农牧业是传统产业、多民族聚居的西部欠发达省份，提升农牧区经济发展的效益和质量，也是加快建设社会主义新农村的重要任务。在不断解放思想、实事求是、落实和实践科学发展观的进程中，积极构建农牧区生态经济、绿色经济发展的新型产业模式，积极参与市场经济活动、以现代科学技术作为发展动力，追求生态效益、社会效益与经济效益的"多赢"，就是科学而理性的选择。

【思考题】

青海农牧区积极发展特色经济的理论依据和思想方法是什么？

【案例提示】

本案例主要适用于第一章第四节"实事求是思想路线于马克思主义中国化理论成果的精髓"中第三标题——"实事求是是马克思主义中国化理论成果的精髓"部分，在教学中配合一些图片和视频资料，通过体会和把握西部欠发达地区在中国特色社会主义建设进程中，坚持"一切从实际出发，走自己的路"，积极探索农牧区科学发展的宝贵实践，可以增强学生对这部分理论知识的深层次理解和把握。

本章编写　汪丽萍

第二章

新民主主义革命理论

案例一　红军西征　高原流芳

【案例材料】

1936年11月，中国工农红军四方面军2万余人组成西路军，在徐向前、陈昌浩等的率领下奉命西征，受到统治甘肃、青海两省的马步芳10万余军队的围剿。红军指战员在极端困难的条件下，面对敌人的疯狂进攻喋血奋战，历时近五个月之久，表现出英勇奋战、忠于革命、勇于牺牲的崇高精神。红军西征的壮举将革命的火种播撒在遥远的河西走廊和广阔的青海高原，红军西征革命将士的英勇壮举在青海各族群众中影响深远，受到人民永远的崇敬与缅怀。

材料1："红星"闪耀清真寺

在青海省海东市循化撒拉族自治县查汗都斯乡红光村（原赞卜呼村），有一座红军修建的清真寺——红光清真寺。这座清真寺是省级重点文物保护单位，也是青海省唯一一座被列为国家级重点文物保护单位的伊斯兰教寺院。

被俘红军战士修建的清真寺

1936年10月，中国工农红军一、二、四方面军在甘肃会宁会师后，红四方面军总部及所属之九军、三十军和五军共21800余人，奉命西渡黄河，于月11月10日组成西路军，在徐向前、陈昌浩等的率领下进军河西走廊。蒋介石看到红军雄峙西北的战略态势，急命统治甘肃、青海两省的马步芳纠集10万余军队，对西路军进行防堵、围剿。红军指战员在极端困难的条件下，不怕牺牲，浴血奋战，历时5个多月，歼敌2万余人。由于孤军作战、敌我力量悬殊，红军西路军最终还是失败了，但它为争取西安事变的和平解决，推动全国抗日民族统一战线的形成，建立了不可磨灭的历史功绩。

1939年至1946年间，青海军阀马步芳把从甘肃河西走廊被俘的400多名红军西路军战士组成"工兵营"，押解到现在的循化县查汗都斯乡赞卜呼村，沿黄河南岸从事伐木、垦荒、修路、建房等苦役，其间共计开垦荒地1700多亩，修建巨型水车5架，住宅围墙60多处，学校1所，清真寺1座、水磨2盘，油坊5处等。红光清真寺就是由当时被俘的红军战士设计、取材、施工而修建的，全寺占地约4亩，四合院布局，由唤醒楼、南北配房、大殿组成。

"红星"和"镰刀"在屋脊墙壁上闪闪发光

被俘红军西路军战士在建造该寺时，虽遭敌人的严密监视，但他们坚信革命必胜，采取各种方式与敌人进行了机智顽强的斗争．在修建过程中巧妙地将红五星、镰刀、斧头、工字、领章等象征革命的图案雕刻在花砖之中，镶嵌在墙壁之上，至今仍在大殿屋脊、墙壁上闪闪发光。

站在清真寺大殿正前方，抬头看大殿的屋顶，可以清晰地看到屋脊的花雕上镂空雕刻着许多高约几厘米的五角星；在距五角星不远的附近，有弯口朝上的月牙形雕刻，月牙上带着小小的手柄，像一把弯弯的镰刀。还零散地分布着一些被刻成H形的图案，这些都是变换了形状的"工"字。此外，在大殿屋脊的两侧墙壁上，冠以五角星铁帽的钉子酷似一朵朵怒放的梅花，特别耀眼。

缅怀英烈，寺内建起了红军西路军纪念馆

红军西路军战士修建的清真寺在全国实属罕见，具造型独特，具有重要的历史研究和保护价值。

1998年12月，经青海省人民政府批准，该寺被列为省级重点文物保护单位，并被海东地委、行署命名为海东地区"爱国主义教育基地"。2006年，该寺被列为国家级重点文物保护单位。为了世世代代牢记红军西路军的历史功绩，让红军精神代代相传，2009年4月11日，由红光村村委会和红光清真寺管委会联合投资十多万元修建了全国首座民间红军西路军纪念馆。纪念馆内共陈列资料照片80多幅，实物20余件。为了搜集红军西路军的遗物，筹办人员专门前往甘肃省河西走廊和八路军兰州办事处纪念馆、高台西路红军纪念馆、西宁市烈士陵园等单位，行程2000多公里，搜集和翻拍了有关资料和图片。此外，还专门制作了一套比较完整的中国工农红军西路军事迹展版，这套图文并茂的 89 块展版，详细介绍了红军西路军的历史，对今天缅怀英烈、教育后代具有很好的意义。

随着红色旅游产业的兴起和寺内红军西路军纪念馆的开放，如今这座全国唯一的由红军修建的红光清真寺，将依托著名旅游景点——公伯峡水电站，为发展红光村独特的撒拉族民俗旅游项目起到积极的推动作用。①

材料 2：壮怀激烈铸丰碑。

在青海省西宁市南川河畔风景秀丽的凤凰山山腰，坐落着西宁烈士陵园。这座陵园始建于 1954 年，陵园由烈士群雕塑像、纪念碑、烈士墓、中国工农红军西路军纪念馆等组成，园内安葬着 1625 位烈士遗骨。这里的松柏绿草、红岩厚土与大理石碑和雕刻群像交相辉映，折射出陵园的宏伟、庄重与肃穆，一直是各族人民缅怀革命先烈的地方，是寄托人民群众崇敬之情的神圣之地。

陵园门楼为两层楼阁建筑，高 10 米。门前有中国工农红军西路军烈士群雕塑像，基座上镌刻着前国家领导人李先念的题词："红军西路军烈士永远活在我们心中"。陵园中央为烈士纪念碑，碑高 10.1 米，正面镶嵌着朱德亲笔题词"革命烈士永垂不朽"。园内最高处是中国工农红军西路军烈士墓，墓穴为圆形，墓体呈白色，直径 3 米，安葬着孙玉清在内的 840 位红军烈士。烈士墓后为大理石墙壁，镶嵌着红军强渡大渡河、巧渡金沙江、爬雪山、过草地四组纪念浮雕，再现了红军在长征途中不怕艰难困苦的动人历史画卷。

1936 年 10 月，中国工农红军一、二、四方面军在甘肃会宁胜利会师后，中央军委指示红三十军、五军、九军和四方面军总部共 21000 余人，在徐向前、陈昌浩统帅下组成西路军，进军河西走廊，西渡黄河执行宁夏战役计划，以及在河西地区创立革命根据地、打通国际通道的"作战新计划"。红九军在孙玉清军长的率领下，向甘肃西部进军，遭到数倍于自己的国民党反动军队的围追堵截，在甘肃省河西走廊地区与国民党西北"剿总"第二防区司令马步芳的十余万敌军展开艰苦卓绝的浴血奋战。在近半年内数次鏖战中，西路军指战员面对优势敌人，临危不惧，毙伤俘敌 25000 余人，取得重大战果，给敌人以沉重打击。战事结束后，凶残成性的马步芳将押来青海的 6000 多名被俘红军战士残酷迫害，有 2000 多红军

---

①　《循化，有一座红军修建的清真寺》，《青海日报》2009 年 8 月 21 日，第 1 版。

将士或折磨致死、或惨遭杀害，有的被活埋于西宁郊外的"万人坑"。①
1937 年 3 月，在甘肃省酒泉县南山地区与敌激战中，孙玉清不幸被俘，
同年 5 月被押解到青海省西宁市。面对敌人的威逼利诱，他坚贞不屈、大
义凛然，不久被秘密杀害。在此期间，打散的红军将士、党团员，躲过敌
人的搜捕，坚持战斗在西宁、海东、祁连山脉、河西走廊一带，发动群
众，秘密建立地下党组织，开展武装斗争，直到全国解放，红军西征的壮
举将革命的火种播撒在河西走廊和广阔的青海高原。

　　1949 年青海解放时，流落在各地的蒙难战士尚有 490 多人，红军西
路军战士不论是幸存者还是死难者，都受到了党和人民政府的崇敬和优
抚，经济上给予定期定额补贴和公费医疗，政治上给以荣誉称号和崇高的
社会地位。西宁、循化等地还成立了光荣院，专门供养红军中的孤寡老
人。对于死难烈士，西宁市人民政府早于 1954 年就挖掘收集了他们的遗
骨，1955 年 8 月烈士陵园建成时，安葬于陵园正中，并隆重集会进行公
祭。共产主义青年团青海省委于 1986 年在陵园大门内建立了纪念西路军
在青海死难烈士的雕塑。1988 年 8 月，西宁市又分别在孙玉清将军遇难
处及烈士陵园，建立了孙玉清同志纪念碑、半身汉白玉雕像及中国工农红
军纪念馆，当年西路军总指挥徐向前、三十军政委李先念等同志都题了
词，徐向前元帅的题词是"西路军牺牲烈士的精神永垂史册"，另外还有
悼念铭文。1988 年 8 月 15 日，纪念馆和纪念碑等处建成开放，供各族人
民前往凭吊，以缅怀先烈、激励后人。②

　　中国工农红军西路军纪念馆陈列展出在青海牺牲的 5600 余名中国工
农红军西路军烈士的事迹。其中有照片 280 余幅、大型油画 170 幅以及从
"万人坑"挖掘出的烈士遗物等。它再现了红军西路军将士浴血奋战、慷
慨就义的光辉业绩和英雄形象。西路军纪念馆已成为革命传统教育和爱国
主义教育的重要基地，它记载了西路军的整个战斗历程。1988 年经国务
院批准，被列为全国重点烈士纪念建筑物保护单位；1996 年被国家教委
等五部委列入全国 100 家中小学爱国主义教育基地之一；同时被青海省列
为省级爱国主义教育基地；1997 年被中宣部列为全国 100 家爱国主义教

---

① 祁镇：《壮怀激烈铸丰碑——红西路军征战史略》，青海民族出版社 2000 年版，第 1 页。
② 《中国工农红军西路军纪念馆》，2011 年 12 月 12 日，中国青年网，http://
www.youth.cn。

育示范基地之一。①

　　西宁城的高楼多数顶端呈红色，结构又像当年革命的红军戴着的红军帽。不知道这是设计者和建筑者的无心还是有意，但是留给享受住房的主人和外来游人的是日夜的品读与永久的遐想。20世纪80年代，青海省的青少年节约每一分钱累积21万元，在西宁烈士陵园捐资修建了一座由7名红军战士高举锤子镰刀的艺术群雕。那些红军战士戴着脚镣手铐，高呼着口号，走向刑场，表现出一种气概和精神，一种骄傲和希冀，这是对红军西征革命烈士的纪念和缅怀。西路红军失败了，生存下来的红军战士又经历和经受了无数常人难以想象的苦难和磨难，这是永世不可磨没的历史事实。而失败并没有吓倒即将被敌人杀害的红军战士，困难也没有征服那些九死一生幸存下来的共产党人。对于失败，对于死亡，对于苦难和困难，当年的红军和从战争中和困难里走过来的共产党人有他们自己的态度和认识。对于红军和共产党人而言，失败和挫折是暂时的，但又是不可避免的。要革命，要推翻人剥削人的旧社会，要建立新中国，让所有的劳动群众过上好日子，就要随时准备着牺牲个人生命。那是一代很了不起的人，他们从中国的南方出发，经历了雪山草地，吃尽了人间苦头，有不少年轻的生命结束在大西北的河流、荒漠、草滩、深沟、山洼……但是他们义无反顾，他们前仆后继，他们大义凛然，他们视死如归。

　　现在西宁市南北两面起伏的群山，大部分被绿化的草木覆盖着，墨绿苍翠，深邃刚劲。不生草木的是一层层峰峦叠嶂、组合交错、绵延不断的红岩红土。地质结构的科学数据表明，这是上亿年前地球内部裂变和运行发生的重大灾难残留下来的石的红色与土的红颜。但是，面对这特有的地质地貌，外来观光的游人，还有一些文化人都认为，西宁南北两面群山裸露的红色土石是自然界动物死后的热血凝固染成的，而且人的鲜血比重更多。人们合理地想象着，这里流下过远古人的血、原始人的血、西汉高祖刘邦、汉武帝刘彻征讨匈奴双方死亡将士的血，以及随张骞出使西域之士的血、行走丝绸之路商人的血……当然人们更愿意相信，是许多红军战士、解放军战士、剿匪战士的血汇聚成血雨血河，经过日烤风化，天寒地冻，形成了红石土壤。西宁人非常喜欢红色，从凤凰山顶往下俯视，一片

---

　　① 祁镇：《壮怀激烈铸丰碑——红西路军征战史略》，青海民族出版社2000年版，第206页。

红楼，风光无限。时有头披红纱巾、身穿红衣的女子穿行而过，与南北两山的红石红土、市内的红楼红房、街道的红叶红花一起，映衬得天空红云飘逸追逐，红霞绚丽多姿。①

现在的西宁又称夏都，是一座文明、卫生的旅游城市，市区里人们最熟悉的的道路是历史悠久、有着象征意义和纪念意义的"五一路""七一路""八一路"等街道。"五一路"是南北方向，象征着发扬工人阶级的创造精神；"七一路"为东西走向，隐喻着在共产党领导下广大人民群众道路越走越宽阔，日子一天比一天好；"八一路"的意义更加明了，是为了纪念解放青海、解放西宁的伟大历史事件，表达了西宁各民族人民于1949年9月5日迎接解放军进城的赤诚之心和热爱之情。近年，作为"三江源头"的青海，正在不断解放思想、保护生态环境，实现绿色发展，繁荣经济，发扬传统，开拓创新，这是这座放射着红色光芒、有着光荣革命历史的西部城市未来的发展方向和现实生命力所在。

材料3：巍峨绵延祁连山　不屈红军英雄像。

巍巍祁连山，绵绵河西走廊，70多年前，数万名红军战士在这里用鲜血和生命书写了壮烈的一页。1936年10月红军开始执行宁夏战役计划、11月西渡黄河的红四方面军指挥部和第五、九、三十军等部队组成西路军共21800人，最终7000多人战死，12000多人被俘（其中半数遇害）。1937年4月底李先念率领左支队到达星星峡，所剩仅420多人。②西路军仅团级以上英烈就有120多人，孙玉清就是他们当中杰出的代表。

孙玉清，湖北黄安人，1909年3月出生在一个贫苦农民家庭，幼年读过五年多时间的私塾。1927年，为生活所迫到当地的永河六支行（粮行）当学徒。1927年参加了著名的黄麻起义，1928年夏，积极参加农民协会领导的反霸、打土豪斗争。1929年参加中国工农红军，同年加入中国共产党，他参加了保卫鄂豫皖根据地和创建川陕根据地的斗争，由于他作战勇敢、指挥有方，很快由一名普通战士提拔为班长、排长、连长、营长、团长、师长。③在1934年11月1日召开的红四方面军全军政治工作

---

① 乔盛：《党旗映西宁（党旗礼赞）》，2011年7月27日，党建人民网，http://dangjian.people.com.cn。

② 西月：《西路军将士的风雨人生》，《山东大学报》2008年4月30日，第6版。

③ 祁镇：《壮怀激烈铸丰碑——红西路军征战史略》，青海民族出版社2000年版，第35页。

会议上，他指挥过的二七四团（一说红三十二团）被授予"夜袭常胜军"的光荣称号，他本人也被誉为"以一胜百"的战将。由于他特别重视部队的思想建设和战斗作风的培养，作战勇敢，屡建战功，在部队中享有很高威信。1934年，被破格提升为中国工农红军第四方面军第三十一军军长，三十一军的二七一团、二七九团，也由于战功显著而得到红四方面军总部的表扬。1935年8月毛儿盖会议后，被调到红四方面军第九军任军长。①

1936年10月，三大主力红军在会宁胜利会师后，中央军委指示红四方面军总部及其所属五军、九军、三十军2万余人组成西路军，西渡黄河执行宁夏战役计划，以及在河西地区创立革命根据地、打通国际通道的《作战新计划》。蒋介石急忙电令西北军阀马步芳、马步青、马鸿逵、马鸿宾等阻击、围剿过河红军。仅马步芳、马步青调往河西兵力即达11.5万人，其中正规军3.48万人，地方兵团8万余人，战马6万匹、炮兵团1个，蒋介石还派来1个飞行中队前来助战。时任红九军军长的孙玉清奉命参加西路军，他率领红九军在西路军军政委员会的统一指挥下，率部从靖远虎豹口西渡黄河，在甘肃省河西走廊地区与国民党西北"剿匪"第二防区司令马步芳的十余万军队展开了艰苦卓绝的浴血奋战。孙玉清率领红九军首战景泰一条山大捷，二战打拉牌获胜，三战古浪城歼敌两千余人，但自身也遭遇重大伤亡和损失。

1937年3月上旬，西路军余部在临泽县倪家营子、三道流沟突围后，11日从梨园口撤入祁连山，14日到达康隆寺的石窝山。当天下午，西路军军政委员会召开会议（史称石窝会议），讨论以后的行动方针。会议决定由徐向前、陈昌浩同志离队回陕北，向党中央汇报情况；将尚存的三千余人编成三个支队，分散深入祁连山区打游击。其中左支队由李先念、李卓然、程世才、李天焕、郭天民、黄火青等同志负责，率领三十军和总部直属队几十名干部共千余人，深入祁连山区，向西打游击（于4月抵达新疆）；右支队由王树声、朱良才等同志负责，率领九军余部人员，沿祁连山向东打游击；由毕占云、张荣同志率领总部特务团、妇女团等所部千余人组成另一支队，依托祁连山北麓坚持斗争，担任牵制敌人的任务。

---

① 《永远的丰碑：宁死不屈的红军军长孙玉清》，中央电视台《新闻联播》2006年2月26日。

　　会议后，孙玉清同志和王树声、朱良才、李聚奎、方强、徐太先、吴先恩等同志率领的右支队一起行动，向东打游击。3 月 16 日至 18 日，右支队行至黄番寺地区（现名黄藏寺，在甘肃省肃南裕固族自治县东南与青海省祁连县交界处青海一边），与围追堵截的马彪旅激战，打退敌人十余次进攻，歼敌百余人。后因寡不敌众、弹尽粮绝，大部分同志壮烈牺牲，一部分同志向东冲杀出来，由于天寒地冻、山大沟深、风雪迷途、道路不熟，他们在祁连山中转来转去，又几次和马家军搜山队遭遇，于 1937 年 4 月上旬在酒泉南山金佛寺乡关山河谷不幸被地主团俘获。[①]

　　孙玉清同志被俘后，于 5 月 17 日被押解到青海省西宁市，囚禁在东关马忠义的住所（现东关大街新华布鞋厂后院），这在社会上引起了很大震动。反动军阀马步芳亲自召集军政要员，在省政府二堂东客厅"会见"孙军长。孙玉清同志昂首阔步走进客厅，对敌人的审问蔑然视之，厉声回答："老子就是红九军军长孙玉清！"连敌人也承认他很有气魄。面对敌人的威胁利诱，他坚贞不屈，大义凛然，当场揭露和怒斥反动军阀养兵祸国，不抗日却专打红军的罪恶行径。当敌人炫耀自己的胜利时，孙玉清义正辞严的反驳，问得敌人张口结舌，无言以对。

　　在监押期间，马步芳对孙玉清军长采取了一系列软化政策。他们先后两次把孙军长押到陆军医院，看望其在押的爱人岳兰芳同志，敌人妄图利用夫妻之情来软化他。孙玉清坚定地对爱人说："不要害怕，我们的失败是暂时的，你一定要挺住。"当被俘的同志们紧紧地围上来的时候，他关切地询问每个同志的情况，并用坚定的目光鼓励大家斗争下去，同志们无不感动得声泪俱下。马步芳还亲自"陪同"孙玉清到南门外看望在那里做苦役的被俘红军，马步芳得意地问："这些都是你手下的人吗？"孙玉清冷笑一下说："是的！你别看这些人年纪小，打起仗来可英勇。"敌人还把孙玉清押到补充团，妄图叫他做劝诱工作，孙军长利用机会慷慨激昂地说："同志们，西路军虽然失败了，我们的红军依然存在，陕北的红军壮大了，党中央在陕北建立了根据地，红军是打不垮、杀不完的！"以此鼓励被俘的红军战士团结起来与敌人继续斗争。孙玉清义正辞严："我从

　　① 《红九军军长孙玉清蒙难经过》，2012 年 3 月 2 日，中国甘肃网，http：//www. gscn. com. cn。

参加革命时起，就把生死置之度外。现在我死而无憾，并引以为荣。"①
孙玉清威武不屈的硬骨头精神，使敌人的"劝降"活动一次次碰壁，敌
人恼羞成怒，最后，马步芳只好请示如何处理，蒋介石回电命令"处以
极刑"。

　　1937 年 5 月下旬的一天深夜，天黑得像锅底一般，高原古城仍有些
寒气逼人。孙玉清还在翻一本破旧的《水浒传》，他想着全面抗战高潮即
将来临，自己要加倍钻研战术，争取出狱，继续驰骋在救国救民的疆场
上，迎接全中国的彻底解放，战斗到革命最后成功。但是，他的宏愿已经
没有办法实现了，惨无人性的马步芳秘密下达了杀害孙军长的命令。孙玉
清被敌人捆绑在马忠义后院马棚的柱子上，面对刽子手的屠刀，他怒目面
视，宁死不屈，高呼"共产主义万岁"的口号英勇就义。第二天早晨，
马忠义的团副喇文彬将孙玉清的遗体拉到南门外偷偷掩埋，并将孙军长的
头颅送到了马步芳军部。年仅 28 岁的红军军长用生命实践了为革命而死、
死而无憾的誓言。②

　　在战斗中牺牲的还有第五军军长董振堂、政治部主任杨克明、第九军
政委陈海松（牺牲时 23 岁）、西路军供给部部长郑义斋等人。董振堂、
杨克明、孙玉清的头颅被敌人割下，并拍下照片作为证据。

　　西路军的女战士约有 1500 人，其中妇女抗日先锋团 1300 多人，前进
剧团 100 多人，其他部门还有一些，著名的女战士有张琴秋、王泉媛、吴
富莲、王定国等人。徐向前在回忆录《历史的回顾》中写道："她们临危
不惧，血战到底，表现了中国妇女的巾帼英雄气概。红四方面军妇女独立
团的光辉业绩，将永彪史册。"③

　　西路军指战员为了中国人民的解放事业，南征北战，驰骋河西，为中
国人民的解放事业建立的不朽功勋，他们的英雄形象和英雄事迹教育、鼓
舞、激励着一代代后人继承革命先烈的遗志，坚定信心，团结一致，为实
现中华民族伟大复兴的中国梦作出更大的贡献。

----

　　①　《忠于党和人民的"战将"——孙玉清》，2006 年 8 月 21 日，中国共产党新闻网，ht-
tp：//cpc. people. com. cn。

　　②　《红九军军长孙玉清蒙难经过》，2012 年 3 月 2 日，中国甘肃网，http：//www. gscn.
com. cn。

　　③　西月：《西路军将士的风雨人生》，《山东大学报》2008 年 4 月 30 日，第 6 版。

【案例点评】

从上述三个红军西征的历史事件中可以看到，在西北少数民族地区由于敌我力量对比悬殊以及孤军深入等原因，与马匪军的斗争是艰苦卓绝的，在局部地区遭遇挫折和失败是难以避免的。这也说明中国革命面临的敌人异常强大，中国革命具有长期性、复杂性和残酷性。同时，由于中国社会经济、政治发展不平衡，又导致了革命发展的不平衡性。中国的社会特点、中国反动统治阶级的残暴决定了中国革命必须以长期的武装斗争为主要形式。

红军西征过程中，战士们在极端困难的条件下，面对敌人的疯狂进攻喋血奋战，历时近五个月之久，表现出英勇奋战、勇于牺牲的革命精神。战事结束后，凶残成性的马步芳将西路军6000多名被俘的红军战士押解到青海，屠杀、活埋、折磨致死的有2000余人。红军战士有的惨遭杀害、有的被迫做劳役、有的沦为敌人官员的妻妾奴仆、有的流落在青海各地，面对敌人惨无人道的杀戮与迫害，尽管他们的处境异常险恶，仍然同敌人进行着不屈不挠的斗争。艰苦的环境并没有让红军战士忘记党的事业，他们时刻盼望着当年的红军解放全国，解放青海，盼望着早日回到党的怀抱。新中国成立初期，全省尚有原西路军战士495名。他们积极协助解放军和人民政府剿匪反霸、建立政权，大部分人成为党的基层工作的骨干，是党的依靠力量。西路军战士对国民党反动派给与了沉重打击，为中华民族的解放事业英勇奋战，在中国革命史上写下了英雄悲壮的光辉篇章，为中国共产党在青海的革命斗争史添上了绚丽的光彩，是党和人民军队艰苦奋斗的象征，是鼓舞人们前进的巨大动力。

红军西路军指战员在西征中表现出了对共产主义事业忠贞不屈的坚强信念和为理想而献身的精神，英勇反抗、不怕牺牲的精神，共产主义战士艰苦卓绝、勇往直前的光辉形象，顾全大局、服从指挥、严守纪律的优良作风。同时，我们也深深地感受到革命事业的成功来之不易。

【思考题】

以红军西征为例，深刻把握中国革命的特点，并深入理解武装斗争是新民主主义革命的基本经验。

【案例提示】

本案例可适用于第二章第三节"新民主主义革命的道路和基本经验"中第二标题——"新民主主义革命的三大法宝"部分，在教学中通过介绍一些图片资料，让学生体会中国革命的长期性、复杂性和残酷性，武装斗争是中国革命的特点和优点之一，红军西路军将士临危不惧、为理想而英勇献身的精神，从而也感受到中国革命的成功来之不易，教育学生自觉树立和坚定中国特色社会主义理想信念。

案例二 青海的红军沟——永远美丽的风景

【案例材料】

青海省果洛藏族自治州班玛县是果洛藏族人民的老家，藏传佛教文化在全州有很大的影响，而广为流传、影响深远的班玛县"红军沟"也有着久远的历史。

红军沟原名叫子木达沟，位于果洛藏族自治州班玛县亚日塘子木达沟口，距班玛县城 37 公里，属历史文化类人文风景旅游点。1936 年 7 月中国工农红军二方面军第六军团万余人长征经过了果洛州班玛县、久治县一带，点燃了千里草原上的熊熊革命烈火。目前"红军沟"已成为该县重要的爱国主义教育基地和主要的红色旅游景点之一。红军沟两侧巍峨的高山上松木挺拔伫立，仿佛在守候着红军曾经走过的这方土地。

进"红军沟"不远便看见前面的山脚下兀立着一块高约五六米的长方形青色巨石，巨石正面光洁平整，上面写有"北上响应全国抗日反蒋斗争！安庆宣"15 个黑色大字，字体刚劲有力，字迹清晰、赫然醒目。这则标语的出现是红军长征史上的一大新发现，这是中国工农红军二万五千里长征唯一经过青海的地方。

1936 年 7 月上旬，红军长征部队在甘孜会议以后，二、四方面军先后由甘孜分三路纵队向川北挺进。当时二方面军由总指挥贺龙、政委任弼时、副总指挥肖克、副政委关向应、参谋长李达，以及六军军长陈伯钧、政委王震等率领向四川壤塘方向进军。其中六军的直属机关和十六、十七、十八、模范师与三十二军等，于 7 月 13 日先后进入班玛县境内，7

月 22 日前后，由班玛出发，经久治到达四川阿坝与主力部队会合。这幅标语就是当时红军二方面军安庆分部中国工农红军二方面军第六军的"安庆部"进入班玛县南部，翻山越岭，路过子木达沟时留下的，他们曾在吉德寺、班前寺等地驻防整休，筹措粮草，为防止敌人偷袭，在驻地修筑临时哨所和掩体工事，至今遗迹尚存。

当时由于时间匆促、语言障碍等原因，红军当时并不清楚玛柯河班前乡一带属于青海境内，所以后来一直无人提起。玛柯河与四川省只一河之隔，多年来人们一直把红军长征经过且留下北上抗日宣传标语的地方认为是四川境内。直到新中国成立后好多年，人们发现这幅写在岩石上的标语后，才知道红军长征曾经过了班玛县，这样，红军长征经过的地方就是12 个省了。

红军长征时，班玛还没建县。红军在班玛地区的行军路线是：唐摇沟—西倾寺—鱼托寺—绒玉—王楼—哑公寺—作木沟—阿坝。当时，二方面军三个军约 1.5 万人，四方面军的三十军、四军十师、十一师、骑兵独立师、西北局党校、红军总部、总部五局约 1 万人，总计 2.5 万余人经过了班玛。

1936 年 7 月 2 日，李先念率领的先遣部队首先进入唐摇沟（今班玛县知钦乡第三牧委会牧场）地区露宿，12 日第六军十六师、模范师移住鱼托寺，17 日第六军其他部队继续西行到亚公寺宿营，后进入子木达沟。在班玛驻扎休整期间，据史料记载，到达绒玉的第一晚，仅红二军团第六师因饥饿疲倦和劳累，就有 140 多个红军指战员永远地闭上了眼睛。红军曾在唐摇沟口山林、吉德寺、班前寺，灯塔寺、扎洛寺、纳大村、子木达沟等地驻防、筹粮。当时的班玛地区还处于封建农奴制社会阶段，广大劳动人民深受封建农奴社会的压榨和反动头人的剥削，过着牛马不如的悲惨生活。红军进入玛柯河林区，当地的藏族群众都上山躲进了森林。红军将士们严格执行"三大纪律，八项注意"，以自己的实际行动让当地群众了解红军，使他们了解红军是工农子弟兵。红军进村后，通过留村的群众传话给躲避在山上的人回家安居，红军指战员严格执行"三大纪律、八项注意"和党的民族政策，尊重少数民族的风俗习惯，他们不动群众的一草一木，不损坏群众的一棵庄稼。

班玛县亚尔堂公社子木达生产队一位老大娘回忆说："有一年，正是豌豆快结角的时节我和另一些人在地里劳动，看到远处过来许多当兵的，因为害怕，我们都躲进附近的树林里。这些当兵的就在豌豆地旁坐下休息。后来，他们分头拣牛羊皮、牛羊骨头挑野菜。然后把骨头砸开，和野菜一起煮着吃。但谁也不动一下就在身旁的豌豆。当时我们只是感到这些当兵的和其他军队不一样，后来才知道他们是共产党、毛主席领导的红军。"红军还曾在今班玛县亚尔堂乡政府所在地王柔、江日堂乡亚尔堂村等地宿营，红军一部自亚尔堂向久治县境内的白玉寺挺进时，强渡阿什羌河，曾与马匪军激战六七个小时。勇敢正义的红军和残暴成性的马匪军，使民众看到了正义与邪恶、善良与残暴两股力量的殊死搏斗。

为争取少数民族群众的支持，顺利通过民族聚居地区，尽快奔赴抗日前线，红军认真执行民族宗教政策和纪律，尊重少数民族风俗习惯和宗教信仰，提倡各民族政治经济一律平等。部队在生活极其困难的情况下，还尽力救济生活贫困的群众。部队的领导干部在翻译陪同下，逐家逐户看望慰问群众。班玛地区几个村子就有一个寺院，红军借住过不少寺院，他们尊重寺院的宗教人员，需要向寺院买粮食和柴草时，必定用银元公平交易。有一名小红军出于好奇摸了一下寺院铜佛，立即受到部队领导的批评。寺院的喇嘛深受感动地说："我们从来没有见过这样的军队。"红军向群众宣传党的政治主张，印发藏文传单，在石壁上书写了许多标语，着重向藏族群众宣传北上抗日的战略方针和革命真理。班玛的藏族群众第一次从红军的口中听到了"红军""共产党""革命""抗日救国"这样一些词语和革命道理。由于模范地执行了党的民族政策，由于艰苦工作和模范行动，逐渐扩大了红军的影响，山上的群众陆续回到村子，许多人主动为红军筹办粮食和燃料，顺利地完成了筹粮任务。

红军通过了班玛这个少数民族聚居地区，也留下了军民互助的许多感人故事。山上的群众回村以后，积极救护伤病的红军战士。班前乡仁岗村有一位在群众的救护下幸存的红军战士，原名何世安，原籍四川省，1936年夏随红军队伍进入班玛后，他由于年小体弱并负了伤，伤口化脓生蛆，在行军途中掉了队。当他赶到亚尔堂乡阿格昂哇村时，昏倒在一块地里，被一个名叫唐哇觉巴的僧人发现，背回家中，为小战士冲洗包扎伤口，把他救活了。以后又让他学木工手艺，并在当地找了一位藏族妇女建立了家庭。从外表看，他已成为一个纯粹的藏族人了。后来人们都亲切地称他为"环钧"（即红军之意，又称红加、洪加），这也就成了他的名字，他于1986年去世，时年63岁。妻子仲拉现在在班玛县灯塔乡然亚寺居住，老人的后代继续生活在班玛。①

　　莫巴乡铁匠公保和奇哥兄弟二人在亚积堂（哑公寺）谢江滩山根干活时，还抢救了一位因身体虚弱而昏倒在地的红军战士。兄弟俩把战士背回帐篷，喂奶茶和糌粑，在兄弟二人的照料下，这位红军战士很快康复。第二年春天，这位红军战士精心制作了一把上面有一只手捧着一颗心的图案的锉刀，赠送给救命恩人作纪念，并含着眼泪向兄弟二人告别，到阿坝地区找红军去了。他走后，两兄弟放心不下，害怕路上出事情，又沿着克柯河、阿曲找到阿坝，但未找到他，他们把锉刀用红绸子包起来，锁在箱子里当作宝贝保存，一直到 1961 年献给政府。

　　1936 年 7 月，红军在班玛地区行程大约 600 多里，路过班玛停留的时间虽然只有一二十天，但是在这短短的日子里，红军的一言一行、一举一动，给当地的藏族群众留下了美好印象并深深地印在他们心中，红军的革命行动给漫漫长夜中的民众心间点亮了一盏走向美好世界的神灯，红军感天动地的崇高精神鼓舞了一代又一代的玛柯河人民。红军在班玛县完成了掩护主力部队北上的任务后和藏族群众告别，向甘南方向追赶部队，当地群众派出了向导给红军带路。

　　当地藏族人民为了表达对红军的怀念，并借以教育后人追念学习红军的英雄伟绩，把这条红军曾走过的山沟改名为"红军沟"，班前乡政府扎洛村北吉德寺大经堂前曾设立的哨所命名为"红军哨所"，扎洛村北、吉德寺大经堂前曾设立的哨所命名为"红军哨所"，班前乡政府旁红军曾走过的一座桥命名为"红军桥"，红军饮用的泉水为"红军泉"，还有红军墓等。他们还把红军当年遗留下的马鞭、马叉子、刀子、勺子、铁锅等当作珍宝保存下来并精心收藏起来，陆续交给政府文物保管单位。人们还在写有标语的石壁前盖了一座亭子，精心地把标语保护起来。如今这些遗物作为红军长征路过青海的历史见证和珍贵文物载入了班玛县的史册。1986 年 5 月 27 日，此地被列为省保护文物单位。2004 年班玛县政府确定"红军沟"为"班玛县爱国主义教育基地"，后来修建了红色旅游展览馆，使之成为青海省第二个红色旅游纪念馆，在"红军沟"景点的基础上，又开发出红军泉、红军路、红军墓等景点。2012 年 11 月被青海省委宣传部

①　才太吉：《寻访红色印记：班玛——红军走过的地方》，2011 年 6 月 24 日，央视网，ht-tp：//www.cctv.com。

命名为"青海省爱国主义教育基地"。①

　　班玛县红色旅游展览馆于 2005 年 7 月 1 日正式建成开馆，外观庄重典雅，与周围的绿树、碧水、藏式建筑物浑然和谐。走进展览馆，首先映入眼帘的是馆壁四周的一幅幅画卷：红军到达班玛时，当地群众手捧洁白的哈达隆重迎接的场面、红军向当地群众宣传革命理论的场面、红军筹粮的场面、英勇战斗的场面、沉痛哀悼英勇牺牲的红军战士的场面以及红军与当地群众一一告别的场面等。大小各异的橱窗里陈列着在册烈士英名录档案以及近百件红军烈士遗物，其中有红军遗留在班玛的党旗、陶器、弹药、衣物，老红军红加（即前文所提及的"环钩"）当年亲自为省政协副主席蒲文成制作的小圆凳以及他个人生前使用过的一些木匠工具。

　　橱窗里还有一本红色封面的《浪花曲》异常醒目，这是老红军周龙捐赠给展览馆的回忆录。周龙，1932 年 2 月参加红军，由一名普通的红军战士成长为我军高级指挥员。在多年的革命生涯中，他南征北战、戎马一生，任贺龙同志的警卫员多年，曾接触过我党我军的众多领袖人物，并亲身经历了一些著名的战斗和战役。红军长征时期他随军经过青海班玛藏区，亲身经历了红军在这里的日日夜夜。目睹革命先辈们的珍贵遗物，聆听他们不屈不挠、英勇奋战，为国为民抛头颅、洒热血、亲民爱民的感人事迹，人们不禁肃然起敬，责任感和使命感油然而生。当地的党组织经常用红军的模范行动和奋斗精神向青年进行革命传统教育，并请流落红军给学生讲红军的战斗故事，告诉青少年我们今天的胜利来之不易，要热爱党、热爱社会主义祖国。

　　5 月的班玛群山叠翠，蓝天白云，宛如一幅永恒的、秀丽的山水画卷。红军走过的时代虽然已经远去，但是当年一首想念和歌颂红军的歌谣依然在当地群众中传唱："红军走了，村寨空了；村寨空了心不焦，心焦的是红军走了。"② 当地藏族同胞说这首感人的歌谣"我们传唱 70 年了"。沿着蜿蜒崎岖的山路，找寻红军的足迹，瞻仰书写在石壁上鲜红依旧的红军标语，红军亭、红军墓、红军桥、红军泉、红军哨所、红军宿营地……望着那依然清晰可辨的标语、红军桥和尚存的临时哨所及掩体，不禁使人

---

　　① 刘志强：《班玛——红军长征走过的地方》，《青海日报》2013 年 10 月 25 日，第 9 版。

　　② 才太吉：《寻访红色印记：班玛——红军走过的地方》，2011 年 6 月 24 日，央视网，ht-tp：//www.cctv.com。

想起当年红军千军万马经过这里时马蹄声碎、喇叭声咽的情景。在这里感受着红军的英勇壮举，游人们经常感慨万分。现今我们国家的强大，人民生活安宁，都是当年那些宁死不屈、奋力斗争的革命先辈在共产党的领导下用他们珍贵的生命换来的。红军长征精神代代相传，已成为凝聚班玛县人民克服困难的重要力量，激励和鼓舞着人民为促进经济发展、社会和谐、民族团结和全面建成小康社会作出新贡献。

【案例点评】

红军在青海果洛停留的时间虽然很短，前后仅有20余天，他们用自己的实际行动赢得了藏族人民的爱戴，使藏族人民初步了解了红军，给这一带少数民族地区留下了深远的影响，红军的形象深深留在藏族人民心中。正如毛泽东所说的，"长征是宣言书，长征是宣传队，长征是播种机"，红军长征途经青海少数民族地区有着巨大和深远的影响，这些影响表现出重要的历史意义和现实意义。

民族平等和民族团结观念开始深入少数民族人民心中。民族平等团结是中国共产党处理民族问题的原则立场和根本政策。在班玛县，红军模范地执行了党的民族宗教政策，遵守了群众纪律，同时也宣传了抗日救国主张。

与当地人民群众建立了军民互助的鱼水关系，提高了人民群众的思想觉悟。经过共产党和红军的宣传教育之后，少数民族人民从怀疑、敌视转向同情，积极支持甚至参加红军，得到了少数民族群众的支持和帮助，这是红军生存、战斗和顺利通过民族地区的重要条件。

驻班玛期间，红军英勇抗击残暴成性的马匪军，使民众看到了正义与邪恶、善良与残暴两股力量的殊死搏斗和较量，表现了红军英勇顽强、不怕牺牲的革命精神，在人们心目当中激发起了对人民军队的热爱和拥护之情。

长征的胜利造就了长征精神，赋予了长征精神以丰富而特定的内涵。概括起来主要有：无比忠诚、坚定不移的革命理想和革命信念；不怕牺牲、敢于胜利、充满乐观、一往无前的英勇气概；顾全大局、严守纪律、亲密团结的高尚品德；联系群众、艰苦奋斗、全心全意为人民服务的崇高思想；坚持正确领导、正确路线、正确决策、正确指挥的艺术和胆略。红军战士长征中不畏艰险、不怕困难、不怕牺牲、勇往直前的精神、艰苦奋斗的精神、坚持真理、敢于同错误倾向作斗争的精神、实事求是的精神等都已载入了史册，成为中国人民战胜困难的精神动力。长期以来，长征精神一直是推动中国革命事业前进的宝贵财富和巨大精神动力。在新的历史时期，进一步弘扬长征精神对于开拓和振兴青海仍然具有伟大的时代价值和意义。

新中国成立 60 多年来，青海广大群众继承和发扬长征精神，艰苦奋斗、勇于牺牲、甘于奉献，使青海得到了快速发展，为青海的社会主义革命和建设作出了突出的贡献。进入新世纪，长征精神的发扬光大仍然受到社会各界的广泛关注和普遍重视，它已成为青海人民在党的领导下进行社会主义现代化建设的强大精神动力，同时也是中华民族精神的主要内容之一。

【思考题】

红军长征表现出了哪些精神？红军长征对青海的影响是什么？

【案例提示】

本案例可适用于第二章第二节"新民主主义革命的总路线和基本纲领"中第一标题——"新民主主义革命的总路线"部分、第三节"新民主主义革命的道路和基本经验"中第一标题——"新民主主义革命的道路"、第二标题——"新民主主义革命的三大法宝"部分。在教学中配合一些图片资料和视频资料向学生介绍，让学生深刻把握中国共产党必须要建立工农联盟为基础的广泛的统一战线，宣传、组织和发动农民，才能使革命战争获得广大农民的支持和参与，获得广大的群众基础；无产阶级及其政党实现对革命阶级的领导，一定要对被领导者给与物质福利，同时对被领导者给以政治教育的重要性和必要性。红军长征经过青海班玛地区，正是因为模范地实践了上述思想理论，遵守党的民族宗教政策，得到了少数民族群众的支持和帮助，顺利通过了民族地区。

案例三　1941：日军飞机轰炸西宁

【案例材料】

20 世纪 40 年代初期，地处祖国西北的青海也受到了日寇的摧残和践踏，回顾抗战时期西宁古城被日寇疯狂轰炸的历史，我们一定要深刻地反思并总结教训，警示世人。

1941 年 6 月 18 日，日本侵略者的 48 架飞机侵扰青海省西宁、乐都、民和上空，但未投弹便逸去。23 日中午，日本侵略军派出 27 架飞机再次飞抵古城西宁上空，在公安街（今文化街）、饮马街、玉井巷、法院街、观门街、湟水南岸的昆仑中学、韵家口、乐家湾、杨沟湾一带进行疯狂轰炸。"敌机共投下炸弹 250 余枚，燃烧弹 40 余枚，并用机枪进行低空扫射。"这是抗战时期青海人民遭受日本侵略者最直接也最严重的一次暴行。日寇的残暴行径，激起了青海各族人民的无比仇恨和愤慨，自此后，青海各族各界群众把对日寇的仇恨转化为抗日的实际行动。

日寇空袭给青海人民造成了严重的伤亡和财产损失

1941 年 6 月 23 日，日军飞机对西宁进行疯狂轰炸，造成严重的人口伤亡。青海省政府 1941 年 6 月对空袭中伤亡人数的统计数字是：死亡 43 人、重伤 12 人、轻伤 16 人。其中死亡人数内有警士 5 人，其余均为民众。重伤人数均为民众。轻伤人数包括民众 7 人、警士 1 人、官兵 8 人，总计 71 人。

空袭中，日机轰炸不但使民众惨重伤亡，还直接和间接地造成了严重的财产损失。据九岁时亲身经历了日机轰炸西宁的石葵先生回忆，当时"我听到了机枪扫射的啸声和炸弹爆炸的声音"，"周围邻居妻离子散，惨不忍睹"，"崔老先生惨死在屋中"。日寇空袭中，共炸毁民房 449 间、机关 9 处 81 间，受难户达 169 户，致使居民财产严重受损。全省财产损失总体情况是：（1）征送及捐献的军马 6143 匹，折合 1937 年 7 月法币 301535.15 元；（2）西宁市遭日军空袭各种损失（财产损失、房屋损失、抚恤费、救济费、药品药械及器材费、奖慰金、防空费、疏散费）折合 1937 年 7 月法币 105809.37 元；（3）1939—1945 年士兵牺牲、病故抚恤费支出折合 1937 年 7 月法币 7552.59 元；（4）捐献的羊皮 10 万张，加上所捐献金 213929.449 元（法币），折合 1937 年 7 月法币 233420.26 元；（5）供应军粮 60 万石，折合 1937 年 7 月法币 1983389.12 元；（6）认购公债 150 万元（法币），折合 1937 年 7 月法币 8931.76 元；（7）各机关、学校抗战期内公私财产间接损失（迁移费、防空设备费、疏散费、救济费、抚恤费、办公费、房屋、器具、现款、服着物、建筑物、古物书籍、仪器、医药费、图书、军需供应、物价波动）为 11529995568 元（1946年 2 月法币），折合 1937 年 7 月法币为 4474279.89 元。累计财产总损失折合 1937 年 7 月法币 7114918.14 元。

　　青海人民积极支持抗战

　　早在全国抗战爆发时，青海各族人民得到日寇侵占中国领土的消息后，就与全国人民一样，群情激愤，积极抗日，先后成立了青海人民抗敌后援会、国民精神总动员青海分会、西宁教育界学生会、妇女会、工会、商会等各界抗日团体；西宁回中师生创办了《星月》半月刊，大力宣传抗日救国，多篇幅登载抗战的言论、报道和文艺作品，共出 30 期，在全省各市县发行外，还寄送西安、兰州等地；青海藏传佛教大师、爱国人士喜饶嘉措偕学者杨质夫等，前往蒙藏地区和各大寺院进行抗日救国宣传活动；青海蒙古族驻京人员推选代表深入青海蒙古族二十九旗进行抗日宣传。

　　全省还多次发起献金、献机、捐寒衣、寄慰问信等活动，积极声援抗日。1938 年 2 月，全省各界在西宁发起慰问抗战将士献金竞赛，共募集献金 4889.56 元（银元，下同），互助等六县共募集献金 1973.45 元；4月，青海省各学校响应"中国儿童号飞机"筹募总会发动的募捐活动，共捐款 3643.48 元，各学校还号召师生赶织毛袜、毛裤等，捐献前方抗日将士；省东塔院道众将东塔院变卖，捐献部分款项慰劳前方将士；政府公务员也为"公务员号"飞机捐了款。

　　7 月 7 日，为纪念"七七事变"一周年，青海各族各界群众又在省垣献金三日，全省共捐款 6000 余元。9 月，为响应武汉各界征信活动，全省各界同胞、各个团体，不分男女老幼一致动员，纷纷写信慰问抗日战士，最后将所征慰问信统一收齐后转交前线；10 月，在全省发起为出征将士征募寒衣活动，征得大量冬衣材料及羊皮 10 万张。年底，又征集寒衣代金 14.48 万元，交驻西宁中央银行寄往前方。还有节约献金、本省出征将士献金、救国献金等。此外，还有蒙藏王公千百户和塔尔寺僧众捐献军马 3000 匹等。

从 1939 年 1 月到 1942 年 8 月，全省共征送和捐献军马 6143 匹；以及民众认购青海胜利公债 100 万元和青海救国公债 50 万元；1942—1945年，供应军粮（包括征购、征借、委购）达 60 多万石。

青海骑八师开赴抗日前线，伤亡惨重。全国抗日战争爆发后，各民族人民抗日运动高涨，1937 年 8 月由青海和甘肃的汉、回、撒拉、蒙古、土等民族 8920 余人组成的青海骑兵第八师，由师长马彪率领，从西宁出发奔赴抗日前线。1938 年 2 月，骑兵师驻西起陕西灞桥、东至河南灵宝的陇海铁路沿线，以及陕西西安和河南荆紫关的西荆公路沿线，负责守护铁路和公路的安全。在此期间，青海骑兵师曾奇袭晋南芮城一带的日军，剿平了公路沿线有日本浪人和汉奸参加的土匪，沉重地打击了日寇，确保了陇海铁路及西荆公路的畅通无阻。[①]

青海各族人民以自己的实际行动对日寇的侵略行径给予了坚决回击，表现了中华民族反对外来侵略、争取民族独立的英勇气概。

【案例点评】

青海远离战争前线，但是在抗战期间仍然没能幸免，日军的飞机对这座城市进行了疯狂的轰炸，残杀无辜，铁证如山，这是日本侵略者永远无法抹去的侵略罪行。与全国其他地方遭到的惨绝人寰的"三光"政策、细菌战、毒气战等相比而言，作为抗战大后方的青海，当时的社会经济和人口遭受损失的情况虽然没有那么惨烈、沉重和巨大，然而，日军轰炸西宁的侵略性质是不可改变的，给青海人民造成了严重的人口和财产损失。轰炸也给青海人民造成久远的难以忘怀的心灵创伤。它曾在一个时期内改变了青海经济和人口发展的某些历史轨迹，一定程度上改变了人们的思维方式和行为方式。牢记这一段受侵略、受凌辱的历史，对于大力弘扬以爱国主义为核心的伟大民族精神，早日实现中华民族伟大复兴的"中国梦"具有特殊意义。

【思考题】

从日寇疯狂轰炸西宁古城这一历史事件中我们应该得到哪些深刻的

---

① 党妍诗：《1941：日军飞机轰炸西宁》，《青海日报》2013 年 8 月 16 日，第 9 版。

启示?

【案例提示】

本案例可适用于第二章第二节"新民主主义革命的总路线和基本纲领"中第一标题——"新民主主义革命的总路线"部分,在教学中还会配合一些图片资料和视频资料向学生介绍,让学生切身体会和感受帝国主义侵略给中华民族带来的深重灾难和巨大危害,以及中国人民自强不息、英勇抗争、永不屈服的民族气概,教育学生弘扬爱国主义的民族精神,为实现中华民族伟大复兴贡献自己的力量。

案例四　高原大地迎新生——人民解放军第一军解放青海

【案例材料】

1949 年 4 月 23 日,中国人民解放军占领南京,宣告了国民党反动统治的灭亡,国民党军在全国范围内彻底崩溃。在解放大西北的伟大进程中,5 月 20 日,人民解放军第一野战军乘胜解放了西安及关中地区,7 月 11 日,我军发起以扶风、郿县地区敌胡宗南军为主要进攻目标的扶郿战役。从此,西北战场我军由局部性的进攻转入了大规模的全面进攻。仅三天的攻击,我军控制了秦岭及其以北广大地区,为西进作战创造了有利条件。人民解放军以席卷之势横扫残敌,7 月 25 日,我军全歼盘踞在甘肃固关镇地区的马步芳部骑十四旅,于 8 月 26 日中午解放了甘肃省会兰州市,兰州战役中马步芳主力八十二军大部被歼。人民解放军大获全胜,击毙青海马步芳部(以下简称青马)1 万多人,俘虏 13716 人,缴获战马 2413 匹、各种大炮 126 门、轻重机枪 545 挺、长短枪 623 支,多支、各种枪炮子弹 169 万多发、汽车 40 多辆,以及难以数计的军用物资器材。但人民解放军也为此役付出了重大牺牲,伤亡 9376 人。

兰州战役的胜利,彻底改变了西北战场的形势,粉碎了国民党政府利用"二马"(马步芳、马鸿逵)盘踞西北作最后挣扎的企图,摧垮了马步芳政权赖以存在的军事支柱,而且为解放整个大西北,特别是为解放青海扫除了主要障碍,洞开了长驱直入的进军大门。

兰州战役马步芳部惨败，8 月 27 日，马步芳携带家眷和大批财物及少数亲信乘坐飞机逃往重庆。马步芳两万多残余部队因兰青公路已被封锁，不少人从北山小路进入沙沟溃逃至永登一带。马继援和敌八十二军副军长赵遂等共收集残兵败将约 7000 人，也逃至永登并向岔口驿撤退，途中溃散人众居多。马继援得知其父已走，放弃继续顽抗的计划，自 8 月 29—31 日，从永登经大通河取道互助逃至西宁，9 月 1 日与敌一二九军军长马步銮、新编步兵军军长马全义、一二九军一师师长马璋等军政要员带着 31 箱黄金（3.1 万两）和 121 箱白银及贵重物资，乘两架飞机逃走。

兰州解放后，马步芳的主力部队被歼近三万余人，尚有残余两万多人沿甘青公路向西逃窜。野战军指挥部彭德怀司令员根据敌情和毛泽东的先期部署，命令王震挥师 10 万，以牛刀宰鸡战术，求歼青马残部于青海本土。王震奉命后，即于兰州解放的当天，令所属一军、二军 7 万余众，和附属六十二军之一八四师、一八六师，以及兄弟部队二兵团三军八师等部 3 万多人，分路兼程向青海挺进。1949 年 8 月 27 日，一兵团一军军长贺炳炎、政委廖汉生率部从永靖渡黄河，取道民和、乐都，沿湟水以南的山区小道直取西宁。二军在王震的直接指挥下，由临夏西进循化渡黄河、取道甘都、化隆，协同一军攻占西宁；十八兵团六十二军也从永靖、循化两处北渡黄河，向西宁攻击前进；二兵团第三军沿甘青公路追击西进。

解放军进军青海遇到的第一道难关是跨越黄河天险，马步芳残部则妄图凭借黄河天险阻击解放军进入青海。一兵团第一军 8 月 27 日到达永靖县以后，积极准备在莲花渡口北渡黄河。这个渡口原来的一座铁索桥、二十多只木船都被敌人逃跑时破坏和烧毁。军长贺炳炎、政委廖汉生决定组织炮工团的工兵营和师工兵连想方设法架设浮桥，但是由于工兵在水急浪大的黄河上架桥没有经验，架桥器材也十分缺乏，架桥工作受到挫折，架桥任务十分艰巨。一军首长亲自到河边调查研究，决定动员群众，征集羊皮筏、牛皮筏和木排等渡河工具强渡黄河，渡河行动得到了当地各族群众的大力支持，当地群众欢欣鼓舞，积极帮助编扎筏子，一天就造成大小筏子四十多只，小筏每次可渡 4 人，大筏可乘 10 人左右，许多经验丰富的水手还跳入水中帮助解放军渡河。①

8 月 28 日拂晓，一军开始渡河，先头部队二师五团三营在河对岸守

---

① 陈庆春：《人民解放军第一军在青海的战斗岁月》，《青海湖》2009 年第 9 期。

敌并没有发觉的情况下秘密渡河成功，击溃了河北岸两个连的敌人，占领了对岸渡口，掩护大部队渡河。当年解放西宁时任一军三十七团某连指导员的史印亭老人介绍说，自己在陕西打仗时见过羊皮筏子，但没有坐过。头一次上羊皮筏子让他这个"十年老兵"有些胆战心惊。"河水很急，我们各个抱着枪紧紧抓着羊皮筏子，根本顾不上激起来的河水打湿衣裤"。

从8月28日到9月2日，经过数天的抢渡，一军3万余人、2000余匹骡马、上百门重炮以及全部各种武器装备，凭借羊皮筏子、木筏、船只等工具，安全迅速地渡过了黄河天险，无一人一马损失，这在解放战争中是罕有的。二军军长郭鹏、政委王恩茂率部亦于26日从临夏驻地起程，当天翻越甘青接壤的达里加山率先攻入青海境内，并于27日下午解放循化县城。9月3日，二军五师主力进驻甘都。5日，五师解放了化隆。7日，二军全军渡过黄河，分批向西宁挺进。此时各地的马家军已经不战自溃，仓皇逃窜，那些被抓来的壮丁乘机开溜，纷纷弃枪而逃。

一军渡过黄河之后，计划从民和、乐都，沿湟水以南山区小道进军西宁。为了不给敌人喘息之机，一军军部决定抽调军直属及一、二、三师的骑兵侦察连和9个团侦察排的骑兵班以及各师侦察科长、各团侦察参谋等，共600多人骑，组成先遣侦察部队，由军侦察科长孙巩带领，先期出发。由于收到了马步芳准备逃跑的情报，我军派出的骑兵侦察先遣小分队轻骑快马，星夜急驰直插西宁，准备活捉马步芳，有的战马马掌跑掉了，还有的马匹累死了，战士们换上缴获敌人的战马继续急驰，还有些吃不消的战士掉了队。9月4日，一军先遣骑兵侦察部队经平安赶到西宁乐家湾飞机场时，才得知西宁已是一座空城，便于5日拂晓向西宁攻击前进，14时进入了城区，这时候，马步芳已经乘飞机仓皇逃跑了，他的部队已经被打散了，没有遇到什么抵抗。万分遗憾的小分队只好在大部队还没有到达之前分成每三人一组，接管了四座城楼。小分队与西宁城内的部分士绅和各族群众一道维持社会秩序，看守马家军遗弃的财产，等待大部队的到来。9月的高原秋高气爽，入夜后气温已经很低了，急行军后的战士们虽然都是第一次踏上青藏高原的土地，但都很疲惫，没顾上看一眼高原的景色，就在寒冷的秋风中睡着了。①

---

① 《60年沧海桑田解放军兵分两路进军西宁》，2009年10月22日，人民网，http://dang-shi. people. com. cn。

1949年9月5日，对青海来说是个值得铭记的日子。这一天，人民解放军胜利进驻西宁，西宁正式解放了。这座高原古城的解放，结束了马步芳家族政权对青海近40年的封建世袭统治，宣告了青海各族人民当家做主这一新纪元的开始。想起当时的场面，史印亭老人还是有些激动："我们从西宁东大门进的城，尽管没有组织什么入城仪式，也没有发出通告说部队要进城，但消息灵通的群众一大早就在城门口迎接解放军。"大部队紧跟着于7日进城，9月9日，王震司令员兼政治委员率兵团部和第二军在解放化隆后，经平安到达西宁。

庆祝西宁解放的那天，在雄壮的军乐声中，军、师、团首长，炮兵、步兵依次列队通过东大街行进到西大街，场面蔚为壮观。轻机枪在前，步枪上了闪亮的刺刀，分三路纵队齐步行进。群众挤在道路两旁，手挥小旗，欢声雷动。庆祝大会在高昂的军乐声中开始，兵团司令员兼政治委员王震发表讲话。各族各界群众载歌载舞欢庆解放。一位75岁的回族老人胡锦云在街头上挥笔赋诗，表达了各族人民欢庆解放的喜悦心情："马到青海四十年，人民苦死万万千。解放大军来征剿，至时拨云见青天。"庆祝仪式结束后，青海省军事管制委员会发出通知，向部队借调人员协助地方工作。

史印亭老人介绍刚解放时的西宁，说可以用"破败"两个字来形容。从东到西，主街道不过5米多宽。歪歪扭扭的街道只能单车行驶，天晴时尘土飞扬，下雨天泥泞不堪。除了湟中大厦、电影院等楼房外，街道两侧都是土屋土房。人们的穿着也很破烂臃肿，因为温差很大，9月里就都已经穿着棉衣棉裤，一路走来衣服鞋上都是泥土。

马步芳、马继援父子相继逃跑之后的第4天，在我党政策感召和我军重兵威压之下，马部残余官兵纷纷向我军投降。9月8日，人民解放军全权代表李鸿恩等人至上五庄，接受八十二军副军长赵遂以下300多人投降。10、11日人民解放军受降代表杨采等人至三角城，接受一九〇师师长马振武、骑八旅旅长马英以下1000多人的投降。延安电影团摄影队队长罗矛亦至三角城，将残敌投降的这一历史性场面拍入了大型新闻记录片《红旗漫卷西风》之中。继敌八十二军副军长赵遂投降后，有敌一百师师长谭呈祥、副参谋长马元庆、政工处主任马迪甫，敌三百五十七师师长杨修戎、副师长马生智，敌一百九十师师长马振武、副师长马子俊，敌骑兵军二百四十八师师长韩有禄，敌一百二十九军一师副师长冶有禄，敌骑兵十四旅副旅长李文斌等军官 167 名相继投降。俘获敌散兵 2821 名，缴获各种炮 77 门（内有野炮 2 门、山炮 8 门、15 公分重炮 2 门、战防炮 8 门、高射炮 8 门、八二迫击炮 20 门、六○炮 28 门、机关炮 1 门）。重机枪 66 挺，轻机枪 307 挺，步马枪 5000 支，冲锋枪 128 支，卡宾枪 8 支，战防枪 14 支，短枪 205 支，各种炮弹 22388 发，各种子弹 248 万多发，火箭筒 20 个，火箭弹 151 发，手榴弹 46000 颗，炸药 1500 斤，汽车 70 辆，马 1600 余匹及其他物资。[1]

由于砸烂了马步芳反革命的战争机器，解放青海的任务基本完成。人民解放军做出军事调整和部署，一军驻防青海，继续解放青海尚未解放的一些地区；令一八四、一八五、八师等部分别返防甘肃驻地；王震亲率二军北越祁连，并于 9 月 19 日迳克张掖，从西截断了兰州溃敌从河西逃跑的去路，胜利完成了毛泽东主席 8 月 23 日下达的必须"切断通新疆的道路，务不使马步芳（部）逃至新疆危害无穷"的作战任务。[2]

青海解放的进程基本是：在兄弟部队离开青海的同时，一军指战员即分路进军，9 月 10 日，我军相继解放湟源、大通。12 日至月底即解放了贵德、门源、共和、兴海、门源等县。对于其他辽阔牧区，中共青海省委和一军党委则遵循彭德怀 9 月 18 日的指令，派遣代表前往宣传党的各项有关政策，争取这些地区的和平解放。10 月至 11 月初，曹大武、武文祥、康熙俊和庐德，分别以秘书或特派员身份，到达同德、同仁、都兰、玉树等地，通过宣传晓谕，争取上述地区原青马地方官员弃暗投明和各民族上层人士的归附，从而使这些地区次第获得解放。在人民解放军军威震慑和党的政策感召下，祁连、刚察、河南、果洛、曲麻莱等地，或原青马地方政权官员，或在当地掌握实权的少数民族领袖，于 1949 年年底至 1950 年 11 月相继到达西宁，向省党政军领导表示热烈祝贺和敬意，以及拥护人民政府的政治立场。1950 年初进军玉树，同年 7 月进军都兰。1952 年 7 月进军果洛。这样，青海省 1 市——西宁，1 专——玉树；21 个省直辖县、区、设治局——湟中、湟源、民和、乐都、循化、化隆、互助、大通、贵德、门源、共和、兴海、同仁、同德、都兰、祁连、海晏、

---

① 青海省军区：《我军解放青海的战斗历程》，《群文天地》2011 年第 11 期。

② 张博：《毛泽东关于解放青海的战略决策及实施概况》，《青海师范大学学报》（社会科学版）1994 年第 4 期。

刚察、河南、果洛和曲麻莱，便全部获得了解放。我军所到之处，各族人民群众欢欣鼓舞，庆祝解放，高呼"共产党万岁""毛主席万岁"，热情欢迎人民子弟兵。①

蒋马集团的反动统治彻底推翻，在青海高原上，北自巍峨祁连，南至江河源头，西起茫茫戈壁，东讫河湟两岸，到处都飘扬起鲜艳夺目的五星红旗。青海的解放，在青海社会发展的几千年历史长河中树起了一座高大雄伟的时代变迁里程碑。

【案例点评】

1949 年 7 月 21 日，毛泽东同志曾致电彭德怀等人说，只要歼灭青马主力，"西北战局即可基本解决，往后占领甘肃、宁夏、青海、新疆四省，基本上只是走路和接管过程，没有严重的作战问题"。青海的解放，证明了党中央和毛主席军事战略思想的科学预见和伟大胜利。兰州战役歼灭青马主力之后，西北战局的整个改观和解放青海的"走路和接管过程"，证明了这个考虑的正确性。

青海解放，标志着我党和人民军队蒋马集团的反动统治被彻底推翻，青海人民结束了受剥削压迫的苦难生活，青海的历史从此翻开了新的一页。

【思考题】

以青海解放为例，深刻把握中国新民主主义革命胜利的重要意义。

【案例提示】

本案例可适用于第一章第三节"新民主主义革命的道路和基本经验"中第三标题——"新民主主义革命理论的意义"部分，在教学中还会配合一些图片资料和视频资料向学生介绍，让学生生动体会和感受青海解放是我党新民主主义革命理论指导下取得的胜利，青海的解放给人民带来了和平、生机和希望。

本章编写　汪丽萍

---

① 青海省军区：《我军解放青海的战斗历程》，《群文天地》2011 年第 11 期。

第三章

社会主义改造理论

案例一 青海解放初期为向社会主义过渡创造条件的 实践及其意义

【案例材料】

青海高原的解放，结束了马步芳家族政权近 40 年的封建世袭统治，宣告了青海各族人民当家做主这一新纪元的开始。但是，由于解放前青海没有我党地下组织的活动，特别是在解放前夕马步芳残部对西宁的洗劫，使社会秩序异常混乱，各族人民惶惶不安，西宁市到处呈现一片无政府状态，所以新政权建立之初必须积极应对一系列严重的困难和问题。①

材料1：新中国成立初期人民解放军帮助地方政府渡过财政难关。

1949 年 9 月 5 日西宁解放，在一军的帮助下，9 月 8 日西宁军事管制委员会正式成立。成立《布告》说明："奉中央军委电令：西宁已获解放，为保障全体人民生命财产，维护社会安宁，确立革命秩序，决定在西宁实行军事管制，成立西宁市军事管制委员会，为该市军事管制时期的最高权力机关，统一全市军事、民政等管理事宜。"这个新生的政权在新中国成立初期面临着的首先是极端的财政困难。

在军事上，虽然经过兰州战役，马步芳的主力被消灭，逃回青海的残部在我党政策感召与我军威力影响下纷纷投降。但是，马继援临逃跑前于 1949 年 9 月 2 日指示部下要他们伺机与共产党较量，残匪不断进行各种破坏社会治安活动和武装叛乱。在政治上，由于特务匪帮的反动宣传和造谣，加之我党过去在青海既没有党的组织基础，又无统战关系，因而刚解

---

① 陈庆春：《65 年前西宁解放的故事》，2014 年 9 月 5 日，青海政府网站—大美青海，http://www.qh.gov.cn/dmqh。

放时西宁的社会秩序异常混乱，各族人民惶惶不安。在经济上，由于马步芳父子逃跑时带走大批金银，他的残部又进行了洗劫，再加上地方本就极端的贫困，所以人民解放军能够接收的物资寥寥无几。仅有粮食70000市石，白洋19000元，白银2000两，黄金50多两（主要是沙金），其他物资折合人民币1亿多元。所谓的八大工厂，除皮革厂稍具规模外，其余皆设备简陋；电厂尚完整，银行、公司、工厂均被抢劫或遭破坏；经济活动无法正常运转。人民生活也是极端贫困，当时西宁市的财政异常困难，但是工人、职员、教职工、公务人员的生活必须要适当保证，9月份按最低200斤小麦、最高800斤小麦发给；10月份按最低3.5袋面粉、最高14袋面粉发给。当时这个标准维持一家人的生活是非常困难的，只好是三个人的饭五个人吃，房子解决不了，只好挤着住。

政府除税收外没有其他任何收入，渡过这个财政困难主要还是依靠人民解放军的支持和援助。一军决定停止部队一切经费开支借给地方政府，从部队调到地方的工作人员2023人的经费开支也全由部队供给。那时部队和地方工作人员为了节约粮食都吃两顿饭，部队还要求机关干部每人每天节约粮食一两五钱、战士一两，连队每人每天节约一两粮食。服装经费也要节约。过去部队自己不磨面，都是用老乡水磨去磨，每市石麦子能磨140斤，只给110斤。还有的连队拿干面去换面条，每百斤干面换百斤湿面。为了节约粮食，军部下令以团为单位自己修磨坊，不准换面条，集体吃饭，严格粮秣制度。

除了节制经费开支和节约粮食之外，军部要求各部队自己开荒种地，1950年要自己解决3—6个月的粮食和经费，除在当地进行生产外，还到较远的地方去建农场开荒，要求各师从口粮中节约种子，各单位自己积肥，生产工具利用废旧铁皮自己打造。通过这些措施之后，1950年一军解决了部队3—6个月的粮食，除了自己食用之外，还向地方机关调拨了一些粮食，帮助地方政府渡过了经济难关。①

材料2：新中国成立初期人民解放军帮助建立和巩固人民政权。

青海解放后，一军部队坚决执行毛主席关于"人民解放军永远是一支战斗队，同时又是一支工作队"的指示，为彻底摧毁马步芳残余，建

---

① 《西宁市解放初期接管与建政工作》，2008年12月31日，青海省水利信息网，http://www.qhsl.gov.cn。

立和巩固人民新政权新作出了重要贡献。

　　由于我军解放青海进展神速，没有大批地方工作干部到达（虽有一军在甘肃临洮组织了一个西宁工作团随军进入青海，但人数太少不够使用），这就需要从一军抽调一批部队干部建立地方政权。遵照上级指示，西宁市军事管制委员会于9月8日成立，任命一军副政委洗恒汉为主任，军政治部副主任张国声为副主任，下设民政、文教、卫生、财经、公安、民族、军事、交通等处。张国声兼任民政处处长，刘瑞芳任文教处处长，董家龙任卫生处处长，赵全璧任财经处处长，李樾任公安处处长，周仁山任民族处处长，周则盛任军事处处长，黄甲任交通处处长。同日，成立了西宁市人民政府，刘枫、钱平为正、副市长。进行城市接管，并以步兵第三师司令部兼西宁市警备司令部，调该师七团担任西宁城防警备任务。由于军事管制委员会积极采取各项措施，使一度混乱的局面得以控制，在各族人民的协助下，社会秩序得以稳定。①

　　根据工作需要，军部于9月14日决定：由军、师、团各级领导机关抽出大批领导干部，采取分区负责制，大力协助地方迅速建立县区政权，负责接管、受降以及剿灭散匪、维护社会治安等工作。以步兵第一师负责大通县、门源县、互助县、民和县；第二师负责湟源县、湟中县、贵德县、海晏县（即三角城）；第三师负责西宁市、化隆县、乐都县、循化县。各师除负责配备分管四个县的县委书记、县长外，还要配备各区乡的区委书记、区长、乡长。到1950年9月止，总计先后共抽调干部与老战士2023人（内干部703人，战士1320人）。除了农业区各县之外，牧业区的兴海县、共和县、同仁县、同德县、都兰县、玉树县、称多县、囊谦县和解放较迟的果洛各县也都由一军配备了干部。各级政权建立后，根据《中华人民共和国土地法大纲》，于1950年秋在农业区开展了减租反霸运动。1951年冬确定西宁市以及民和、乐都、互助、大通、湟中五县一市为土改区，化隆、循化、贵德、门源、湟源、共和六县为减租区。在牧区贯彻"慎重稳进"的方针，深入宣传"民族平等、团结，民族区域自治，不分不斗、不划阶级、宗教信仰自由、长期合作"等政策，对于团结群众、稳定人心、孤立敌人起到了重大作用。与此同时，通过大力宣传党的城市政策以及民族宗教等政策，大部分外逃群众纷纷归来，安居乐业，社

---

①　陈庆春：《人民解放军第一军在青海的战斗岁月》，《青海湖》2009年第9期。

会治安得到了初步稳定。①

　　9月下旬，兰州第一野战军前委会议对各部队今后的任务做了分工，一兵团部和第二军由王震率领从青海继续西进，翻越祁连山，进军新疆；第一军长期留驻青海，担负彻底摧毁反动统治，建设人民新青海的任务。

　　奉中央军委命令，9月26日和10月1日宣告成立了青海人民军政委员会和青海军区。青海省人民军政委员会成立的布告称：奉中国人民革命军事委员会令：青海已获解放，为了保障人民生命财产，维持社会安宁，确立革命秩序，建立各民族民主政权，兹决定成立青海省人民军政委员会，暂时行使青海省政府职权……军政委员会是解放初期的临时最高行政机构，代行人民政府的职权，并负责定期召开青海人民代表会议，任命一军政委廖汉生为军政委员会主任。下设机构除了增设房产管理委员会由杨文安任主任、财政经济委员会由贺炳炎任主任外，其余机构与军管会设置相同，负责人也无变动，军政委员会暂时行使青海省政府职能。10月1日，青海省军区奉命成立，一军军长贺炳炎兼任司令员，廖汉生兼任政委，冼恒汉任副政委兼政治部主任。

　　军政委员会确定以"稳步前进，耐心地提高群众觉悟，团结各民族，建设人民的新青海"作为施政的基本方针。在这个方针指导下，大力宣传我党我军的纲领、政策，动员逃散在外的旧公教职员和群众回来安居乐业，收缴马家军残部的枪枝弹药，组织恢复生产，稳定社会治安，赢得了广大群众的信任和拥护。不久，中共西北局陆续派来一些干部领导地方的党政工作。

　　9月17日，党中央复电西北局："同意青海省委以张仲良、廖汉生、冼恒汉、贺炳炎、王尚荣、张国声、傅子和、余秋里八人组成。并以张仲良为书记，仲良、汉生、恒汉三人为常委。"9月25日青海省委正式成立。②

　　至1949年底，省军政委员会共辖1个专区、1个市、18个县和1个设治局，及新建的50多个区、200多个乡级基层政权。1950年1月1日，青海省人民政府成立，西北局派一野副司令员赵寿山任主席，张仲良、廖汉生、喜饶嘉措、马朴为副主席，此外还有16位政府委员，分别是久美

---

① 青海省军区：《我军解放青海的战斗历程》，《群文天地》2011年第11期。

② 廖汉生：《解放青海》，《湖南党史》1994年第1期。

（藏）、王尚荣、扎喜旺徐（藏族）、王本巴（蒙古族）、周仁山、马乐天（回族）、马峻（回族）、陈思恭、张国声、喜饶（藏族）、贺炳炎、赵全璧、赵锦峰、薛克明、薛宏福、魏敷滋。同年1月2—4日，举行了第一次政府委员会会议；1月7日，政务院又任命傅子和为委员。省人民政府下设秘书处、民政厅、财政厅、文教厅、农林厅、工商厅、公安厅、交通处、卫生处、省财政经济委员会、文化教育委员会、人民监察委员会、省人民法院、省人民检察署、人民银行青海省分行、贸易公司等职能机构。并决定1950年的中心工作是：团结各族人民肃清土匪特务；开好各级人民代表会议；建立与健全各级人民政权。随即军政委员会完成历史使命，宣布撤销。①

青海省人民政府的成立，标志着全省各族人民在政治上彻底翻了身，从此当家做主。

材料3：新中国成立初期的生产建设和交通建设。

1950年，我国进入了大规模经济恢复与建设时期。一军部队奉命除以部分兵力继续剿匪肃特、巩固社会治安、守备任务外，其余部队转入生产建设，担负农副业生产、修水渠、修公路、修机场等任务。② 当时部队参加农副业生产共9859人，开荒77742亩，收获各种粮食及蔬菜折合小麦38626市石，副业生产折合小麦20611市石。出动兵工76789人/日，修筑了"平安""湟惠""解放""人民"四条水渠，全长63公里，可灌耕地86000余亩。

人民解放军第一军为积极响应毛泽东主席的1950年军队参加生产建设的号召，根据西北军政委员会的指示，接受上级给予修建青藏公路支援西藏之解放，修建宁张公路以打通西宁至河西走廊的任务。从1950年5月起，抽调干部战士9365人，前后经过4个月的时间，到8月底9月中旬先后竣工，完成公路长605公里。

参加青藏公路修路的部队有6515人，其中军直920人、一师1300人、二师2556人、三师1739人、工程队518人。青藏公路筑路部队于5月1—20日先后到达修路地段动工修路，前后经过4个月的时间，到8月底 9 月中旬先后竣工，完成公路长 605 公里，用工 334301.5 个，大小桥涵 901 个，顺利完成青藏公路的修建任务。

青藏公路西黄段（青康公路西宁至黄河沿段）全长 500 公里，建于 1943 年，当时除西宁至湟源段路基较坚、路面铺石外，大部为土路基，未铺石沙，有些草原地带只是挖两道排水沟表示公路，并未修筑路基。主要河流黄清沟、青根河、烂泥河均未建筑桥梁，河卡山、鄂拉山、长石头、精鼻眼滩、马拉驿等地筑路工程复杂。

青藏公路鄂拉山段，瘴气袭人、空气稀薄、气候寒冷。长石头山海拔 4665 米，不见人烟。修路之时，正值三伏，午热夜寒，时而大雪纷纷。士兵远至 4 公里以外取沙石，或将下层冻土冰层刨掘一尺至三尺余深，然后以大石垫基，小石填缝，沙石与碎石铺面，并创建浸水沟以保持路基之坚固。在生活上也困难重重，以挖野草提供炊事燃料，克服 90 公里间无水之困难。在工程任务艰巨阶段，官兵们的劳动强度每天都超过 8 小时，八团机炮连张志、一团三营七连战士刘培元都在修路中不幸牺牲。

宁张公路（西宁至大梁段），虽然于 1938 年按乙等标准修筑，但桥梁涵洞大部系木桥，业已腐烂，不堪重载，仅能行大车，上下坡急转弯很多，尤以大坂山为甚，坡度均在 15 度至 30 度或 35 度不等，山高海拔 4100 米，极为陡峻，岩石层间以孤石，极难修筑。此段工程由步兵第三师直属队及第九团之第一、第三两营与团直 2850 人担负任务。在修路中，全体同志发挥集体英雄主义精神及英勇艰苦的光荣传统，群策群力，克服气候恶劣与物质困难的难题，创造了二齿钩、箕形高系筐、扁形钢凿等工具及活埋孤石与石头搬家等方法，发展与提高挖土炸石之技术，科学组织劳动力以提高建筑效率。

在修建青藏、宁张两公路中，一军部队实际参加人数为 9365 人，新修公路 605 公里、涵洞桥梁 901 座、路边水渠 126 华里、同时还修补了西宁至享堂段公路五十余里。顺利完成了修建青藏公路宁黄段和宁张公路宁大（大梁）段的筑路任务。

在紧张的农副业生产和建筑公路的同时，为支援解放西藏，保卫国防，发展我国航空事业，遵照西北军政委员会的指示，抽调 2500 余人担负整修西宁机场的任务。此项工程历时 1 个多月，共用兵工 43295 人/日，挖填土石 978813 立方，圆满完成了任务。①

　　材料 4：新中国成立初期地方人民武装力量的扩建。

　　为了巩固新生的人民政权，保卫胜利果实，根据西北局和西北军区的指示，青海省委和青海军区于 1951 年 1 月联合发布了关于扩大地方武装的命令。同年 2 月，此项工作在西宁、湟中、湟源、乐都、民和、化隆、循化、互助、大通、门源、共和、贵德 12 个县（市）展开，广大青年在"抗美援朝，保家卫国，彻底肃清匪特，维护社会治安，巩固民族团结，巩固胜利果实，保卫土地改革"的号召下，踊跃报名参军。至 7 月底，全省共扩充新战士 6731 人，以县、区为单位建立了县大队和区中队。同年 8 月，由一军抽调营、连、排干部和老战士 718 人（内有干部 227 人）充实地方武装，将县大队扩编为地方独立团，除给各县留下部分武装力量外，其余 4920 人编成青海军区三个独立团、两个独立营、一个独立连。地方部队建立之后，在配合主力部队剿匪肃特、保卫政权，保卫土改运动等项工作中起了重要作用。②

　　新中国成立初期，由于马步芳部分残余军队散逃为匪，人民生命财产受到很大威胁和损失。在这种情况下，各地为了抵御土匪的侵扰，出现了自卫组、自卫队等形式多样的群众性武装组织，成分复杂。后来，随着各级政权的建立，由一军抽调干部，相继在西宁、乐都、民和、互助、大通、湟中、湟源、循化、化隆、贵德、门源、共和、海晏、都兰、祁连 15 县（市）成立了人民武装部，对原来的自卫队（组）进行了整顿，建立了民兵自卫组织，并配发了部分武器。至 1951 年底，全省共有民兵 44010 人，各种枪 8867 支（内土枪 2079 支）。

　　民兵武装建立后，在配合部队剿匪、维护社会治安、保卫民主改革中发挥了巨大威力。仅 1951 年全省民兵即配合部队作战 59 次，单独作战 229 次，共歼灭土匪 270 人、缴获各种枪 93 支、协助公安机关破获各种案件 1318 起、收缴各种枪 220 支。

　　经过建政、生产建设和地方武装力量的扩建，彻底砸烂了蒋马集团在青海的统治机器，扩大了我党我军在人民群众中的政治影响，震慑了阶级敌人和各种反动势力，使黑暗落后的旧青海变为在共产党领导下各族人民

① 青海省军区：《我军解放青海的战斗历程》，《群文天地》2011 年第 11 期。
② 陈庆春：《人民解放军第一军在青海的战斗岁月》，《青海湖》2009 年第 9 期。

当家做主的新青海，各项工作和建设事业初步走上了正轨。①

　　材料5：新中国成立初期迅速平息马步芳残部反革命暴乱和武装剿匪。

　　一军在抽调人员建立各级政权、恢复地方治安、发展生产、彻底肃清匪患、建立了各级地方人民武装部外，还担任维持地方治安和积极追剿残匪的任务。

　　兰州战役虽然歼灭马步芳三万余人，但还有两万残部逃回青海。清剿残敌和保卫新生的人民政权，在青海尤为突出。新中国成立前夕，马步芳的反革命武装发展到7万余人，占当时全省152万人的4.8%。尉级以上军官5430人，将级军官76人。经过固关战斗和兰州战役，大部溃散并跑回青海，散匿在全省各地的敌军残余约5万余人，其中校级军官千人以上。马家父子在逃离时，曾密令残部隐藏起来："要毁掉重武器，选一批亲信潜往牧区，余携枪马各自返家，武器埋地下，以战马做耕马，变士兵为便衣，以保存实力，待机而动，不能投降。"所以赵遂等虽已投降，却暗中积极谋划组织反革命武装叛乱。赵遂、谭呈祥（一〇〇师师长）、马振武、马英（骑八旅旅长）等人在大通桥头召开团以上军官紧急会议，决定利用旧职收罗残部以及反动地主、恶霸等伺机暴动。甚至计划暴动成功后，赵遂为青海省主席，谭呈祥为步兵总指挥，马英为骑兵总指挥，并研究了与我斗争的计划。开始时他们处于潜伏观望阶段，赵遂等200余名军官向我假意投降，但暗中仍然与匪特保持联系，并秘密组织"西北反共革命委员会""西北反共救国军"，进行各种破坏活动，发展反革命势力。

　　1949年9月28日，中共青海省委发出指示："动员一切力量消灭残余股匪，收容散兵，收集武器，巩固阵地，站稳脚根，进行艰苦深入的工作。"青海的剿匪斗争也得到中央的重视，毛泽东主席针对青海出现的叛乱及时指示中共青海省委："要知敌人越是接近死亡，便越是疯狂和残暴。青海虽解放了，各地党政军民若是满足于已得的胜利，而不去积极开展剿匪肃特，不能预期干净的全部消灭马步芳残部，则其他一切工作将很难展开。许多地方的经验告诉我们：凡是新解放区，起初必须有一个相当长的时期。集中全力进行剿匪肃特斗争，摧毁国民党反动统治势力，才能

---

① 青海省军区：《我军解放青海的战斗历程》，《群文天地》2011年第11期。

打开局面，站稳脚跟"，"要对叛乱严重注意，大力剿匪"。①

　　那时，我军进驻青海尚未完全站稳脚跟，新生的人民政权尚未完全建立和巩固，边远地区尚未完全解放，正当农业区各县建立人民政权、牧区工作尚未开展之际，在谭呈祥、马英、赵遂等反动军官的策划下，勾结地主、恶霸和其他反动分子，以"杀父逼子"等残暴手段，打着"保族保教"的幌子，胁迫煽动群众，公然掀起了反革命武装暴乱，妄图趁我军立足未稳，把共产党、解放军赶出青海，推翻人民政权，恢复马步芳在青海的血腥统治，当时残匪的武装力量极为嚣张。1949年11月中旬，马步芳残匪团长韩有福杀害干部，在攻占我乐家湾飞机场时被击溃；1949年12月5日，由敌马英、马福旺纠集残敌和恶霸地主5000余人发动叛乱；12月上旬，反革命股匪先后围攻我湟中县城和上五庄区政府；大通桥头驻军和县城以东的东峡、新庄被围，并逼近城垣；在门源县，包围了卡子沟二区区政府，并一度攻陷门源县城，副县长翟鸿儒牺牲；1949年12月5—7日，马成彪、白咏录聚数百人发动武装叛乱，7日晨，县武装科长宋信忠带一个排执行任务途中，遭敌袭击全部牺牲。门源县城被敌人占领；12月8日，马步芳部团长韩如海纠集残部300多人在小峡叛乱，占领平安驿（今平安县城）；1949年12月10日拂晓，马禄、马彦纠集700多人攻占湟中县城。1949年12月13日，以恶霸地主韩乙奴、敌营长韩有福为首，胁迫群众1500多人，在循化查加沟地区发动叛乱，杀害指战员98人；1950年1月4日，化隆卡里岗地区敌骑十四旅旅长马呈贤、新编军参谋长马忠义、一〇〇师师长谭呈祥、敌西宁市市长韩进禄等20多名反动军官纠集千余人，发起大规模叛乱；1950年2月23日，民和县马希统、马中福敌残部千余人在王家台子发动叛乱；2月，马得元与赵遂组织反革命组织"中国国民党西北革命委员会"准备在西宁发动暴乱，被破获后逃跑。5月5日，该组织负责人马德山和冶鼎全、赵有才等残敌500多人组成反共军挺进司令部，图谋暴乱；7月10日，互助县赵扎提、鲁国左、鲁顺德等组成"反攻湟北革命军骑兵纵队"进行叛乱。

　　从上述事实可以看出，青海解放后，马步芳部的叛乱活动相当猖狂，在全国也是突出的。根据毛泽东主席的指示，一军党委决定，第一要务就

---

　　① 《青海解放初政权建设简况》，2009年11月10日，新华网青海频道－青海文史资料集萃，http：//www.qh.xinhuanet.com。

是"消灭反动派的残余,镇压反动派的捣乱。"

　　一军在青海剿匪从 1949 年 9 月到 1952 年 7 月赴朝参战以前,毙伤敌人 3210 人,俘虏敌人 5908 人,投降投诚 6598 人,合计消灭残匪 15716 人。缴获各种枪炮(包括轻重机枪、冲锋枪、卡宾枪、步马枪、山炮、八二炮、六〇炮合计 5804 支、门)。子弹 522256 发及电台、电话机、马匹、汽车等,将残匪基本消灭。在剿匪斗争中一军官兵有 857 人负伤,有 580 人阵亡,伤亡合计 1437 人。

　　经过省军区部队的军事打击与政治争取,先后平息了以马英、韩如海、马虎臣、韩乙奴、韩忠义等为首的反革命武装暴乱。各族人民为保卫自己的新生政权,与反革命残余匪徒进行了生死的搏斗,付出了很大的代价,初建的政权在经受了这次严峻考验之后更加坚强了。①

　　1952 年 4 月,西北军区决定一军免兼青海军区,由步兵三师整编为青海军区。同年 8 月,任命省委书记张仲良兼军区司令员和政委,李书茂任副司令员,钟生益任副政治委员,刘斯起任参谋长,张凤飞任政治部主任。这个阶段的剿匪肃特工作是在一军部队胜利平息反革命武装暴乱的基础上进行的。当时,在青海省境内流窜着危害极大的马元祥股匪。马元祥系甘肃临夏县人,曾在马步芳部任过连、营、团、旅长,八十二军少将高参、玉树专员,颇受马步芳器重。青海解放后,该匪隐匿在牧区组织反革命武装,初期仅 25 人。后在蒋帮五次空投电台、枪支等物资和在空投特务程毓杰等控制指挥下,至 1953 年 2 月已发展为 150 余人,号称"反共救国军一〇二路",马元祥任司令,马得福(曾任湟中实业公司副经理、国民党青海省党部委员)为副司令,直接接受台湾指示,妄图再次掀起大规模武装暴乱,以配合反攻大陆。同时,在与青海南部毗连的甘南地区盘踞着马良股匪,约 1100 余人,自称"反共救国军一〇三路",与马元祥股匪互为依存,相互策应。这两股反动武装,是我国大陆上残存的最后一支政治土匪,必须坚决予以剿灭。

　　1952 年 12 月 19 日,青海省委发出了"关于消灭马良、马元祥股匪的指示",同年 12 月 26 日,青海军区根据西北军区和青海省委指示精神,发出了"剿匪肃特补充指示"。1953 年 1 月 8 日,又下达了"进剿马良、马元祥股匪计划"。同年 2 月 11 日,青海军区政治部下达了经青海省委、

---

　　①　陈庆春:《人民解放军第一军在青海的战斗岁月》,《青海湖》2009 年第 9 期。

西北军区和西北局审查同意的关于"进剿马良、马元祥等股匪在执行政策上的几项规定"，强调指出："在坚决剿灭马良、马元祥股匪中，必须严格地确实地坚持团结少数民族、保护宗教的政策，绝不许把当地少数民族部落和宗教以及千百户制度和反革命土匪混淆起来，这是取得胜利的决定条件。"①

　　经过政治上、军事上和物质上的准备之后，于1953年3月开始了对马良、马元祥股匪的围剿。西北军区组成了甘青剿匪指挥部，确定甘肃军区负责围歼马良股匪，青海军区包干消灭马元祥股匪。1953年3月1日，由青海军区李书茂副司令员及军区机关部分人员组成了青南剿匪指挥部，由省委及各县人员组成青南工委，李书茂任工委书记，马芳富任工委副书记兼剿指政治部主任。决定以骑二团、独立团二营、果洛支队、骑兵连组成第一线剿匪部队；以五十五师一个营、玉树支队，独立一、二营各一个连，青南各县公安队和民兵自卫队800余人担任第二线扎点堵击任务。

　　部队于3月初向战区开进。剿指率骑二团、独立团二营、独立营四连于18日先后到达曲尕尔寺地区集结，果洛支队亦于25日到达齐汉马寺及其以东地区担任堵击；第二线部队分别在青康公路及尕楞口、兰旗山、瓜什则、麦秀、尕马羊曲、居布林、拉加寺等地进行巡逻，控制要点，搜剿可能潜伏之匪。各部队于5月6日上午到达攻击位置。7日上午向敌合围。9时许，敌在东南山头抢占有利地形，以轻重两用机枪向我猛烈射击，并两次向我阵地反冲击，企图夺路而走，均被我四连击退。这时三连亦闻枪声赶到并抢占西北山头，向匪发起猛攻，经两小时激战，击伤匪首马元祥，击毙匪首马全彪，匪向山下溃逃，经堵击、侧击，歼匪大部，至15时30分结束战斗。打扫战场时发现匪首马元祥等十余人漏网并向折合能南山窜逃时，便连夜组织精干部队追剿，同时部署了主力部队分区搜剿，要求各部队坚决彻底地剿灭散匪，做到无山不到、无沟不搜。至5月26日，各部搜剿作战告一段落。除匪副司令马得福等7人漏网外，共歼敌135名（毙匪首马元祥及其以下48人、伤4人、俘77人、降6人），缴获电台4部、轻重机枪14挺、长短枪189支。至此，我国大陆上最后残存的一支政治股匪终于被剿灭。我军解放青海后从平息反革命武装暴乱到剿灭马元祥股匪，共历时3年零7个月。这场你死我活的剿匪平暴斗

①　青海省军区：《我军解放青海的战斗历程》，《群文天地》2011年第11期。

争，实质上是同国民党反动派阶级斗争的继续，在某种意义上也可以说是解放战争的继续，是一场尖锐复杂的军事斗争和政治斗争。[①]

材料6：青海民族区域自治政权的建立与完善。

新中国成立前，青海广大牧业区聚居着少数民族，他们的部落族份有：蒙古各部29旗，玉树25族，环海8族，隆务12族，果洛9族。藏族聚居区是一个带有浓厚奴隶制残余的封建部落制社会，实行千百户部落制度，基本生产资料属牧主阶级所有，人民群众处于苦难和奴役之中。在漫长的历史演变中，该地区处于与外界隔绝的封闭状态，社会形态发展异常缓慢，文化、教育事业发展相当落后，交通、信息极其闭塞。同时，农牧业生产技术十分落后，现代工业和科技事业几乎是空白，商品实行简单的物物交换，社会生产力长期处于低水平的停滞状态。

新中国成立后，在中国共产党的领导下，各族人民彻底摧毁了马步芳的反动政权，很快废除了历史上的民族压迫和封建剥削制度。1950年1月10日，在党的民族平等团结政策指引下，全省召开了规模空前的各族人民联谊会，为推行民族区域自治奠定了基础，牧业区和农业区的情况一样，也是边剿匪边建政的。

新中国成立初期，青海省委、省政府针对少数民族聚居区在民族特点、民族关系、地区特点和历史传统、宗教以及社会经济形态方面的特殊性，本着党的民族平等团结政策和民族区域自治实施纲要的规定精神，按照中央"慎重稳进"的方针进行社会制度改革。特别在牧区实行"不分不斗、不划阶级""牧工牧主两利"和"大力扶助贫苦牧民发展生产"的政策措施，逐步废除封建农奴制度，改革落后的生产关系，促进了农牧业生产发展。与此同时，根据民族区域自治政策，加快各地区政权建设工作。自1951年12月青海第一个民族区域自治政权——玉树藏族自治州人民政府成立起，到1954年，海南、海北、黄南、果洛藏族自治州和海西蒙古族藏族自治州先后成立，全省已建立了27个相当于专区、县级的民族区域自治政权。

这些政权的基本特点是：（1）首先在藏、蒙民族人民聚居的牧业区开始建立，逐渐向民族关系及经济状况比较复杂的农业区及农牧交错区发展。如当时已建立的10个相当于县级的民族自治区中，在藏族聚居的牧

① 廖汉生：《解放青海》，《湖南党史》1994年第1期。

区 8 个，蒙古、藏、哈萨克族联合聚居的牧区 1 个，藏族聚居区为基础的农牧交错区 1 个。这是因为牧区多是相当于县级的整块民族聚居区，经济条件相同，民族聚居的情况较显著，关系也较单纯。农业区和农牧区交错区为了稳妥地处理地区关系、民族关系等问题，待纯牧业区取得经验后才建立区域自治政权，这是比较稳妥的步骤。

（2）在民族聚居区内，一般都有比较复杂的民族关系、历史情况及有关经济发展的问题。因此在推行民族区域自治前，必须有准备、有步骤地进行，同时取得当地与群众有联系的代表人物及多数人民的赞同，是十分重要的条件。

（3）民族区域自治机关中，必须有主要代表人物当领导，本民族干部必须占一定的比例，同时必须充分使用本民族的语言文字。这样，各兄弟民族人民才能享受当家作主的权利。做好这些准备工作的过程，是宣传党的民族政策和民族区域自治实施纲要的过程，也是教育各族人民团结、进步的过程。因此，在建立民族区域自治之前，认真处理好民族关系、处理好重大的民族纠纷是十分重要的。①

专区级的自治区（包括所辖县）和县级自治的初建情况。

（一）专区级自治区。

玉树藏族自治区包括玉树、昂欠、称多、曲麻莱 4 个县。1951 年 12 月 25 日，玉树地区各族各界人民代表会议选举扎喜才旺多杰为玉树藏族自治区人民政府主席，冀春光、久美、昂旺为副主席。这是青海省第一个相当于专区级的自治区人民政府正式成立。1953 年 12 月 26 日，召开了首届一次人民代表大会，选举扎喜才旺多杰为自治区人民政府主席，同时选举冀春光为自治区协商委员会主席，昂旺、蔡作祯、仁庆、江吉为副主席。并选出自治区政府委员 39 人；协商委员 39 人；出席省人民代表大会代表 23 人。

黄南藏族自治区 1952—1953 年先后建立了同仁、尖扎、泽库 3 个县政权，7 个区级政权和 3 个乡级政权（其中有 1 个回族自治乡）。1953 年 12 月 14 日，召开了首届一次人民代表大会，选出夏日仓（藏族）为自治区人民政府主席，杜华安、赛池（藏族）、格勒嘉措（藏族）等 6 人为副

---

① 青海经济社会发展研究所：《青海解放 60 年藏族聚居区经济社会发展回顾与思考》，《攀登》2009 年第 5 期。

主席，夏日仓等 23 人为政府委员；并选出郭廷藩为区政治协商委员会主席，多日吉、程勒等为副主席；郭廷藩等 31 人为委员。培养提拔了少数民族干部 261 名，进一步体现了自治机关民族化。

海西蒙古族、藏族、哈萨克族自治区于 1954 年 1 月，在都兰、天峻、阿尔顿曲克哈萨克族自治区（县级）的基础上，召开了海西蒙古、藏、哈萨克族自治区（专区级）首届一次会议，官保加等 6 人当选为自治区正、副主席。

海北藏族自治区包括门源、祁连、海晏、刚察 4 个县。1951 年 6 月海晏县人民政府成立，1953 年祁连改设治局为县。1953 年 11 月建立刚察藏族自治区（县级）人民政府，1954 年 4 月 29 日改称刚察县人民政府。1953 年 12 月 24 日，海北藏族自治区召开了首届一次人民代表大会，正式选举成立海北藏族自治区人民政府。大会选出夏茸尕布（藏族）为自治区人民政府主席，马芳富、华宝藏（藏族）、马录文（回族）、贡保当什吉（蒙古族）等为副主席。

海南藏族自治区包括同德、共和、兴海 3 个县。1950 年 7 月，兴海县委和同德县委成立，1951 年 11 月，正式成立同德藏族自治区人民政府，1952 年 4 月，兴海藏族自治区正式成立。1953 年 12 月 6 日，海南藏族自治区首届一次人民代表大会选丹德尔（藏族）为自治区人民政府主席，龚福恒、切群加（藏族）、朝日加（藏族）、宗哲（藏族）为副主席、洛巴（藏族）、索南才让（蒙族）、阿呼哈加（哈萨克族）、杨发荣（回族）等 43 人为委员，并成立了海南藏族自治区协商委员会，选出龚福恒为主席。

果洛藏族自治区地处偏僻，交通闭塞。新中国成立前，国民党和马步芳的反动势力还没有真正统治这个地区，因此果洛地区在历史上没有正式建立过政权，果洛藏族人民还处于封建部落统治时期。1952 年 8 月，西北军政委员会组成果洛访问团，由扎喜旺徐任团长，马万里任副团长兼工委书记，深入各地区进行访问，广泛宣传党的民族平等团结和宗教信仰自由政策。在经过一年多的艰苦工作、积极召开民族联谊会的基础上，又组织了 4 个工作分团，召开了各地区部落头人、各寺院的活佛、管家座谈、联谊会共 49 次，计有 500 多名头人、活佛受到了宣传教育，召开大小群众会 78 次，11500 多人接受了宣传教育。同时进行了贸易、卫生、治安、发放救济粮款及社会教育（电影、广播）等工作，帮助 7 个地区成立了团结治安委员会，受到当地人民的热烈欢迎和拥护。1954 年元旦，召开了果洛藏族自治区人民代表大会，大会正式成立了相当于专区级的果洛藏族自治区人民政府，选出扎喜旺徐为主席，康万庆、康克明、旦增尖木措等 18 人为政府委员。

（二）县级自治区。

门源县于 1953 年 12 月 14 日召开首届人民代表大会，正式成立了门源县回族自治区人民政府。循化撒拉族自治区于 1954 年 2 月 20 日召开首届人民代表大会，选举成立了自治区人民政府。互助土族自治区于 1954 年 2 月 24 日召开了区首届一次人民代表大会，选举成立了区人民政府。这是青海省唯一的土族自治区人民政府。化隆县居住着回、藏、汉、撒拉、土族等民族，1954 年 2 月 24 日，召开化隆县首届人民代表大会，正式成立了化隆回族自治区人民政府。河南蒙古自治区于 1954 年 4 月 20 日召开了区人民代表大会，10 月 16 日正式成立自治区人民政府。1954 年 1 月 23 日召开西宁市三区第一次人民代表大会，选举成立了西宁市东关回族自治区人民政府。

阿尔顿曲克哈萨克族人民共有 205 户 834 人。新中国成立前，哈萨克族人民在国民党反动派的残酷统治下，长期过着流浪和贫困的生活。1953 年 3 月，西北行政委员会召开甘、青、新边境哈萨克族头人联谊会和各民族团结会，通过了加强民族团结和安置协议，决定在柴达木南缘以郭里峁（格尔木）为中心的水草丰美的草原上安置哈萨克族。9 月，在西北行政委员会甘、青、新三省边境各族访问团的帮助下，成立了阿尔顿曲克族自治区筹备委员会，1954 年 1 月成立了阿尔顿曲克哈萨克族自治区。

1954 年 12 月，省第一届人民代表大会第二次会议决定，根据《宪法》第 53 条规定，将本省专区级、县级自治区分别改称"自治州"和"自治县"。至此，青海省成立了 6 个自治州、6 个自治县（区）。即：玉树藏族自治州、海西蒙古族藏族哈萨克族自治州、海南藏族自治州、海北藏族自治州、黄南藏族自治州、果洛藏族自治州；西宁市东关回族自治区（县级）、互助土族自治县，循化撒拉族自治县、化隆回族自治县，门源回族自治县、河南蒙古族自治县。①

---

① 《青海解放初政权建设简况》，2009 年 11 月 10 日，新华网青海频道—青海文史资料集萃，http://www.qh.xinhuanet.com。

【案例点评】

从全国范围看，新中国成立后的头三年，我们肃清了国民党反动派在大陆的残余武装力量和土匪，实现了西藏的和平解放，建立了各地各级人民政府，没收了官僚资本企业并把它们改造成为社会主义国营企业，统一了全国财政经济工作，完成了新解放区的土地改革，镇压了反革命，开展了"三反""五反"运动，对旧中国的教育科学文化事业进行了很有成效的改造。在胜利完成繁重的社会改革任务和进行伟大的抗美援朝、保家卫国战争的同时，我们迅速恢复了在旧中国遭到严重破坏的国民经济，全国工农业生产1952年底已经达到历史的最高水平。

从青海的情况看，我军挺进青海以及建政和民主改革等重要工作的开展，表现出在西北少数民族地区建立和巩固新政权，与国民党反动派和阶级敌人作斗争的艰巨性、复杂性和特殊性，实质上是同国民党反动派阶级斗争的继续，在某种意义上也可以说是解放战争的继续，是一场尖锐复杂的军事斗争和政治斗争。这些重要工作取得的一系列重大胜利，是党中央、毛主席英明领导的结果，是党的思想路线、政治路线、军事路线的胜利。正如毛泽东同志在《战争和战略问题》中所指出的那样："革命的中心任务和最高形式是武装夺取政权，是战争解决问题。"他在《〈共产党人〉发刊词》中还讲道："在中国，离开了武装斗争，就没有无产阶级的地位，就没有人民的地位，就没有共产党的地位，就没有革命的胜利。十八年来，我们党的发展、巩固和布尔塞维克化，是在革命战争中进行的，没有武装斗争，就不会有今天的共产党。这个拿血换来的经验，全党同志都不要忘记。"我军挺进青海以及建政和民主改革等重大胜利的历史经验再次告诉我们：没有共产党就没有新中国，就没有青海各族人民的翻身解放。

我军挺进青海以及建政和民主改革等一系列重大胜利，也为向社会主义过渡创造了必要的条件，这些都是向社会主义过渡的重要的经济、政治、文化和社会稳定的基础。作为多民族聚居区的青海高原，新中国成立初期人民解放军帮助扩建地方人民武装力量，开展生产建设和交通建设，帮助地方政府渡过财政难关，建立和巩固人民政权，武装剿匪、迅速平息马步芳残部反革命暴乱，建立与完善地方基层民族区域自治政权，完成这些历史任务经历了更激烈和残酷的斗争，走过了更加艰难、复杂而特殊的历程。

　　一军全体指战员在青海高原民族地区平息反革命武装暴乱和武装剿匪斗争中，发扬了英勇顽强、吃苦耐劳、连续作战、不怕牺牲的革命英雄主义精神，贯彻执行了党的民族宗教政策和"军政兼施，分别对待"的方针，基本上肃清了青海省境内的散匪、顽匪，安定了社会秩序，巩固了新生的人民政权，保卫了青海的各项建设事业，人民解放军做出了更加巨大的牺牲、贡献和艰苦卓绝的努力。取得了重大胜利，受到了各族人民的拥护和赞扬。

【思考题】

　　以青海为例，简述新中国成立初期民族地区新政权面临哪些突出的矛盾和问题？建政和民主改革等一系列重大胜利的重要性及其意义是什么？

【案例提示】

　　本案例可适用于第三章第一节"从新民主主义到社会主义的转变"中第一标题——"新民主主义社会是一个过渡性的社会"以及第二标题"党在过渡时期的总路线及其理论依据"部分，在教学中配合介绍一些图片资料，让学生回顾青海在新中国成立初期新政权面临的复杂形势和突出矛盾，体会建政和民主改革等一系列重大任务的重要性及其作用，以及人民解放军为恢复国民经济，完成民主革命遗留任务作出的艰苦卓绝的努力、具体的斗争情况和奋斗历程。可以使广大青年一代了解历史、不忘过去，珍惜今天的幸福生活，从而更加自觉地坚持党中央的正确领导，坚持走中国特色社会主义道路，认真学习领会党中央全面改革和深化发展的战略决策，推动建设富裕文明和谐新青海的历史进程。

案例二　青海的民族资本主义工商业改造

【案例材料】

　　中华人民共和国成立以后，我国即进入到从新民主主义社会向社会主义社会的过渡时期。由于各地资本主义工商业发展状况很不平衡，对资本主义工商业利用、限制和改造的实践及其措施也表现出一定程度上的特殊性。

一　新中国成立前夕青海工商业概况

青海在 1949 年前深受国民党封建军阀马步芳统治，工商业被官僚资本所垄断，生产极其落后，基础极为薄弱。工业方面，马步芳开办过 8 个小规模的工厂——火柴厂、三酸厂、玻璃厂、皮革厂、机器厂、洗毛厂、纺织厂和牛奶场。在西宁市，有国民党政府资源委员会和青海地方联合投资兴办的西宁水利发电厂，1945 年 10 月建成。还有大通公平煤窑（大通煤矿前身），于 18 世纪初清康熙年间开采，亦系官办。商业方面，1938 年马步芳设立德兴海商号和协和商栈。总号在西宁，分支机构遍布大通、湟源、湟中、乐都、民和、互助、化隆、贵德、都兰、共和、结古、拉加寺、白玉寺等处，在兰州、西安、上海、拉萨、天津等地有办事处，在印度加尔各答设有代理处。协和商栈总栈在西宁，也在多县有分栈，经理均由官员或马步芳部队的营团级以上军官担任。1946 年德兴海商号和协和商栈合并，扩大为湟中实业公司，统治了全省粮油、食盐、木材药材、皮毛砂金等农牧土特产品的购销，也垄断了省外输入的布匹、百货、茶叶等商品贸易。

官僚资本企业以外的私营工商业户，全省共有 3705 家。分布情况是：西宁 1669 户（商业 1130 户、工业 539 户），占总户数 45.04%；300 户以上的依次是湟中 380 户，乐都 354 户，湟源 321 户，大通 302 户；200 户以上的是民和 235 户；100 户以上的有贵德 196 户，循化 112 户；100 户以下的有互助 98 户，化隆 38 户。工商业户资金为 285.26 亿元（商业 279.96 亿元，工业 5.3 亿元），工商业中近代工业几乎没有，占有资金 10 万元以上的只有 1 户，在湟源县曾有私人举办的振兴毛纺厂，解放时遭马步芳部队破坏。

二　经济恢复时期青海工商业发展及其改造情况

从 1949 年 9 月青海各地相继解放至 1952 年三年国民经济恢复时期，工商业发展及其改造方面开展了以下工作：

接收官僚资本主义企业，改造成为社会主义国营企业；成立国营贸易公司，调节地方物资供求。1949 年 9 月 14 日在西宁建立青海省贸易公司并营业；恢复发展各种经济成分，调整私营商业组织；统一币制；进一步发展私营工业。1951 年西安商人朱志坚来西宁筹建私营裕新面粉厂并生产，这是青海第一个大型私营工业企业。经过两年多的发展，私营工商业发挥了有利于国计民生的积极作用。但是旧社会私营工商业者在与少数民族贸易中存在欺诈剥削现象，严重破坏了国家民族贸易政策的贯彻执行，所以主要在工商业较集中的西宁市普遍开展"五反"运动，在农业区的贵德、湟源县用一般交代、重点检查的方法。之后又引导省内私营资本向工业建设转移，1952—1953 年新建了公私合营湟源电厂、西宁新建私营利民食品厂。

三　过渡时期对私营工商业的初步改造情况

1953 年"一五"计划期间，随着生产发展和人们生活水平提高，对粮油布匹的需求量增加，国家需要对这些商品统购统销，并对经营这些商品的私商进行改造。青海原有私营专业粮商 55 户 165 人，粮食自由市场 44 个。在 1954 年实行粮油统购统销以后，取缔了私营粮商和粮食自由市场，至 1955 年全省有国营粮食购销点 110 个（城市 22 个，农村 48 个，牧区 40 个），合作社代销点 14 处，国家粮食市场 38 处。油料未实行统购统销前，西宁市共有专营食油坐商 8 户，从业人员 13 人，资金 2370 元；油挑 56 户，从业人员 56 人，资金 2933 元；兼营食油坐商 97 户。1954 年取缔私营油商的自由经营，实行油品油料统购统销。棉布方面，1954 年 9 月，省人民政府指示在农业区 11 县（市）实行棉布统购统销，改造私营棉布批发商 9 户，从业 62 人，资本额 260662 元，对其从业人员作了妥善安排。棉布零售商 800 多户，从业 1206 人，资金 1987683 元，与国营商业建立批购经销关系，从国营商业进货经营。

工业方面也积极扩展国家资本主义形式。1954 年将私营利民食品厂的全部产品，由甘肃贸易公司订货改为全部由青海食品公司包销。1954 年继续引导私营商业资本转入工业，新建公私合营湟源榨油厂、门源榨油厂，两厂均于 1955 年先后投入生产。1955 年 2 月，将私营裕新面粉厂过渡为公私合营。

1954 年实行统购统销、计划供应以后，整个市场的关系发生了根本性的变化，国营商业在批发环节上逐渐代替了私营批发商，私营零售商的商品主要依靠国营商业和合作社商业。自由市场的活动范围被大大缩小，国营商业和合作社商业又扩大了零售额，私营零售比重迅速下降，中央充分利用市场关系变化的有利条件，把现存的私营小批发商和私营零售商逐步改造成为各种形式的国家资本主义商业。青海于 1955 年 4 月贯彻中央指示，根据"统筹兼顾，全面安排，积极改造"的方针，对农业区城乡市场和私营商业进行了安排和改造。安排的措施是：全面加强批发业务，增加了对私商热销货的批售，多做批发，少做零售，纠正了某些地区过去硬性搭配冷货的做法；合理调整以往偏高、偏低的批发起点，调宽了批零差率；对私商建立经销代销关系，对小商小贩试办互助合作；举办短距离物资交流会，活跃城乡物资交流。在改造上，根据不同对象，采取不同措施：对批发商，按不同行业和不同情况，采取"一面前进，一面安排"的办法，安排与改造相结合；对城市零售商，在全面安排的基础上，通过经销代销形式对企业与人员进行社会主义改造，把某些门市部中具备一定素质的从业人员，吸收为国营商业的工作人员；农村的私商，在供销合作社领导下，采取经销和合作形式进行改造，再逐步过渡为供销合作社商业；对农村富农兼商的，一般让他弃商转农，其中本人长期经商或有一定技术（如中医商）且为人民所需要的，或者转业有困难的，都适当加以安排和改造；对农村的小商小贩，采取经销、经营小组、合作小组或合作商店、合营以及代购代销等形式进行改造。交通运输业也有了较大发展，1955 年 6 月，上海支援青海私营汽车 75 辆并随车迁来职工和少数资方人员，从此，省内有了私营汽车运输业。

经过 1953—1955 年近三年的时间，全省私营工商业初步改造的情况如下（1955 年 11 月底统计）：公私合营工业共 4 户，即裕新面粉厂、湟源电厂、湟源榨油厂和门源榨油厂。私营工业 66 户，包括 10 人以上的资本主义工业 23 户，4 人以上 10 人以下的工场手工业 43 户。其中接受加工订货的 37 户，加工订货生产总值占全部私营工业生产总值的 60% 以上。在 23 户资本主义工业中，需要纳入改造的共 20 户，3 户逐步淘汰。

商业方面，粮油、棉布、烟酒、食盐等行业已以经销、代销等形式纳入社会主义改造轨道。

城市的纯商业、饮食业和服务业，截至 1955 年 9 月，以各种形式纳入改造的共 603 户 889 人，占总户数的 12.27%，占从业总人数的 12.58%。没有改造的户数和从业人员约还有 87%。

农村的纯商业、饮食业和服务业，截至 1955 年 10 月底，以各种形式纳入改造的 491 户 531 人，占农村商业总户数的 19.51%，总人数的 22.82%。其中，代购代销占 10.17%，合作商店占 20.53%，经销小组占 69.3%，没有改造的户数和从业人员还有 77% 和 80%。

四　社会主义改造高潮及其以后的情况

1955 年 12 月 8—16 日，省委召开干部会，传达讨论中央对资本主义工商业改造问题的指示，1956 年 1 月形成了社会主义改造高潮。

在改造高潮中，省委对几个主要政策问题作了规定：

（1）关于对牧业区私商的社会主义改造。总的方针是要在更加增进民族团结的精神下进行。尤其对寺院和牧主所经营的商业，进一步加强管理，对他们进行爱国守法教育，并予适当控制，以防止其投机倒把的违法行为，逐步引导他们进行正当经营。

（2）关于资本主义工商业的界限划分。根据省情作如下规定：①凡雇佣职工在 10 人以上的私营企业，不论其设备和资金多少，均定为资本主义工业。②雇佣职工在 4 人以上、10 人以下的工场手工业，一般按资本主义工业对待，通过合作组织改造。③私营商业凡占有资本在 1 万元以上的为资本主义商业。④饮食业、服务业雇佣职工在 6 人以上的，为资本主义饮食业或服务业。⑤在私营运输业中，凡车主不参加主要劳动或雇佣主要劳动超过车主和家庭成员主要劳动人数的二分之一者为资本主义运输企业；⑥专营兽力车，凡占有车辆在一辆以上、自有劳动力而雇人赶车者，为资本主义车户。

（3）关于私营企业实行公私合营时财产的清理估价。对私营企业财产的清理估价涉及到对企业的资本认定，估价根据"公平合理、实事求是"的原则，本着充分协商的精神，慎重处理，公私财产两可之间的从宽掌握。

（4）农村的合作商店、合营企业和没有经过改造的私营企业过渡为供销合作企业时，以代购代销为主，实行固定工资制。

（5）按中央规定，不分工商和大小，股息统一定为年息五厘。

（6）在改造高潮中的增资，除了明确告诉退还政策后仍坚持不退的，经公私合营企业或专业公司报省级主管部门批准者以外，其他的一律退还。

（7）湟源县赴藏的 18 户行商中，有 9 户要求实行公私合营，因漏洞较大不予同意，允许继续作行商赴西藏经商。

改造高潮时期的工作，主要是把私营工商企业过渡为高级形式的全行业公私合营或合作企业。

1956 年 1 月 16 日，西宁市棉布业首先实行全行业公私合营。同年 1

月 23 日，西宁市 24 个工商行业全部成为公私合营或合作企业，其他农业区各县城也相继于 1 月、2 月完成了私营商业的社会主义改造。其改造形式是：城市私营商业实行全行业公私合营，参加公私合营的小商店有一部分随同资本主义企业合并经营，实行定股定息，另一部分仍保留原来形式的独立核算，各负盈亏。私商中参加合作商店的商户，少数由全行业组成一个总店，下设若干门市部，统一核算，共负盈亏，多数在一个行业中分别组成若干店，以店为单位独立核算，各负盈亏。

1956 年 1 月 25 日，私营汽车运输业实行全行业合营，编为一个车队，属省运输公司领导。运输业中的专营运输兽力车，在 1956 年 4 月上旬，成立了 7 个兽力车合作社（其中 5 个高级社，2 个初级社），入社车户 353 户，占专业车户 90.05%，入社车辆 372 辆，占专业车的 90.07%。

截至 1956 年 5 月底统计，农业区农村共有私营商业 1471 户，从业人员 1699 人，纳入各种改造形式的即有 1393 人，占从业人员总数的 81.99%。其中过渡为供销社职工的 440 人（包括名义过渡的），占私商总人数的 25.9%；合作商店 464 人，占私商总人数的 27.31%；合营 30 人，占私商总人数的 1.76%；代购代销 299 人，占私商总人数的 17.5%；经销 160 人，占私商总人数的 9.42%。还有 306 人未纳入改造，占私商总人数的 18.01%。

1956 年 4 月，完成了资本主义工业的改造。共组成公私合营工业 10 个，除社会主义改造高潮前的 4 个外，1956 年新增康尔索乳品厂（系利民食品厂与上海康尔索乳品厂合并成立）、西宁砖瓦厂、西宁铁工厂、西宁弹花制絮厂、西宁木工厂、大通县公私合营生产砖瓦厂等 6 个公私合营工业。原合营工业从业人员 131 人，新增从业人员 959 人。

生产关系改变后，生产经营有所发展，西宁市 5 个私营工厂合营后，有的扭亏为盈，有的盈余增长了。1956 年上半年共盈余 3.6 万元，全市公私合营商业、饮食业营业额 1956 年比 1955 年增加 134.74%，获利 69 万余元，费用较私营时节约 61 万元，经营品种比合营前增加 1040 多种，小业主的平均收入由合作前的每月 50 元左右增加到 80 元左右，增加 60% 以上。

由于改造高潮中对私营商业一次批准公私合营和合作，工作比较粗糙，遗留了一些问题。从 1956 年 4 月开始，又进行了调整改造。在城市，把没有参加定股定息的公私合营商店和合作商店的小商小贩组织起来，由过去"联购联销，共负盈亏"的合作小组，改组成"分散经营，各负盈亏"的形式；在农村，在自愿原则下对小商小贩根据行业情况、经营特点和商品来源，采取四种经营方式改组，即联购分销、部分联购分销、代购代销、有些自购自销，按行业或地区组成分散经营、各负盈亏的合作小组。

1958 年"大跃进"时期，对商业网进行了全面调整。西宁市将原有的公私合营总店 8 个，合作商店 7 个，从业人员 2061 人，全部过渡为国营商业。合作商店以下的小商小贩（包括合作小组和经销代销户）1724 户 1854 人，全部组织成为统一经营、共负盈亏的合作商店 9 个，分散经营、自负盈亏的合作小组 67 个，取缔了 183 户无证摊贩。

1980 年 2—10 月，根据实事求是的精神，开展了区别工作，即把 1956 年对私营工商业实行按行业公私合营时被带进公私合营企业、被统称为资方人员的一大批小商小贩、小手工业者以及其他劳动者与原来的资本家区别开来，全省参加区别的共有 1344 人，其中 1070 人被区别为劳动者，没有区别出来的原工商业者 274 人，资本为 120 万元。

青海在对私营工商企业改造的同时也进行了对人的改造工作，主要是通过组织学习、典型试办以及工人的推进和监督，使私营工商业者明确改造政策，了解企业和个人的前途，消除思想顾虑，启发其自觉自愿。各个阶层在改造中的表现是不相同的，小商小贩小企业中大部分人积极要求组织起来，走合作化道路，一般大商愿意接受改造，大商中的一些进步分子在高潮时期也积极酝酿改造。由于改造是要消灭剥削、改变资本主义所有制，所以就不可避免地遇到个别资本家的负隅顽抗，出现了抽逃资金、转移财产、挥霍浪费、大吃大喝、消极经营等消极对抗现象，但在党的"和平赎买政策"的感召和影响下，经过各级党组织和人民政府的积极努力和辛勤工作，终于顺利地基本上完成了社会主义改造。①

【案例点评】

在过渡时期，如何对待民族资产阶级及其资本主义经济是我国一个重大的理论和实践问题。青海在 1949 年前深受国民党封建军阀马步芳统治，

---

① 《中国资本主义工商业的社会主义改造——青海卷》，中共党史出版社 1993 年版，第 1—13 页。

资本主义工商业基础极为薄弱，发展非常有限。所以对资本主义工商业利用、限制和改造的实践及其措施也表现出一定程度上的特殊性。

根据省情特点贯彻落实对资本主义工商业的利用、限制、改造和平赎买政策，并经过一系列统战工作，逐步引导工商业走上了从低级到高级的国家资本主义形式，实现了平稳过渡，同时对资本主义个人也开展了团结、教育和改造工作。后来又对已改造的私营工商业进行调整或纠正改造工作中的失误。把原工商业者改造成为了自食其力的劳动者；使工商业生产经营得以发展和提高；社会主义经济不断发展壮大，为全面建设社会主义开辟了广阔的前景。

【思考题】

民族地区资本主义工商业的社会主义改造有哪些方面的特殊性？正确认识社会主义改造的意义和作用。

【案例提示】

本案例可适用于第三章第二节"社会主义改造道路和历史经验"中第一标题——"适合中国特点的社会主义改造道路"和第二标题——"社会主义改造的历史经验"部分，通过介绍青海资本主义工商业改造的全面、系统、翔实可靠的历史资料，让学生了解地方在改造实践中，既对党中央过渡时期总路线认真贯彻执行，同时又根据实事求是精神、考虑地方实际作出正确决策，通过具体改造措施的实施取得了巨大的历史性成就。增强大学生对社会主义改造道路和历史经验这部分知识的学习和深层次理解，以利于更好地把握我国在具体历史条件下社会发展的客观规律，坚定不移地贯彻社会主义初级阶段基本路线。

本章编写　汪丽萍

第四章

社会主义建设道路初步探索的理论成果

案例一　论十大关系[①]

【案例材料】

最近几个月，中央政治局听了中央工业、农业、运输业、商业、财政等三十四个部门的工作汇报，从中看到一些有关社会主义建设和社会主义改造的问题。综合起来，一共有十个问题，也就是十大关系。

提出这十个问题，都是围绕着一个基本方针，就是要把国内外一切积极因素调动起来，为社会主义事业服务。过去为了结束帝国主义、封建主义和官僚资本主义的统治，为了人民民主革命的胜利，我们就实行了调动一切积极因素的方针。现在为了进行社会主义革命，建设社会主义国家，同样也实行这个方针。但是，我们工作中间还有些问题需要谈一谈。特别值得注意的是，最近苏联方面暴露了他们在建设社会主义过程中的一些缺点和错误，他们走过的弯路，你还想走？过去我们就是鉴于他们的经验教训，少走了一些弯路，现在当然更要引以为戒。

一　重工业和轻工业、农业的关系

重工业是我国建设的重点。必须优先发展生产资料的生产，这是已经定了的。但是决不可以因此忽视生活资料尤其是粮食的生产。如果没有足够的粮食和其他生活必需品，首先就不能养活工人，还谈什么发展重工业？所以，重工业和轻工业、农业的关系，必须处理好。

我们现在发展重工业可以有两种办法，一种是少发展一些农业轻工

---

① 毛泽东：《论十大关系》，1956 年 4 月 25 日，根据 1976 年 12 月 26 日《人民日报》刊印。

业，一种是多发展一些农业轻工业。从长远观点来看，前一种办法会使重工业发展得少些和慢些，至少基础不那么稳固，几十年后算总帐是划不来的。后一种办法会使重工业发展得多些和快些，而且由于保障了人民生活的需要，会使它发展的基础更加稳固。

二　沿海工业和内地工业的关系

我国的工业过去集中在沿海。所谓沿海，是指辽宁、河北、北京、天津、河南东部、山东、安徽、江苏、上海、浙江、福建、广东、广西。我国全部轻工业和重工业，都有约百分之七十在沿海，只有百分之三十在内地。这是历史上形成的一种不合理的状况。沿海的工业基地必须充分利用，但是，为了平衡工业发展的布局，内地工业必须大力发展。在这两者的关系问题上，我们也没有犯大的错误，只是最近几年，对于沿海工业有些估计不足，对它的发展不那么十分注重了。这要改变一下。

这不是说新的工厂都建在沿海。新的工业大部分应当摆在内地，使工业布局逐步平衡，并且利于备战，这是毫无疑义的。但是沿海也可以建立一些新的厂矿，有些也可以是大型的。至于沿海原有的轻重工业的扩建和改建，过去已经作了一些，以后还要大大发展。

好好地利用和发展沿海的工业老底子，可以使我们更有力量来发展和支持内地工业。如果采取消极态度，就会妨碍内地工业的迅速发展。所以这也是一个对于发展内地工业是真想还是假想的问题。如果是真想，不是假想，就必须更多地利用和发展沿海工业，特别是轻工业。

三　经济建设和国防建设的关系

国防不可不有。现在，我们有了一定的国防力量。经过抗美援朝和几年的整训，我们的军队加强了，比第二次世界大战前的苏联红军要更张些，装备也有所改进。我们的国防工业正在建立。自从盘古开天辟地以来，我们不晓得造飞机，造汽车，现在开始能造了。

我们现在还没有原子弹。但是，过去我们也没有飞机和大炮，我们是用小米加步枪打败了日本帝国主义和蒋介石的。我们现在已经比过去强，以后还要比现在强，不但要有更多的飞机和大炮，而且还要有原子弹。在今天的世界上，我们要不受人家欺负，就不能没有这个东西。怎么办呢？可靠的办法就是把军政费用降到一个适当的比例，增加经济建设费用。只有经济建设发展得更快了，国防建设才能够有更大的进步。

四 国家、生产单位和生产者个人的关系

国家和工厂、合作社的关系，工厂、合作社和生产者个人的关系，这两种关系都要处理好。为此，就不能只顾一头，必须兼顾国家、集体和个人三个方面，也就是我们过去常说的"军民兼顾"、"公私兼顾"。鉴于苏联和我们自己的经验，今后务必更好地解决这个问题。

五 中央和地方的关系

中央和地方的关系也是一个矛盾。解决这个矛盾，目前要注意的是，应当在巩固中央统一领导的前提下，扩大一点地方的权力，给地方更多的独立性，让地方办更多的事情。这对我们建设强大的社会主义国家比较有利。我们的国家这样大，人口这样多，情况这样复杂，有中央和地方两个积极性，比只有一个积极性好得多。我们不能像苏联那样，把什么都集中到中央，把地方卡得死死的，一点机动权也没有。

六 汉族和少数民族的关系

对于汉族和少数民族的关系，我们的政策是比较稳当的，是比较得到少数民族赞成的。我们着重反对大汉族主义。地方民族主义也要反对，但是那一般地不是重点。

我国少数民族人数少，占的地方大。论人口，汉族占百分之九十四，是压倒优势。如果汉人搞大汉族主义，歧视少数民族，那就很不好。而土地谁多呢？土地是少数民族多，占百分之五十到六十。我们说中国地大物博，人口众多，实际上是汉族"人口众多"，少数民族"地大物博"，至少地下资源很可能是少数民族"物博"。

七 党和非党的关系

究竟是一个党好，还是几个党好？现在看来，恐怕是几个党好。不但过去如此，而且将来也可以如此，就是长期共存，互相监督。

在我们国内，在抗日反蒋斗争中形成的以民族资产阶级及其知识分子为主的许多民主党派，现在还继续存在。在这一点上，我们和苏联不同。我们有意识地留下民主党派，让他们有发表意见的机会，对他们采取又团结又斗争的方针。一切善意地向我们提意见的民主人士，我们都要团结。像卫立煌、翁文灏这样的有爱国心的国民党军政人员，我们应当继续调动他们的积极性。就是那些骂我们的，像龙云、梁漱溟、彭一湖之类，我们也要养起来，让他们骂，骂得无理，我们反驳，骂得有理，我们接受。这对党，对人民，对社会主义比较有利。

八　革命和反革命的关系

反革命是什么因素？是消极因素，破坏因素，是积极因素的反对力量。反革命可不可以转变？当然，有些死心塌地的反革命不会转变。但是，在我国的条件下，他们中间的大多数将来会有不同程度的转变。由于我们采取了正确的政策，现在就有不少反革命被改造成不反革命了，有些人还做了一些有益的事。

九　是非关系

党内党外都要分清是非。如何对待犯了错误的人，这是一个重要的问题。正确的态度应当是，对于犯错误的同志，采取"惩前毖后，治病救人"的方针，帮助他们改正错误，允许他们继续革命。过去，在以王明为首的教条主义者当权的时候，我们党在这个问题上犯了错误，学了斯大林作风中不好的一面。他们在社会上不要中间势力，在党内不允许人家改正错误，不准革命。

十　中国和外国的关系

我们提出向外国学习的口号，我想是提得对的。现在有些国家的领导人就不愿意提，甚至不敢提这个口号。这是要有一点勇气的，就是要把戏台上的那个架子放下来。

我们的方针是，一切民族、一切国家的长处都要学，政治、经济、科学、技术、文学、艺术的一切真正好的东西都要学。但是，必须有分析有批判地学，不能盲目地学，不能一切照抄，机械搬运。他们的短处、缺点，当然不要学。

一共讲了十点。这十种关系，都是矛盾。世界是由矛盾组成的。没有矛盾就没有世界。我们的任务，是要正确处理这些矛盾。这些矛盾在实践中是否能完全处理好，也要准备两种可能性，而且在处理这些矛盾的过程中，一定还会遇到新的矛盾，新的问题。但是，像我们常说的那样，道路总是曲折的，前途总是光明的。我们一定要努力把党内党外、国内国外的一切积极的因素，直接的、间接的积极因素，全部调动起来，把我国建设成为一个强大的社会主义国家。

【案例点评】

这是毛泽东在中共中央政治局扩大会议上的讲话，1956 年 4 月和 5 月，毛泽东先后在中央政治局扩大会议和最高国务会议上，作了《论十大关系》的报告，初步总结了我国社会主义建设的经验，明确提出了以苏为鉴，独立自主地探索适合中国情况的社会主义建设道路。毛泽东在这篇讲话中，以苏联的经验为鉴戒，总结了我国的经验，提出了调动一切积极因素为社会主义事业服务的基本方针，对适合我国情况的社会主义建设道路进行了初步的探索。《论十大关系》标志着党探索中国社会主义建设道路的良好开端。

1. 《论十大关系》的报告确定了一个基本方针，就是"努力把党内党外、国内国外的一切积极的因素，直接的、间接的积极因素全部调动起来"，为社会主义建设服务。为了贯彻这一方针，报告从十个方面论述了我国社会主义建设需要重点把握的重大关系。"十大关系"涉及生产力和生产关系、经济基础和上层建筑各方面。前五条主要讨论经济问题，着眼于从经济工作的各个方面调动各种积极因素。其中前三条讲重工业和轻工业、农业的关系，沿海工业和内地工业的关系，经济建设和国防建设的关系。这里涉及的实际上是开辟一条和苏联有所不同的中国工业化道路问题。第四、五条讲国家、生产单位和生产者个人的关系，中央和地方的关系，开始涉及经济体制改革。这样就初步提出了中国社会主义经济建设的若干新方针。"十大关系"的后五条，讲汉族与少数民族的关系、党与非党的关系、革命和反革命的关系、是非关系、中国和外国的关系，都是属于政治生活和思想文化生活调动各种积极因素的问题。

2. 毛泽东认为，充分调动一切积极因素，尽可能地克服消极因素，并且努力化消极因素为积极因素，这是社会主义事业前进的需要。毛泽东这里讲的积极因素与消极因素，既包括党内的因素，也包括党外的因素；既包括国内的因素，也包括国外的因素；既包括直接的因素，也包括间接的因素。在毛泽东看来，社会主义建设中的积极因素与消极因素是一对矛盾，社会主义事业的发展就是在这两种因素的矛盾中通过它们之间又统一又斗争而实现的。在社会主义事业的发展中，一般来说，积极因素是处于主导的、统治地位的，占有压倒的优势，这是社会主义事业必定胜利的可靠保证。社会主义建设的积极因素与消极因素在一定条件下是可以互相转化的。我们的任务是创造条件，大力促使消极因素比较多、比较快地向积极因素转化，并同时尽力防止积极因素向消极因素的逆转。

总之，调动一切积极因素为社会主义事业服务，是党关于社会主义建设的一个极为重要的基本方针，对于最大限度地团结全国各族人民，建设社会主义现代化国家，具有长远的指导意义。

【思考题】

1. 毛泽东《论十大关系》的主要内容是什么？
2. 毛泽东《论十大关系》对探索中国社会主义建设道路有什么重大意义？

【案例提示】

案例一可用于本章第一节"社会主义建设道路初步探索的重要思想成果"中第一目"调动一切积极因素为社会主义事业服务的思想"的学习。通过对案例材料的学习了解，认识我国社会主义基本制度确立以后，毛泽东对中国社会主义建设道路的艰辛探索，《论十大关系》的发表是党探索中国社会主义建设道路的历史起点，其中确定的基本方针以及所论述的十个方面的重大关系，已经涉及了建设社会主义现代化国家所需面对的经济、政治、文化等领域，所以，也可看做是建设中国特色社会主义经济、政治、文化、和谐社会和生态文明总布局的历史起点，增强历史感，充分认识改革开放前后两个历史时期社会主义建设的前后衔接，正确理解改革开放前后两个时期的辩证统一关系。

案例二　毛泽东对中国社会主义现代化事业的伟大历史贡献①

【案例材料】

改变国家贫穷落后面貌，建立繁荣富强的现代化国家，是多少年来中国人民梦寐以求的理想。1917 年俄国十月革命后，以毛泽东为代表的中国共产党人就以马克思列宁主义为指导，开始了领导人民改造和建设自己国家的伟大征程。毛泽东对中国社会主义现代化事业的历史贡献，眼光不能局限于社会主义建设本身，而应当追溯到他领导中国人民进行新民主主

---

① 汪裕尧：《毛泽东对中国社会主义现代化事业的伟大历史贡献》，《党的文献》2006 年第
1 期。

义革命和社会主义改造，为社会主义现代化事业奠定基础和创造条件的历史时期。

一　领导中国人民取得新民主主义革命的胜利，为建设社会主义现代化强国创造必要的前提

这些前提条件包括：

（1）政治前提。主要有三个：一是将中国共产党建设成为政治上、思想上、组织上完全巩固的马克思主义政党；二是建设一支由这个党领导的、同人民群众保持密切联系的强大的人民军队；三是建立起由这个党领导的，同各民主党派、人民团体和各阶层人民亲密团结的人民民主统一战线。依靠这三大法宝，以毛泽东为代表的中国共产党领导人民推翻了国民党的反动统治，建立了人民当家作主的新的国家政权。可以说，没有这个前提，要在中国进行社会主义现代化建设，只不过是一句空话。

（2）经济前提。主要是改变束缚社会生产力发展的旧的生产关系。毛泽东为新民主主义革命制定了三大经济纲领，并领导人民为实现三大纲领进行坚持不懈的努力。这三大纲领是：没收控制国家经济命脉的官僚垄断资本，归人民的国家所有；实行土地改革，没收地主阶级的土地归农民所有，废除几千年来压在农民头上的封建土地制度；保护民族工商业，使其在有利于国计民生的范围内得到广大的发展。所有这些，都是为了使中国的社会生产力从旧的生产关系的桎梏中解放出来，在新的生产关系的保护下得到迅速的发展。没有这个前提，即使是民族资本主义经济，也会因受官僚资本和封建势力的压制和束缚，得不到广大的发展，更谈不上建立和发展社会主义经济，实现社会主义现代化。

（3）文化前提。主要是将马克思主义中国化，用先进的思想理论武装党和人民，指明前进的方向，并团结起来为之奋斗。毛泽东将马克思列宁主义基本原理同中国革命的具体实践相结合，为马克思主义中国化作出了独特的贡献。他提出了一整套关于新民主主义革命和社会的理论和政策，为推翻帝国主义、封建主义和官僚资本主义三位一体的国民党反动统治，夺取新民主主义革命的胜利，并在胜利之后走上社会主义道路提供了思想指导和政策保证。同时，他还以马列主义思想为指导，为文化教育等项工作制订了正确的方针和政策，为发展社会主义的文化奠定了基础。

毛泽东说过，"中国应该发展成为近代化的国家、丰衣足食的国家、富强的国家。这就要解放生产力，破坏帝国主义和封建主义"，"不破坏

它们，中国就不能发展和进步"。这清楚地阐明了社会革命与经济发展的关系，这也就是中国要发展必须进行革命、中国的出路在革命的道理所在。在半殖民地半封建的中国，要想不经过革命而发展工业，建设国防，福利人民，求得国家的富强，不过是一种良好的愿望，是决不能实现而必然要破灭的。

二　领导人民完成三大改造，建立社会主义基本经济制度，为进一步解放生产力、实现社会主义现代化开辟了广阔的道路

毛泽东提出了以"一化三改"为主要内容的党在过渡时期的总路线和总任务，即用大约三个五年计划左右的时间，基本完成国家的社会主义工业化，基本完成对个体农业、手工业和资本主义工商业的社会主义改造，将中国建设成为一个现代化的社会主义强国。这是中国历史上前所未有的一场伟大的变革，虽然在变革过程中存在着要求过急、形式单一、工作粗糙等缺点，但在一个拥有几亿人口的农业大国中，完成这样一场伟大的变革，而没有发生苏联等国在集体化过程中出现的生产力大破坏，相反在社会主义改造过程中生产力还得到了提高和发展，这不能不说是一个奇迹。社会主义改造的基本完成，在粮食、资金、原料、出口、换汇以及开展农田水利建设，战胜自然灾害，改善经营管理，培养技术人才等方面，为社会主义现代化建设提供了强有力的支持。在基本完成农业社会主义改造之后，本应认真总结经验，改进体制，调整政策，改善管理，完善措施，使新建立的生产关系的各个环节适应生产力发展的水平和要求，但在急于求成的思想指导下，轻率地发动了"大跃进"和人民公社化运动，结果欲速则不达，造成了生产力的严重破坏。应当说，这并不是农业合作化的必然结果。农业合作化过程中出现的问题，也并不是注定不能解决的。党的十一届三中全会之后，我们党认真总结历史经验，集中群众智慧，在农村实行统分结合的家庭联产承包责任制，既巩固了社会主义改造的成果，又纠正了人民公社体制带来的问题，就是有力的证明。

三　借鉴国际经验，从实际出发，探索适合中国情况的建设社会主义的道路

由于缺乏大规模经济建设的经验，从1953年开始的我国第一个五年计划建设，不能不基本上照搬苏联的模式。1956年苏共二十大揭露苏联社会主义经济建设中的严重问题之后，毛泽东同党中央其他领导人以苏联为鉴戒，认真总结中国自己的经验，对社会主义建设中的一系列重大问题

进行调查研究，概括出十大关系即十大矛盾，从理论上和方针政策上提出了解决这些问题的原则和意见。目的在于调动国内外一切积极因素，团结一切可以团结的力量，用比苏联更多、更快、更好、更省的办法，把我国建设成为社会主义的现代化强国。毛泽东在《论十大关系》中突出强调的一个问题，是发展重工业和发展农业、轻工业的关系问题。他认为，优先发展重工业的方针是对的，但是发展重工业必须同发展农业和轻工业同时并举，协调发展，并以农、轻、重为序安排国民经济，才能使整个国民经济得到较快较好的发展，人民生活得到较多的改善。他在 1957 年发表的《关于正确处理人民内部矛盾的问题》的讲话中，进一步把正确处理农业、轻工业和重工业的关系问题，作为中国工业化的道路问题来论述，可见他对这个问题的重视。正是基于这种认识，他说从提出《论十大关系》的时候起，我们开始找到了自己的建设道路

四　提出社会主义社会的基本矛盾和正确处理人民内部矛盾的理论，为在社会主义现代化建设中不断克服和解决生产关系同生产力、上层建筑同经济基础之间的矛盾，奠定了科学依据。

毛泽东在马克思主义发展史上第一次科学地回答了这个问题。他指出：同其他社会一样，社会主义社会也存在矛盾，矛盾仍是社会发展的动力；社会主义社会的基本矛盾，仍然是生产力和生产关系的矛盾，经济基础和上层建筑的矛盾，只是矛盾的性质同旧社会根本不同罢了；社会主义社会的矛盾可以经过社会主义制度自身的逐步完善而不断得到解决。他说，在我国，社会主义的生产关系和生产力、经济基础和上层建筑，基本上是相适应的，同时又有矛盾，这种既相适应又相矛盾的情况，推动着我们根据生产力和经济基础发展变化的情况，相应地去调整生产关系和上层建筑，不断地解放和发展社会生产力，推动社会主义社会健康地向前发展。

毛泽东根据苏联和东欧一些国家经济社会和政治生活中发生的问题，以及我国社会主义改造基本完成后出现的新情况，郑重提出正确处理人民内部矛盾的问题，并指出这是我国政治生活的主题，以引起全党和全国人民的注意。他指出：我国社会存在着两类不同性质的矛盾，一类是敌我矛盾，一类是人民内部矛盾，现阶段大量存在的是人民内部矛盾，它表现在各个方面。上述生产关系和生产力、经济基础和上层建筑之间的矛盾，实质上也是一种人民内部矛盾。在我国条件下，工人阶级和资产阶级的矛盾

也是人民内部矛盾，处理得好可以不致于发生对抗。因此要学会正确区分和处理敌我矛盾和人民内部矛盾这两类不同性质的矛盾。他认为，提出这个问题，对于团结全国各族人民进行一场新的战争——向自然界开战，发展我们的经济，发展我们的文化，巩固我们的新制度，建设我们的新国家，都是十分必要的。

五　提出实现社会主义现代化的目标和战略设想，为中国的现代化事业指明努力方向和实施步骤

将中国建设成为什么样的社会主义现代化强国，这个目标是在建设实践中逐步明确和逐步完善的。新中国成立之初，提出要实现国家的社会主义工业化，后来点明工业化也包括农业现代化，提出要把我国建设成为现代化的工农业国家。对现代化的内容，一段时间内也不大确定和规范，直到 50 年代末 60 年代初，毛泽东在《读苏联〈政治经济学教科书〉的谈话》中，才把现代化的内涵完整地表述出来，说现代化应该包括工业、农业、国防和科学文化四个方面的现代化。后来，在党的正式文献中，将其中的科学文化现代化更准确地表述为科学技术现代化。关于建设社会主义现代化强国所需的时间，毛泽东最初的战略设想是，用三个五年计划的时间完成过渡时期总任务，把我国建设成为一个社会主义现代化国家。后来他把实现社会主义现代化同赶超西方发达国家联系起来，把它看作统一的过程，提出要把我国建设成为高度发达的社会主义国家，这需要几十年时间，可能需要半个世纪，即 20 世纪的下半个世纪。1957 年底，在各国共产党和工人党莫斯科会议上，毛泽东根据我国钢铁工业的现状和发展趋势，以及英国钢铁工业发展的情况，提出要用 15 年或者再多一点时间在钢铁产品的产量方面赶上或者超过英国。回国后，根据有关方面的测算，又扩展为在"钢铁和主要工业产品"的产量方面赶上或者超过英国，这显然超越了实际可能性。在"大跃进"时期，毛泽东对形势做过不切实际的估计，认为从当时发展的势头看，建成社会主义强国，赶超西方发达国家，已不需要原来设想的那么长时间，步伐可以大大加快，甚至一度认为只需几年的时间。但是他也很快发现了不少实际工作中存在的严重问题，头脑逐渐冷静下来，认真总结经验教训，不仅恢复了原先的战略设想，而且进一步提出，根据我国的具体条件，要赶上西方发达国家，半个世纪是不够的，需要 50—100 年的时间。他指出，如果我们用 100 来年时间赶上西方 300 多年达到的水平，那就不错了。在时间问题上，与其估计

得短些，不如估计得长些，这样对我们较为有益。为了实现这个宏伟目标，他还提出了分两步走的设想：第一步，用 15 年时间，建成一个独立的比较完整的工业体系和国民经济体系；第二步，在 20 世纪内，全面实现农业、工业、国防和科学技术现代化，使我国经济走在世界的前列。这个设想，曾经写入 1964 年底周恩来所作的《政府工作报告》，并在 1975 年邓小平主持起草的周恩来《政府工作报告》中得到重申。党的十一届三中全会之后，邓小平在总结历史经验的基础上，从我国实际情况出发，将它发展为分三步实现社会主义现代化的战略部署。

六　提出一整套具有中国特色的推进社会主义现代化建设的战略方针

这些战略方针有：调动一切积极因素，团结一切可以团结的力量，为建设强大的社会主义国家而奋斗；从 6 亿人口出发，统筹兼顾，适当安排；发扬艰苦奋斗精神，增产节约，勤俭建国；坚持自力更生为主，争取外援为辅；结合中国实际，学习外国先进经验，学习与独创相结合；推行独立自主的和平外交政策，为现代化建设争取长期的和平国际环境。

第一，毛泽东指出，在这些战略方针中，把党内党外、国内国外的一切积极因素，不论是直接的还是间接的，全部调动起来，为建设强大的社会主义国家而奋斗，是我们建设社会主义强国的基本方针。我们的一切工作都要贯彻这个基本方针，这是我国实现社会主义现代化的可靠保证。

第二，毛泽东指出，我国是一个社会主义国家，进行大规模经济建设所需的大量资金，只能主要依靠自己国家内部积累，因此要开展增产节约，实行勤俭建国。他说，"要使全体干部和全体人民经常想到我国是一个社会主义的大国，但又是一个经济落后的穷国，这是一个很大的矛盾。要使我国富强起来，需要几十年艰苦奋斗的时间，其中包括执行厉行节约、反对浪费这样一个勤俭建国的方针"。这个方针，不但在经济上有重大意义，在政治上也有重大意义。它不仅会带动我们国家在政治、军事、经济、文化各方面迅速进步，而且有利于整肃党纪、提高工作效率和转移社会风气。

第三，从新民主主义到社会主义，毛泽东一贯主张以自力更生为主、争取外援为辅。他说，像我们这样的国家，建设社会主义现代化，主要依靠国内市场，而不是国外市场，对外贸易只能起辅助作用。我们强调主要依靠自己的力量，并不排斥争取必要的外援，包括向外国学习先进的科学等。他强调指出，我们提倡向外国学习，是要学习一切国家一切民族的先进经验为我所用，不管它是社会主义国家的，还是资本主义国家的，只要是对我们有用的，我们都应当学习。但是要有选择地学，学人家先进的东西，不学人家落后的东西。对于资本主义国家，既要努力学习他们先进的科学技术和企业管理方法中合乎科学的东西，又要坚决抵制和批判资产阶级的一切腐败制度和思想作风。同时，学习外国不能照抄照搬，一定要与中国实际相结合，与独创相结合，创造出自己独特的新东西。

第四，进行社会主义建设，需要有一个和平的国际环境。为了争取较长时间的和平环境，毛泽东为我国制定了独立自主的和平外交政策和相应的国际战略，主张在平等、互利和互相尊重领土主权的原则基础上，同其他国家建立外交关系，用和平的方法解决国与国之间存在的问题，一切国家都实行和平共处五项原则；同时提出两个中间地带和三个世界划分的战略，联合世界上一切爱好和平、维护民族独立的国家，反对帝国主义的侵略和战争政策，反对霸权主义，以保卫世界和平，建立国际政治经济新秩序。

七、提出把党的工作重心转移到经济战线上来，努力学会做经济工作，要造就既懂政治又懂业务、又红又专的干部队伍，庞大的工人阶级知识分子队伍，以及有社会主义觉悟有文化的高素质的劳动者队伍。

八、强调科学技术在发展社会生产力和现代化建设中的重要作用，为我国科学技术的发展指明了正确的道路。

九、提出建立和完善社会主义的基本政治制度，健全民主集中制，发扬社会主义民主，为社会主义现代化建设营造良好的政治环境和社会氛围。

十、提倡学习理论，调查研究，总结经验，在建设社会主义的实践中，不断探索和逐步认识建设社会主义的客观规律。

与此同时，毛泽东还向全党提倡大兴调查研究之风。为此，他提出并重印了新发现的自己于1930年写的《反对本本主义》一文，供大家研究参考。毛泽东强调，学习理论、调查研究要同总结经验结合起来，将马克思列宁主义的基本原理同中国社会主义建设的具体实践相结合，不断深化对社会主义建设客观规律的认识。他自己在这方面的成果，集中体现在《读苏联〈政治经济学教科书〉的谈话记录》和《在扩大的中央工作会议上的讲话》中。其中谈到社会主义建设中许多重大的理论和实践问题，

上的讲话》中。其中谈到社会主义建设中许多重大的理论和实践问题，对于我们认识什么是社会主义，怎样建设社会主义，有不少重要的启示。这些认识是在马列主义理论的指导下，总结实践中正反两方面的经验形成的，不同程度上反映了我国社会主义建设的客观规律。

【案例点评】

我国社会主义基本制度确立以后，党对社会主义建设道路进行了初步探索，取得了重大成就，形成了一些重要思想成果。《论十大关系》开始党探索中国社会主义建设道路之后，还取得了许多重大理论成果。

1. 正确认识和处理社会主义社会矛盾的思想。党在八大前后，特别是毛泽东在1957年2月所作的《关于正确处理人民内部矛盾的问题》的报告，系统论述了社会主义社会矛盾的理论。

毛泽东指出，矛盾是普遍存在的，社会主义社会同样充满着矛盾，正是这些矛盾推动着社会主义社会不断地向前发展。"矛盾不断出现，又不断解决，就是事物发展的辩证规律。"[1] 他提倡运用对立统一规律深刻分析社会主义社会的矛盾。

（1）关于社会主义社会的基本矛盾。毛泽东指出："在社会主义社会中，基本的矛盾仍然是生产关系和生产力之间的矛盾，上层建筑和经济基础之间的矛盾。"[2] 社会主义社会的基本矛盾同旧社会的基本矛盾"具有根本不同的性质和情况"。社会主义社会的基本矛盾是在生产关系和生产力基本适应、上层建筑和经济基础基本适应条件下的矛盾，是在人民根本利益一致基础上的矛盾。因此，它不是对抗性的矛盾，而是非对抗性的矛盾。社会主义社会基本矛盾运动具有"又相适应又相矛盾"的特点，一方面社会主义生产关系已经建立起来，它是和生产力的发展相适应的；另一方面它又还很不完善，这些不完善的方面和生产力的发展又是相矛盾的。除了生产关系和生产力发展之间这种又相适应义相矛盾的情况以外，还有上层建筑和经济基础之间又相适应又相矛盾的情况。其中，相适应的一面是基本方面，相矛盾的一面是非基本方面。由于社会主义社会的矛盾不是对抗性的矛盾，因此"它可以经过社会主义制度本身，不断地得到

---

[1] 《毛泽东文集》第7卷，人民出版社1999年版，第216页。

[2] 同上书，第214页。

解决"①。毛泽东分析了社会主义社会的基本矛盾的性质、特点和解决途径，揭示了社会主义社会发展的一般规律。

（2）关于我国社会的主要矛盾和根本任务。党的八大正确分析了社会主义改造完成后我国社会主要矛盾的变化，指出社会主义制度在我国已经基本上建立起来了。"我们国内的主要矛盾，已经是人民对于建立先进的工业国的要求同落后的农业国的现实之间的矛盾，已经是人民对于经济文化迅速发展的需要同当前经济文化不能满足人民需要的状况之间的矛盾。"② 据此，党中央提出要把党和国家的工作重点转到技术革命和社会主义建设上来，要求各级党委要抓社会主义建设工作，全党要学科学、学技术、学新本领。

（3）关于社会主义社会矛盾的学说，一个重要方面是关于社会主义社会存在两类不同性质矛盾的理论。毛泽东强调，社会主义社会的矛盾反映在政治上可以划分为敌我矛盾和人民内部矛盾，这是两类性质完全不同的矛盾。毛泽东提醒人们注意两类不同性质矛盾的转化问题，认为两类不同性质的矛盾的存在是客观的，但不是固定不变的，在一定的条件下，两类不同性质的矛盾可以互相转化。

（4）毛泽东论述了正确处理两类不同性质社会矛盾的基本方法。他指出：敌我之间和人民内部这两类矛盾的性质不同，解决的方法也不同。简单地说起来，前者是分清敌我的问题，后者是分清是非的问题。

（5）关于正确处理人民内部矛盾的方针。毛泽东指出，用民主的方法解决人民内部矛盾，这是一个总方针。针对人民内部矛盾在具体实践中的不同情况，毛泽东提出了一系列具体方针、原则：对于政治思想领域的人民内部矛盾，实行"团结——批评——团结"的方针，坚持说服教育、讨论的方法；对于物质利益、分配方面的人民内部矛盾，实行统筹兼顾、适当安排的方针，兼顾国家、集体和个人三方面的利益；对于人民群众和政府机关的矛盾，要坚持民主集中制原则，要努力克服政府机关的官僚主义，也要加强对群众的思想教育；对科学文化领域里的矛盾，实行"百花齐放、百家争鸣"的方针，通过自由讨论和科学实践、艺术实践去解决；对于共产党和民主党派的矛盾，实行在坚持社会主义道路和共产党领

①《毛泽东文集》第 7 卷，人民出版社 1999 年版，第 213—214 页。

②《建国以来重要文献选编》第 9 册，中央文献出版社 1994 年版，第 341 页。

导的前提下"长期共存、互相监督"的方针；对于民族之间的矛盾，实行民族平等、团结互助的方针，着重反对大汉族主义，也要反对地方民族主义，等等。所有这些方针，都是用民主方法解决人民内部矛盾这一总方针的具体化，为解决不同形式的人民内部矛盾指明了方向。

（6）关于区分两类不同性质矛盾和正确处理人民内部矛盾的目的和意义。毛泽东强调，关于正确处理人民内部矛盾的问题是社会主义国家政治生活的主题。这一论断的根本着眼点，在于调动一切积极因素，团结一切可以团结的力量，把全党的注意力转到社会主义建设上来。

毛泽东关于社会主义社会矛盾的学说，科学揭示了社会主义社会发展的动力，为正确处理社会主义社会各种矛盾、创造良好的社会环境和政治环境，提供了基本的理论依据，也为后来的社会主义改革奠定了理论基础，并以独创性的内容丰富了马克思主义的理论宝库。

2. 走中国工业化道路的思想。实现工业化是中国近代以来历史发展的必然要求，也是国家独立和富强的必要条件。中国共产党很早就开始重视国家的工业化问题，早在新民主主义革命时期就提出保护民族工商业的政策。抗日战争时期，毛泽东指出，中国的民族独立有巩固的保障，就必须工业化。党的七届二中全会又提出了实现国家工业化的目标。

新中国的工业化是在苏联的影响下起步的，加之当时我国的工业基础十分薄弱，因此党确定以工业化为整个经济建设的主要任务。社会主义改造时期，把实现国家的工业化作为党在过渡时期总路线的主体。受苏联的影响，我国一度过多强调重工业和基础设施的发展，影响了农业和轻工业的发展，造成了一定程度的比例失调，这就促使党和毛泽东思考如何走中国工业化道路的问题。

毛泽东在《论十大关系》中论述的第一大关系，便是重工业、轻工业和农业的关系。在《关于正确处理人民内部矛盾的问题》一文中，毛泽东明确提出要走一条有别于苏联的中国工业化道路。

（1）鉴于中国社会生产力落后、经济基础薄弱的情况，毛泽东指出，以工业为主导，把重工业作为我国经济建设的重点，以逐步建立独立的比较完整的基础工业体系和国防工业体系，这是维护国家独立、统一和安全，实现国家富强所必需的，是毫无疑义、必须肯定的。但同时必须充分注意发展农业和轻工业。

（2）毛泽东提出了以农业为基础，以工业为主导，以农—轻—重为序发展国民经济的总方针，以及一整套"两条腿走路"的方针，即重工业和轻工业同时并举，中央工业和地方工业同时并举，沿海工业和内地工业同时并举，大型企业和中小型企业同时并举，等等。

走中国工业化道路，是党探索我国社会主义建设道路的一个重要思想，强调正确处理重工业和轻工业、农业的关系，符合中国人口多、工业基础薄弱的实际，对于加快我国经济建设具有重要意义。

3. 初步探索的其他理论成果。20世纪50年代末60年代初，党在探索社会主义建设道路过程中，还提出了其他一些重要的思想理论观点。

（1）关于社会主义发展阶段。毛泽东提出，社会主义又可分为两个阶段，第一个阶段是不发达的社会主义，第二个阶段是比较发达的社会主义。后一个阶段可能比前一阶段需要更长的时间。他强调，在我们这样的国家，社会主义建设具有艰难性、复杂性和长期性，完成社会主义建设是一个艰巨任务，建成社会主义不要讲得过早了。建设强大的社会主义经济，在中国，50年不行，会要100年，或者更多的时间。建设社会主义，必须不断在实践中积累经验，逐步克服盲目性，认识客观规律，才能实现认识上的飞跃；要大兴调查研究之风，总结正反两方面经验教训，找出社会主义建设的客观规律，制定适合中国情况的方针和政策。

（2）关于社会主义现代化建设的战略目标和步骤。毛泽东提出，社会主义现代化的战略目标，是要把中国建设成为一个具有现代农业、现代工业、现代国防和现代科学技术的强国。为了实现这个目标，应当采取"两步走"的发展战略，第一步建成一个独立的比较完整的工业体系和国民经济体系，第二步全面实现工业、农业、国防和科学技术现代化，使中国走在世界前列。

（3）关于经济建设方针。党的八大提出了既反保守又反冒进、在综合平衡中稳步前进的方针。毛泽东多次阐述了统筹兼顾的方针，强调正确处理国家、集体与个人的关系，生产两大部类的关系，中央与地方的关系，积累与消费的关系，长远利益与当前利益的关系；既要顾全大局，突出重点，也要统筹兼顾，全面安排，综合平衡。同时，也要在自力更生的基础上积极争取外援，开展与外国的经济交流，引进外国的先进技术、设备和资金，学习外国的长处和好的经验，学习资本主义国家先进的科学技术和管理经验。

（4）关于所有制结构的调整。毛泽东、刘少奇、周恩来提出了把资本主义经济作为社会主义经济的补充的思想。朱德提出了要注意发展手工业和农业多种经营的思想。陈云提出了"三个主体、三个补充"的设想，即在工商业经营方面，国家经济和集体经济是工商业的主体，一定数量的个体经济是国家经济和集体经济的补充；在生产计划方面，计划生产是工农业生产的主体，按照市场变化在国家计划许可范围内的自由生产是计划生产的补充；在社会主义的统一市场里，国家市场是它的主体，一定范围内的国家领导的自由市场是国家市场的补充。

（5）关于经济体制和运行机制改革。毛泽东提出了发展商品生产、利用价值规律的思想，认为商品生产在社会主义条件下，还是一个不可缺少的、有利的工具，要有计划地大大地发展社会主义的商品生产。刘少奇则提出了使社会主义经济既有计划性又有多样性和灵活性的主张，以及按经济办法管理经济的思想。陈云提出了要建立"适合于我国情况和人民需要的社会主义的市场"的思想。此外，毛泽东还主张企业要建立合理的规章制度和严格的责任制，要实行民主管理，实行干部参加劳动，工人参加管理，改革不合理的规章制度，工人群众、领导干部和技术人员三结合，即"两参一改三结合"。邓小平提出了关于整顿工业企业、改善和加强企业管理、实行职工代表大会制等观点。

（6）关于社会主义民主政治建设。党的八大提出，要进一步扩大民主，开展反对官僚主义的斗争；必须加强对于国家工作的监督，特别是加强党对于国家机关的领导和监督，加强全国人民代表大会和它的常务委员会对中央一级政府机关的监督和地方各级人民代表大会对地方各级政府机关的监督，加强各级政府机关的由上而下的监督和由下而上的监督，加强人民群众和机关中的下级工作人员对于国家机关的监督；提出着手系统地制定比较完备的法律，健全法制。毛泽东则进一步提出："我们的目标，是想造成一个又有集中又有民主，又有纪律又有自由，又有统一意志、又有个人心情舒畅、生动活泼，那样一种政治局面，以利于社会主义革命和社会主义建设。"①

（7）关于科学和教育。党提出了"向科学进军"的口号，强调实现四个现代化关键在于科学技术现代化，要实行重点发展、迎头赶上的科技发展战略，努力赶超世界先进水平。毛泽东强调，不搞科学技术，生产力

---

① 《建国以来重要文献选编》第15册，中央文献出版社1997年版，第50页。

就无法提高；必须大力发展文化教育事业。"我们的教育方针，应该使受教育者在德育、智育、体育几方面都得到发展，成为有社会主义觉悟的有文化的劳动者。"① 刘少奇提出实行"两种劳动制度、两种教育制度"，一种是全日制的劳动制度，全日制的教育制度；一种是半日制劳动制，半日制的教育制度（即半工半读）。

（8）关于知识分子工作。毛泽东提出，知识分子在革命和建设中都具有重要作用，要建设一支宏大的工人阶级知识分子队伍。周恩来提出了知识分子是工人阶级一部分的观点，强调要加强和改善党对知识分子和科学文化工作的领导，善于团结广大知识分子，使他们得以发挥自己的聪明才智，更好地为社会主义服务。

此外，毛泽东以及党的其他领导人还在国防建设和军队建设、实现祖国统一、外交和国际战略、执政党建设等方面，提出了一系列重要思想观点。党在探索社会主义建设道路过程中取得的重要理论成果，是毛泽东思想的重要组成部分，丰富和发展了科学社会主义，成为中国特色社会主义理论体系的重要思想来源。

【思考题】

1. 党在中国社会主义建设道路的初步探索中取得了哪些重要理论成果？

2. 如何认识党对社会主义建设道路初步探索的意义？

【案例提示】

案例二可用于本章第一节"社会主义建设道路初步探索的重要思想成果"中第一目"调动一切积极因素为社会主义事业服务"、第二目"正确认识和处理社会主义社会矛盾的思想"、第三目"走中国工业化道路的思想"和第四目"初步探索的其他理论成果"的学习。通过对案例材料的学习和了解，认识到毛泽东对中国社会主义现代化事业的历史贡献，党对社会主义建设道路初步探索的重要思想成果是多方面的。正确认识和处理社会主义社会矛盾的思想和走中国工业化道路的思想以及关于社会主义发展阶段、社会主义现代化建设的战略目标和步骤、经济建设方针、所有

---

① 《毛泽东文集》第 7 卷，人民出版社 1999 年版，第 226 页。

制结构的调整、经济体制和运行机制的改革、社会主义民主政治建设、科学和教育、知识分子工作，还有国防建设和军队建设、实现祖国统一、外交和国际战略、执政党建设等方面，提出的一系列重要思想观点，成为中国特色社会主义理论体系的重要思想来源。深刻认识中国特色社会主义既是对马克思主义科学社会主义理论的丰富和发展，也是对毛泽东同志艰辛探索社会主义建设规律重要思想成果的继承和发展。毛泽东同志带领我们党在艰辛探索中形成的重要思想成果，是我们党的宝贵财富，也是中国特色社会主义理论体系的重要思想来源。正如习近平所指出的，我们党领导人民进行社会主义建设，有改革开放前和改革开放后两个历史时期，这是两个相互联系又有重大区别的时期，但本质上都是我们党领导人民进行社会主义建设的实践探索。中国特色社会主义是在改革开放历史新时期开创的，但也是在新中国已经建立起社会主义基本制度、并进行了20多年建设的基础上开创的。虽然这两个历史时期在进行社会主义建设的思想指导、方针政策、实际工作上有很大差别，但两者决不是彼此割裂的，更不是根本对立的。不能用改革开放后的历史时期否定改革开放前的历史时期，也不能用改革开放前的历史时期否定改革开放后的历史时期。

案例三　社会主义制度建立后青海发展的成就

【案例材料】

材料1：经济总量翻5.66番　青海经济实力跃上新台阶①。

在改革开放30年的历程中，青海省经济活力不断增强，发展速度不断提高，尤其是从1997年开始，生产总值增速开始超过全国平均水平，从2001年开始连续七年保持10%以上的增长速度，发展质量与效益逐步提升，进入持续、快速、稳定、健康的发展时期，青海省经济总量迅速扩大，不断跨越新的台阶。

记者从省统计局和国家统计局青海调查总队了解到，1978年我省的生产总值只有15.54亿元，到2007年已增加到783.61亿元，30年翻了

---

① 卢海：《经济总量翻5.66番　青海经济实力跃上新台阶》，《青海日报》2008年10月23日。

5.66 番，年均增长 8.4%。人均生产总值由 1978 年的 428 元增加到 2007 年的 14257 元，2007 年比 1978 年增长 5.8 倍，年均增长 6.8%。其中，2004 年人均生产总值达 8693 元人民币，突破 1000 美元。

在生产力发展、经济总量迅速扩大的基础上，我省经济实力不断跃上新台阶，财政收入突破 100 亿元。青海省财政一般预算收入由 1978 年的 2.9 亿元增加到 2007 年的 110.47 亿元，增长了 37.1 倍，年均增长 13.4%。财政支出由 6.8 亿元增加到 282.2 亿元，增长 40.5 倍，年均增长 13.7%。

材料 2：结构调整成效显著　青海经济发展方式逐步转变[①]。

改革开放 30 年来，我省各族人民在加快经济发展的同时，不断总结经验，遵循经济发展的内在规律，在实践中探索前进，不断调整经济结构，推动工业化、城镇化进程，促进了经济发展方式的转变。产业结构进一步优化，工业化进程加快。省统计局提供的有关资料显示，从 1978 年到 2007 年，在生产总值中，第一产业年均增长 3.5%，第二产业年均增长 9.6%，第三产业年均增长 9.5%。三次产业结构由 1978 年的 23.6：49.6：26.8 调整为 2007 年的 10.6：53.3：36.1。在加强农牧业基础地位的同时，工业化进程加快：第一产业下降 13 个百分点，第二产业和第三产业分别上升 3.7 个百分点和 9.3 个百分点；依托资源优势，实施资源开发和转换战略，形成了具有青海资源优势的特色工业体系，2007 年工业对青海省经济增长的贡献率达 54.9%，工业成为拉动青海省经济增长的主要动力。

所有制结构发生较大转变，多种经济成份共同支撑青海经济发展。所有制结构朝着多元化方向发展，个体、私营经济、外商投资、股份制经济得到较快发展，非公有经济总量迅速增加。2007 年，非公有制经济增加值占青海省经济总量的比重达到 27.27%，比 2000 年提高 9.1 个百分点。2007 年，工业增加值中非公有制工业企业增加值占 29.5%，比 2001 年提高 14.1 个百分点。

农业劳动力转移加快，带动了城镇化进程加速。产业结构的变化带来了从业人员构成的变化。1978 年，三次产业就业人员构成比例为 71.3：

---

① 卢海：《结构调整成效显著　青海经济发展方式逐步转变》，《青海日报》2008 年 11 月 6 日。

18.3：10.4，2007 年发展为 44.3：20.6：35.1。第一产业人员比重降低27 个百分点，第二产业和第三产业人员比重分别上升 2.3 和 24.7 个百分点。尤其是随着市场经济的发展和第三产业的活跃，从业人员迅速向第三产业转移。随着农业劳动力向非农产业转移，青海省城镇化进程加快，2007 年青海省城镇化率达 40.1%，比 1978 年提高了 21.5 个百分点。

材料 3：辉煌：就业结构一降两升　第三产业发展迅速[1]。

改革开放以来，我省就业人口不断增加，就业人员占总人口的比重由1978 年的 39.7% 上升到 2007 年的 56.6%。从就业人员产业结构看，第一产业就业人员比重下降，第二、三产业就业人员比重不断上升，尤其是第三产业就业人员所占比重上升幅度较大。

省统计局提供的有关资料显示，第一产业就业人员比重明显下降，由1978 年的 71.3% 下降到 2007 年的 44.3%，下降了 27 个百分点；第二产业就业人员结构变动较平缓，由 1978 年的 18.3% 增加到 2007 年的20.6%，上升了 2.3 个百分点，年均增加 1.30 万人。"九五"之前第二产业就业人员比重保持在 16%—20% 之间，"九五"时期因国企改制等原因，第二产业就业人员所占比重有所下降（2000 年 12.6% 为最低点），之后由于青海省大力发展工业，"十五"以后第二产业就业人员增加较快，2000—2007 年增加就业 28.45 万人，占改革开放以来第二产业增加就业人员的 75.3%。

第三产业就业人员比重上升幅度较大。由 1978 年的 10.4% 上升到2007 年的 35.1%，上升了 24.7 个百分点，年均增加 3.26 万人，比重上升的高峰期出现在 1993—2000 年。在总量上，改革开放以来第三产业就业人员增加了 94.67 万人，从事第一产业的劳动力向第二、三产业转移，从 20 世纪 90 年代开始，第三产业劳动力比重就高于第二产业，直到2007 年仍高出 14.5 个百分点。青海省第三产业的迅速发展使得第三产业成为吸收劳动力的主要行业。

材料 4：辉煌：喜看数字 30 年　我省对外开放取得丰硕成果[2]。

1978 年以来，青海省不断加大开放力度，实施"引进来"和"走出

① 卢海：《辉煌：就业结构一降两升　第三产业发展迅速》，《青海日报》2008 年 12 月 16日。

② 卢海：《辉煌：喜看数字 30 年　我省对外开放取得丰硕成果》，《青海日报》2008 年 11月 5 日。

去"相结合的对外开放战略，充分利用两个市场、两种资源，拓宽发展空间，以开放促改革和发展，全面提高对外开放水平。同时，积极调整出口产品，对外开放质量不断提升。

省统计局提供的有关资料显示，30年来，我省累计对外进出口总额48.02亿美元，年均增长15%，出口累计达36.74亿美元，年均增长24%，其中2007年外贸进出口贸易总额达6.12亿美元，出口3.86亿美元，分别比1978年增长56.5倍和506.8倍。2007年，出口国家（或地区）达60多个，出口产品也从资源型向加工型转变。外贸依存度由1978年的1.2%上升到2007年的6%。利用外资从无到有发展迅速。1991—2007年累计外商直接投资（合同）25.6亿美元，其中2007年外商直接投资4.16亿美元，是1991年的2190倍。

改革开放以来，青海省积极改革流通体制，在发展国有商业企业的同时，大力发展集体私营、个体商业和城乡集市贸易，商业交易网点大量增加，形成国有集体、个体、私营、联营等多种经济形式并存、多流通渠道、多种经营方式相互竞争的商品流通体系。尤其是近年来大型超市、连锁店等现代流通体制的形成以及城乡居民收入的大幅提高，批发零售贸易企业由2000年的91个增加到2007年的127个；住宿餐饮企业由2000年的6个增加到2007年的105个。到2007年底，青海省共有集贸市场288个，比1978年的24个增加12倍。青海省实现社会消费品零售总额208.32亿元，比1978年增长30.2倍，年均增长12.6%。

材料5：消费结构升级我省城乡居民生活水平迈进小康[①]。

改革开放30年来，我省经济飞速发展，经济效益显著提高，城乡居民收入大幅增长，人民生活实现了由温饱到总体小康的历史性跨越。

省统计局提供的有关资料显示，2007年，我省城镇居民人均可支配收入达到10276.06元，比1981年增长23.5倍，年均增长13.1%；农牧民人均纯收入达2683.78元，比1981年增长13倍，年均增长10.7%。生活质量日益改善，城镇居民恩格尔系数由1981年的55.83%下降到2007年的37.32%，下降18.51个百分点，平均每年下降0.71个百分点。农牧民恩格尔系数由1981年的66.53%降至2007年的44.36%，下降了22.17

---

① 卢海：《消费结构升级　我省城乡居民生活水平迈进小康》，《青海日报》2008年11月3日。

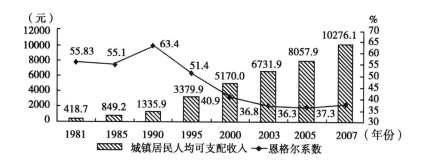

个百分点，平均每年下降 0.85 个百分点。

　　居住条件得到极大改善。2007 年，城镇居民人均居住面积达到 18.58 平方米，比 1985 年增加 11.55 平方米；农村居民人均住房面积达 19.33 平方米，比 1985 年增加 8.83 平方米。

　　消费结构升级。改革开放以后，随着经济社会的发展和社会主义市场经济的建立完善，物质供应的丰富，票证逐渐被取消，百姓住房从简陋平房变成了水电暖厨卫设施齐全的楼房。电视、电话、冰箱、洗衣机、电脑成为普通家电，轿车开始进入寻常百姓家，居民生活实现了从温饱到总体小康的跨越。城镇和农村每百户居民拥有的耐用消费品大幅度增加，在满足基本需求的情况下，向高档次、多功能、智能化、环保等方向发展，实现了从量的满足到质的提高。

　　材料 6：改革开放战略的实施使青海藏区得到跨越式发展①。

　　改革开放战略实施以来，地处西部内陆地区的青海藏区充分利用国家一系列优惠政策，使经济社会发展实现了跨越式发展，各项事业发生了翻天覆地的变化。

　　据统计，"十五"以来，青海藏区的生产总值平均每年以 13.2% 的速度增长，财政收入保持了平均 21.9% 的增长速度，城乡基础设施投资平均每年增长 14.6%。其中公路建设方面，青海藏区 6 个州完成投资 160 多亿元，公路里程达 39900 多公里，占青海省公路总数的 80% 以上；农牧民健康状况和健康意识大幅提高，新型农牧民合作医疗参合率达 95.6%，累计受益率达 73.4%。2007 年，青海藏区卫生资源占青海省卫

---

　　① 葛文荣：《改革开放战略的实施使青海藏区得到跨越式发展》，《西宁晚报》2008 年 10 月 23 日。

生资源总量的比例较 2000 年提高了 12 个百分点，人均卫生费用与青海省平均水平的差距由 2000 年的 120 元缩小到 10.3 元；扶贫开发力度加大，社会保障制度基本建立，贫困人口逐年减少。目前，农牧区贫困人口由 2002 年的 160 万人下降到 96 万人，34.5 万人领到了最低生活保障金。

省社科院哲学社会学研究员拉毛措告诉记者，新中国成立后，党和国家从青海藏区的实际出发，制定了一系列方针和政策，使整个藏区在各方面都有了迅猛的发展，尤其是各族群众的生产、生活都得到了根本性的改变，经济社会不断取得辉煌的成果。特别是国家实施改革开放政策以来，青海藏区各族群众利用国家的一系列政策实现了跨越式发展，使整个青海藏区出现了经济发展、政治稳定、民族团结、社会进步的大好局面。

【案例点评】

1. 党领导人民探索社会主义建设道路，历经艰辛和曲折，在理论和实践上取得了一系列重要成果。这些成果对于巩固我国社会主义制度、开创和发展中国特色社会主义，对于促进世界社会主义发展，具有重要意义。

（1）巩固和发展了我国的社会主义制度。社会主义制度建立以后，面对着严峻复杂的国内外形势，党带领全国人民，坚持独立自主、自力更生，开始了大规模的社会主义建设，在经济、政治、文化等各方面都取得了重大成就。这些成就的取得，体现了社会主义制度的优越性，增强了广大人民群众走社会主义道路的信心，社会主义制度也在实践中得到发展。

（2）为开创中国特色社会主义提供了宝贵经验、理论准备、物质基础。进入全面建设社会主义时期，党对社会主义建设道路的探索历经艰辛，积累了丰富的经验，也留下了深刻的教训，这些都是党和人民在历史实践中获得和发生的。无论是成功的经验还是失误的教训，正确地加以总结，都是党的宝贵财富，为新时期中国特色社会主义开创和发展提供了重要的思想资源。在探索中形成的一些正确的和比较正确的思想观点，取得的独创性理论成果，尤其是关于社会主义建设的正确的理论原则和经验总结，丰富和发展了毛泽东思想，对我国社会主义建设发挥了重要指导作用，为开启新时期新道路奠定了重要的思想基础。在这一探索过程中，我国经济保持了较快的发展速度，经济实力显著增强；基本建立了独立的比较完整的工业体系和国民经济体系，从根本上解决了工业化"从无到有"的问题。我们现在赖以进行现代化建设的物质技术基础，很大一部分是这个期间建设起来的；全国经济文化建设等方面的骨干力量和他们的工作经验，大部分也是在这个期间培养和积累起来的。这一时期的建设成就为开启新时期新道路奠定了重要的物质基础。

（3）丰富了科学社会主义的理论和实践。在中国这样一个有着几亿人口、经济文化比较落后的东方大国建设社会主义，其艰巨性、复杂性在世界社会主义发展史上都是没有先例的。党领导人民探索社会主义建设道路汲取了苏联模式的经验教训，根据自己的实践形成许多独创性成果，深化了对社会主义的认识。探索的成就表明，社会主义建设没有一个固定不变的模式，各个国家应该根据自己的国情，独立自主地选择适合自己的发展道路。这不仅丰富了中国社会主义的理论与实践，也丰富了科学社会主义理论与实践，为其他国家的社会主义建设提供了经验和借鉴。

2. 党对社会主义建设道路的初步探索，取得了巨大成就，积累了丰富的经验，同时也遭到了严重挫折，造成了严重后果，留下了深刻的教训。

（1）必须把马克思主义与中国实际相结合，探索符合中国特点的社会主义建设道路。

（2）必须正确认识社会主义社会的主要矛盾和根本任务，集中力量发展生产力。社会主义建设开始后，党对我国社会的主要矛盾有了较为正确的认识，据此提出我国的根本任务是在新的生产关系下面保护和发展生产力。但是，这些认识并没有很好地坚持下来。党的八大二次会议改变了八大关于我国社会主要矛盾的正确判断，错误地认为在社会主义社会建成以前，无产阶级与资产阶级的矛盾，社会主义道路与资本主义道路的矛盾，始终是我国社会的主要矛盾。这是导致后来阶级斗争扩大化的重要原因。实践证明，在整个社会主义初级阶段，要始终坚持党对社会主要矛盾的科学判断，以经济建设为中心，不断提高人民物质文化生活水平。对于社会主义社会一定范围内长期存在的阶级斗争，不能将其简单地等同于全国范围的阶级斗争，更不能搞大规模的政治运动。

（3）必须从实际出发进行社会主义建设，建设规模和速度要和国力相适应，不能急于求成。由于中国经济落后，物质基础薄弱，社会主义建设开始后，全党全国人民都有大力发展生产、迅速改变落后面貌的强烈愿望。实践证明，社会主义建设必须采取科学态度，深入了解和分析实际情况，努力按照客观经济规律办事。只有在不断总结经验的基础上，才能逐步掌握社会主义建设的客观规律。青海改革开放 30 多年来的发展成就即是遵循经济发展的内在规律的结果。青海省第十一次党代会报告指出："建设富裕文明和谐的新青海，我们要树立起自信、开放、创新的青海意识。这是我们抢抓机遇、应对挑战，加快青海发展的精神动力。"青海意识是青海在改革开放中谋求更大发展的精神动力，表明我们不甘落后、与时俱进的决心，以"人一之，我十之"的精神状态，奋力加快发展步伐，不断增创青海新优势、打造青海新品牌、展示青海新形象的坚定态度。坚定一个目标、明确三大任务、实施六大战略、实现四个转变，我们一定会走出一条符合青海实际的发展之路。

【思考题】

1. 改革开放 30 多年，青海发展取得了哪些主要成就？
2. 改革开放 30 多年，青海发展取得巨大成就的主要原因是什么？

【案例提示】

案例三可用于本章第二节"社会主义建设道路初步探索的意义和经验教训"中第一目"社会主义建设道路初步探索的意义"和第二目"社会主义建设道路初步探索的经验教训"的学习。通过对案例材料的学习和了解，认识改革开放 30 多年来，青海发展取得了巨大的成就。这些巨大成就的取得应归功于社会主义基本制度确立以后，党领导人民探索社会主义建设道路，在理论和实践上所取得的一系列重要成果，为开创中国特色社会主义提供了宝贵经验、理论准备、物质基础。同时，党对社会主义建设道路的探索历经艰辛，积累了丰富的经验，也留下了深刻的教训。基于这些教训，充分认识到必须把马克思主义与中国实际相结合，探索符合中国特点的社会主义建设道路；必须正确认识社会主义社会的主要矛盾和根本任务，集中力量发展生产力；必须从实际出发进行社会主义建设，建设规模和速度要和国力相适应，不能急于求成。正是基于这些认识，青海省在改革开放以来正确执行了党的路线、方针和各项政策，在社会主义建设中采取科学态度，深入了解和分析青海的实际情况，努力按照客观经济

规律办事,改革开放 30 多年来,青海的发展才取得了巨大的成就。可以
说,青海改革开放 30 多年来的发展成就即是遵循经济发展的内在规律的
结果。

本章编写 陈国飞

第五章

建设中国特色社会主义总依据

案例一　社会主义发展阶段问题

【案例材料】

材料1：一个沉重的历史话题。①

国际共产主义运动史上一个普遍的现象就是，社会主义从一个历史阶段转到另一个历史阶段过快过急。因此，对社会主义及其发展阶段长期性问题的认识，是由世界上几乎所有社会主义国家走过的弯路所引发的一个沉重的历史话题。

苏联的共产主义梦——"最近的明天"的童话

苏联从1917年十月革命胜利到1936年宣布建成社会主义用了19年时间，但随着工业化和农业集体化的展开并取得巨大成就之后，开始对社会主义的长期性缺乏清醒的估计。斯大林在1936年宣布苏联建成社会主义时，就准备向共产主义前进，并认为这一过程只需要10—15年时间。第二次世界大战结束不久，苏联再次提出向共产主义过渡。1952年，苏共十九大通过的《苏联共产党章程》指出党的主要任务是：从社会主义逐渐过渡到共产主义，最后建成共产主义社会。赫鲁晓夫对苏联社会主义发展阶段的认识和估计更加超前和冒进，他认为共产主义是"最近的明天"，要用20年时间在苏联建立起共产主义的物质技术基础。1959年，赫鲁晓夫在苏共二十一大上提出10年内要在按人口平均计算产品产量方面赶上并超过美国。

---

① 摘编自陶文昭《如何讲授社会主义初级阶段的长期性》，《教学与研究》，2000年第1期。

中国的"大跃进"运动——"赶英超美"的神话

中国新民主主义革命胜利后，毛泽东曾估计完成社会主义改造大约需要经过"三个五年计划"，即15年左右的时间，但实际上到1956年就宣布基本建成社会主义。中国的社会主义改造是成功的，但在改造中也存在过快过急、工作过粗等问题，对社会主义发展阶段的长期性认识不足已初见端倪。这种过急倾向随后表现得更为突出，在宣布建成社会主义之后的两年，即1958年"大跃进"运动中，就急于向社会主义更高阶段过渡。当时甚至认为：共产主义在中国的实现，已经不是什么遥远的事了，我们应当积极地运用人民公社的形式，探索一条过渡到共产主义的具体途径。

材料2：中国社会主义所处的历史方位。①

中共十三大从理论上作出了一个重要结论：中国处在社会主义初级阶段。十三大指出，社会主义初级阶段——这是在生产力不发达的条件下建设新社会的中国这个亚洲国家的一个特定的阶段。从20世纪50年代生产资料私有制的社会主义改造完成时算起，社会主义初级阶段至少也要延续100年。

人们议论说，如果这种结论能在以前，比如说50年代末作出，如果中国共产党能始终根据这一结论制定自己的政策，那么，中国就可能不犯许多错误。

材料3：我国仍处于并将长期处于社会主义初级阶段的基本国情没有变。

"我国仍处于并将长期处于社会主义初级阶段的基本国情没有变，人民日益增长的物质文化需要同落后的社会生产之间的矛盾这一社会主要矛盾没有变。当前我国发展的阶段性特征，是社会主义初级阶段基本国情在新世纪新阶段的具体表现。"②

"强调认清社会主义初级阶段基本国情，不是要妄自菲薄、自甘落后，也不是要脱离实际、急于求成，而是要坚持把它作为推进改革、谋划发展的根本依据。"

"建设中国特色社会主义，总依据是社会主义初级阶段，总布局是五

① 摘自［苏］M.雅科夫列夫《邓小平的政治肖像》，董友忱译，《国外中共党史研究动态》1995年第5期。

② 胡锦涛：《高举中国特色社会主义伟大旗帜　为夺取全面建设小康社会新胜利而奋斗——在中国共产党第十七次全国代表大会上的报告》，人民出版社，2007年11月。

位一体，总任务是实现社会主义现代化和中华民族伟大复兴。"

"我们必须清醒认识到，我国仍处于并将长期处于社会主义初级阶段的基本国情没有变，人民日益增长的物质文化需要同落后的社会生产之间的矛盾这一社会主要矛盾没有变，我国是世界最大发展中国家的国际地位没有变。在任何情况下都要牢牢把握社会主义初级阶段这个最大国情，推进任何方面的改革发展都要牢牢立足社会主义初级阶段这个最大实际。……既不妄自菲薄，也不妄自尊大，扎扎实实夺取中国特色社会主义新胜利。"①

【案例点评】

如何建设社会主义抑或中国特色社会主义，除了科学认识社会主义的本质外，一个重要的方面是明确中国建立的社会主义处于社会主义的什么发展阶段。中国之所以会发生"大跃进""文化大革命"等"左"的错误，一个重要的原因就是对我国社会主义发展阶段缺乏科学的、清醒的认识，制定的政策超越了社会主义的初级阶段。这也是世界社会主义发展史上的深刻教训。改革开放以来取得巨大成就的根本依据就是准确认识和把握了社会主义初级阶段的基本国情，而我们在发展中存在许多矛盾和问题的根源则是还没有很好地认识和把握社会主义初级阶段的基本国情。

中国建立的社会主义处于社会主义的什么发展阶段，这一阶段社会的主要矛盾和根本任务是什么，应该制定什么样的路线、方针、政策以及发展战略？所有这些，都是改革开放前我们党进行过探索但又未能很好解决的问题。总的说来，处于不完全清醒的状态。

中国社会主义到底处于一个什么样的发展阶段？我们党为什么要提出这个命题？什么样的实践基础使党能够形成这个理论？特别要了解党对这个问题的认识过程。

1. 社会主义发展阶段的问题，这是经济文化不发达的国家建立社会主义后提出的新问题。像中国这样一个脱胎于半殖民地半封建社会、经过长期的新民主主义革命和时间不长的社会主义改造建立起来的社会主义社会，对它的基本国情到底应该怎样认识？这既是中国社会主义发展阶段问

　　① 胡锦涛：《坚定不移沿着中国特色社会主义道路前进　为全面建成小康社会而奋斗——在中国共产党第十八次全国代表大会上的报告》，2012 年 11 月 8 日。

题，也是 20 世纪世界社会主义的两大历史难题之一。列宁曾在十月革命后多次指出："我们的革命是开始容易，继续比较困难，而西欧的革命是开始困难，继续比较容易。"① 两个"困难"指的就是 20 世纪世界社会主义的两大历史难题：一是西方发达国家无产阶级夺取政权的问题，二是经济文化比较落后的国家建设社会主义的问题，这正是我们所面对的问题。

2. 在马克思主义发展史上，马克思主义经典作家对未来社会发展阶段问题有过重要论述，这些论述对中国共产党提出社会主义初级阶段理论具有重大的指导意义。

（1）从马克思、恩格斯对未来社会发展阶段的重要论述上看，马克思主义创始人所生活的时代，社会主义建设还不是直接的实践问题，他们在科学分析资本主义发展规律的基础上对未来社会发展阶段提出过一些原则性的设想。他们提出，在推翻资本主义制度后，要经过一个从资本主义到共产主义的过渡时期，然后进入共产主义第一阶段即社会主义社会，这时的特点是刚刚从资本主义社会产生出来，因此在经济、道德和精神方面都还带着它脱胎出来的那个旧社会的痕迹。然后再进入在它自身基础上已经发展了的共产主义第二阶段或高级阶段的共产主义社会。也就是马恩提出了共产主义社会发展的两阶段的理论：即共产主义的第一阶段或低级阶段；共产主义的第二阶段或高级阶段。至于后来列宁称之为社会主义社会的共产主义社会第一阶段还要经过哪些发展阶段，在马恩的著作中没有涉及，因为这不是当时的迫切任务。

（2）在社会主义思想发展史上，最早提到社会主义发展阶段问题的是列宁。十月革命后，社会主义本身的发展阶段问题成为现实的实践问题。为此，1917 年列宁在《国家与革命》中提出：

第一，马克思恩格斯所说的共产主义的第一阶段或低级阶段就是社会主义，而共产主义的第二阶段或高级阶段才是共产主义。列宁没有展开对社会主义发展阶段问题的分析，因为当时他所面临的首要任务是解决在一个经济文化比较落后的国家里怎样过渡到社会主义、建立社会主义制度的问题，所以列宁把研究的重点放在马克思主义关于过渡时期理论方面，主要回答了俄国怎样过渡到社会主义的问题。同时，从客观上说，由于列宁

---

① 《列宁全集》第 34 卷，人民出版社 1985 年版，第 343 页。

逝世过早①，他领导苏联社会主义的实践只有六七年的时间，还没有来得及具体分析社会主义制度建立以后的发展阶段问题，因而对这一思想未能作出进一步的阐发。

第二，列宁同时指出，社会主义社会的发展也将经历不同的历史阶段。列宁认为，社会主义可以依成熟程度的不同再区分为：初级形式的社会主义、发达的社会主义和完备形式的社会主义。列宁认为，在经济落后的俄国，只能建成"初级形式的社会主义"，而不能立即建成"发达的社会主义"。这里包含着社会主义社会也要有一个由低级到高级、由不完备到比较完备的发展过程的思想。这对后人的继续探索无疑具有重要的意义，中国共产党提出的社会主义初级阶段理论显然更直接的是继承了列宁关于社会主义发展阶段问题的思想。

第三，列宁还提出，落后国家只能通过一系列中间环节"间接过渡"到社会主义。为此，列宁提出了一个落后国家怎样建立社会主义的著名公式：苏维埃政权＋普鲁士的铁路管理制度＋美国的技术和托拉斯组织＋美国的国民教育＋……＝社会主义，列宁将其总结为：社会主义＝苏维埃政权＋全国电气化。显然，列宁时期实行的新经济政策就是对这一公式的实践。而我们今天正在进行的建设中国特色社会主义则是对这一公式的实际运用——中国特色社会主义＝全国人民代表大会制度的政权＋全国现代化。

3. 列宁之后的苏联历代领导人总是把这个阶段所需要的时间估计过短，没有区别社会主义的"建立"与"建成"。苏联的共产主义梦——"最近的明天"的童话，正是列宁之后的苏联历代领导人所犯的低级而又致命的错误。

斯大林时期②，从 1936 年宣布苏联建成社会主义社会开始，实践提出了这个问题。但斯大林没有从实际出发作深入研究，甚至没有意识到存在这个问题，而是简单地把当时建立起来的社会主义误认为就是建成了马克思分析的共产主义第一阶段的社会主义，从而轻率地提出向共产主义过渡的设想，因此没有能够解决这个问题。第二次世界大战结束后，经过一段时间的经济重建，1952 年又宣布党的主要任务是从社会主义过渡到共

---

① 列宁逝世于 1924 年。

② 斯大林在 1924—1953 年为苏联党和国家最高领导人。

产主义。这种脱离实际、急于求成的思想，对苏联和其他社会主义国家的发展，造成了消极的影响。

赫鲁晓夫时期①，1959 年提出苏联已经进入全面开展共产主义建设时期，1961 年又进一步提出在 20 年内将基本建成共产主义社会，提出了引为笑谈的"土豆烧牛肉"的共产主义。

赫鲁晓夫倒台后，勃列日涅夫②把苏联社会定性为"发达的社会主义社会"。他的继任者安德罗波夫、契尔年科③等在肯定发达社会主义社会理论的同时，又强调发达的社会主义社会是一个漫长的历史阶段，有自己发展的各个阶段和时期，苏联社会处在它的开端；尽管如此，但始终没有对自身基本国情问题作出有科学根据的正确分析，提不出科学的理论，因此也就不能提出符合实际的正确路线和政策。之后，戈尔巴乔夫④倡导"新思维"的改革，完全放弃了社会主义，并最终导致了苏联的解体，探索社会主义社会发展阶段问题的任务也就随之无疾而终。

4. 中国共产党在如何理解社会主义发展阶段问题上，也经历了一个曲折的过程。新中国成立之初，毛泽东指出：要使中国变成富强的国家，需要 50 年到 100 年的时间。社会主义制度确立后，毛泽东曾经提出我国社会主义的发展阶段问题，区分了社会主义制度的"建立"和"建成"。1959 年底提出社会主义的发展将经历"不发达的社会主义"和"比较发达的社会主义"两个阶段。但是，当时毛泽东和全党都还没有充分意识到这个问题的重大意义，后来又因为党的指导思想方面"左"的倾向不断发展，进而把对社会主义的理解同当时形成的以强化阶级斗争为主要特征的"从资本主义社会到共产主义社会的革命转变时期"理论联系起来，中断了探索我国社会主义发展阶段的正确道路。以后虽然有过一些新的想法，但没有展开。

5. 党的十一届三中全会以后，中国共产党重新恢复和确立了实事求是的思想路线，对目前我国社会主义社会所处的阶段进行了清醒的估计和科学的认识，逐步探索和完善了初级阶段理论。对初级阶段长期性问题的认识也随着初级阶段理论的深化而逐步明确，确定了中国社会主义所处的

---

① 赫鲁晓夫在 1953—1964 年为苏联党和国家最高领导人。

② 勃列日涅夫在 1964—1982 年为苏联党和国家最高领导人。

③ 安德罗波夫、契尔年科先后在 1982—1985 年为苏联党和国家最高领导人。

④ 戈尔巴乔夫在 1985—1991 年为苏联党和国家最高领导人。

历史方位。

社会主义发展阶段问题是关于我国社会所处历史方位的问题，是关于中国特色社会主义全局性的基本国情问题，是确定国内主要矛盾和根本任务以及采取什么样的发展战略等一系列重大问题的根本依据，是制定党的路线方针政策的出发点和根本依据。提出"社会主义初级阶段"这一具有特定内涵的新概念，在马克思主义发展史上是第一次。这个第一次，在理论和实践上与马克思主义经典作家关于未来社会发展阶段科学探索之间具有怎样的关联呢？第一，在时间关系上，马克思、恩格斯设想的社会主义社会同资本主义社会的关系是历时性关系。而苏联、东欧以及我国建立的社会主义与西方国家的资本主义共同存在，因而同世界资本主义是共时性关系。① 第二，在发展程度上，前者是后资本主义的社会主义，是发达的或者说是"够格"的社会主义，后者是前资本主义的社会主义，是落后的或者说是"不够格"的社会主义。正是由于现实的社会主义同世界资本主义是共时性关系，所以必然与之发生一定的联系。发生这种联系的目的是利用资本主义一切积极的成果来发展社会生产力，逐步奠定社会主义的物质文化基础。正如列宁所说："既然建立社会主义需要有一定的文化水平（虽然谁也说不出这个一定的'文化水平'究竟是什么样的，因为这在各个西欧国家都是不同的），我们为什么不能首先用革命手段取得达到这个一定水平的前提，然后在工农政权和苏维埃制度的基础上赶上别国人民呢？"②

总之，社会主义初级阶段理论是在总结第一个社会主义国家建立以来的历史发展，特别是中国社会主义建设曲折发展的历史经验和教训的基础上逐步形成的。"社会主义初级阶段"命题的提出，即我国正处在并将长期处在社会主义初级阶段，是中国共产党和邓小平对当代中国基本国情的科学判断，是我们党对社会主义理论的重大创新。我们将从实际出发建设社会主义，最大的"实际"就是这一基本国情，即我国正处在并将长期处在社会主义初级阶段。

【思考题】

1. 中国共产党为什么要提出社会主义初级阶段问题？

---

① 共时性，就是即时性，也可称为同时性。历时性就是不同时进行，一般指先后关系。
② 列宁：《列宁选集》第4卷，人民出版社1995年版，第777页。

2. 中国社会主义到底处于一个什么样的发展阶段？

【案例提示】

案例一可用于本章第一节"社会主义初级阶段理论"中第一目"社会主义初级阶段理论的形成和发展"学习。通过对案例一各材料的学习和了解，可以使我们深刻认识到社会主义发展阶段问题的重要性。在很大程度上可以说，过去苏联、东欧以及我国社会主义实践所遭受到的重大挫折和失误的根本原因之一，就是在社会主义发展阶段问题上认识的错误，对社会主义所处的历史方位判断失误，由此造成了严重后果。同时，通过对马克思主义经典作家关于未来社会发展阶段重要论述的了解，充分理解中国共产党提出的社会主义初级阶段理论既有理论依据，又与中国的具体实际相结合。社会主义初级阶段问题是关于中国特色社会主义全局性的基本国情问题，是确定国内主要矛盾和根本任务以及采取什么样的发展战略等一系列重大问题的根本依据，社会主义初级阶段理论是制定党的路线方针政策的出发点和根本依据。

案例二　社会主义初级阶段的科学含义

【案例材料】

材料1：社会主义制度的建立。

"从我们党的第七次代表大会以来，十一年已经过去了。我们的祖国在这十一年内经历了两次有世界意义的伟大历史事变。在一九四九年，我们党领导人民推翻了帝国主义、封建主义、官僚资本主义的反动统治，建立了中华人民共和国。在去年下半年和今年上半年，我们党又领导人民取得了农业、手工业、资本主义工商业的社会主义改造的全面的决定性的胜利。由于这两次胜利，我们国家的内外关系发生了一系列的根本变化。"①

"我们党现时的任务，就是要依靠已经获得解放和已经组织起来的几亿劳动人民，团结国内外一切可能团结的力量，充分利用一切对我们有利

① 刘少奇：《在中国共产党第八次全国代表大会上的政治报告》，《刘少奇选集》下卷，人民出版社1985年版，第202页。

的条件，尽可能迅速地把我国建设成为一个伟大的社会主义国家。"

"大会指出：社会主义制度在我国已经基本上建立起来；……国内主要矛盾已经不再是工人阶级和资产阶级的矛盾，而是人民对于经济文化迅速发展的需要同当前经济文化不能满足人民需要的状况之间的矛盾；全国人民的主要任务是集中力量发展社会生产力，实现国家工业化，逐步满足人民日益增长的物质和文化需要；虽然还有阶级斗争，还要加强人民民主专政，但其根本任务已经是在新的生产关系下面保护和发展生产力。"①

"只有社会主义才能救中国。这是中国各族人民从一百多年来的切身体验中得出的不可动摇的结论，也是建国三十二年来最基本的历史经验。尽管我们的社会主义制度还是处于初级的阶段，但是毫无疑问，我国已经建立了社会主义制度，进入了社会主义社会，任何否认这个基本事实的观点都是错误的。我们在社会主义条件下取得了旧中国根本不可能达到的成就，初步地但又有力地显示了社会主义制度的优越性。我们能够依靠自己的力量战胜各种困难，同样也是社会主义制度具有强大生命力的表现。当然，我们的社会主义制度由比较不完善到比较完善，必然要经历一个长久的过程。这就要求我们在坚持社会主义基本制度的前提下，努力改革那些不适应生产力发展需要和人民利益的具体制度，并且坚决地同一切破坏社会主义的活动作斗争。随着我们事业的发展，社会主义的巨大优越性必将越来越充分地显示出来。"②

材料2：社会主义初级阶段的科学含义。③

"正确认识我国社会现在所处的历史阶段，是建设有中国特色的社会主义的首要问题，是我们制定和执行正确的路线和政策的根本依据。"

"对这个问题，我们党已经有了明确的回答：我国正处在社会主义的初级阶段。这个论断，包括两层含义。第一，我国社会已经是社会主义社会。我们必须坚持而不能离开社会主义。第二，我国的社会主义社会还处在初级阶段。我们必须从这个实际出发，而不能超越这个阶段。在近代中国的具体历史条件下，不承认中国人民可以不经过资本主义充分发展阶段而走上社会主义道路，是革命发展问题上的机械论，是右倾错误的重要认

---

① 《关于建国以来党的若干历史问题的决议》，人民出版社1981年版，第10页。

② 同上书，第33页。

③ 《沿着有中国特色的社会主义道路前进——在中国共产党第十三次全国代表大会上的报告》，1987年10月25日，见中国共产党新闻网。标题自拟。

识根源；以为不经过生产力的巨大发展就可以越过社会主义初级阶段，是革命发展问题上的空想论，是"左"倾错误的重要认识根源。"

"我国原来是一个半殖民地半封建的大国。从上个世纪中叶以来的一百多年间，经过各派政治力量的反复较量，经过旧民主主义革命的多次失败和新民主主义革命的最终胜利，证明资本主义道路在中国走不通，唯一的出路是在共产党领导下推翻帝国主义、封建主义、官僚资本主义的反动统治，走社会主义道路。但是，也正因为我们的社会主义是脱胎于半殖民地半封建社会，生产力水平远远落后于发达的资本主义国家，这就决定了我们必须经历一个很长的初级阶段，去实现别的许多国家在资本主义条件下实现的工业化和生产的商品化、社会化、现代化。"

"那末，我国社会主义的初级阶段，是一个什么样的历史阶段呢？它不是泛指任何国家进入社会主义都会经历的起始阶段，而是特指我国在生产力落后、商品经济不发达条件下建设社会主义必然要经历的特定阶段。我国从五十年代生产资料私有制的社会主义改造基本完成，到社会主义现代化的基本实现，至少需要上百年时间，都属于社会主义初级阶段。这个阶段，既不同于社会主义经济基础尚未奠定的过渡时期，又不同于已经实现社会主义现代化的阶段。我们在现阶段所面临的主要矛盾，是人民日益增长的物质文化需要同落后的社会生产之间的矛盾。阶级斗争在一定范围内还会长期存在，但已经不是主要矛盾。为了解决现阶段的主要矛盾，就必须大力发展商品经济，提高劳动生产率，逐步实现工业、农业、国防和科学技术的现代化，并且为此而改革生产关系和上层建筑中不适应生产力发展的部分。"

【案例点评】

党的十三大在我党历史上第一次论述了我国正处在社会主义初级阶段，形成了社会主义初级阶段的理论，对社会主义初级阶段和党的基本路线作了系统阐述。深刻认识和把握社会主义初级阶段的科学含义需要注意以下方面：

1. 党的十三大明确指出社会主义初级阶段包括两层含义。

（1）我国社会已经是社会主义社会。我们必须坚持而不能离开社会主义。这一层含义阐明的是初级阶段的社会性质，是对我国现有社会制度基本性质的总概括和总规定，要求我们必须坚持而不能离开社会主义或者对其作出错误的判断。

（2）我国的社会主义还处于初级阶段。我们必须从这个实际出发，而不能超越这个阶段。这一层含义阐明了我国现实中社会主义社会的发展程度，是对我国现有社会发展水平的总认识和总判断，说明我国还没有从根本上摆脱贫穷落后的不发达状态，我们必须正视而不能超越这个初级阶段或者落后于形势的判断。

在这里，第一层含义阐明的是初级阶段的社会性质，第二层含义则阐明了我国现实中社会主义社会的发展程度。只有把社会主义社会的性质同它的发展程度有机地统一起来，构成一个科学概念，才能够深刻地理解和把握住我国的基本国情。第一，不了解当前我国的社会性质就不可能对我国社会的基本特征、主要矛盾、根本任务和发展方向作出正确的分析，因而也不可能制定出符合实际的正确的路线和政策，推动社会向前发展；第二，不能正确地分析当前我国社会所处的发展阶段，就有可能出现超越阶段或者落后于形势的判断，从而作出错误的决策。十一届三中全会以前，党对我国社会性质问题的判断是正确的，但对我国社会主义发展阶段的认识则不够清醒，在发展程度的判断上出现了失误，在较长时间里提出的任务和政策脱离了国情，严重地影响了社会主义现代化建设事业的发展。因此，正确把握国情必须全面地认识我国社会所处的历史方位，把社会性质同它的发展程度统一起来。

2. 社会主义初级阶段的两层基本含义既相互区别，又紧密联系，构成了一个具有特定内涵的新概念。

第一，社会主义初级阶段的两层基本含义是相互区别的，社会主义规定的是我国社会的性质，初级阶段是对我国社会发展水平的总认识和总判断。

第二，社会主义初级阶段的两层基本含义是相互联系的，但突出强调的是初级阶段，重点是在初级阶段。

社会主义初级阶段的第二层含义阐明了我国现实中社会主义社会的发展程度，是对我国现有社会发展水平的总认识和总判断，说明我国还没有从根本上摆脱贫穷落后的不发达状态。我国现有社会发展水平的实际情况，反映了我国社会生产力还不发达，生产关系、上层建筑、意识形态方面还不完善、不成熟的实际，要求我们必须从这个实际出发，而不能超越这个实际。正如党的十八大报告所指出的："我们必须清醒认识到，我国仍处于并将长期处于社会主义初级阶段的基本国情没有变，人民日益增长的物质文化需要同落后的社会生产之间的矛盾这一社会主要矛盾没有变，我国是世界最大发展中国家的国际地位没有变。在任何情况下都要牢牢把握社会主义初级阶段这个最大国情，推进任何方面的改革发展都要牢牢立足社会主义初级阶段这个最大实际。……既不妄自菲薄，也不妄自尊大，扎扎实实夺取中国特色社会主义新胜利。"[1]

之所以重点强调初级阶段，是因为"现在虽说我们也在搞社会主义，但事实上不够格"。[2] 所谓"不够格"，是指没有达到马克思主义创始人所设想的未来的新社会的水平，即"共产主义的第一阶段或低级阶段"即列宁所说的社会主义阶段的"资格"。首先，我国进入社会主义的历史前提不够格——没有经过资本主义的充分发展。其次，我国进入社会主义的物质基础不够格——没有具备在资本主义条件下已经实现的工业化和经济的市场化、社会化、现代化。再次，在社会经济制度和上层建筑方面的不够格——不成熟、不完善。"这就决定了我们必须经历一个很长的初级阶段，去实现别的许多国家在资本主义条件下实现的工业化和生产的商品化、社会化、现代化。"[3] 同时避免私有制造成的对人的奴役和社会的两极分化。

第三，社会主义初级阶段有其特定的质的规定性，即具有特定的内涵。"我国社会主义的初级阶段，它不是泛指任何国家进入社会主义都会经历的起始阶段，而是特指我国在生产力落后、商品经济不发达条件下建设社会主义必然要经历的特定阶段，是中国建设社会主义历史过程中的初始阶段。"[4] 江泽民指出，"社会主义初级阶段是整个建设中国特色社会主义的很长历史过程中的初始阶段"，[5] 表明了社会主义初级阶段与建设中国特色社会主义历史进程的内在联系。

---

① 胡锦涛：《坚定不移沿着中国特色社会主义道路前进　为全面建成小康社会而奋斗——在中国共产党第十八次全国代表大会上的报告》，2012 年 11 月 8 日。

② 邓小平：《社会主义必须摆脱贫穷》（1987 年 4 月 26 日），《邓小平文选》第 3 卷，人民出版社 1993 年版，第 252 页。

③ 《沿着有中国特色的社会主义道路前进——在中国共产党第十三次全国代表大会上的报告》，1987 年 10 月 25 日。见中国共产党新闻网。

④ 江泽民：《在庆祝中国共产党成立八十周年大会上的讲话》，人民出版社 2001 年第 1 版。

⑤ 同上书。

3. 社会主义初级阶段是继新民主主义社会后的一个新的历史发展时期。它同新民主主义社会因为都存在多种经济成分而有某些相似之处，但却在社会性质上存在着明显的区别。

1956 年社会主义改造的基本完成，标志着社会主义基本制度在我国基本确立。"尽管我们的社会主义制度还是处于初级的阶段，但是毫无疑问，我国已经建立了社会主义制度，进入了社会主义社会"。① 但是，改革开放以来，在中国特色社会主义的实践中，遇到了许多重大理论和实践问题，其中最为引人关注而又引起分歧和疑惑的就是关于现阶段我国的社会性质问题。代表性的观点即认为中国现阶段是过渡时期，国外也有类似观点，认为中国特色社会主义实际上是国家资本主义。

那么，应该如何看待当前我国的社会性质？马克思主义认为，生产关系是区分社会历史阶段（社会性质）的根本标准。社会性质主要是由组成这个社会经济基础的生产关系的总和中的起决定作用的生产关系决定的。

社会主义初级阶段同新民主主义社会的确存在许多相似之处：第一，发展程度还比较低。第二，都是多种经济成分并存。在新民主主义社会中，存在着五种经济成分，即社会主义性质的国营经济、半社会主义性质的合作社经济、农民和手工业者的个体经济、私人资本主义经济和国家资本主义经济。在社会主义初级阶段，也存在着多种经济成分，即公有制经济和非公有制经济。公有制经济包括国有经济、集体经济和混合所有制经济中的国有成分和集体成分。目前，我国的非公有制经济包括个体经济、私营经济、外商独资经济、混合所有制经济中的非公有制成分等。

但是，社会主义初级阶段同新民主主义社会在社会性质上存在着明显的区别。

首先，最根本的在于它们的经济基础不同。从经济基础方面看，它们之间的根本区别在于：社会主义公有制经济是否成为社会经济的主体，从而整个经济社会生活是否牢牢建立在社会主义的经济基础之上。在我国新民主主义社会中，社会主义的因素不论在经济上还是在政治上都已经居于领导地位，但非社会主义因素仍有很大的比重。新民主主义社会公有制经济虽然处于领导地位，但不是社会经济的主体。社会主义初级阶段公有制

---

① 《关于建国以来党的若干历史问题的决议》，人民出版社 1981 年版，第 31 页。

经济则处于主体地位。

　　其次，从上层建筑方面看，它们之间的主要区别在于：社会主义根本政治制度、基本政治制度是否确立，马克思主义世界观在整个社会思想文化领域中的指导地位是否得到基本确立。新民主主义社会公有制经济虽然处于领导地位，但不是社会经济的主体，因而这个时期社会的阶级关系、主要矛盾以及由此决定的革命和建设的任务也不同于社会主义初级阶段。

　　所以，我国社会主义初级阶段虽然发展程度还比较低，但它毕竟属于社会主义制度已经确立起来了的新社会的范畴。而新民主主义社会则属于社会主义社会制度还没有建立、正在为进入社会主义社会而过渡的历史阶段。

　　【思考题】

　　如何理解和认识社会主义初级阶段的科学含义？

　　【案例提示】

　　案例二可用于本章第一节"社会主义初级阶段理论"中第二目"社会主义初级阶段的科学含义和主要特征"的学习。通过对案例材料的学习了解，准确理解和把握社会主义初级阶段的科学含义。一方面，要依据党的十三大对社会主义初级阶段两层含义的明确界定；另一方面，要对社会主义初级阶段两层基本含义的关系进行科学分析和认识。此外，还要认识到社会主义初级阶段同新民主主义社会在社会性质上存在的明显区别，克服各种在当今中国社会性质问题上的分歧。

案例三　"三个没有变"

　　【案例材料】

　　材料1：社会主义初级阶段的长期性。[①]

　　"经过三十多年来社会主义的发展，我国当前的情况是怎样的呢？一方面，以生产资料公有制为基础的社会主义经济制度、人民民主专政的社会主

---

　　① 《沿着有中国特色的社会主义道路前进——在中国共产党第十三次全国代表大会上的报告》，1987年10月25日，见中国共产党新闻网。标题自拟。

义政治制度和马克思主义在意识形态领域中的指导地位已经确立，剥削制度和剥削阶级已经消灭，国家经济实力有了巨大增长，教育科学文化事业有了相当发展。另一方面，人口多，底子薄，人均国民生产总值仍居于世界后列。突出的景象是：十亿多人口，八亿在农村，基本上还是用手工工具搞饭吃；一部分现代化工业，同大量落后于现代水平几十年甚至上百年的工业，同时存在；一部分经济比较发达的地区，同广大不发达地区和贫困地区，同时存在；少量具有世界先进水平的科学技术，同普遍的科技水平不高，文盲半文盲还占人口近四分之一的状况，同时存在。生产力的落后，决定了在生产关系方面，发展社会主义公有制所必需的生产社会化程度还很低，商品经济和国内市场很不发达，自然经济和半自然经济占相当比重，社会主义经济制度还不成熟不完善；在上层建筑方面，建设高度社会主义民主政治所必需的一系列经济文化条件很不充分，封建主义、资本主义腐朽思想和小生产习惯势力在社会上还有广泛影响，并且经常侵袭党的干部和国家公务员队伍。这种状况说明，我们今天仍然远没有超出社会主义初级阶段。"

材料2：社会主义初级阶段的基本国情没有变。

十七大强调，社会主义初级阶段的基本国情没有变。

"经过新中国成立以来特别是改革开放以来的不懈努力，我国取得了举世瞩目的发展成就，从生产力到生产关系、从经济基础到上层建筑都发生了意义深远的重大变化，但我国仍处于并将长期处于社会主义初级阶段的基本国情没有变，人民日益增长的物质文化需要同落后的社会生产之间的矛盾这一社会主要矛盾没有变。当前我国发展的阶段性特征，是社会主义初级阶段基本国情在新世纪新阶段的具体表现。强调认清社会主义初级阶段基本国情，不是要妄自菲薄、自甘落后，也不是要脱离实际、急于求成，而是要坚持把它作为推进改革、谋划发展的根本依据。我们必须始终保持清醒头脑，立足社会主义初级阶段这个最大的实际，科学分析我国全面参与经济全球化的新机遇新挑战，全面认识工业化、信息化、城镇化、市场化、国际化深入发展的新形势新任务，深刻把握我国发展面临的新课题新矛盾，更加自觉地走科学发展道路，奋力开拓中国特色社会主义更为广阔的发展前景。"[1]

---

[1]　胡锦涛：《高举中国特色社会主义伟大旗帜　为夺取全面建设小康社会新胜利而奋斗——在中国共产党第十七次全国代表大会上的报告》，人民出版社2007年第一版。

十八大再次强调"三总"的要求和"三个没有变"。

"建设中国特色社会主义，总依据是社会主义初级阶段，总布局是五位一体，总任务是实现社会主义现代化和中华民族伟大复兴。"

"我们必须清醒认识到，我国仍处于并将长期处于社会主义初级阶段的基本国情没有变，人民日益增长的物质文化需要同落后的社会生产之间的矛盾这一社会主要矛盾没有变，我国是世界最大发展中国家的国际地位没有变。在任何情况下都要牢牢把握社会主义初级阶段这个最大国情，推进任何方面的改革发展都要牢牢立足社会主义初级阶段这个最大实际。党的基本路线是党和国家的生命线，必须坚持把以经济建设为中心同四项基本原则、改革开放这两个基本点统一于中国特色社会主义伟大实践，既不妄自菲薄，也不妄自尊大，扎扎实实夺取中国特色社会主义新胜利。"[1]

"我们也认识到，中国依然是世界上最大的发展中国家，中国发展仍面临着不少困难和挑战，要使全体中国人民都过上美好生活，还需要付出长期不懈的努力。我们将坚持改革开放不动摇，牢牢把握转变经济发展方式这条主线，集中精力把自己的事情办好，不断推进社会主义现代化建设。"[2]

材料 3：我国发展的阶段性特征。

"进入新世纪新阶段，我国发展呈现一系列新的阶段性特征，主要是：经济实力显著增强，同时生产力水平总体上还不高，自主创新能力还不强，长期形成的结构性矛盾和粗放型增长方式尚未根本改变；社会主义市场经济体制初步建立，同时影响发展的体制机制障碍依然存在，改革攻坚面临深层次矛盾和问题；人民生活总体上达到小康水平，同时收入分配差距拉大趋势还未根本扭转，城乡贫困人口和低收入人口还有相当数量，统筹兼顾各方面利益难度加大；协调发展取得显著成绩，同时农业基础薄弱、农村发展滞后的局面尚未改变，缩小城乡、区域发展差距和促进经济社会协调发展任务艰巨；社会主义民主政治不断发展、依法治国基本方略扎实贯彻，同时民主法制建设与扩大人民民主和经济社会发展的要求还不完全适应，政治体制改革需要继续深化；社会主义文化更加繁荣，同时人

---

[1]　胡锦涛：《坚定不移沿着中国特色社会主义道路前进　为全面建成小康社会而奋斗——在中国共产党第十八次全国代表大会上的报告》，《人民日报》，2012 年 11 月 18 日。

[2]　习近平：《共同创造亚洲和世界的美好未来——在博鳌亚洲论坛 2013 年年会上的主旨演讲》，《人民日报》，2013 年 4 月 8 日。

民精神文化需求日趋旺盛，人们思想活动的独立性、选择性、多变性、差异性明显增强，对发展社会主义先进文化提出了更高要求；社会活力显著增强，同时社会结构、社会组织形式、社会利益格局发生深刻变化，社会建设和管理面临诸多新课题；对外开放日益扩大，同时面临的国际竞争日趋激烈，发达国家在经济科技上占优势的压力长期存在，可以预见和难以预见的风险增多，统筹国内发展和对外开放要求更高。""当前我国发展的阶段性特征，是社会主义初级阶段基本国情在新世纪新阶段的具体表现。"①

"我国发展仍处于重要战略机遇期，我们要增强信心，从当前我国经济发展的阶段性特征出发，适应新常态，保持战略上的平常心态。"②

"中国经济呈现出新常态，有几个主要特点。一是从高速增长转为中高速增长。二是经济结构不断优化升级，第三产业、消费需求逐步成为主体，城乡区域差距逐步缩小，居民收入占比上升，发展成果惠及更广大民众。三是从要素驱动、投资驱动转向创新驱动。新常态将给中国带来新的发展机遇。"③

"中国经济发展进入新常态，正从高速增长转向中高速增长，从规模速度型粗放增长转向质量效率型集约增长，从要素投资驱动转向创新驱动。"④

材料4：深化改革，青海在路上。

"面对新形势新任务，全面建成小康社会，进而建成富强民主文明和谐的社会主义现代化国家、实现中华民族伟大复兴的中国梦，必须在新的历史起点上全面深化改革。"——摘自《中国共产党第十八届中央委员会第三次全体会议公报》

"青海经济发展相对滞后，但改革开放不能落后。惟有不失时机地全

①　胡锦涛：《高举中国特色社会主义伟大旗帜　为夺取全面建设小康社会新胜利而奋斗——在中国共产党第十七次全国代表大会上的报告》，人民出版社2007年第1版。

②　习近平在河南考察时强调：深化改革发挥优势创新思路统筹兼顾确保经济持续健康发展社会和谐稳定，《人民日报》2014年5月11日。

③　《习近平在亚太经合组织工商领导人峰会开幕式上的演讲》（2014年11月9日），新华网。

④　习近平：《迈向命运共同体开创亚洲新未来——在博鳌亚洲论坛2015年年会上的主旨演讲》，《人民日报》2015年3月29日。

面深化改革，冲破体制机制障碍，才能以改革红利不断弥补区位劣势，增大后发优势，逐步缩小与全国的差距。"——摘自省委书记骆惠宁在省委十二届五次全会上的讲话

"青海经济发展相对滞后，但改革开放不能落后。如今，我省经济发展进入了从以总量增长为主到以提高质量效益为核心的转型发展关键时期。要破解新问题，实现新突破，更要依靠全面深化改革这把'金钥匙'。唯有改革，才能为青海经济'升级版'的打造注入不竭动力。"[①]

列席省十二届人大三次会议的省发展改革委主任吴海昆的话语，道出了出席今年"两会"的代表委员共同的心声。

改革开放 35 年，地处西北内陆高原的青海发展举世瞩目。近年来，我省改革不断深化，发展更具活力。特别是过去的一年，省委省政府大力推进改革开放，努力破除体制机制障碍，以超前的眼光、创新的思维、坚定的决心和务实的举措推动全方位的改革，为科学发展提供了动力源泉。

农牧区综合配套改革、集体林权制度和户籍制度改革、土地确权登记试点、"营改增"试点……一系列改革实践不断"破冰"；

卫生和人口计生部门职能实现整合，食品药品监督管理体制日趋完善，省行政服务和公共资源交易中心启动运行……政府职能转变和机构改革快速推进；

取消和调整行政审批事项 178 项，简政放权力度不断加大；

经济成分日趋多元；国有资产监管制度不断完善；矿业权管理市场化程度显著提升……。

改革开发为青海增添了大步迈进的勇气：

青洽会、环湖赛、藏毯展、清食展等重大活动的专业化和国际化水平越来越高；在越南成功举办青海商品博览会；深化对口援青工作，加强与央企的战略合作，优化外贸结构，推动口岸建设，进出口贸易总额大幅增长……。

历史是最好的教科书。尤其是近几年来青海经济社会加速发展的辉煌成就，雄辩地证明了每一步跨越都与及时抓住改革的机遇息息相关。

今天，破解发展中遇到的难题，推动青海省经济社会持续健康发展，深化改革、扩大开放更是必由之路。只有不失时机地全面深化改革，我们

---

① 《青海日报》2014 年 1 月 19 日。

才可能实施好创建全国循环经济发展先行区行动方案；才可能不断提升特色优势产业水平；才可能不断推动创新驱动发展的能力；才可能在新型城镇化发展中抢得先机，打造青海经济升级版、大美青海升级版、改善民生升级版，推动经济社会发展再上新台阶；才可能切实实现省委十二届五次全会提出的战略任务。

"明者因时而变，知者随事而制。"近年来，我省在一些重点领域和关键环节改革上取得的重要突破充分证明，只要我们坚定信心，是有能力推动和做好改革工作的。

历史迈入了2014年，这是全面深化改革的开局之年，也是全面展开丝绸之路经济带建设的行动之年。

省委省政府明确提出，在这一年里，要把改革开放摆在更加突出的位置，从老百姓最期盼的领域抓起，从制约经济社会发展最突出的问题改起，力争在一些重点领域和关键环节取得突破，推出一批立竿见影的改革，在发展开放型经济上迈出更大步伐。

完善耕地、草原、林地等承包经营制度，加强以管资本为主的国有资产监管体系，鼓励民营企业参与国企改革，完善居民水电气等阶梯电价制度……这一年里，要进一步深化经济体制改革。

把企业、市场和社会能办好的事情交给企业、市场和社会，能下放到市州县的事权下放到市州县，两年内再取消和下放三分之一的审批事项，加快电子化集中审批、一站式阳光办公……这一年里，要进一步深化行政体制改革。

统筹城乡义务教育资源均衡配置，推动公共文化服务社会化发展，积极建立主要由市场决定技术创新项目和经费分配、评价成果的机制，支持新增医疗卫生资源优先考虑社会资本……这一年里，要进一步深化社会事业改革。

引导城市社区服务管理资源和模式向农村拓展，健全公共安全体系建设，构筑"群众身边的平安工程"，严格执行食品药品市场准入和退出的强制性标准，确保人民群众"舌尖上的安全"……这一年里，要进一步深化社会治理体制改革。

积极融入丝绸之路经济带建设，按照"五通"要求，建立与沿线国家交流合作的平台，在商贸物流、文化旅游、人文交流、先进制造、现代农牧业、资源能源等领域开辟合作新局面，努力把我省打造成新丝绸之路的战略基地和重要支点……这一年里，要进一步提高开放型经济发展水平。

一篇篇改革大文章已经谋好篇，布好局。在改革步骤上，一是要承接和落实好国家出台的重大改革措施；二是要根据中央要求，进一步深化我省已经开展的各项改革举措；三是要按照中央统一部署，结合青海省情，再研究出台一批新的改革措施。这就要求我们按照中央部署，把自觉维护国家大政方针的统一性严肃性和因地制宜、充分发挥主观能动性结合起来，把握好"胆子要大"和"步子要稳"的关系，一步一步落实改革措施，一笔一笔绘就改革蓝图，不断把我省的改革开放推向新的深度和高度。

【案例点评】

党的十五大最早提出了社会主义初级阶段也要经历若干个具体发展阶段的问题，指出社会主义初级阶段是一个动态的发展过程，会呈现出阶段性来。党的十七大明确提出当前我国发展的阶段性特征，是社会主义初级阶段基本国情在新世纪新阶段的具体表现的重要判断，并从八个方面分析和概括了新世纪新阶段我国发展呈现出的新的阶段性特征。党的十八大进一步提出，建设中国特色社会主义，总依据是社会主义初级阶段的战略判断。强调总依据，是因为社会主义初级阶段是当代中国的最大国情、最大实际。我们在任何情况下都要牢牢把握这个最大国情，推进任何方面的改革发展都要牢牢立足这个最大实际。不仅在经济建设中要始终立足初级阶段，而且在政治建设、文化建设、社会建设、生态文明建设中也要始终牢记初级阶段；不仅在经济总量低时要立足初级阶段，而且在经济总量提高后仍然要牢记初级阶段；不仅在谋划长远发展时要立足初级阶段，而且在日常工作中也要牢记初级阶段。党的十八大以来，以习近平为总书记的党中央准确把握经济发展大局，在经济建设和发展领域，面对"三期叠加"的新形势，提出要从经济发展的阶段性特征出发，适应"新常态"，保持战略上的平常心态。

社会主义初级阶段是当代中国最大的实际，是基本国情，其具体体现是什么？这需要从社会主义初级阶段的特征上加以认识和把握。社会主义初级阶段的特征体现不是单一层面而是多层面的：一是两重性的重要特征，社会主义初级阶段在各方面先进性和落后性的并存，即我国现阶段在经济、政治、文化等各方面的两重性，是我国基本国情的重要特征。二是过程性的基本特征，社会主义初级阶段在经济、政治、文化各方面的两重性，是我国基本国情的重要特点，决定了社会主义初级阶段的发展，具有的过程特征。党的十五大全面地从现代化发展的水平、产业结构状况、经济运行方式、文化教育发展水平、人民富裕程度、地区发展状况、体制改革、精神文明建设及国际比较等方面，对社会主义初级阶段的基本特征作出了概括。三是阶段性特征，党的十七大从八个方面对新世纪新阶段我国发展呈现出的新的阶段性特征，进行了深入分析和概括。

所以，在坚持社会主义初级阶段的基本国情是建设中国特色社会主义总依据的同时，还需要科学认识和准确把握社会主义初级阶段的阶段性特征。

1. 准确把握我国发展的阶段性特征，要正确认识社会主义初级阶段的长期性与阶段性的关系。

第一，要认识到社会主义初级阶段是长期性与阶段性统一的动态发展过程。既要认识到其发展是一个相当长的历史阶段，又要认识到其在长期的发展进程中必然还要经历若干具体的阶段，不同时期会显现出不同的阶段性特征。

第二，要把握长期性的不变与阶段性的变之间的辩证关系。因为基本国情、主要矛盾、国际地位没有变，所以要长期坚持党在社会主义初级阶段的基本理论、基本路线、基本纲领、基本经验和基本要求。但经济和社会发展出现的许多新情况、新变化，显示出了一系列新的阶段性特征。因为阶段性特征在变，所以我们的理论、方针、政策都要与时俱进。

2. 准确把握我国发展的阶段性特征，要充分认识社会主义初级阶段的长期性。

第一，社会主义初级阶段的长期性，从根本上说是由中国进入社会主义的历史前提和建成社会主义所需要的物质基础所决定的。我国进入社会主义的历史前提是没有经过资本主义的充分发展，是"不够格"的社会主义；我国进入社会主义的物质基础是没有具备在资本主义条件下已经实现的工业化和经济的市场化、社会化、现代化。

第二，社会主义初级阶段的长期性，是由我国的现实状况决定的，我国目前各个领域仍未摆脱不发达状态，生产力落后。虽然经过改革开放以来的不懈努力，我国取得了举世瞩目的发展成就，但我国仍处于并将长期处于社会主义初级阶段的基本国情没有变，人民日益增长的物质文化需要同落后的社会生产之间的矛盾这一社会主要矛盾没有变,我国是世界最大发展中国家的国际地位没有变。不仅在经济建设中要始终立足初级阶段,而且在政治建设、文化建设、社会建设、生态文明建设中也要始终牢记初级阶段;不仅在经济总量低时要立足初级阶段,而且在经济总量提高后仍然要牢记初级阶段;不仅在谋划长远发展时要立足初级阶段,而且在日常工作中也要牢记初级阶段。

之所以在我国的经济总量已经上升到世界第二时,仍然要突出强调基本国情、主要矛盾、国际地位"三个没有变",是因为我们的社会发展是不全面的。从 GDP 的质量及人均 GDP 这两个指标来看,中国仍然和欧美发达国家差距很大。中国要成为发达国家并自立于世界强国之林,必须提高综合经济水平、实现全面现代化和增强综合国力。经济是综合国力的基础,但是衡量一个国家的经济实力,不仅比较经济规模,而且要看综合经济和现代化水平。所以,中国要达到发达国家的综合国力的水平,还有很长一段路要走,即使到 2050 年前后中国要达到世界中等发达国家水平,也不是轻易能够实现的。我们要充分认识到,我国正处于社会主义初级阶段,我们必须从这个实际出发,而不能超越这个阶段。从欠发达国家迈向发达国家,实现综合现代化和中华民族的伟大复兴,仍需几代乃至十几代中华儿女前赴后继地艰苦奋斗。总之,我们对中国特色社会主义建设的长期性、紧迫性、复杂性、艰巨性应该有更加清醒的思想准备。

3. 我国发展的阶段性特征的主要表现。新世纪以来,我国经济和社会发展出现的许多新情况、新变化,显示出了一系列新的阶段性特征。

第一,经济实力显著增强,同时发展中不平衡、不协调、不可持续的问题依然突出。具体表现在:我国已经成为经济大国,但还不是经济强国;经济增长仍主要依靠工业劳动,过于依赖物质资源的投入以及土地、劳动力等要素的低成本优势;农业基础薄弱,现代服务业正处在培育发展过程中,科技创新能力不强,城乡区域发展差距较大,经济发展动力不足仍然比较突出。

第二,经济社会发展取得全面进步,同时发展面临新的重大结构性问题,影响发展的体制机制障碍依然存在。具体表现在:人民生活总体上达到小康水平,同时收入分配差距拉大的趋势还未根本扭转,统筹兼顾各方面利益难度加大;人民群众政治参与的积极性不断提高,社会主义文化更加繁荣,同时思想活动的独立性、选择性、多变性、差异性明显;社会活力显著增强，同时社会结构、社会组织形式、社会利益格局发生深刻变化；资源节约型、环境友好型社会建设取得进展，同时资源约束趋紧、环境污染严重、生态系统退化仍很严峻。

第三，对外开放日益扩大，同时面临的国际竞争日趋激烈。具体表现在：中国的对外开放成就显著，同时我国经济增长对外贸的依存度较大，经济发展质量还不高，经济发展模式和经济安全问题比较突出；发达国家在经济科技上占优势的压力将长期存在，可以预见和难以预见的风险增多。

4. 中国经济发展进入新常态是社会主义初级阶段阶段性特征的集中体现。

（1）"三期叠加"的新形势，是提出经济发展新常态思想的客观依据。党的十八大以来，以习近平为总书记的党中央准确把握经济发展大局，作出了我国经济社会发展基本面长期趋好但正处在从高速到中高速的增长速度换挡期、结构调整阵痛期、前期刺激政策消化期"三期叠加"阶段的重要判断。在经济建设和发展领域，面对"三期叠加"的新形势，习近平总书记提出要从经济发展的阶段性特征出发，适应新常态，保持战略上的平常心态。习近平总书记作出的我国经济发展进入新常态的重要论述，是对我国经济发展所处的阶段性新特征作出的科学论断。

（2）中国经济发展进入新常态的内涵是，正从高速增长转向中高速增长，从规模速度型粗放增长转向质量效率型集约增长，从要素投资驱动转向创新驱动。其具体含义是：

第一，新常态将给中国带来新的发展机遇。"新常态"意味着发展的机遇与新的增长，也意味着经济发展可能会出现的风险与挑战。首先，新常态下，中国经济增长更趋平稳，增长动力更为多元。新型工业化、信息化、城镇化、农业现代化，都有利于实现更平稳的增长。其次，新常态下，中国经济结构优化升级，发展前景更加稳定。国内消费对经济增长的贡献的不断提高，服务业占比不断增加，高新技术产业和装备制造业增速的提高，以及生产能耗的不断下降，表明中国经济结构正在发生深刻变化，质量更好，结构更优。当然，新常态下也存在风险，充满新的挑战，一些潜在风险渐渐浮出水面。现在经济处于增长速度换挡期、结构调整阵痛期，各种矛盾和问题相互交织，这既需要政策调整，更需要全面深化改革。我们有信心、有能力应对各种可能出现的风险。

第二，各项主要经济指标处于合理区间。新常态下，中国经济增速虽然放缓，实际增量依然可观。即使是7%左右的增长，无论是速度还是体量，在全球也是名列前茅的。

第三，中国经济呈现出新常态，有几个主要特点：一是速度从高速增长转为中高速增长；二是经济结构不断优化升级，第三产业、消费需求逐步成为主体，城乡区域差距逐步缩小，居民收入占比上升，发展成果惠及更广大民众；三是动力从要素驱动、投资驱动转向创新驱动。

综而观之，中国的社会主义制度的发展和完善是一个长期的历史过程，中国社会主义初级阶段也是一个相当长的历史发展阶段，并在发展过程中必然需要经历若干具体的发展阶段，不同时期还会显现出不同的阶段性特征。只有既牢牢把握社会主义初级阶段这个大的历史阶段，又认真分析不同时期具体的阶段性特征，才能准确判断我国社会发展的主流和方向，才能制定正确的发展战略和政策，才能在充满竞争的世界之中立于不败之地。我们一定要增强忧患意识，做到居安思危，紧紧抓住和用好主要战略机遇期，有效应对前进道路上的各种风险和挑战。我们要充分认识到，从欠发达国家迈向发达国家，实现综合现代化和中华民族的伟大复兴，仍需几代乃至十几代中华儿女前赴后继地艰苦奋斗。

【思考题】

党的十七大特别是十八大为什么要强调社会主义初级阶段的基本国情没有变？

【案例提示】

案例三可用于本章第一节"社会主义初级阶段理论"中第二目"社会主义初级阶段的科学含义和主要特征"及第三目"科学把握我国发展的阶段性特征"的学习。通过对案例材料的学习和了解，结合对社会主义初级阶段科学含义的认识，更深入地从社会主义初级阶段的具体特征上加以把握。认识到社会主义初级阶段基本国情的复杂性，需要通过多角度对社会主义初级阶段的基本内涵、两重性的重要特征、过程性的基本特征和阶段性特征以及经济新常态的阶段性新特征的统一认识和把握，才能使我们更深刻地理解和把握基本国情。

本章编写：陈国飞

第六章

社会主义本质和建设中国特色社会主义总任务

案例一　社会主义本质

【案例材料】

材料1：三年自然灾害后的包产到户。①

1962年春天，"大跃进"、人民公社化运动以后，发生了连续三年的大面积自然灾害。在许多地方，农民和农村基层干部纷纷要求包产到户。邓小平针对生产关系究竟以什么形式为最好这一问题，说黄猫、黑猫，只要捉住老鼠就是好猫。

材料2：经济体制改革的最初实践。②

1979年，安徽省凤阳县小岗村18户农民实行了"包产到户"，调动了农民生产积极性，提高了农业生产力。与此同时，上海、重庆等城市也开始了扩大企业自主权的试点，调动了企业员工的生产热情，加快了经济增长。

材料3：邓小平的南方实地考察与南方谈话。③

历史跨进1991年，中国的政治风波已经过了一年半，然而国际和国内的整个形势，仍然不容乐观。

---

① 摘编自中共中央文献研究室编：《〈邓小平〉电视文献纪录片解说词》，中央文献出版社1997年版，第45—47页。

② 摘编自张雷声《如何讲授邓小平的社会主义本质论》，载《教学与研究》，2000年第2期。

③ 摘编自吴松营著《邓小平南方谈话真情实录：记录人的记述》第四章："深圳盼来小平'世纪行'"，人民出版社2011年版。

"柏林围墙"倒了，东德、匈牙利、波兰等东欧社会主义国家相继倒台。"社会主义老大哥"苏联的国内反社会主义的势力暗流涌动，潮起潮落，汹涌滔天。12月25日，随着戈尔巴乔夫宣布辞去苏联总统职务，已经建立70多年的苏维埃社会主义政权就垮台了。苏联这个世界强国在地球上消亡了。

无疑，苏联和东欧的剧变使中国的一些人忧心忡忡，更加担心对外开放之后，西方资本主义的渗透和进攻，会使中国变色、江山易手。有的"老同志"甚至高喊要下定决心、不怕牺牲，筑起"反和平演变的钢铁长城"。

全国范围内关于姓"社"姓"资"的争论，仍然一浪高于一浪。深圳经济特区还是继续被当作"搞资本主义""和平演变"的典型、活靶子。深圳有些干部甚至害怕到内地出差，因为那里有的机关，或者招待所人员一看是深圳来的，怕受到"资本主义污染"，对深圳人另眼看待，有少数的一些单位甚至诸多刁难。

海边的人有一句俗语："漏船遇上当头浪"，说的是祸不单行。1991年的中国大地，洪灾、旱灾、火灾遍及东南西北，此起彼伏。夏季的江淮大水，江苏、安徽等省大面积被洪水浸泡。国务院虽然拨出22亿元人民币（相当于当年财政收入的0.7%）和14亿公斤粮食，也还是杯水车薪。而西北、华北，以及湖南、广东、广西等南方省份却严重干旱，有的地方蝗虫成灾。还有不少地方发生大火。全国有很多地方粮食失收，乡镇企业倒闭。国有企业大面积亏损、下岗失业的工人越来越多，中、西部地区的许多县、镇一级的机关和事业单位，因为财政困难而发不出工资。海外的资本家们虽然贪恋于中国的廉价劳动力和土地、矿产等丰富资源，却害怕中国的继续"整顿"和"无产阶级专政"，在国门外观望，不敢踏足中国。原来的不少"三资"企业也纷纷关门，大量的外资撤走。

邓小平这个"退休老人"坐不住了，1991年春天到了上海，开始了并非寻常的"谈话"。上海，无论是从人口数量，还是经济总量上，都是中国最大的城市。邓小平是希望通过上海的地位和作用，去影响全国并推动中国的改革开放。

1991年是农历辛未"羊年"。中共上海市委机关报《解放日报》根据邓小平的谈话精神，从2月15日至4月12日差不多两个月的时间，连续发表了署名"皇甫平"的四篇评论：《做改革开放的"带头羊"》、《改革开放要有新思路》、《扩大开放的意识要更强些》、《改革开放需要大批德才兼备的干部》。综合其要旨，就是在"羊年"提出"做改革开放的带头羊"；对改革开放要有新思路，"资本主义有计划，社会主义有市场"，不能把发展社会主义商品经济和社会主义市场同资本主义简单地等同起来；如果囿于姓"社"还是姓"资"的诘难，那就只能坐失改革开放、发展自己的良机，等等。这些话语，在当时是何等明亮的思想火花！无疑是在沉闷的天空划出了一道道闪电！

但是，全国稍有分量的报刊，除了《半月谈》对"皇甫平"文章表示赞同和支持之外，绝大多数都没有反响。

邓小平更坐不住了。他决定再次到深圳去。而且像他自己到深圳之后所表达的意思一样："在重要关头，我还是要说话的。"他已经88岁高龄，可以说，这是20世纪这位伟人的生涯中最令人难忘最重要的一次出行。

正是在人们心头充满疑云，"左"的东西干扰视听的关键时刻，1992年1—2月，88岁高龄的邓小平毅然视察南方，发表重要谈话，高屋建瓴，冲破姓"社"姓"资"的阴霾，推动改革开放的车轮隆隆前进。

针对一段时间以来姓"社"姓"资"的论调横加干扰、改革开放迈不开步子的情况，邓小平说："改革开放迈不开步子，不敢闯，说来说去就是怕资本主义的东西多了，走了资本主义道路。要害是姓'资'还是姓'社'的问题。判断的标准，应该主要看是否有利于发展社会主义社会的生产力，是否有利于增强社会主义国家的综合国力，是否有利于提高人民的生活水平。"①

从此，邓小平提出的"三个有利于"标准，深入人心，成为人们判断是非的标准。

在"南方谈话"中，邓小平以深刻的智慧和巨大的理论勇气，冲破禁区，提出社会主义也可以搞市场经济，从而解决了困惑中国多年的难题，给中国经济体制改革确定了新的目标模式。

邓小平一语击破"左"的障眼法，把人们的思想从禁区当中解放了出来。

邓小平进一步指出："社会主义的本质，是解放生产力，发展生产

①《邓小平文选》第3卷，人民出版社1993年版，第372页。

力，消灭剥削，消除两极分化，最终达到共同富裕。就是要对大家讲这个道理。证券、股市，这些东西究竟好不好，有没有危险，是不是资本主义独有的东西，社会主义能不能用？允许看，但要坚决地试。"①

邓小平由此发挥开来，对社会主义的发展问题作了精辟的概括："总之，社会主义要赢得与资本主义相比较的优势，就必须大胆吸收和借鉴人类社会创造的一切文明成果，吸收和借鉴当今世界各国包括资本主义发达国家的一切反映现代社会化生产规律的先进经营方式、管理方法。"②

邓小平以紧迫的责任感，催促改革开放要大胆前进。他接连视察武汉、深圳、珠海、上海等地，发表谈话。这在外人看来，似乎是没有想到的惊人之举，而对这位中国改革开放的总设计师来说，却是经过深思熟虑的一着棋。

南方谈话关于市场经济和计划经济的精辟论述，关于中国要警惕右但主要是防止"左"的新概括，关于社会主义的本质和"三个有利于"理论等，都是围绕着"什么是社会主义、怎样建设社会主义"这个根本问题，从理论上作出的新回答，是我国改革开放和现代化建设实践在理论上的重大突破。

【案例点评】

社会主义本质论是认识社会主义的逻辑起点。社会主义本质是社会主义社会的根本属性和内在规定性，是社会主义社会区别于其他社会的根本标志，贯穿于社会主义社会发展全过程，决定着社会主义社会的基本特征和发展规律。社会主义本质论是中国特色社会主义理论体系的重要内容，是中国共产党人坚持马克思主义的思想路线，不断探索和回答什么是社会主义、怎样建设社会主义这一重大理论和实际问题，不断推进马克思主义中国化的重大成果之一。它对于我国在坚持社会主义基本制度的基础上推进改革，保证改革沿着合乎社会主义本质要求的方向发展具有重大的政治意义、理论意义和实践意义。

1. 认清什么是社会主义，关键是把握社会主义的本质。社会主义本质问题即什么是社会主义的问题。虽然社会主义对我们而言是最熟悉不过

---

① 《邓小平文选》第 3 卷，人民出版社 1993 年版，第 373 页。

② 同上书。

的事物，但到底什么是社会主义？长期以来都还没有完全搞清楚。我们过去的社会主义观念，主要来自三个方面：一是来自马克思主义经典作家；二是来自传统社会主义观念和体制模式；三是我们自己形成的对社会主义的理解。所以，对什么是社会主义、怎样建设社会主义问题的再认识，不仅是一个重大的理论和认识问题，而且是一个重大的现实问题，这正是今天强调坚持中国特色社会主义的关键所在。

2. 马克思主义经典作家对社会主义的揭示。对于社会主义的本质问题，从马克思主义经典作家那里似乎难以找到现成答案，因为马克思、恩格斯并没有为这个问题提供明确的说法。马克思主义经典作家是从各种角度对社会主义、共产主义进行论述的。

马克思恩格斯关于社会主义和共产主义的重要论述主要体现在《共产党宣言》《德意志意识形态》《〈政治经济学批判〉序言》以及《哥达纲领批判》中。概括来看，主要涉及以下方面：

第一，关于社会主义建立的前提。马克思恩格斯认为，实现共产主义，也就是实现社会主义，要有个绝对前提：就是生产力的高度发展和巨大增长。马克思在《哲学的贫困》中指出："手推磨产生的是封建主的社会，蒸汽磨产生的是工业资本家的社会。"① 在这里，马克思认为，生产力对生产关系具有决定作用，有什么样的生产力，才有与之相适应的生产关系，生产关系一定要适合生产力的发展要求。"物质生活的生产方式制约着整个社会生活、政治生活和精神生活的过程。不是人们的意识决定人们的存在。相反，是人们的社会存在决定人们的意识。"② "无论哪一个社会形态，在它所能容纳的全部生产力发挥出来以前，是决不会灭亡的；而新的更高的生产关系，在它的物质存在条件在旧社会的胎胞里成熟以前，是决不会出现的。"③

第二，关于社会主义的任务。马克思恩格斯认为无产阶级夺取政权后

① 马克思：《哲学的贫困·答蒲鲁东先生的〈贫困的哲学〉》，《马克思恩格斯选集》第 1 卷，人民出版社 1995 年版，第 142 页。

② 马克思：《〈政治经济学批判〉序言》，《马克思恩格斯选集》第 2 卷，人民出版社 1995 年版，第 32 页。

③ 同上书，第 33 页。

的一个首要任务就是"尽可能快地增加生产力总量。"① 如果没有生产力的高度发展,"那就只有贫困的普遍化,而在极端贫困的情况下,就必须重新开始争取必需品的斗争,也就是说,全部陈腐的东西又要死灰复燃。"②

第三,在资本主义高度发展基础上建立的社会主义的基本经济特征是:社会生产力高度发展;实行生产资料公有制;没有商品和货币交换,实行有计划的生产;实行各尽所能、按劳分配原则。

第四,关于社会主义的要义。实现真正意义上的社会公平和正义,是科学社会主义最基本的价值追求。受资本主义私有制的制约,资本主义生产方式必然导致社会的两极分化和分配不公。所以,必须消灭私有制,建立生产资料公有制。从特定意义上说,"共产党人可以用一句话把自己的理论概括起来:消灭私有制。"③ 马克思认为,未来共产主义社会是以每个人的全面而自由发展为基本原则的社会形式。"代替那存在着阶级和阶级对立的资产阶级旧社会的,将是这样一个联合体,在那里,每个人的自由发展是一切人的自由发展的条件。"④ 后来,在《哥达纲领批判》中,马克思明确提出社会主义的分配原则是按劳分配,共产主义分配原则是按需分配。之后,在社会主义的理论与实践中,苏联及我国都把社会主义的本质特征归结为三条:公有制、计划经济和按劳分配。但却明显忽略了马克思所论述的是在资本主义高度发展基础上建立的社会主义的基本经济特征。

3. 邓小平社会主义本质理论的提出。现实社会主义的实践说明,如果没有生产力的高度发展和巨大增长,单纯依靠改变生产关系是不能体现社会主义本质的。正是基于这一认识,邓小平首先从否定的角度,明确指出过去所坚持的许多认识和一些流行的观点不属于社会主义的内涵,从而明确阐述什么不是社会主义,以此为基础,再来揭示社会主义的本质。同时,邓小平通过对社会主义根本任务和根本原则的把握,逐渐揭示社会主

---

① 马克思、恩格斯:《共产党宣言》,《马克思恩格斯选集》第 1 卷,人民出版社 1995 年版,第 272 页。

② 马克思、恩格斯:《德意志意识形态》,《马克思恩格斯选集》第 1 卷,人民出版社 1995 年版,第 39 页。

③ 《马克思恩格斯选集》第 1 卷,人民出版社 1995 年版,第 265 页。

④ 《马克思恩格斯文集》第 2 卷,人民出版社 2009 年版,第 53 页。

义的本质。最终邓小平在"南方谈话"中提出了社会主义的本质:"社会主义的本质,是解放生产力,发展生产力,消灭剥削,消除两极分化,最终达到共同富裕。"①

邓小平在新的历史条件下,通过对中国和世界社会主义发展中实践经验教训的总结,从成熟社会主义和现实社会主义、全过程社会主义与初级阶段的社会主义、什么是社会主义与怎样建设社会主义等几个方面的统一角度,对社会主义本质作了新的概括,从而发展和创新了马克思恩格斯关于社会主义本质问题的理论。

4. 邓小平社会主义本质论的科学内涵。邓小平关于社会主义本质的概括,既包括了社会主义社会的生产力问题,又包括了以社会主义生产关系为基础的社会关系问题,是一个有机的整体。

(1)突出强调解放和发展生产力在社会主义发展中的重要地位。这是社会主义本质理论的一个十分明显和突出的特点。

第一,突出强调解放和发展生产力在社会主义发展中的重要地位,是邓小平在科学社会主义理论与社会主义建设实践内在统一的基础上认识社会主义的一个创造。

第二,突出强调解放和发展生产力在社会主义发展中的重要地位,是邓小平以唯物史观为指导,在认真总结社会主义建设的历史经验,科学把握我国国情和时代特征的基础上提炼出来的。

第三,邓小平强调解放和发展生产力,纠正了忽视生产力发展的错误观念,反映了我国社会主义初级阶段发展生产力的迫切要求,明确了社会主义基本制度建立后还要通过改革进一步解放生产力的任务。

(2)突出强调消灭剥削,消除两极分化,最终达到共同富裕的发展目标,并从生产力和生产关系两个方面阐明了实现这个目标的途径。具体含义是:

第一,强调实现共同富裕是社会主义的根本目标。社会主义社会发展生产力与资本主义社会发展生产力的目的根本不同。马克思主义认为,共产主义的最终目的是实现人的自由而全面的发展。邓小平社会主义本质论认为,中国原来是经济十分落后的国家,至今还处在并将长期处在社会主义初级阶段,不可能比较快地创造出实现人的自由而全面发展的条件。邓

---

① 《邓小平文选》第 3 卷,人民出版社 1993 年版,第 373 页。

小平从中国的具体国情出发，把实现共同富裕作为社会主义的根本目标，体现了马克思主义同当代中国实际的结合。实现共同富裕，是走向人的自由而全面发展所必经的阶段。

第二，强调消灭剥削，消除两极分化，是实现共同富裕的手段。解放和发展生产力，要体现在人民生活水平的"富裕"上。要实现共同富裕，除了要解决如何解放和发展生产力，不断增加社会物质财富的问题外，从生产关系方面来说，还有一个消灭剥削，消除两极分化，使社会生产力发展的成果为全体人民所享有的问题。而这又是在存在和坚持社会主义公有制和按劳分配为主体的条件下才能实现。"消灭剥削、消除两极分化"，则是要使这种富裕成为"共同富裕"。所以，邓小平一再强调，一个公有制占主体，一个共同富裕，这是我们必须坚持的社会主义的根本原则。邓小平特别强调："社会主义与资本主义不同的特点就是共同富裕，不搞两极分化。"①

【思考题】

1. 邓小平是怎样探索社会主义本质的？

2. 邓小平南方谈话提出了哪些重要论断？

3. 邓小平南方谈话的真谛是什么？

【案例提示】

案例一可用于本章第一节"社会主义的本质"的学习。通过对案例材料的学习了解，使我们认识到，20余年前的春天，邓小平同志视察武昌、深圳、珠海、上海等地，发表了重要谈话；20余年后的今天，中国的改革开放取得了举世瞩目的成就，社会主义经济建设、政治建设、文化建设、社会建设以及生态文明建设均取得重大进展，谱写了中国特色社会主义事业新篇章。邓小平同志的南方谈话，是党的十一届三中全会以来，我国改革开放和现代化建设推进到新阶段的又一次解放思想的宣言书，深刻回答了我国改革开放中的一些重大问题，其思想解放的力度、广度、深度，直到今天都还有着重大的影响。今天重温邓小平南方谈话的思想，对我们抓住机遇，继往开来，推进中国特色社会主义事业具有重大的现实

① 《邓小平文选》第3卷，人民出版社1993年版，第123页。

意义。

案例二 社会主义的根本任务

【案例材料】

材料 1："钢铁路网"铺上世界屋脊。①

青藏铁路全线开通七年后，中国正以现有铁路为纽带，大规模加速推进西部铁路网建设。

"世界海拔最高的青藏铁路投运，使西藏挥手告别了不通铁路的历史，成为助力青藏高原跨越发展的强力引擎，也为勾画西部交通新蓝图打下基调。"青藏铁路公司副总经理祝建平说，未来将形成"东接成昆、南连西藏、西达新疆、北上敦煌"的西部铁路枢纽。

中国启动西部大开发政策以来，青藏高原进入发展新时期，尤其是青藏铁路开通后，青藏高原进入"铁路经济"时代，展示着前所未有的生机和活力。

截至今年 5 月底，青藏铁路累计运送进出藏旅客 6299 万人次，运送货物 29762.4 万吨。客、货运送量年增长率分别为 8.9%、17.5%。

"青藏铁路运能、运力的增强，与服务保障、复线建设密不可分。七年来，青藏铁路新增复线 871 公里，新增电气化铁路 944 公里。"分管建设的青藏铁路公司副总经理江泽涛说。

青藏铁路西格二线电气化全线开通运营后，管内近半数的线路实现了由单线向双线电气化、由内燃机车向电力机车以及由普速向提速的转变。目前，拉日铁路路基、桥跨工程基本完成，已开始全面铺轨；兰新第二双线青藏公司代建段建设稳步推进，已进入无砟轨道系统工程施工；格敦铁路已经开工建设，建成后与兰青铁路、兰新铁路、青藏铁路串联成西北首条"环形铁路"网。

青藏铁路公司预计，到 2015 年，青藏铁路公司年客、货发送量将分别达到 1000 万人、9000 万吨，年均递增分别为 11%、22%。

---

① 《人民日报·海外版》2013 年 7 月 5 日。

据介绍，青藏铁路公司还加大管内部分生产型企业专用线实施专项改造，特别是甘河工业园区专用线、那曲物流中心二期项目等建设，为两省区招商引资创造有利的运输环境。

"十二五"期间，青藏铁路延伸线和支线将越来越多，兰新第二双线、拉萨－日喀则铁路、格尔木－敦煌铁路、格尔木－库尔勒铁路以及西宁客站枢纽改造工程都将全面完工，关角新隧道贯通并实现西格全线双线电化运营。

与此同时，西宁－玉树、昌都、昆明铁路建设项目有望纳入《国家中长期铁路网规划》，拉萨－林芝、格尔木－成都、西宁－成都铁路将纳入国家铁路"十二五"规划，格尔木至库尔勒铁路预可行性研究报告通过评估，即将规划建设。

这样一来，逐步完善的西部铁路网将使青藏高原向东融入"成渝经济带"，向北可营建"陕甘青藏经济带"。

材料2：优化投资结构：放眼未来我们在行动。①

有人说，今天的投资结构，就是明天的产业结构。

作为一个后发优势明显、发展势头强劲的省份，青海不仅要在强化投资方面做好文章，而且还要在优化投资结构方面下大力气，这样才能更好地释放投资对青海省经济社会发展的综合拉动效应。

秉承这一思路，青海省上下多年来为之付诸的辛勤努力和汗水，终于换来了投资结构的持续优化。

成果更加丰硕

近年来，省发展改革部门紧紧围绕稳增长、调结构等工作重点，不断强化举措，保持足够的投资强度，加快推进投资结构的调整和优化，充分发挥投资拉动作用。

——2012年青海省民间投资累计完成799亿元，增长43%，高于国有及国有控股投资11个百分点，占青海省固定资产投资的比重达到42%。

如今，《关于鼓励和引导民间投资健康发展的实施意见》已经制定出台，各项鼓励民间投资的规定和优惠政策还在不断完善；民间投资已逐步进入交通、能源、社会事业和商贸流通等社会关注度较高的重点行业，投

---

① 《青海日报》2013年2月23日。

资领域还在不断扩大。

——去年，工业投资累计完成826亿元，增长30%，占青海省固定资产投资的比重达到43%。

青海省三大工业园区重点项目实施进度不断加快，园区建设呈现"一个优化提升、两个快速启动"的势头。

目前，大型多功能锻压机、金属镁一体化等项目加快推进，福田专用车、磷酸铁锂材料、风力发电设备制造、特钢200万吨改造升级项目全面竣工……

——藏区投资大幅增加，2012年完成投资772亿元，增长37%，占青海省投资的比重达到40%。

结合实施生态立省战略，继续开展三江源自然保护区生态保护和建设工程、小城镇建设等，并持续加大对藏区农牧业的支持和投入力度，藏区与省内其他地区的经济社会差距日益缩小。

——大项目带动力进一步增强，亿元以上施工项目达到546项，增长25%。

投资的高速增长以及结构的不断优化，有力带动了基础设施建设、产业提升、民生改善、生态保护、区域协调发展和所有制结构优化。

思路更加清晰

——不断催发民间投资活力

在以市场化为基本取向的改革和发展进程中，仅仅依靠政府投资拉动经济发展是远远不够的。民间投资的健康快速发展，有利于进一步激发经济发展的内生动力和活力。

党的十八大报告再次明确提出：要毫不动摇地鼓励、支持、引导非公经济发展，保证各种所有制经济依法平等使用生产要素、公平参与市场竞争、同等受到法律保护。

近年来，我省坚持解放思想，出台政策法规，建立服务体系，扩大准入领域，推动了民间投资快速增长。同时，青海省工业化、信息化、城镇化和农牧业现代化进程不断加快，为民间投资和民营经济更好更快发展注入了新的活力。

——继续保持工业强力推动

结合我省的资源优势和省情实际以及近年来的发展历程，我们深知，工业投资的不断强化是青海省经济增长的主要推动力量，只有继续把推进工业项目的实施作为加快发展的抓手，才能有效推进新的工业增长点的形成。

近年来，我们始终坚持把项目建设作为工业发展的重中之重，进一步加大投资力度，深入实施"双百"行动、科技"123"工程和工业50个重大技术进步项目等，有力支撑了青海省经济发展。

——充分发挥藏区投资优势

2008年国务院下发支持青海等省藏区发展的若干意见，2010年中央第五次西藏工作座谈会对推进藏区实现跨越发展和长治久安作出战略部署。

作为全国四大藏区之一，在国家的高度重视与支持下，我省近年来大力促进区域协调发展，积极支持青海省藏区公路、机场等交通基础设施建设和城镇市政公用基础设施建设，以及中小学校舍安全改造及教育布局调整、改扩建医疗卫生机构、新建乡镇综合文化站、实施"村村通"工程以及基层公检法司等公共服务基础设施建设。

同时，大力支持藏区农牧业基础设施建设、企业发展、农牧业发展方式转变、加快扶贫开发进程，藏区投资的迅猛增长对拉动青海省经济快速发展做出了突出贡献。

未来更加光明

回眸来时路，在优化调整投资结构的过程中，我们的信念在坚定，思路在清晰，制度在完善，成效在增强。

如今，青海省产业水平明显提升。加强水利设施、特色农产品生产基地、农业园区、种养暖棚、专业合作组织和服务体系建设，高原现代农牧业迈出较大步伐。大力调整工业产品和企业组织结构，传统产业不断升级，新兴产业快速崛起，七大循环经济主导产业链初见端倪。企业创新能力和市场竞争力有较大提升。

科技创新力度不断加大。深入实施"123"科技支撑工程和"1020"农牧业科技工程，全社会科技投入明显增加。50个重大工业技术进步项目全部启动，将有力提升青海省工业企业整体素质，为循环经济发展提供重大支撑。

生态环境保护和节能减排成效显著。三江源生态保护和建设一期工程基本完成，青海湖流域生态保护与治理、退牧还草、人工造林等重点生态工程有序推进，治理区域的生态环境明显好转。提前一年完成了历史遗留铬渣处置任务。重点城镇生活污水处理率明显提高。湟水河 730 个排污口全部实现截污纳管，全流域水质达到国家标准。节能减排基本实现控制目标。

俯瞰今昔，放眼未来，循着投资发展的正确道路与方向，相信将有更多的资金投向青海省的基础设施、实体经济和特色产业，投向公共服务、社会事业和民生改善……

我们期待着，持续优化的投资结构能够进一步推波助澜，为青海投资的合理增长和投资质量的提高以及青海省经济的健康快速发展做出新的、更大的贡献。

【案例点评】

邓小平社会主义本质理论揭示了建设中国特色社会主义的根本任务是解放和发展生产力，这合乎科学社会主义基本原则，体现了中国社会主义初级阶段发展实践的迫切要求。

1. 社会主义本质理论是对科学社会主义的重大发展，对于建设中国特色社会主义具有重大的理论和实践意义。

第一，把我们对社会主义的认识提高到了一个新的科学水平。社会主义本质理论把对社会主义的认识深化到通过解放和发展生产力，消灭剥削，消除两极分化，最终达到共同富裕。这一理论把手段和目的统一起来，廓清了不合时代进步和社会发展规律的模糊观念，摆脱了长期以来拘泥于具体模式而忽略社会主义本质的错误倾向，进一步明确了建设社会主义的根本目的，为科学社会主义理论宝库增添了新的内容。

第二，对建设中国特色社会主义具有重要的指导意义。建设中国特色社会主义，总任务是实现社会主义现代化和中华民族伟大复兴。强调总任务，是因为我们党从成立那天起，就肩负着实现中华民族伟大复兴的历史使命。我们党的庄严使命、改革开放的根本目的、我们国家的奋斗目标，都聚焦于这个总任务、归结于这个总任务。社会主义本质理论为开辟一条发展更好、人民享受成果更多、能够充分体现出比资本主义更优越的中国特色社会主义道路，奠定了重要的理论基础。在社会主义本质理论指引下，我国始终坚持发展是硬道理，坚持"一个中心、两个基本点"的基本路线，通过改革开放不断解放和发展生产力，努力提高人民生活水平，促进社会公平正义，中国特色社会主义日益显现出强大生命力和巨大优越性。

改革开放以来，特别是邓小平南方谈话提出了社会主义本质理论，中国迎来了新的发展契机。中国启动西部大开发政策以来，青藏高原进入发展新时期，尤其是青藏铁路开通后，青藏高原进入"铁路经济"时代，展示着前所未有的生机和活力。

2. 社会主义的根本任务是解放和发展社会生产力。

社会主义本质理论揭示了社会主义的根本任务是解放和发展生产力，这合乎科学社会主义基本原则，体现了中国社会主义初级阶段发展实践的迫切要求。

第一，高度发达的生产力是实现社会主义的物质基础。我国的社会主义是在经济文化比较落后的基础上建立的，由于没有经历一个资本主义充分发展的历史阶段，因而发展社会生产力的任务尤为艰巨。

第二，解放生产力是为促进生产力的发展开辟道路。改革开放以来，党领导全国各族人民通过改革，下气力多方面地改变了同生产力发展不适应的生产关系和上层建筑，为生产力的发展扫除了障碍，开辟了道路。

第三，解放和发展生产力是中国特色社会主义的根本任务。社会主义的根本目标是实现共同富裕，进而实现人的自由而全面的发展。要实现这些目标，根本途径是解放和发展生产力。只有不断解放和发展生产力，才能逐步提高人民的物质和文化生活水平，才能最终实现共同富裕的目标。只有解放和发展生产力，社会主义制度才能充分显示其优越性，才能不断得到巩固和发展。

【思考题】

1. 邓小平社会主义本质理论有什么重要意义？

2. 社会主义的根本任务与建设中国特色社会主义的根本任务的关系怎样？

【案例提示】

案例二可用于本章第一节"社会主义本质理论的提出和科学内涵"中第二目"社会主义本质理论的重要意义"及第二节"社会主义的根本任务"中第一目"解放和发展生产力"的学习。通过对材料的学习了解，使我们认识到，过去一段时期，我们曾脱离生产力发展水平和现实国情，片面强调公有制、按劳分配，认为公有制和按劳分配的范围越大、程度越高，越有助于发展社会主义，甚至脱离实际条件，盲目扩大公有制的范围，提高公有制的程度，使社会主义建设走了弯路。社会主义本质理论把对社会主义的认识深化到通过解放和发展生产力，消灭剥削，消除两极分化，最终达到共同富裕。这一理论把手段和目的统一起来，廓清了不合时代进步和社会发展规律的模糊观念，摆脱了长期以来拘泥于具体模式而忽略社会主义本质的错误倾向，进一步明确了建设社会主义的根本目的，为科学社会主义理论宝库增添了新的内容。

社会主义本质理论把搞清楚"什么是社会主义"与搞清楚"怎样建设社会主义"紧密地结合起来，揭示了实现社会主义本质与建设社会主义道路之间的内在逻辑关系，为我们从更高层次上认识社会主义，为开辟一条发展更好、人民享受成果更多、能够充分体现出比资本主义更优越的中国特色社会主义道路，奠定了重要的理论基础。通过改革开放不断解放和发展生产力，努力提高人民生活水平，促进社会公平正义，中国特色社会主义日益显现出强大生命力和巨大优越性。

案例三　发展的丰富内涵

【案例材料】

材料1：青海好制度守住好生态。①

三江源主要湖泊净增760平方公里，青海省湿地逾800万公顷，跃居全国第一。

黄河源头的青海玛多县是"千湖之县"，然而其草原一度出现沙化，一些湖泊萎缩乃至消失。经过灭鼠、禁牧等系统保护，如今站在鄂陵湖畔，鸟儿展翅，水天一色。从玛多到玉树，沿途不时可以看到弯弯的小河，野生动物在路边觅食。

青海被誉为"中华水塔"，是黄河、长江、澜沧江"三江之源"。为构筑国家生态安全屏障，青海在实施生态保护工程的基础上，不断改革创

---

① 《人民日报》2014年8月2日。

新，推进制度建设。今年 3 月，青海发布实施《青海省主体功能区规划》，为落实主体功能制度探路。三江源草原草甸湿地生态功能区等被划入限制开发区域，约占青海省国土面积的 58%；禁止开发区域约占 32%。6 月 25 日，青海省委、省政府印发《青海省生态文明制度建设总体方案》，规划以三江源国家生态保护综合试验区为重要平台，先行先试，力争用五年多时间，在重点领域改革取得突破性进展，基本建立比较系统完备、可供复制推广的生态文明制度体系。

过度放牧等人类活动让草场难以承载，保护生态的关键是解决人的问题。青海强化生态补偿制度，激发生态保护的内生动力。三江源生态保护和建设八年多来，青海有 5 万多人实施生态移民。

青海先后推行 11 项生态补偿政策，通过教育经费保障、牧民技能培训和转移就业补偿等，让游牧民搬得出、定得住、能增收。在兴海县青根河村，过去以放牧为生的青公一家六人，得到政府补贴 3 万多元，在定居点盖起新房。现在全家仅一人放牧，其他人经营小卖部和小旅馆，家庭年收入 5 万多元，是定居前的四倍多。

保护生态环境也要引入市场机制，完善资源有偿使用制度。去年 11 月 5 日，兴业太阳能技术公司从青海省环境能源交易中心购买 100 吨碳减排指标。这是我国西部首单自愿减排碳交易项目。项目选择地处三江源的囊谦县毛庄乡、曲麻莱县多秀村等，555 户牧民不再使用牛粪等燃料，改用分户式太阳能，减少碳排放，空间留出来上市交易。青海对河流、森林等自然资源进行确权登记，探索开展生态资产评估，为绿色资源的资本化和市场化提供"大数据"。

去年底，三江源生态保护和建设一期工程通过验收。今年初，二期工程启动。八年辛苦不寻常，三江源区生态系统宏观结构局部改善，湖泊水域面积明显扩大，流域供水能力明显增强，重点治理区生态状况好转。据遥感观测，三江源地区主要湖泊净增 760 平方公里。三江源等地湿地资源面积逐步恢复，目前青海省湿地逐步扩大达到 814.36 万公顷，跃居全国第一。

材料 2：三江源生态移民面临的重建家园问题。①

一缘起

---

① 靳薇：《三江源生态移民面临的重建家园问题》，《学习时报》2013 年第 9 期。

　　2004 年开始，青海省三江源地区有 1 万多户、5 万多位牧民，离开了祖祖辈辈生活居住的草原牧场，搬迁定居于 86 个新的移民社区。其中 76 个社区位于城镇附近。他们为何搬迁？

　　这些牧民居住的三江源地区，是长江、黄河和澜沧江的源头汇水区，影响到长江、黄河中下游 20 个省区近 7 亿人的淡水资源，也影响到澜沧江流域东南亚六个国家的淡水资源，具有重要的生态作用。近 30 年来，由于受全球气候干旱暖化和人类不合理活动的双重影响，三江源地区出现了草场退化严重、水土流失加剧、水生态恶化、生物多样性萎缩等一系列生态问题，对当地居民和长江黄河中下游地区的经济发展产生了明显的消极影响。为了从根本上扭转生态环境日趋恶化的趋势，经国务院批准，实施了"新世纪中国生态一号"工程，搬迁的牧民，即是这个宏伟工程的一部分。

　　据青海省的资料显示，按照"实现保护和恢复生态功能、促进人与自然和谐和可持续发展、农牧民达到小康生活"三大目标的要求，各级政府积极开展工作，三江源生态移民工程取得了阶段性成果。

　　二问题

　　资料显示，5 万多牧民迁出后，迁出地生态环境出现向好趋势，移民的居住环境改善，生存观念和发展方式发生变化。但是，也出现一些问题。搬迁到城镇附近的牧人并没有"城镇化"为城市人，反而成为经济上困窘、公共服务欠缺、身份上尴尬、文化上贫困的边缘人。

　　笔者 2012 年对青海三江源生态移民的现状进行了调查，调查涉及五个地区的移民点共 17 个社区，完成 511 份调查问卷和 53 份深入访谈，收集和倾听移民的声音。突出的困难主要有以下几方面：

　　第一，生计困难。

　　移民的声音：

　　2008 年搬迁下来。生活来源就主要是政府的补贴，收入比以前变少了。因没有牛羊，吃肉要买，吃不起。希望政府能加大资助、贷款，目前真的特别贫困。（泽库访问，角落，男，40 岁，小学）

　　在移民村最大的困难就是支出大于收入，没有什么经济来源。去打工人家不要老人，以前在牧区就没有碰过铁锹，不会干。这几年能在这里生活是因为卖了牛羊有点钱，可是现在钱用完了，政府的补助也到期了。很担心害怕，不知道今后的生活怎么过。（格尔木访问，道黛，男，60 岁，

文盲）

调查显示，70%的受调查者除了政府补贴外没有稳定可靠的收入，超过90%的人家中无存款。造成经济困难的原因，主要是"就业能力丧失"。祖辈吃穿用住都依赖草原和牛羊的牧民，搬迁到城镇附近后不可能在短期内掌握新的谋生手段，整体"被失业"。

政府也开办了多种培训班，电焊、泥瓦工、厨师、裁缝、唐卡制作、刻玛尼石等，但经过15—40天的培训后，新手们还是很难在经济发展程度低、就业机会稀少的当地找到工作。接受调查的近500个家庭共2000余人，寻找到"打工"等工作机会的只占15%左右。

多数移民家庭除了政府发放的补贴（每户各种补贴不到1万元），之外没有稳定可靠的收入。在"除了空气什么都要花钱买"的城镇附近生活，入不敷出，刚定居时用搬迁前卖牛羊的积蓄补贴生活，部分家庭靠借高利贷度日，经济陷入困顿窘迫。

玉树州上拉秀乡加吉娘社区的移民，60%生活贫困，30%的人家卖了政府分配的定居房补贴生活，栖身在移民社区空地上的帐篷中。

第二，公共服务不完善。

移民的声音：

最大的困难就是看病难，路远，医疗保险只报住院的，其他不报。没有看病的钱。对于我们这些牧民来说是很困难的，病不起。（泽库访问，隆多，男，79岁，小学）

我家2005年搬过来的，到移民社区时有3间房屋大概有45平方米，这3间房屋对我家来说确实不够，只能在地铺上睡。到了移民区有一些好处。如：去医院，孩子上学都方便。可是房子不够。房子的质量真得很差，也可能没达到政府的要求和计划，希望政府加强移民区房子的质量监督和检查。（同德访问，仁多，男，66岁，小学）

移民社区的公共服务总体上欠缺。9个社区没有卫生所，看病难、看病贵是移民反映较多的问题，老人、残疾人在搬迁后面临的困难更突出。

有41.4%的人对移民社区的住房不太满意，不满意的主要原因是"住房质量差"，"面积太小不够使用"，"房间少无法安排"，"没有院子"。社区负责人在访谈中普遍反映房屋质量差，屋顶出现裂缝和漏雨，有的成危房。配套设施如围墙、沟渠、硬化路等质量差。

牧民原来居住分散，大草原天高地阔，环境卫生问题不明显。但集中居住后，公共卫生设施的完善、卫生习惯的养成是迫切的问题。调查发现，移民社区普遍没有污水排放设施，11 个社区既无垃圾站也无垃圾箱，移民通过"自己乱扔""焚烧"处理垃圾。厕所设施欠缺，只有 4 个社区的户内厕所可以使用，9 个社区没有公共厕所。5 个社区既无户内厕所，也无公共厕所。

第三，精神生活匮乏。

移民的声音：

搬到移民村后发现藏文化明显地消失，包括习俗和语言。现在孩子们根本不知道藏族古代故事，能做的就是放学后给他们讲讲。希望相关部门批准在村子的广场建立白塔和转经轮。（格尔木访问，根呷南杰，男，61岁，小学）

调查员手记：

谈到宗教，很多人特别是老人都很悲伤，他们说想回迁出地，在移民点没有自己的寺庙。一个习惯以念经安度晚年的民族，身边既没有寺庙也请不到喇嘛的移民点的生活，他们感到无比心痛。（同德移民点调查员）

调查发现，文化场地和设施较为欠缺。9 个社区没有文化室，12 个社区没有广场、球场等公共活动场地。7 个社区没有嘛呢康、嘛呢石、白塔等聚会的场所。

7 个社区表示"宗教需求不能得到满足"。原因：附近没有宗教场所，没有嘛呢康，没有僧人，没有转经的地方，只能自己在家念经；距离寺庙太远，请僧人费用太高。政府不批准建寺庙，不批准搞宗教活动；政府不允许外来的僧人停留，不允许多请喇嘛。

搬迁至今不到 10 年，目前仍然保留传统节日的移民仅为 49%。一些传统节日得到保留，如藏历新年、拉泽祭祀、赛马、跳舞、请僧人念经等，但规模有所缩小。一些节庆已经不过了。因为没资金、没场地、没人组织、邻居陌生、没马、人少了、乡政府不支持。

消失的不仅是节日，原来社区的自助网络和机制也随着搬迁丧失殆尽。移民社区的居民来自不同的牧委会不同的村落，原居地历史上形成的互助和支持机制，在新的移民社区短时间内不可能形成，出现了政府难以顾及的极端贫困户和极端孤苦老人。

生态移民失去了谋生的家园、居住的家园和精神的家园，陷入多重贫困之中。

三如何重建家园

面临着多重丧失多重贫困的三江源生态移民，在中国其实并不是孤例。内蒙、西藏亦有生态移民，其他地区也有因保护生态"退耕还林""退粮还草"而生计受损的农牧民。他们"流血又流泪"，不仅不能分享发展的成果，甚至难以有尊严地生活。这不公平，同时对稳定和谐发展也不利。所在地的政府要关心他们，中央政府、全社会都应该关注他们，帮助为了保护生态失去了传统家园的牧人们有尊严地生活。

三江源生态移民如何重建家园？笔者建议如下。

从国家层面落实生态补偿机制。中央政府应考虑全面实行生态补偿机制，帮助生态移民生计方式转型。中央的补助，应部分用于保证移民每家有一人就业。可以考虑安排定居地的公益岗位，迁出地的草原生态管护公益性岗位，劳动力输出等。扶植本地的特色产业，给予资金、政策支持，并帮助寻找产品销路。寻找符合当地实际的后续产业，进行有针对性的培训和指导。重点培训青年人，引导他们逐渐适应移民定居的生活方式。青海省政府可委托对口支援地区和生态保护受益地区，帮助设计后续产业及发展模式，并请他们帮助对青年人进行培训和指导，在10—20年内扶持生态移民的转型发展。将原定10年的补助期限延长至20年，妥善安排不愿回迁的移民。关注政策许可且希望回迁的移民，帮助一旦回迁既没有牛羊又没有房屋的他们逐渐恢复正常的生活。发放小额、无息贷款，鼓励移民创业。

逐步完善公共服务。尽快在移民点开设卫生所，并配备相关的医疗服务人员和设施。建议对生态移民实行一定年限内的特殊医疗补贴政策，对有重大疾病病人的家庭进行扶持。完善移民定居点的生活设施，对有质量问题的住房进行统一集中维修。重视并逐步解决移民定居点的供水、生活污水排放、厕所建设、粪便和生活垃圾处理问题，避免酿成公共卫生灾难。理顺管理体制，给予移居到城镇附近的生态移民城镇人的身份。

关注精神需求重视文化传承。健全移民社区的文化设施，像重视居住房屋一样关注文化活动场所。尊重移民的风俗习惯，在移民社区中允许建设广场、嘛呢康等活动场所和设施，并允许设立嘛呢石、白塔等。认真贯彻落实党的宗教信仰自由政策，应当遵循允许合法、制止非法、打击犯罪的原则，满足藏族移民的宗教需求。充分尊重并积极支持传统的节日庆典，发挥传统文化凝聚人心、整合社区的作用。

材料3：以包容持续高效发展推动实现中国梦。①

党的十八大以来，习近平同志对发展问题作出了一系列重要论述，并将发展与实现中国梦紧密联系起来，强调"我们要坚持发展是硬道理的战略思想，坚持以经济建设为中心，全面推进社会主义经济建设、政治建设、文化建设、社会建设、生态文明建设，深化改革开放，推动科学发展，不断夯实实现中国梦的物质文化基础"。经过新中国成立后特别是改革开放以来全党全国各族人民的艰苦奋斗，中华民族伟大复兴已有了良好基础。当代中国人的历史使命，就是高举中国特色社会主义伟大旗帜，以包容持续高效的发展推动实现中国梦。

一历史经验表明，经济发展是国家富强的决定性条件，但不是充分必要条件。

习近平同志指出，中国特色社会主义是全面发展的社会主义，我们要在经济不断发展的基础上，协调推进政治建设、文化建设、社会建设、生态文明建设以及其他各方面建设。

纵观世界近现代历史，经济发展是国家富强、民族振兴的决定性条件，英、美、德、日等大国崛起无不建立在坚实的物质基础上。英国在工业革命的推动下，完成了从农业国到世界上第一个工业化国家的蜕变。美国依靠优越的地理条件、丰富的自然资源以及自由的经济制度，后来居上实现了工业化，并借助两次世界大战成为头号超级大国。德国、日本依托后发优势，在第二次工业革命后迎头赶上，奠定了雄厚的工业基础，在战后又实现了高速增长，成为后发崛起的典型。

然而，经济发展并不必然等于国家富强，更不等于国家的长治久安。在国家竞争中失利的往往是那些富而不强的国家。历史上，中国经济总量长期超过欧洲，直到1870年仍是世界第一大经济体，却惨遭列强侵略凌辱。现代世界史上，苏联、东欧各国以及伊朗、阿根廷、利比亚等国家都是在上中等收入临界线上下步入衰退境地的，有的甚至政权颠覆、社会混乱、国家解体。

历史事实告诉我们，在不可或缺的经济基础之外，国家富强和长治久安还需要多方面的保障，尤其是政治、民生、军事、科教、文化等领域的深刻变革和制度创新。后发国家尤其是后发大国，其经济快速发展期多是

---

① 李伟：《以包容持续高效发展推动实现中国梦》，《人民日报》2013年8月14日。

社会矛盾积累并易于集中爆发的时期，社会建设及社会政策转型在其崛起中起到了至关重要的作用。19 世纪下半叶，德国在工业化快速推进中出现了严重的阶级斗争。为巩固政权并缓和阶级矛盾，俾斯麦政府创建了社会保障制度，帮助德国实现了对英国的赶超。20 世纪 30 年代大萧条时期，美国通过推出一系列社会救济和社会保障政策实现了社会转型，缓和了阶级和社会矛盾，使资本主义制度得以重生。二战后，面对战争创伤和空前严重的社会危机，英国、瑞典等欧洲国家纷纷建立福利国家体系，对于缓和社会矛盾、恢复经济增长、巩固政权基础起到了重要作用。

　　可见，经济发展是国家富强的决定性条件，但不是充分必要条件。当前，我国尤其需要在经济发展的基础上，加紧建设对保障社会公平正义具有重大作用的制度，逐步建立社会公平保障体系，加强社会建设，促进社会和谐。

　　二深刻理解发展的丰富内涵，准确把握新阶段对于发展的新要求。

　　习近平同志指出，我们党在不同历史时期，总是根据人民意愿和事业发展需要，提出富有感召力的奋斗目标，团结带领人民为之奋斗。党的十八大根据国内外形势新变化，顺应我国经济社会新发展和广大人民群众新期待，对全面建设小康社会目标进行了充实和完善，提出了更具明确政策导向、更加针对发展难题、更好顺应人民意愿的新要求。

　　发展的内涵十分丰富。在发展的不同阶段，由于外部环境和内部条件不同，面临的突出矛盾不同，发展的侧重面和着力点也应不同。新中国成立之初，我国是以农业为主的国家，工业基础相当薄弱。面对一些西方国家的经济封锁和战争威胁，我国只能走重化工业优先发展的工业化道路，以在较短时间内建立起比较完整的工业体系和国民经济体系。当然，走这样的工业化道路是有成本的，其最大的代价是城乡居民生活改善缓慢。到改革开放初期，我国还有超过 2.5 亿绝对贫困人口。面对人民群众迅速改善生活的热切期待，在我国对外关系尤其是与主要西方国家的关系逐渐缓和的大背景下，1978 年以来我们开始了改革开放的新征程，迅速提升了综合国力，大幅改善了人民生活，创造了令世界惊叹的发展奇迹。

　　现在，我国已成为世界第二大经济体，跨越了上中等收入国家的门槛。在新的发展起点上，我国依然有良好的发展组合条件：强大而稳固的国家政权，将为发展提供基本稳定的社会环境；工业化、城镇化尚未完成和中西部地区发展还不充分，将为经济增长提供巨大拉动力；物质资本和人力资本的长期积累，将为经济增长提供巨大支撑力；等等。但应认识到，事物发展过程中的主要矛盾和次要矛盾、矛盾的主要方面和次要方面是不断变化的，正确认识和把握这一变化进程是不断取得成功的根本。当前，我国发展进程中的矛盾正在发生广泛而深刻的变化，给我国发展带来新的严峻挑战。

世界政治格局和力量对比大幅调整的挑战。冷战结束以来，世界政治格局逐步向多极化演变。特别是2008年国际金融危机以后，多极化演变的速度大大加快。在这一调整过程中，中国对世界发展的影响力不断增强。西方国家一方面希望中国稳定发展，以分享发展红利；另一方面不愿意看到中国繁荣富强，采取或明或暗的手段遏制中国。从某种意义上说，这种政治格局和力量对比的调整实质就是利益的再调整；同时，一个在世界上有更大话语权的大国，又必然是一个要承担更大责任的大国。这是我们面临的新的严峻挑战。

转变经济发展方式刻不容缓、而世界经济低速增长成为常态的严峻挑战。随着我国经济总量的迅速扩大，我国经济发展中不平衡、不协调、不可持续问题日益凸显，制约经济持续健康发展的矛盾越来越突出。劳动力成本大幅上升、人口红利日趋减弱、能源资源和核心技术对外依存度加大、生态环境压力剧增等，凸显了转变经济发展方式的重要性、迫切性和复杂性、艰巨性。与此同时，我国发展的国际经济环境发生了显著变化，全球针对金融危机的各项结构性改革尚未取得实质进展，未来5—10年能否出现重大的、能带动全球经济重回快速增长轨道的技术革命仍需进一步观察。这意味着低速增长可能成为今后一段时期全球经济的常态，贸易和投资保护主义将因此愈演愈烈，未来我国经济发展很难再有过去那样的外部经济环境。内外部条件的变化给我国未来经济持续健康发展带来严峻挑战。

维护社会稳定和加强社会建设面临的严峻挑战。我们在为经济发展所取得的巨大成就感到自豪的同时，必须对社会发展面临的严峻挑战保持清醒头脑，加快研究解决社会和谐稳定、公平正义、走共同富裕道路等方面存在的矛盾和问题，而绝不能把"发展"简单地理解为"经济发展"，不能把"发展是硬道理"简单地理解为经济发展是唯一的道理。苏东发生剧变时，其人均GDP、科技水平、军事实力、生活水平在世界上的排名大多超过我们现在，为什么会在那么短的时间崩溃了呢？前车之覆，后车之鉴。这个"后车之鉴"就是要把握好发展的实质，把握好经济发展与成果共享的关系，把握好经济建设与社会建设的关系。

改进党的领导方式和执政方式面临的严峻挑战。新中国成立60多年来，我们党积累了十分丰富的治国理政经验。但在新形势下，党要发挥好总揽全局、协调各方的领导核心作用，带领全国各族人民实现中华民族伟大复兴的中国梦，还有很多历史性课题需要解决。习近平同志指出，"与国内外形势发展变化相比，与党所承担的历史任务相比，党的领导水平和执政水平、党组织建设状况和党员干部素质、能力、作风都还有不小差距"，要"更加注重改进党的领导方式和执政方式"。与夺取政权时期乃至计划经济时期相比，发展社会主义市场经济对党的领导方式和执政方式提出了新的更高要求。有效改进党的领导方式和执政方式，是做好中国事情的关键。

面对严峻挑战，我们必须转变发展观念，按照党的十八大提出的中国特色社会主义事业五位一体总布局，推动经济社会科学发展，为实现中华民族伟大复兴中国梦奠定坚实基础。

三实现包容持续高效发展，既要加快转变经济发展方式，又要加快推进社会建设。

习近平同志指出，我们要随时随刻倾听人民呼声、回应人民期待，保证人民平等参与、平等发展权利，维护社会公平正义，在学有所教、劳有所得、病有所医、老有所养、住有所居上持续取得新进展，不断实现好、维护好、发展好最广大人民根本利益，使发展成果更多更公平的惠及全体人民，在经济社会不断发展的基础上，朝着共同富裕方向稳步前进。

正反两方面的国际经验表明，在工业化中后期实现发展方式转变，是顺利迈向高收入社会的必然要求。研究发现，一个国家摆脱贫困、实现起飞，需要转变发展方式；由中等收入阶段进入高收入阶段，同样需要转变发展方式，而后者的难度和广度远远超过前者。二战结束以来发展中国家的发展史表明，不少实现经济起飞的国家由于未能成功实现第二次发展方式转变，发展进程遭受重大挫折，甚至陷入了中等收入陷阱。

发展除了包括经济发展，还包括社会发展等方面。在经济起飞阶段，影响发展的主要因素是经济发展；而从中等收入向高收入过渡的阶段，社会发展方式和质量越来越重要。我国正处于迈向高收入社会的新的历史阶段，必须在加快转变经济发展方式的同时，进一步加强社会建设、完善社会政策、推进社会体制改革，更加重视经济发展和社会发展的平衡，把加快社会发展放到更加突出的位置，实现包容持续高效发展。一是促进经济结构优化升级。提高居民消费占总需求的比重，提高高端制造业和服务业在国内生产总值中的比重，形成消费与投资协调、内需与外需协调、一二三产业协调的总需求和总供给结构。增强自主创新能力，摆脱关键核心技术大多依赖他人的局面。继续实施区域发展总体战略，加大城乡统筹发展力度，促进区域协调发展，推动城乡融合发展。二是推动绿色发展。加快形成有利于保护生态环境的产业结构，不断降低单位产出的土地、能源、资源消耗量和污染排放与碳排放量，加大生态环境治理力度，改善城乡居民生活环境。三是促进发展成果公平共享。逐步缩小收入差距，有效调控居民财富差距；扩大社会保障覆盖面，不断提高保障水平，持续提高全民健康水平和受教育水平，维护社会公平正义，保证人民平等参与、平等发展权利，坚定不移走共同富裕道路。四是有效化解社会发展中的突出矛盾和风险。消除城乡和城市内的二元结构，扩大中等收入群体，切实保障人民权益，及时有效调处征地拆迁、劳动争议、医疗卫生、环境保护、安全生产等方面的矛盾纠纷。

四深化改革，构建有利于加快转变经济发展方式和加强社会建设的体制机制。

习近平同志指出，改革开放是当代中国发展进步的活力之源，是我们党和人民大踏步赶上时代前进步伐的重要法宝，是坚持和发展中国特色社会主义的必由之路。我国改革已经进入攻坚期和深水区，我们必须以更大的政治勇气和智慧，不失时机深化重要领域改革。

发展方式和重点与发展阶段有关，也与基本国情和发展的时代背景有关。然而，对比不同国家的发展环境、发展基础和体制机制等因素，不难发现发展方式和重点的形成更与发展的制度环境密切相关。因此，加快转变经济发展方式、推进经济社会协调发展，最重要的是构建和完善体制机制。当前，应着重抓好以下几个方面。

以加快政府职能转变为抓手，理顺政府和市场的关系。从建立更加高效、更加规范和更加公平的市场体系的要求出发，进一步明晰政府和市场的边界，取消不必要的行政审批，合理下放审批权限，建立健全符合市场经济规律的监管机制和社会服务体系。

以理顺中央和地方财权事权关系为核心，优化政府间权责配置结构，充分发挥各级政府推动经济社会发展的积极性。建立健全地方税体系，完善转移支付制度，增强地方政府提供公共服务的能力。完善政绩考核制度，破除 GDP 崇拜，引导各地走科学发展之路。

以完善市场基础制度为立足点，充分发挥市场配置资源的基础性作用。继续推进要素价格改革，完善价格形成机制，让市场供求引导资源和要素在企业、产业以及空间上的合理配置。坚持基本经济制度，深化国有企业改革，释放国有经济活力。放宽市场准入、规范竞争秩序，让各种所有制经济公平竞争。完善市场监管制度，努力消除经济增长的负外部性，推动绿色低碳发展。

以调整收入分配关系为重点，构建有利于社会正能量不断增强的体制环境。建立工资正常增长机制，加大二次分配调节力度，建立公正合理的收入分配秩序。构建高效率、全覆盖、水平不断提高的社会保障体系，推进基本公共服务均等化。正确引导人民群众有序参与社区和公共事务治理，构建公共决策过程中各种合法利益顺畅表达、及时协调的平台，形成社会矛盾有效化解机制，奠定国家长治久安的牢固基础。

【案例点评】

改革开放以来，党高度重视发展问题，将发展作为解决中国一切问题的关键。邓小平提出了"发展才是硬道理"的著名论断，从社会主义本质要求的高度强调发展的重要性。江泽民强调，发展是党执政兴国的第一要务。在这些重要思想的指导下，我们牢牢抓住经济建设这个中心，不断解放和发展生产力，我国改革开放和现代化建设快速发展，进一步夯实了我国社会主义制度的物质基础。

新世纪新阶段，我国发展站在了一个新的历史起点上。一方面，我国经济社会实现了历史性的跨越，总体上达到小康水平；另一方面，我国发展不平衡的矛盾日益尖锐，社会利益关系日益多样化，城乡之间、区域之间、经济社会发展之间的不协调状况凸显。为了保持我国经济社会发展的良好态势，解决发展中的深层次矛盾和问题，党的十六届三中全会强调，要坚持以人为本，实现全面协调可持续的发展。十七届五中全会提出，在当代中国，坚持发展是硬道理的本质要求就是坚持科学发展。

1. 发展必须坚持以人为本。坚持以人为本就要坚持发展为了人民，发展依靠人民，发展的成果由人民共享，不断推动人的全面发展。

2. 发展必须坚持全面协调可持续。全面发展就是以经济建设为中心，全面推进经济、政治、文化、社会、生态建设，实现经济发展和社会全面进步；协调发展，就是推进生产力和生产关系、经济基础和上层建筑相协调，经济、政治、文化、社会、生态建设的各个环节相协调，实现经济社会各构成要素的良性互动；可持续发展，就是促进人与自然的和谐，实现经济发展和人口、资源、环境相协调，坚持走生产发展、生活富裕、生态良好的文明发展道路，保证一代接一代的永续发展。

3. 发展必须坚持统筹兼顾。实现全面协调可持续发展，涉及经济社会发展的各个领域、各个方面、各个环节，必须从社会主义现代化建设全局的高度，统筹改革发展稳定、内政外交国防、治党治国治军各方面工作，统筹城乡发展、区域发展、经济社会发展、人与自然和谐发展、国内发展和对外开放，统筹各方面利益关系，充分调动各方面积极性，努力形成全体人民各尽所能、各得其所而又和谐相处的局面。

【思考题】

1. 现阶段我国发展中存在的深层次矛盾和问题主要有哪些？
2. 如何准确把握新阶段我国对于发展的新要求？

【案例提示】

案例三可用于本章第二节"社会主义的根本任务"学习。通过对案例材料的学习了解，使我们认识到，社会主义的根本目标是实现共同富裕，进而实现人的自由而全面的发展。要实现这些目标，根本途径是解放和发展生产力。但同时，我们要在经济不断发展的基础上，协调推进政治建设、文化建设、社会建设、生态文明建设以及其他各方面建设。要深刻理解发展的丰富内涵，准确把握新阶段对于发展的新要求。发展除了包括经济发展，还包括社会发展等方面。在决定社会发展状况的因素中经济状况是基础，但是，并不是只有经济状况才是原因，才是积极的，还有上层建筑的各种因素，包括政治、法律、哲学、宗教、文学、艺术等，它们又都互相影响并对社会存在发生影响。社会发展有赖于经济、政治和文化的相互作用，而文化的因素，特别是先进文化的作用具有特别重要的意义。此外，我国经济发展中不平衡、不协调、不可持续问题日益凸显，制约经济持续健康发展的矛盾越来越突出，转变经济发展方式刻不容缓。

本章编写　陈国飞

第七章

社会主义改革和对外开放

案例一　当代中国命运的关键抉择

【案例材料】

材料1：球籍临危。①

1965—1978 年的 13 年间，中国国民收入同美国国内生产总值的差距由 10.1 倍扩大到 16.2 倍，同日本的差距由 0.4 倍扩大到 6.9 倍，同联邦德国的差距由 0.7 倍扩大到 4.2 倍。1965 年，中国的国民收入为巴西国内生产总值的 3.36 倍，而到 1978 年却只为巴西的 64%。就是同印度相比，中国的地位也相对下降了。1965 年印度国内生产总值相当于中国国民收入的 80%，而 1978 年则上升为 90%。从人均水平比较看，这种差距扩大得更加厉害。同美国、加拿大、澳大利亚、法国、英国、联邦德国、意大利、日本的差距分别由 40.1 倍、26.4 倍、22.2 倍、21 倍、20 倍、19 倍、11 倍、9 倍，扩大到 74.7 倍、67.3 倍、63.5 倍、69.2 倍、42.3 倍、80.5 倍、34.8 倍和 65.3 倍。

1965—1978 年人均收入同各主要发达国家人均收入的差距

国家	1965 年	1978 年
美国	40.1 倍	74.7 倍
加拿大	26.4 倍	67.3 倍
澳大利亚	22.2 倍	63.5 倍

---

① 摘编自刘国平《中国经济与世界经济发展的比较》，湖南人民出版社 2000 年版，第 180、195 页。标题自拟。

续表

国家	1965 年	1978 年
法国	21 倍	69.2 倍
英国	20 倍	42.3 倍
联保德国	19 倍	80.5 倍
意大利	11 倍	34.8 倍
日本	9 倍	65.3 倍

毛泽东 1956 年说过："你有那么多人，你有那么一块大地方，资源那么丰富，又听说搞了社会主义，据说是有优越性的，结果你搞了五六十年还不能超过美国，你像个什么样子呢？那就要从地球上开除你的球籍！"① 从上述经济实力的分析比较可以看出，中国国民经济当时的确是跌到了崩溃的边缘，中国球籍临危。

1978 年，全国 GDP 仅有 3500 多亿元，以当年的 9.6 亿国人计算，平均到每人每天，还不到一块钱。布票、粮票、油票、自行车票……各种生活必需品的票证是当时短缺经济的生动写实。街面上整齐划一的蓝白灰着装，更映射出人们物质生活的匮乏。②

材料 2：国际社会的巨大变化。③

20 世纪 70 年代末，资本主义世界已经历了第二次世界大战之后大发展的"黄金时代"，国际社会发生了巨大变化。一方面，西方主要发达国家当时在经济上出现了滞涨，急于为过剩的资本和生产设备寻找新的出路；另一方面，新技术革命正跨入一个新的发展时期，众多高新技术纷至沓来。由微电子技术、电子计算机技术和光纤通信技术构成的信息技术开始向国民经济各个领域渗透。

材料 3：不改革死路一条。④

---

① 毛泽东：《增强党的团结，继承党的传统》（1956 年 8 月 30 日），见《毛泽东文集》第七卷，人民出版社 1999 年版，第 88—89 页。编者注。

② 大型电视系列片《正道沧桑——社会主义 500 年》解说词，第三十三集"伟大转折"。

③ 摘编自刘国平《中国经济与世界经济发展的比较》，湖南人民出版社 2000 年版，第 180、195 页。

④ 摘编自人民日报评论部《不改革死路一条（人民观点）——写在邓小平同志诞辰 110 周年之一》，《人民日报》2014 年 8 月 19 日。标题自拟。

对于今天的共产党人来说，改革依然是社会主义存在和赓续的方式、更新与完善的方式、发展与壮大的方式，依然需要拿出党性与血性，拿出勇气和魄力。

1976年10月，秋雨中的长安街，两个年轻人大声呼喊"邓小平，你在哪里"，人们唱起了愈渐高亢的国歌……正在热播的电视剧《历史转折中的邓小平》，艺术性地向人们呈现了粉碎"四人帮"前夕的那个历史时刻。在邓小平同志诞辰110周年之际，回望当年"中国向何处去"的关键抉择，于深切的缅怀中，我们有了更加深入的思考。

中国是在困顿与落后中踏上改革开放之路的。1978年，时任副总理的谷牧带队赴西欧五国考察，看到瑞士发电厂已经在用计算机管理，而在中国西南一家大型炼钢厂，一台140年前的英国机器居然还在使用。那时，日本东京的大型商店商品多达50万种，而北京的王府井百货大楼仅有2.2万种，法国戴高乐机场的使用效率是首都机场的30倍……。

"我们受到了极大的刺激"，带着十年"文革"的重创进入世界坐标，中国开始心情复杂地审视自己所处位置。"什么叫社会主义？它比资本主义好在哪里？每个人平均六百几十斤粮食，好多人饭都不够吃，28年只搞了2300万吨钢，能叫社会主义优越性吗？""人民生活水平不是改善而是后退叫优越性吗？"改革开放前夕，总设计师的沉重忧思化为掷地有声的疾呼："如果现在再不实行改革，我们的现代化事业和社会主义事业就会被葬送。"

这样的判断，现在听来，依然振聋发聩。可以说，从36年前揭开大幕那一刻起，"改革"二字就与社会主义的命运紧密相连。在改写中国历史的转折点上，那一代共产党人，正是深怀"开除球籍"的忧患，带着"完善社会主义制度"的深刻思考，顶着"不改革就死路一条"的巨大压力，开启了激荡中国、震撼世界的伟大变革。

从"贫穷不是社会主义"的深刻论断，到"社会主义为什么不可以搞市场经济"的惊天一问，以1978年为起点，30多年一以贯之的改革开放，为社会主义带来前所未有的广阔视野，催生前无古人的制度创新。中国改革的方程式，一次次突破禁区、打破定律、创新模式。它所带来的，不仅是世界第二大经济体的辉煌业绩，更是社会主义制度的生机活力，由此开辟的"中国道路"，打破了以西方为标准的一元演进模式，在人类现代化历程中证明，"另一条道路是可能的"。

材料4：伟大转折。①

十一届三中全会是在党和国家面临向何处去的重大历史关头召开的。它认真纠正了"文化大革命"中以及以前的"左"倾错误，它高度评价了实践是检验真理的唯一标准问题的讨论，确定了解放思想、开动脑筋、实事求是、团结一致向前看的指导方针，果断地停止"以阶级斗争为纲"的口号，作出了把党和国家工作中心转移到经济建设上来、实行改革开放的战略性决策。所以我们说，这次会议实现了新中国成立以来我们党历史上具有深远意义的伟大转折，开启了我国改革开放历史新时期。

十一届三中全会果断停止"以阶级斗争为纲"，将党和国家工作中心转移到经济建设上来，这一伟大决策，对于这个国家和生活在这片土地上的人民所承载的意义，是难以估量的。如今，"三中全会"这四个字已经变成了专属名词，一提起它，人们立刻就能想到1978年那个冬天。

材料5：关键一步。②

改革开放的步伐，已经勇敢地迈开了，并首先在农村取得突破性的进展。阶级斗争与大锅饭，让20世纪70年代的中国农村，效率低下。农业大省安徽面临的就是这样一个状况。

1978年，安徽大旱。这对于正常年景也食不果腹的凤阳农民来说，无异雪上加霜。往年常常逃荒要饭的凤阳小岗村农民，却在此时作出了惊人决定。12月的一天夜里，村里18户农民签订契约，决定将集体耕地承包到户，搞大包干。这份后来收藏于中国国家博物馆的大包干契约，被认为是中国农村改革的第一份宣言。

走投无路后想出的法子，居然见效了。"大包干"第一年，小岗村就实现了大丰收。在有关领导的推动下，小岗村经验在全省推广。小岗村包产到户，一度争议极大，关键时刻，邓小平旗帜鲜明地表示了支持。此后，以"家庭联产承包责任制"命名的农村改革迅速推向全国。

家庭联产承包责任制，是中国经济体制改革的第一步，这一步的影响格外深远，它解决了人口第一大国的基础问题。同样在1978年，中国顺应了"中国的发展离不开世界"的趋势，将中国的发展融入了世界发展的大潮中。使我国能在利用人类文明成果的基础上发展现代化，使社会主

① 大型电视系列片《正道沧桑——社会主义500年》解说词，第三十三集"伟大转折"。
② 大型电视系列片《正道沧桑——社会主义500年》解说词，第三十四集"关键一步"。

义充满了生机和活力。

　　1979 年 7 月 15 日，中共中央、国务院明确提出先在深圳、珠海试办"出口特区"，待取得经验后，再考虑在汕头、厦门设置。7 月 20 日，广东蛇口，人们移山填海，兴建码头。在当年林则徐、关天培抗击英国侵略者的蛇口左炮台下，中国经济特区的发轫地——蛇口工业区诞生了。1980年，"出口特区"被定名为"经济特区"；1984 年，沿海 14 个城市对外开放。南风北上，开放之势，不可阻挡。

　　包产到户和兴办特区，标志着中国的改革开放扬帆起航。这是我国为求国家强盛、人民富裕迈出的惊世一步。从此，由农村到城市、由经济领域到其他各个领域，全面改革的进程势不可当地展开；由沿海到沿江沿边，由东部到中西部，对外开放的大门毅然决然地打开。改革开放扬帆不久，人们就自豪地把它称为中国的强国之路，后来人们更把它视为决定当代中国命运的关键抉择，发展中国特色社会主义、实现中华民族伟大复兴的必由之路。

【案例点评】

　　改革开放是发展中国特色社会主义的必由之路，是决定当代中国命运的关键抉择。1978 年党的十一届三中全会，以巨大的政治勇气和理论勇气作出了把工作重心转移到经济建设上来、实行改革开放的重大决策。

　　改革开放前，政治局面处于混乱状态，经济停滞不前甚至濒临崩溃边缘，人民饱受物资短缺之苦、生活长期得不到应有的改善。世界范围内蓬勃兴起的新科技革命推动世界经济以更快的速度向前发展，我国经济实力、科技实力与国际先进水平的差距明显拉大。1978 年中国人均国民生产总值低于印度，只有日本的 1/20、美国的 1/30，科技发展水平落后发达国家 40 年左右。与韩国、新加坡、中国的香港和台湾等一些新兴工业化国家和地区也有很大的差距。乱久思治，穷则思变，巨大的国际竞争压力，也使党和人民产生了强烈的危机感和奋起直追的紧迫感。要赶上时代，实现我国经济社会快速发展，提高人民生活水平，在与资本主义竞争中赢得比较优势，改革是唯一的出路。党在科学分析国内国际发展的大趋势，准确把握时代主题和人民愿望的基础上，开启了改革开放的历史新时期。从那时起，改革开放成为当代中国最鲜明的特色。30 多年来，党领导全国各族人民以一往无前的进取精神和波澜壮阔的创新实践，谱写了中华民族自强不息、顽强奋进的新的壮丽史诗。从农村到城市、从经济领域到其他各个领域，全面改革的进程势不可当地展开了；从沿海到沿江沿边，从东部到中西部，对外开放的大门毅然决然地打开了。改革开放的伟大实践，使中国人民的面貌、社会主义中国的面貌、中国共产党的面貌发生了历史性变化。

【思考题】

如何理解改革开放是决定当代中国命运的关键抉择？

【案例提示】

案例一可用于本章第一节"改革开放是发展中国特色社会主义的必由之路"中第一目"决定当代中国命运的关键抉择"学习。通过对案例材料的学习了解，使我们充分认识到，改革开放作为决定当代中国命运的关键抉择，是当时国内国际形势倒逼出来的。当时，从国内情况看，经济已处于缓慢发展和停滞状态；从国际环境看，我国经济实力、科技实力与国际先进水平的差距明显拉大，面临着巨大的国际竞争压力。十一届三中全会开启了改革开放的历史征程，安徽凤阳小岗村迈出了中国经济体制改革的第一步，从此，全面改革的进程势不可当地展开，改革开放已成为发展中国特色社会主义、实现中华民族伟大复兴的必由之路。

案例二　辉煌成就

【案例材料】

材料1：辉煌的业绩。[①]

30年前，数亿中国人还在为温饱问题而发愁，如今13亿多人民的生活总体上达到了小康；30年前，拥有手表、自行车、缝纫机"三大件"曾是许多人的追求，如今新"三大件"已几经升级，电脑、汽车、商品房等对越来越多的百姓来说早已梦想成真。

---

① 摘编自中共中央宣传部理论局《理论热点面对面（2007）》，学习出版社、人民出版社2007年版，第2—5页。

改革开放 30 年来，我国经济保持了年均 9.7% 的快速增长，2006 年生产总值迈上 20 万亿元的大台阶，扣除价格因素，是 1978 年的 13.3 倍；进出口额达 17607 亿美元，比 1978 年增加 84 倍；外汇储备 1978 年仅有 1.67 亿美元，2006 年突破 1 万亿美元，位居世界首位；财政收入接近 4 万亿元；一大批重要工农业产品产量跃居世界首位，国家经济实力和综合国力大幅度增强。我们办成了许多以前想办而办不了的事：三峡大坝、青藏铁路、西气东输、西电东送、南水北调等重大工程捷报频传，广播电视"村村通"惠及广大农村，机场、港口、高速公路等基础设施日益完善，区域之间、城乡之间呈现出协调发展的良好态势……

改革开放 30 年来，民主法制建设不断加强，社会主义法律体系初步形成，依法治国、建设社会主义法治国家深入推进；"科学技术是第一生产力"深入人心，以神舟飞船为代表的一大批重大科技成果先后涌现，在许多前沿领域实现突破；教育改革和发展成就显著，基本普及九年义务教育、基本扫除文盲的目标如期实现，高等教育进入大众化阶段；精神文明建设不断加强；文化体制改革扬帆起航，文化事业和文化产业日益繁荣。

改革开放 30 年来，我们坚持正确的对外方针和政策，广泛开展双边外交，在国际事务中正发挥着越来越重要的作用。从推动朝核问题六方会谈到积极救助印度洋海啸受灾国，从参与国际维和行动到推动在反恐、环保、禁毒、重大疾病预防等领域的国际交流与合作……中国向国际社会展示了一个责任大国的形象。

材料 2：区域协调谱新篇。①

实施西部大开发以来的 8 年，是西部地区新中国成立以来最好的时期：

经济增长最快，发展质量最好，综合实力提高最为显著，城乡面貌变化最大，人民群众得到实惠最多。

"十一"黄金周期间，洛桑次仁一家从拉萨乘坐 T28 次列车来到北京，亲身体验了"鸟巢""水立方"的魅力。而曾在美国留学的李先生，则与他的同学们一道，乘火车进藏，游览了雪域高原的美丽风光。

———————————

① 摘编自王政《区域协调谱新篇（经典中国辉煌 30 年）——西部大开发综述》，《人民日报》2008 年 10 月 14 日。

青藏铁路公司统计显示，2008年国庆节期间，青藏线发送旅客16万人，比2007年同期增长了2.6%。而截至今年6月30日，青藏铁路已迎送旅客282万人次，运送进出藏物资超过160万吨，为青海和西藏两省区经济社会发展注入了强劲的动力。

这条被人们称为"天路"的钢铁动脉，只是近年来西部大开发的成就之一。

西部地区国土面积685万平方公里，占全国的71.4%，陆地边境线占全国的80%左右；总人口约3.56亿人，占全国总人口的28.6%，其中，少数民族人口占全国少数民族人口的75%左右……

20世纪末前后，西部地区的人口，与东部沿海地区的上海、江苏、浙江、广东和山东五省市大体相当，国内生产总值却不到东部五省市总和的40%。西部地区人均国内生产总值，仅相当于全国平均水平的60%左右。尚未实现温饱的3000多万贫困人口大部分也分布于这一地区。

与此同时，西部地区生态环境十分脆弱。其中，25度以上陡坡耕地面积占全国的70%以上，水土流失面积占全国的80%以上，每年新增荒漠化面积占全国的90%以上。

加速西部地区发展，是缩小地区差距、实现共同富裕的中国特色社会主义的本质要求；是进一步扩大国内需求、保持国民经济持续快速健康发展的客观要求；是改善全国生态环境、实现可持续发展的急切要求；也是保持全国社会稳定、民族团结和边疆安全的迫切要求。

世纪之交，党中央、国务院根据国际国内政治、经济形势新的变化，审时度势，统揽全局，做出了实施西部大开发，加快中西部地区发展的重大战略决策。

西部大开发，是实现小平同志提出的解决地区发展不平衡战略构想的一个重大举措，是对我国经济发展布局进行的一次重大战略调整，同时也是党中央在21世纪对西部地区人民的一个重大政治承诺。

8年来，西部地区生产总值从16655亿元增加到47455亿元，年均增长达到11.6%，超过全国同期经济增长水平，与全国同口径地区生产总值增速的差距不断缩小；全社会固定资产投资年均增长22.9%，比全国平均水平高1.9个百分点；商品进出口贸易总额从172亿美元增加到786亿美元，年均增长近25%。

实施西部大开发以来的8年，中央投入力度不断加大，西部地区经济社会发展加快。2000—2007 年，中央对西部地区的各类财政转移支付累计近 15000 亿元，国债、预算内建设资金和部门建设资金累计安排西部地区 7300 多亿元，有力地推动了西部地区经济发展。

交通、水利、电网和通信等基础设施条件明显改善。截至 2007 年，累计安排西部地区新开工重点工程 92 项，投资总规模超过 1.3 万亿元。青藏铁路、西气东输、西电东送、水利枢纽等一批标志性工程相继建成并开始发挥效益。西部地区累计新增公路通车里程 65 万公里，铁路营运里程 6600 多公里，电力装机 11300 万千瓦，民航机场 26 个。实施油路到县、送电到乡、广播电视到村、沼气到户，累计解决 5600 多万农村人口饮水问题。

生态环境保护和建设显著加强。2000 年以来，国家在西部地区相继启动实施了退耕还林、天然林保护、退牧还草、京津风沙源治理等一批重点生态建设工程。2000—2007 年，退耕还林工程累计安排建设任务 3.85 亿亩，退牧还草工程累计安排严重退化草原保护面积 5.19 亿亩，天然林保护工程全面展开，取得了明显的生态效益、社会效益和一定的经济效益。

产业结构调整和特色优势产业发展初见成效。初步形成新疆、陕甘宁、川渝等石油天然气生产基地，黄河上游、长江上游水电基地，陕北、蒙西、宁夏和云贵等煤电基地；甘肃、云南铅锌、四川钒钛、内蒙古稀土开发利用基地，青海、新疆钾肥生产基地。内蒙古、四川等地商品粮，新疆优质棉，广西、云南、新疆糖料，云南烟草，四川、贵州名酒，陕西、新疆瓜果，内蒙古畜牧产品等生产加工，在全国进一步发挥独特优势。西安、成都、重庆等地的航空航天、装备制造、高新技术产业也渐成规模。

科技教育和人才培养等社会事业加快发展。到 2007 年底，西部地区 410 个攻坚县中，已经有 368 个实现了"两基"目标，其余 42 个达到了"普六"标准。农村中小学现代远程教育工程覆盖西部地区 80% 的农村中小学。西部地区重点科研院所、高等院校、国家工程实验室和企业技术中心等建设步伐加快。新型农村合作医疗制度进入全面推进阶段。

体制机制创新和对内对外开放不断加强。积极探索投资体制改革，推进财税体制改革，加大转移支付力度。特别是近年来，东西部地区互动发展呈现出良好势头。据不完全统计，2000—2007 年，东部地区到西部地区投资经营的企业累计近 20 万家，投资总额 15000 多亿元，西洽会、西博会、中国—东盟博览会等已成为东西互动合作和吸引外商投资的重要平台。西部地区累计实际利用外商直接投资约 180 亿美元。

【案例点评】

30 多年前，邓小平把中国引领上改革开放的伟大航程；30 多年后，改革开放的英明抉择已在中华大地上结出累累硕果。这场历史上从未有过的大改革大开放，极大地调动了亿万人民的积极性和创造性，使中国人民的面貌、社会主义中国的面貌、中国共产党的面貌发生了历史性变化。

1. 改革开放取得的发展成就。短短 30 多年里，中国经历了举世瞩目的历史大转折和事业大发展，由一个国民经济处于缓慢发展和停滞状态、农村 2.5 亿人生活在温饱线下的国家，变成了有强大市场活力的世界第二大经济体，国民经济持续快速健康发展，综合国力显著提升，国际影响力和民族凝聚力大大增强，社会政治稳定，人民生活总体上实现了由温饱到小康的历史性跨越。

第一，经济增长显著，经济实力大幅提升。从 1978 年至 2012 年，我国经济保持了年均 9.8% 的增长速度，同期世界经济年均增速 2.8%；国内生产总值居世界的位次由第十位上升到第二位；经济总量占世界的份额由 1.8% 提高到 11.5%。开放型经济形成并不断发展，进出口贸易总额在世界的位次由第 29 位跃居第 2 位。

第二，人民生活显著改善，生活水平明显提高。根据世界银行数据，我国人均国民总收入由 190 美元上升至 5680 美元，按照世界银行的划分标准，已经由低收入国家跃升至中上等收入国家；人民生活从温饱不足发展到向全面小康迈进，城镇居民家庭和农村居民家庭的恩格尔系数分别由 57.5% 和 67.7% 下降到 36.2% 和 39.3%；[①] 城乡免费九年义务教育全面实现，高等教育入学率已经进入了大众化阶段。

第三，与此同时，各项事业也都在不断进步。政治体制改革不断深化，各项政治制度取得重要进展；文化事业生机盎然，文化产业空前繁荣，国家文化软实力不断增强；覆盖城乡居民的社会保障体系初步形成，社会管理不断改进，社会大局保持稳定；面对资源环境约束加剧的严峻形

---

① 参见国家统计局《改革开放铸辉煌经济发展谱新篇——1978 年以来我国经济社会发展的巨大变化》，《人民日报》2013 年 11 月 6 日。

势，确立了节约资源和保护环境的理念和基本国策，努力推进生态文明建设；国际地位不断提高，在国际事务中发挥着越来越重要的影响。改革开放使社会主义现代化进程大大加快，使中国人民走上了富裕安康的广阔道路，30多年的实践证明改革开放是决定当代中国命运的关键抉择，是党和人民事业大踏步赶上时代潮流的重要法宝。

改革开放以来我们取得一切成绩和进步的根本原因，归结起来就是：开辟了中国特色社会主义道路，形成了中国特色社会主义理论体系。

2. 改革是全面的改革。中国的改革是全面的改革，这是由改革的任务决定的。

第一，实现社会主义现代化，是一场根本改变我国经济和技术落后面貌、巩固社会主义制度的伟大革命。这场革命既然要大幅度地改变落后的生产力，就必然要多方面地改变生产关系中不适应生产力发展的部分，改变上层建筑中不适应经济基础变化的部分，改变一切不适应生产力发展的管理方式、活动方式和思想方式，使之适应于现代化大经济的需要。通过改革传统社会主义模式，不断开拓创新，我国已初步形成了比较完整的具有鲜明中国特色的社会主义制度体系。以改革开放为内在动力，中国特色社会主义得以形成和发展。在东欧剧变、苏联解体、国际社会主义运动遭遇空前挫折处于历史低潮的严峻形势下，中国共产党人坚定沉稳、开拓奋进，坚定不移地推进改革开放，使社会主义在中国大地上重新焕发出蓬勃的生机与旺盛的活力。可以说，没有改革开放，就没有中国特色社会主义。

第二，在全面改革中，经济体制改革是重点。在经济体制改革不断深化的同时，不断深化政治体制、文化体制、社会体制以及其他各方面体制的改革，改革触及了社会生活的各个方面和各个层面。

3. 改革开放是一场新的伟大革命，是社会主义制度的自我完善和发展。

第一，改革开放不是对原有经济体制的细枝末节的修补，而是对其进行根本性的变革。它要从根本上改变束缚我国生产力发展的经济体制，建立充满生饥和活力的社会主义新经济体制，同时相应地改革政治体制和其他方面的体制。

第二，改革开放是一场新的伟大革命，但它不是一个阶级推翻另一个阶级意义上的革命，不是否定我们已经建立起来的社会主义基本制度，而是社会主义制度的自我完善和发展。

第三，改革开放是强国富民之路，社会进步之路，是体制创新之路，是政治昌明之路。我党关于改革开放的理论已成为科学社会主义宝库中的辉煌篇章。胡锦涛在党的十七大报告中强调指出："改革开放是决定当代中国命运的关键抉择，是发展中国特色社会主义、实现中华民族伟大复兴的必由之路；只有社会主义才能救中国，只有改革开放才能发展中国、发展社会主义、发展马克思主义。"① 30 年多后的今天，我们依然要坚持改革开放。党的十八大报告强调，"必须坚持推进改革开放。改革开放是坚持和发展中国特色社会主义的必由之路。要始终把改革创新精神贯彻到治国理政各个环节，坚持社会主义市场经济的改革方向，坚持对外开放的基本国策，不断推进理论创新、制度创新、科技创新、文化创新以及其他各方面创新，不断推进我国社会主义制度的自我完善和发展"。②

2012 年 12 月 31 日习近平在中共中央政治局第二次集体学习时，从五个方面对改革开放作了进一步的阐述：第一，改革开放是一场深刻革命，必须坚持正确方向，沿着正确道路推进。第二，改革开放是前无古人的崭新事业，必须坚持正确的方法论，在不断实践探索中推进。第三，改革开放是一个系统工程，必须坚持全面改革，在各项改革协同配合中推进。第四，稳定是改革发展的前提，必须坚持改革发展稳定的统一。第五，改革开放是亿万人民自己的事业，必须坚持尊重人民首创精神，坚持在党的领导下推进。

习近平特别强调，改革开放只有进行时没有完成时。没有改革开放，就没有中国的今天，也就没有中国的明天。改革开放是一项长期的、艰巨的、繁重的事业，必须一代又一代接力干下去。必须坚持社会主义市场经济的改革方向，坚持对外开放的基本国策，以更大的政治勇气和智慧，不失时机深化重要领域改革，朝着十八大指引的改革开放方向前进。

【思考题】

1. 改革开放 30 多年我国发展取得了哪些巨大成就？

---

① 胡锦涛：《高举中国特色社会主义伟大旗帜　为夺取全面建设小康社会新胜利而奋斗——在中国共产党第十七次全国代表大会上的报告》，人民出版社 2007 年版，第 10 页。

② 胡锦涛：《坚定不移沿着中国特色社会主义道路前进　为全面建成小康社会而奋斗——在中国共产党第十八次全国代表大会上的报告》，2012 年 11 月 8 日。

2. 改革开放 30 多年我国发展取得巨大成就的原因是什么？

【案例提示】

案例二可用于本章第一节"改革开放是发展中国特色社会主义的必由之路"中第一目"决定当代中国命运的关键抉择"学习。通过对案例材料的学习了解，使我们深切感受到，30 多年改革开放带来的最显著的成就是国民经济的快速发展，以及人民生活水平的不断提高。西部大开发是改革开放的重要成果，是对我国经济发展布局进行的一次重大战略调整。实施西部大开发以来，是西部地区新中国成立以来最好的时期，同时也为未来中国经济的发展增添新的动力。

案例三　下一个 30 年，中国改革怎么走？

【案例材料】

材料 1：中国改革开放步入"而立"之年。①

2007 年 12 月 18 日，党的十一届三中全会召开 29 周年，也标志着中国改革开放步入"而立"之年，在这个特别的日子，我心潮澎湃，写下了两首《改革步入三十年》的诗稿——

（1）

改革步入三十年，三中全会功盖天。

坎坷跌宕建国路，开辟新程转大弯。

阶级斗争"纲"退位，经济建设走前沿。

摸着石头探河道，慎履薄冰高扬帆。

土地承包农民笑，市场开放购销欢。

国企改革产权变，非公经济半壁天。

经济增长蒸蒸上，环球商贾竞抢滩。

（2）

前腐后继斩难断，道德衰败信誉残。

---

① 摘编自邹东涛主编《发展和改革蓝皮书（No. 1）——中国改革开放 30 年（1978—2008）》，社会科学文献出版社 2008 年版。

社会阶层大分化，收入分配距天渊。

劳工地位落千丈，权贵资本蠹蔓延。

当年喝汤呼万岁，今日吃肉骂声喧。

"两仇"思想日演进，反思改革白浪翻。

退则卅年前功弃，进则改革大攻坚。

改到深处是硬核，民主建政挺前沿。

在第一首中，我对改革开放取得的巨大成就喜形于色。

在第二首中，我对改革开放存在的种种问题忧心忡忡。

开启于1978年12月18日党的十一届三中全会的中国改革开放，经过既轰轰烈烈又扎扎实实30年的艰难拼搏，创造了当今中国的"两个盛世"：一是中国经济体制创新的盛世；二是中国经济持续高速发展的盛世。美国学者乔舒亚·库珀·雷默（Joshua Cooper Ramo）于2004年5月向全世界打出了"北京共识"（Beijing Consensus）的旗帜，以挑战"华盛顿共识"（Washington Consensus）的气派大大提升了中国在世界上的地位。

30年来，在中国这块土地上发生了翻天覆地的巨大变化，走上了中华崛起的快车道，经济社会实现了前所未有的大突破、大跨越和大发展，经济实力、综合国力、国际地位等"当惊世界殊"。30年来，中华民族为了自己的和平崛起和伟大复兴，解放思想，观念更新，破除各种思想障碍；初步建立了社会主义市场经济体制，发挥市场配置资源的基础性作用；从经济体制改革入手，逐步协调推进经济建设、政治建设、文化建设、社会建设；探索以人为本、科学发展的道路，让人民群众共享改革开放的成果；从"冷眼向洋看世界"到逐步融入世界，成为世界上最重要的进出口贸易大国、最重要的外汇储备大国、最重要的投资"抢滩"大国……为此，世界称奇，环球惊诧。在当今世界，谈及改革开放的成功，言必称中国。无论是国内专家，还是国际社会，都在纷纷探索"中国改革开放成功之谜"和"中国经济持续高速增长之谜"。

中国改革开放30年取得的伟大成就，按照常理，国内应当是一派莺歌燕舞庆盛世的景象。然而，中国国内却在"端起碗吃肉，放下碗骂娘"中生起了"烽烟四起"的大争论。中国改革开放尚未满30周年，就已经发生了三次大的争论。而就争论的广度、深度和时间的长度而言，则以这几年的第三次争论最为剧烈、最为深刻。

　　中国 30 年的改革开放取得了巨大成就，同时又衍生和胶着许多矛盾，迫切需要"科学改革观"。科学改革观的视野是"做中国'猫'，抓中国'鼠'"。科学改革观的路径就是要从过去的"摸着石头过河"走上岸来，为改革"造船""造桥"，从而飞跃到"划着船过河"和"踩着桥过河"，从改革的"必然王国"向改革的"自由王国"越进。

　　从"必然王国"迈向"自由王国"必须进行深刻的理性思维，而凡理性思维总是"冷"思维。对于理性的领导者、政治家和思想家来说，不仅要看到过去之辉煌，更应当关注今日之问题和未来之挑战。当举国上下载歌载舞欢颂改革开放 30 年伟大成就的时候，"而立之年"的成熟则应表现在对改革开放 30 年多一些"冷"思考。这就要求我们一点不能骄傲自满，一点不敢掉以轻心，而必须矢志不渝、坚韧不拔地进行改革攻坚，迈过和超越一个个大关。

　　以人为本，全面、协调、可持续的科学发展观的提出，特别是党的十七大科学发展观进入《中国共产党章程》，[①] 使中国的发展理论和实践都跃上了一个新的高度。科学发展观是对"GDP 拜物教"或者说"GDP 崇拜"的反思，是对"发展是硬道理"的提升，是对 20 世纪后期提出并成为联合国重要话语和工作任务的"可持续发展"的进一步升华。中国经济高速发展的资源和环境代价，不仅使自己面临着一系列严峻问题，也使中国面临着国际社会和环境组织的巨大压力。科学发展观的提出，使我国走出了 GDP 崇拜，实现从"单纯 GDP 增长观"向"科学发展观"的战略转变。

　　坚持全面、协调、渐进、稳定地推进经济体制、政治体制、社会体制、文化体制的整体配套改革，建设社会主义物质文明、精神文明和政治文明，[②] 实现社会主义社会和谐和中华民族的伟大复兴。

　　材料 2：21 世纪属于中国？[③]

　　这是一场规模盛大的辩论，2011 年 6 月，多伦多，美国前国务卿基辛格、《时代》周刊国际版主编法里德·扎卡利亚对话中国经济学家李稻葵，美国历史学家尼尔·弗格森，他们辩论的话题就是"21 世纪是否属

----

　　① 党的十八大又将科学发展观同马克思列宁主义、毛泽东思想、邓小平理论、"三个代表"重要思想一道，确定为党必须长期坚持的指导思想。

　　② 党的十八大进一步提出生态文明建设的目标。

　　③ 《中国经济周刊》2012 年第 40 期。

于中国"。

尼尔·弗格森：我认为 21 世纪将属于中国。过去 30 年间，中国经济始终保持着接近 10% 的年增长率。国际货币基金组织也预测，中国在未来 5 年内将成为世界最大的经济体。

法里德·扎卡利亚：目前来看，中国大有主导世界之势，但亚洲大多数后起之秀的经济都曾经保持了 9% 左右的年增长率，之后却江河日下。我不是在预测中国会发生某种形式的崩溃，我只是说中国也难以摆脱"先高速增长，然后在某个时间增速放缓"的规律。

李稻葵：像中国这么大的经济体的确不可能永远保持两位数的增速。但是当美国逐渐崛起的时候，其增速也没有中国当前的增速快。中国过去 30 年的变革的确展现了改革开放的力量，但是今天的年轻人对这些进步还不满意。他们正在热切地借助互联网的力量推动更多的改革和更大的开放。

亨利·基辛格：中国在过去已经取得了很大成就，我也曾见证这些成就。但就经济角度而言，中国每年必须创造出 2400 万个就业岗位，吸纳迁徙到城市的 600 万人，必须处理 1.5 亿—2 亿流动人口带来的问题。

从地缘政治角度而言，中国周边有 14 个接壤国家，中国任何一个主导世界的企图都会激起周边国家的过度反应，这将为世界和平带来灾难性的后果。

我认为，问题不在于 21 世纪是否属于中国，中国在 21 世纪无疑会变得更加强大，而在于我们能否让中国在 21 世纪接受一个更加普遍的观念。

材料 3：逆水行舟用力撑，一篙松劲退千寻。①

36 年过去，发展起来以后的中国，面对的是更高起点上的艰难攀登。"中国赢在了现在，但能否笑到最后还很难说，所有人都在观察，北京的改革决心有多大？"外国观察家的话固然刺耳，但也尖锐地触到了实质：现在推进改革的复杂程度、敏感程度、艰巨程度，一点都不亚于 30 多年前。对于今天的共产党人来说，改革依然是社会主义存在和赓续的方式，更新与完善的方式，发展与壮大的方式，依然需要拿出党性和血性、拿出勇气和魄力。犹记邓小平同志"改革不只是看三年五年，而是要看二十

---

① 摘编自人民日报评论部《不改革死路一条（人民观点）——写在邓小平同志诞辰 110 周年之一》，《人民日报》2014 年 8 月 19 日。

年，要看下世纪的前五十年"的期许，以及"谁不改革谁就下台"的疾言，习近平同志"除了深化改革开放，别无他途"的铿锵话语，"改革开放只有进行时没有完成时"的坚定誓言，是对总设计师最好的告慰。穿越 30 多年时光，改革，始终是当代共产党人的最大历史担当，是今日中国引领方向的旗帜。

恩格斯曾断言，社会主义是"经常变化和改革的社会"。以此为意象，深圳莲花山公园，有座名为"自我完善"的塑像：半身大力士用力挥舞着锤头和凿子，开山劈石、雕凿自身。30 多年来，正是以"经常变化和改革"的历程，中国特色社会主义事业去沉疴于自我革命，除痼疾于壮士断腕，步步逼近光辉的山巅。到今天，这一伟大的实践已经走过前半程，更加成熟、更加定型的制度体系已是呼之欲出。进一步"长风破浪会有时"，顿一步"一篙松劲退千寻"，后半程改革发展的现代化之路，事关 13 亿人的福祉，更关乎社会主义的未来。

1984 年，邓小平在中山视察，攀登了当地的罗三妹山。下山时，工作人员建议从原路返回，他毅然回答："我从来不走回头路！"今天的中国，新的改革窗口已然开启，新的历史转机已露端倪，以一脉相承的信念、一以贯之的决心推进改革大业，我们所创造的一切，将"不仅影响中国，而且会影响世界"。

材料 4：用改革成就中国梦想。①

不失时机深化改革，就能更好地推进人类历史上规模最大的现代化进程，也定能为实现"中国梦"输送不竭动力。

历史的细节，往往意味深长。3 月 17 日，北京复兴路 10 号大院门前，挂了 64 年的"中华人民共和国铁道部"牌子被"中国铁路总公司"取代，迈出了此轮国务院机构改革的第一步，使人们感到中国的改革继续向纵深推进。

"以更大的政治勇气和智慧，不失时机深化重要领域改革"。党的十八大以来，异地高考过渡方案破冰，收入分配改革意见出炉，国务院机构改革方案通过……陆续出台的改革举措，抓铁有痕的改革力度，展现出新一届中央领导集体坚定不移的改革决心，也激发了人民群众对更好未来的

---

① 摘编自人民日报评论员文章《用改革成就中国梦想（人民观点）——新一届中央领导集体执政思路聚焦之四》，《人民日报》2013 年 3 月 22 日。标题自拟。

期待。

这的确是一个耐人寻味的场景：过去施工建厂，首先考虑的是经济利益，今天引进项目，担心的却是环境污染；过去期盼吃饱穿暖，今天却追求吃得健康、安全；过去梦想有车有房，现在则忧虑 PM2.5 排放……这个经济飞速发展、财富不断积累的世界第二大经济体，在创造着"中国式奇迹"的同时，仍有一些"中国式难题"亟待破解。正是意识到"发展起来的问题"，看到水涨船高的"权利诉求"，把握人民群众的所想所盼，新一届中央领导集体不断强调，"协调推进经济、政治、文化、社会、生态等各方面体制改革"，发出了新时期"改革再出发"的动员令。

不同于以往，如果说过去的改革难在突破思想禁锢，那么今天改革的攻坚方向主要在于利益调整。无论是教育改革还是医疗改革，无论是收入分配还是住房政策，都是牵一发而动全身，都会遭遇多元的"利益矩阵"，甚至是某种"博弈困局"。正如中央领导所言，"触动利益比触及灵魂还难"，改革有时甚至是"自己割自己的肉""自己革自己的命"。但也因为看到了这种"难"，改革的勇气因此高涨，改革的智慧由此激发，改革的韧性不断生长。

履新不久，习近平总书记在广东考察时强调，改革要"敢于啃硬骨头，敢于涉险滩，既勇于冲破思想观念的障碍，又勇于突破利益固化的藩篱"。沿着这一思路，秉持这种勇气，一系列知难而进的改革稳步前行：强调"把权力关进制度的笼子"，旗帜鲜明地"反对特权思想、特权现象"，以此推动权利公平、机会公平、规则公平；在现代政治视野下进一步规范政府、市场和社会的关系，向市场放权、向社会放权、向地方放权；"楼堂馆所一律不得新建，财政供养人员只减不增，三公经费只减不增"，以政府的紧日子换群众的好日子，服务型政府建设有了新的突破……。

中国梦归根到底是人民的梦，改革归根结底也是为了实现"人民群众对美好生活的向往"。正因此，习近平总书记告诫全党，改革开放是决定当代中国命运的关键一招，也是决定实现"两个一百年"奋斗目标、实现中华民族伟大复兴的关键一招。破除沉疴，革除积弊，没有改革开道，哪有新风和畅？国家富强，人民幸福，没有改革推进，如何成就梦想？"改革创新始终是鞭策我们在改革开放中与时俱进的精神力量"，只有改革，才能释放最大的发展红利，才能让"中国梦"照进现实。

时至今日，中国的改革早已不是简单的方程式。既有攻坚克难的勇气、不得不改的紧迫，也有改革长期性、艰巨性和复杂性的充分认知，新的改革方法论在实践中酝酿。运用"从坏处准备，争取最好的结果"的底线思维，保持"一万年太久，只争朝夕"的使命感，遵循"坚持全局和局部相配套、治本和治标相结合、渐进和突破相促进"的改革路径，把"摸着石头过河"与加强"顶层设计"结合起来，更加注重改革的"系统性、整体性、协同性"，这些中央领导总结的改革方法论，既是我们推进改革的科学指南，也是中国走向未来的宝贵财富。

"改革开放只有进行时没有完成时"。发展要有新局面，改革要有新开拓。今天，面对人民群众的殷切期待，面对种种躲不开、绕不过的新命题，更需要时不我待的紧迫感、继往开来的使命感。敢于倾听、正视并回应"发展中的问题和挑战"，不失时机深化改革，我们就能更好地推进人类历史上规模最大的现代化进程，改革也定能为实现"中国梦"输送不竭动力。

材料5："一带一路"。[①]

"一带一路"是以习近平同志为总书记的党中央根据变化了的国内国际环境，着眼于实现中华民族伟大复兴中国梦而提出的经略周边、联通世界的战略构想，反映了我们党对我国未来发展格局的运筹帷幄和对国际经济发展形势的深刻洞察，具有重大的经济、政治、外交意义。"一带一路"战略构想为进一步提高我国对外开放水平提供了宽广的战略平台，对内能够形成区域合作新格局，对外则能够构建区域合作新模式，从而为促进区域合作发展指明了方向。

一形成区域合作新格局。

从国内发展来看，"一带一路"建设将为全面深化改革和持续发展创造前提条件，在区域合作新格局中寻找未来发展的着力点和突破口，可谓是"一子落而满盘活"。

首先，能够在当前全球经济低迷的背景下，以点带面，从线到片，逐步形成区域大合作格局。新的合作格局将进一步深化市场融合、丰富市场形式、扩充市场功能、完善市场机制，并显著提升交易的广度、深度和规

---

①　马洪波、孙凌宇:《"一带一路"战略构想为区域合作发展带来新机遇（深入学习贯彻习近平同志系列重要讲话精神）》,《人民日报》2014年7月22日。标题自拟。

模，进一步提升我国经济发展的活力和动力。

其次，能够促进我国全方位开放，一方面促进区域贸易发展，从静态上带来"贸易创造效应"和"贸易转移效应"，从动态上实现"市场扩张效应"和"促进竞争效应"；另一方面通过改善对外贸易结构，促进传统产业转型升级，为东部地区产业发展"腾笼换鸟"奠定基础，为西部地区产业升级做好铺垫。

最后，能够引领国内不同区域逐步走向均衡发展状态，通过"世界上最长、最具发展潜力的经济大走廊"的有机串联并发挥作用，通过海上互联互通、港口城市合作机制以及海洋经济合作等途径，改变中国西部地区一直以来远离中心市场的局面，进而扭转发展的区位劣势，同时也使东部地区在原有发展基础上更好地优化资源配置，而东西部的整体协同又能够在国内不同区域形成既有内在驱动力又有外部拉动力的发展状态。

总之，"丝绸之路经济带"与"海上丝绸之路"是我国在经济全球化不断深入、世界经济不均衡发展格局日益强化和科技革命迅猛发展的情形下统筹国内区域发展，实现东部经济发展能力持续增强，西部经济实力不断扩大的战略选择。"一带一路"交相辉映、相得益彰，必将促进区域合作新格局的形成。

二　构建区域合作新模式。

建设"一带一路"，远景目标是构建区域合作新模式，近期目标是实现与周边国家基础设施互联互通，带动产业布局优化，促进我国与周边国家共同发展，实现双边及多边共赢，为保持我国经济持续稳定发展奠定基础。通过"一带一路"建设，无论是"东出海"还是"西挺进"，都将使我国与周边国家形成"五通"，进而为我国长远发展和持续增长创造坚实的基础条件。

在政策沟通方面，就是要进一步巩固我国与"一带一路"沿线国家的政治互信，加强友好对话与磋商，积极推动交流合作机制形成，最大程度求同存异，在变化的国际发展环境中找到不变的合作主线，在不变的合作理念中动态优化合作的契机和途径，从而使各自经济发展战略有效对接，消除合作中的政策壁垒，找到利益契合点和重叠点，协商制定合作规划和措施。

在道路联通方面，就是要保证相应基础设施在合作中的重要作用能够充分发挥，利用我国在公路、铁路建设等方面拥有的先进技术，高铁技术稳定成长并趋于成熟的极大优势，高速公路里程世界第一的运输能力，造船能力位于世界先进行列的现实基础，在公路、铁路、口岸、航空、电信、通信网络、油气管道等基础设施方面与"一带一路"沿线国家实现互联互通，形成我国与相关国家的立体化区域大通道。

在贸易畅通方面，就是要及时全面了解"一带一路"沿线国家的发展战略、发展思路和发展途径，理性分析相关国家的产业发展模式和贸易特征，在此基础上统筹各自的比较优势和不同的发展基础条件，改善贸易结构，扩大贸易规模，签署和完善双边投资保护协定，打破贸易壁垒和贸易禁区，在双方关切的领域内做好文章，逐步提高双方贸易和投资便利化水平，把合作的蛋糕做大，把合作的效益做优。

在货币流通方面，就是要基于长远考虑，在合作的过程中紧紧抓住金融这个现代经济发展的核心，以扩大本币结算和本币互换合作为基本途径，促使在经济交往中与相关国家形成货币安全网，进而推动本地区在整个区域合作中发挥主体作用，增强各国捍卫自身金融安全和经济利益的内在能力，体现合作中的互信和真诚，同时在区域合作中强化发展中的抗风险能力和韧性。

在民心相通方面，就是要在区域合作中继承和发扬我国与沿线国家世代友好的基本精神，利用我国文化多样的特点，推动特色交流，建立互相包容的合作理念，充分发掘不同文化的内涵，在区域合作中不断使各种文化相互交融，找到相互认同的基础，在教育、文化、科技、旅游等领域实现密切的人文合作，从政府到民间、从精神到理念保持协同，从而为深化区域合作增添内在动力。

【案例点评】

改革开放只有进行时没有完成时，改革开放是决定当代中国命运的关键一招，没有改革开放就没有中国的今天；改革开放也是决定实现"两个一百年"奋斗目标、实现中华民族伟大复兴的关键一招，没有改革开放也没有中国的明天。我国过去30多年的快速发展靠的是改革开放，未来发展也必须坚定不移地依靠改革开放。实践发展永无止境，解放思想永无止境，改革开放也永无止境，停顿和倒退没有出路。面对新形势新任务，要解决发展进程中的各种难题，化解来自各方面的风险和挑战，更好地发挥中国特色社会主义制度优势，必须在新的历史起点上全面深化改革。

1. 全面深化改革。十一届三中全会开启中国的改革开放以来，30 年的改革开放取得了巨大成就，同时又产生出许多发展中和发展后的问题，迫切需要全面深化改革。2012 年党的十八大提出"全面深化改革开放"的目标，2013 年党的十八届三中全会就全面深化改革的若干问题作出重要决定，提出了全面深化改革的指导思想、目标任务、重大原则，描绘了全面深化改革的新蓝图、新愿景、新目标。党的十八大以来，以习近平为总书记的党中央，坚持改革开放以来中国特色社会主义的战略规划，针对新形势下的机遇、挑战和历史任务，提出了"四个全面"战略布局，将"全面深化改革"纳入其中，作为实现全面建成小康社会战略目标的三大战略举措之一。

第一，实现党的十八大提出的战略目标和任务，要求全面深化改革。十八大描绘了全面建成小康社会、加快推进社会主义现代化、实现中华民族伟大复兴的宏伟蓝图，提出构建系统完备、科学规范、运行有效的制度体系的任务，到 2020 年使各方面制度更加成熟更加定型的任务。为此，必须以更大的政治勇气和智慧，不失时机深化重要领域改革，坚决破除一切妨碍科学发展的思想观念和体制机制弊端，攻克体制机制上的顽瘴痼疾，突破利益固化的藩篱，以实践基础上的理论创新推动制度创新。

第二，解决我国发展面临的一系列突出矛盾和问题，实现经济社会持续健康发展，不断改善人民生活，要求全面深化改革。中国共产党人干革命、搞建设、抓改革，从来都是为了解决中国的现实问题。可以说，改革是由问题倒逼而产生，又在不断解决问题中而深化。30 多年来，我们用改革的办法解决了党和国家事业发展中的一系列问题。同时，在认识世界和改造世界的过程中，旧的问题解决了，新的问题又会产生，制度总是需要不断完善，因而改革既不可能一蹴而就、也不可能一劳永逸。改革开放30 多年来，我们取得了巨大成就，但前进道路上还有不少困难和问题。比如：发展中不平衡、不协调、不可持续问题依然突出，科技创新能力不强，产业结构不合理，发展方式依然粗放，城乡区域发展差距和居民收入分配差距依然较大，社会矛盾明显增多，教育、就业、社会保障、医疗、住房、生态环境、食品药品安全、安全生产、社会治安、执法司法等关系群众切身利益的问题较多，部分群众生活困难，形式主义、官僚主义、享乐主义和奢靡之风问题突出，一些领域消极腐败现象易发多发，反腐败斗争形势依然严峻，等等。所有这些问题，都需要通过全面深化改革加以解决。

2. 全面深化改革的目标任务。2013 年 11 月 12 日党的十八届三中全会通过了《中共中央关于全面深化改革若干重大问题的决定》，对全面深化改革作出了战略部署。

第一，全面深化改革的总目标是完善和发展中国特色社会主义制度，推进国家治理体系和治理能力现代化。具体目标是让发展成果更多更公平惠及全体人民，到 2020 年在重要领域和关键环节改革上取得决定性成果。

一是让发展成果更多更公平惠及全体人民。必须更加注重改革的系统性、整体性、协同性，加快发展社会主义市场经济、民主政治、先进文化、和谐社会、生态文明，让一切劳动、知识、技术、管理、资本的活力竞相迸发，让一切创造社会财富的源泉充分涌流，让发展成果更多更公平惠及全体人民。

二是到 2020 年，在重要领域和关键环节改革上取得决定性成果，完成本决定提出的改革任务，形成系统完备、科学规范、运行有效的制度体系，使各方面制度更加成熟更加定型。包括经济体系、政治体系、社会体系、文化体系自身的现代化，也包括治理经济、政治、社会、文化的两大制度体系：现代国家治理体系和现代社会治理体系，使各方面制度更加成熟更加定型。

第二，全面深化改革要立足于我国长期处于社会主义初级阶段这个最大实际，坚持发展仍是解决我国所有问题的关键这个重大战略判断，以经济建设为中心，发挥经济体制改革的牵引作用，推动生产关系同生产力、上层建筑同经济基础相适应，推动经济社会持续健康发展。要注重改革的系统性、整体性、协同性，紧紧围绕使市场在资源配置中起决定性作用深化经济体制改革，紧紧围绕坚持党的领导、人民当家做主、依法治国有机统一深化政治体制改革，紧紧围绕建设社会主义核心价值体系、社会主义文化强国深化文化体制改革，紧紧围绕更好保障和改善民生、促进社会公平正义深化社会体制改革，紧紧围绕建设美丽中国深化生态文明体制改革，紧紧围绕提高科学执政、民主执政、依法执政水平深化党的建设制度改革。

【思考题】

1. 现阶段我国为什么要全面深化改革？

2. 党的十八大提出的全面深化改革的战略目标和任务是什么?

【案例提示】

案例三可用于本章第二节"坚定不移地推进改革"中第一目"全面深化改革"的学习。通过对案例材料的学习了解,深刻认识全面深化改革的必要性和重大意义,了解全面深化改革的目标和任务,理解"四个全面"战略布局对实现"两个一百年"的奋斗目标和中华民族伟大复兴的中国梦的战略意义。

本章编写　陈国飞

第八章

建设中国特色社会主义总布局

案例一 改革开放 30 年来青海省非公有制经济发展的历程与成绩

【案例材料】

材料1：非公有制经济健康发展，前景广阔。①

一 改革开放 30 年来青海省非公有制经济的发展过程主要分为三个阶段

（一）起步阶段（1979—1982 年），个体经济先知先觉，是市场经济发展的"先行官"。

改革开放初期，国家在政治上拨乱反正，经济上放宽搞活，青海省个体私营经济在摸索中初出茅庐，先行一步，并得到初步发展。1978 年，在社会商品零售总额中，个体经济份额微乎其微，仅占 0.3%，处于萌芽状态，1982 年上升到 4.7%，提高了 4.4 个百分点；城镇个体经济从业人员 1979 年末仅 900 人左右，到 1982 年底达到 7000 余人；个体工商户发展到 8500 多户，注册资金 250 万元，并且少量带学徒、请帮手的私营企业雏形开始出现。个体私营经济作为市场经济的"先导力量"，在促进国民经济恢复发展进程中发挥了拾遗补缺的作用。

（二）恢复发展阶段（1983—1991 年），行业覆盖面扩大，私营企业、外商港澳台投资等多种经济成分异彩纷呈。

1983—1991 年期间，在继续鼓励发展城镇个体经济的同时，中央政策进一步宽松，允许农民从事个体工商业经营，允许个体工商户请帮手、

---

① 青海省统计局：《非公有制经济健康发展前景广阔》，2009 年 11 月 18 日。

带学徒，超过政策规定的，不急于限制，从而为个体私营经济发展注入了生机与活力，个体经营行业向修理业、服务业和手工业等行业拓展，发展速度进一步加快，覆盖面不断扩大。1988 年，城镇个体经济从业人员4.91 万人，注册资金 26367 万元，分别比 1982 年增长 5.92 倍和 104.47倍。个体工商户已经遍布全省各地，西宁市、海东地区开始出现雇工人数超过 8 人的私营企业。到 1991 年底，全省已经出现 500 多家中小规模的私营企业。1985 年，外商港澳台投资经济进驻青海，到 1988 年底，从业人员达到 500 多人。

（三）政策引领阶段（1992—2007 年），环境的改善推动了非公有制经济的发展，非公有制经济又是推动经济体制改革的重要力量。

党的十五大，对非公有制经济发展从指导思想、方针政策到法律保护，作了一系列适应中国社会主义初级阶段发展实际的调整和规定，确立了非公有制经济的宪法地位、市场经济地位和社会生产力地位。党的十七大报告指出，要继续"毫不动摇地鼓励、支持、引导非公有制经济发展"，"破除体制障碍，促进个体私营经济和中小企业发展"，使非公有制经济迎来了空前的发展机遇。

非公有制经济的发展不仅直接带动了有形市场的发育，也促进了无形市场和市场规则的形成，对市场经济体制的初步建立和完善起到了强有力的推动作用。特别是进入 21 世纪以来，青海省委、省政府高度重视个体私营等非公有制经济的发展。于 2000 年出台了《关于大力发展个体私营经济的决定》；2001 年出台了《关于大力发展个体私营经济的若干补充规定》；2005 年颁布了《关于鼓励支持和引导个体私营等非公有制经济加快发展的若干政策措施》。以新的思路和行之有效的举措，在大力发展非公有制经济方面实现了较大的突破。2007 年，省委召开常委会专题研究发展壮大非公有制经济，要求各级党委、政府为发展壮大非公有制经济营造良好的政策环境、舆论环境、金融环境、法制环境和服务环境，为加快发展非公有制经济进一步指明了方向，提供了动力。

在政策的激励和鼓舞下，青海非公有制经济进入了快速持续发展的轨道，在全省国民经济中的地位和作用日益突出，已成为最具活力的增长点。

二 改革开放 30 年来青海省非公有制经济发展所取得的成绩

改革开放 30 年来，青海非公有制经济的逐步发展壮大，形成了多元化市场主体竞争的格局，形成了充满活力的市场竞争环境，为经济社会发展注入了旺盛的生机和强大的活力。

（一）非公有制经济规模扩大，产业发展能力不断提升。

2007 年，全省非公有制经济增加值为 213.69 亿元，占青海生产总值 783.61 亿元的 27.27%，比 2000 年增加了 9.1 个百分点，平均每年增加 1.3 个百分点。非公有制经济固定资产投资占全社会固定资产投资的比重达到 35.1%，起到了三分天下有其一的作用。非公有制经济三次产业增加值比重为 6.7∶55.5∶37.8，产业特征呈现"二、三、一"发展格局。非公有制经济已经成为国民经济的重要组成部分，成为拉动经济增长不可忽视的力量。

（二）从业人员不断增加，人员素质进一步提高。

非公有制经济为解决城乡富余劳动力和下岗职工就业开辟了新途径，已成为增加就业的主要渠道。2007 年，从事非公有制经济的户数 15.2 万户，比 2000 年增加了 5 万多户；从业人员 59.83 万人，比 2000 年增加了 28.80 万个就业岗位，占全部就业人员比重由 2000 年的 10.9% 提高到 2007 年的 19.2%。从事非公有制经济第二、三产业的从业人员分别占全省第二产业和第三产业就业人员的 27.7% 和 36.9%。全省非公有制经济从业人员中，有大中专毕业生 49931 人，具有中级以上职称的 2569 人，有各级人大代表和政协委员 296 人，党、团员 15873 人。说明非公有制经济已成为缓解就业压力、保持社会稳定的有效途径。

（三）非公有制经济实力不断增强，企业自主创新能力不断提高。

全省非公有制经济通过资金积累和技术进步，私营企业调整结构创特色的步伐明显加快。2007 年非公有制经济注册资金 358.63 亿元，比 2000 年增加了 269.10 亿元，翻了两番；完成销售收入 635.80 亿元，比 2000 年增加了 500 多亿元；平均每个经营户的销售收入由 2000 年 12.12 万元增加到 2007 年的 41.82 万元。非公有制企业产品结构不断优化，市场空间不断拓展，企业规模逐渐扩大，自主创新能力不断提高，全省 102 件著名商标中，非公有制企业拥有 52 件，占 51%。全省 8 件全国驰名商标中，非公有制企业拥有 7 件。

（四）非公有制经济中第二、三产业作用突出。

非公有制经济以点多面广、经营灵活、求新求快、商品丰富等特点，使服务更加多样化和个性化，极大地促进了商品流通和市场繁荣。

从产业结构上来看，全省非公有制经济大多数经营第二、三产业。2007 年第二产业非公有制经济实现增加值 118.65 亿元，占非公有制经济总量的 55.5%，从业人员 17.78 万人，占全省非公有制经济从业人员的 29.7%；第三产业非公有制经济实现增加值 80.75 亿元，占非公有制经济总量的 37.8%，从业人员为 40.46 万人，占 67.6%。

从行业来看：工业发展势头强劲。2007 年，非公有制经济中，工业企业完成增加值 101.8 亿元，占全省工业增加值的 29.5%；建筑业完成增加值 16.85 亿元，占全省建筑业增加值的 23.0%。在第三产业经济实体中，批发和零售业、交通运输仓储及邮政业、住宿和餐饮业和房地产业发展势头迅猛，占非公有制经济第三产业增加值的比重为 73.3%。在房地产业经济总量中，非公有制经济完成增加值 6.87 亿元，占 38.3%；在交通运输、仓储及邮政业经济总量中，非公有制经济完成增加值 18.51 亿元，占 45.3%；在批发零售业经济总量中，非公有制经济完成增加值 25.62 亿元，占 57.3%；在住宿和餐饮业经济总量中，非公有制经济完成增加值 8.19 亿元，占 66.3%。四个行业在非公有制经济总量中的比重达到了 27.7%。第三产业的许多新兴行业中，非公有制经济有明显的经营优势，因其机制灵活，比重将会越来越大。

（五）非公有制经济成为外省投资的良好平台，对全省税收的贡献逐年提高。

改革开放 30 年来，全省上下形成了优惠政策招商、宽松环境引商、热情服务留商、积极参与帮商的良好氛围，特别是省政府多次召开"青洽会"，引进项目、签订合同，为全国特别是沿海发达省份民间资本融入青海搭建了投资和发展平台。他们不仅带来了资金、人才，而且带来了先进的技术、管理经验和经营理念，为提高个私经济发展水平、扩大总量起到了示范作用，极大地促进了全省个体私营经济的快速发展，为青海国民经济持续、健康、快速发展注入了生机与活力。同时，也为青海经济发展，增加财政收入做出了贡献。2007 年非公有制经济上缴税金 28.23 亿元，占全省税收收入的 27.9%，上缴税金是 2001 年的 5.14 倍。2007 年私营企业达到 9186 户，比 2000 年增加了 5347 户，是 2000 年的 2.39 倍。

（六）个体经济是不可低估的力量。

在全省非公有制经济的发展中，个体经济因其特有的旺盛活力与灵活的机制，发展迅猛。从行业看，个体经济已由过去单纯的商贸流通扩展到农林牧渔业、制造业、建筑业、运输业、文化娱乐等十多个行业，特别是旅游、家政服务、广告设计、信息传输、物流连锁等新兴产业蓬勃兴起，呈现出行业多、种类多、领域广、经营活的势头。如近几年，随着每年的"青洽会""郁金香节""环湖赛"等几项大型活动的举办以及青藏铁路的开通，使得青海的知名度不断提高，带动了旅游业及相关产业的发展和壮大，一批集餐饮、娱乐、住宿、休闲为一体的藏家、农家风情园迅速崛起。2007 年，全省个体经济增加值为 75.69 亿元，占非公有制经济增加值的 35.4%；个体户数已达 14.17 万户，占非公有经济总户数的比重高达 93.2%；从业人员 27.79 万人，占非公有经济从业人员的比重为46.4%；销售收入 135.26 亿元，占非公有经济销售收入的 24.5%；上缴税金 6.9 亿元，占全省上缴税金的 24.4%。从事第三产业活动的个体户达到了 93.4%，是第三产业中最活跃的因素。

改革开放 30 年来的实践证明，发展非公有制经济符合中国社会主义初级阶段的基本国情，对于改善人民生活、增加就业、保持社会稳定、调动多方面的积极性、优化资源配置等方面起到了重要作用，而且充实了市场竞争的主体，推动了社会生产力的发展，促进了社会主义市场经济的健康发展，对全省国民经济与社会发展做出了突出贡献。

材料 2：青海省所有制结构调整步伐加快，非公有制经济比重不断增加。[①]

改革开放以来，鼓励发展多种所有制、加大国有企业改革力度，国有经济、集体经济比重大幅下降，其他经济比重迅速上升，逐步形成了以公有制为主体的多种经济形势、多种经营方式并存的所有制结构。1978 年工业总产值中国有经济占 81.75%，集体工业占 18.25%。到 2008 年工业总产值中，国有经济（纯国有）占 18.17%，比 1978 年下降 63.58 个百分点，集体经济占 0.68%，下降 17.58 个百分点。而其他所有制经济从无到有，从小到大。2008 年股份合作企业占 0.61%，有限责任公司占 27.02%，股份有限公司占 29.81%，私营企业占 9.51%，港、澳、台商投资企业占 0.55%，外商投资企业占 13.47%。

改革开放初期，公有制经济得到先足发展，非公有成分微乎其微。如1978 年，在全省社会商品零售总额中，个体经济实现零售额仅占 0.3%。

---

① 侯碧波：《不断调整优化青海的经济结构》，2009 年 11 月 18 日。

随着社会主义市场体系的建立及经济体制改革的逐步深入，私营、外商投资、股份制和个体等非公有制经济得到了较快发展，全省所有制结构呈现多元化发展趋势，非公有制经济逐步成为国民经济持续发展的重要力量和最具有活力的增长点。

2007 年，非公有制经济完成增加值占全省经济总量的 27.27%，比 2000 年上升 9.1 个百分点，其中，工业中非公有制经济达到 29.5%。

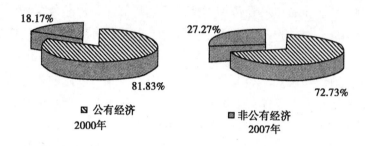

改革开放以来，非公有制经济已经成为增加就业的有效的新途径。2007 年，从事非公有经济的户数 15.2 万户，比 2000 年增加了 5 万多户；非公有经济就业人员 59.83 万人，占全部就业人员的 19.1%，所占比重比 2000 年提高 8.2 个百分点。其中，第一产业非公有经济就业人员 2008 年为 1.59 万人，比 2000 年增加 0.92 万人；第二产业达 17.78 万人，增加 6.77 万人；第三产业 40.46 万人，增加 21.11 万人，其占第三产业总就业人员比重比 2000 年提高了 15.3 个百分点。

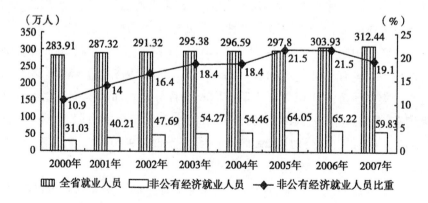

材料 3：青海千亿元项目向民间开放。①

改革投融资体制机制，拓宽融资渠道，创新融资方式，防范项目运营风险，是当前经济体制改革中的重要内容，也成为各级政府和企事业单位关注的热点。2004 年 8 月 19 日，记者获悉，我省将按照国家关于加快投融资体制改革的有关部署，创新服务、转变职能，让改革提速，进一步拓展社会资本的渠道和领域，推进投资主体多元化，释放民间投资在全省经济体制改革和发展中的活力。

2014 年投融资体制改革将全面贯彻十八届三中全会提出的正确处理政府和市场的关系，充分发挥市场在资源配置中的决定性作用的改革精神，重在深化，将"强化企业投资主体地位"放在首位，进一步理清政府和市场的角色，增强我省投融资的内生动力和长远后劲。

从全省投融资体制改革及 PPP（公共私营合作制）融资模式培训开始，推出基础设施、产业发展等领域 80 个项目吸引社会投资……为今后改革做铺垫，我省投融资体制改革在已取得不少成果的基础上将再入"深水区"。

80 个重大项目向民间资本招手

今后，我省将进一步激发民间投资活力，参与重点项目建设，参与经济全局发展。记者从省发展改革委获悉，结合全省经济社会发展需要，近日，我省梳理和筛选了一批水利、交通、金融、石油、电力、市政基础设施、产业发展及社会事业等领域的推介项目，向社会公布推出，鼓励和吸引社会资本特别是民间投资以合资、独资、特许经营等方式参与建设及营运。

本次共推介项目 80 项，作为东部城市群中最成熟的区域，西宁市重点推介了西宁市轻轨一号线、湟水路高架桥、城市供水管网改造等五个项目；极具发展潜力的海东市重点介绍了瞿昙寺、柳湾彩陶等项目情况，总投资 1025 亿元。包括东部城市群湟水干流供水工程等水利项目、西宁轻轨一号线等交通项目、青海银行增资控股等金融项目、西宁市多巴道路工程等市政基础设施项目、青海省健康体检中心等社会事业项目、湟源县旅游开发等文化旅游项目、光伏硅材料产业等产业发展项目。这些重点项目

---

① 《西宁晚报》记者：《青海千亿元项目向民间开放》（节选），《西宁晚报》2014 年 8 月 21 日。

向民间资本的开放，是对民间资本的重视，也是民间资本获取市场更大利润的难得机遇。

当前，我省正处在全面建成小康、加快推进新型城镇化建设的关键时期，基础设施、公共服务、产业转型升级、民生改善等领域的建设任务十分繁重。面对新形势、新情况，积极创新投融资体制机制，深入推进改革，是摆在我们面前的一项新课题、新任务。

按照省委、省政府关于年内试点运作成功 PPP 模式建设项目的要求，2014 年 8 月 19 日、20 日，省发展改革委邀请国家发展改革委投资研究所、中信银行、北京大岳咨询有限公司等部门专家，为全省各市州政府及发展改革部门、省有关厅局、金融机构以及企业相关人员，在当前投融资体制改革难点及推进方向等方面指点迷津，同时邀请企业开展基础设施 PPP 项目推介洽谈，增进政府、社会与市场主体共识，提高政府投资决策水平和投资效益。

近年来，我省经过多领域改革，重构了青海经济增长的源泉，在优化资源配置效率的基础上释放了大量改革红利，投资领域取得较大成效。去年，全省投资总规模突破 2000 亿元大关，达到 2404 亿元，增长 25.2%，有力拉动了经济发展，其中民间投资 1020.95 亿元，增长 27.8%，全省呈现出投资总量持续增长、投资结构逐渐优化、资本市场稳步发展、融资平台支撑有力的格局。

【案例点评】

建立什么样的经济体制，是建设中国特色社会主义的一个重大问题。传统观念认为，计划经济是社会主义的基本特征，市场经济是资本主义特有的东西。这几乎成了东方和西方世界的共识，成为社会主义国家传统计划经济体制的理论依据。但在经济实践中，市场和计划的矛盾愈益显示出来。实践要求解放思想、转变观念，1992 年党的十四大确立了社会主义市场经济体制的改革目标，提出要使市场在国家宏观调控下对资源配置起基础性作用。2013 年，十八届三中全会明确提出，要使市场在资源配置中起决定性作用和更好发挥政府作用。

【思考题】

结合青海省投融资体制改革及 PPP（公共私营合作制）融资模式项

目建设的基本情况，谈谈你对社会主义市场经济的认识。

【案例提示】

本案例适用于第八章第一节"建设中国特色社会主义经济"中第一标题——"社会主义市场经济理论和经济体制改革"部分。非公有制经济主要包括个体经济、私营经济、以及混合所有制经济当中的非公有制成分等。市场经济要求市场主体多元化，非公有制经济的存在和发展，提供了多种市场经济主体，为建立社会主义市场经济体制提供了不可缺少的条件；通过竞争，促进公有制经济增强竞争力，特别是国有经济加速市场化改革，提高经营管理水平，增强市场竞争力；外资企业的进入不仅会带来资金、先进的技术和管理经验，而且还会带来一些与社会化生产规律和市场经济体制相适应的经营方式和资本组织形式，可为我国公有制经济特别是国有经济的体制创新提供借鉴。

案例二　青海省改革开放 30 年来经济社会发展①

【案例材料】

在改革开放 30 年的历程中，青海的经济活力不断增强，发展速度明显加快，质量效益不断提高，尤其是从 1997 年开始，生产总值增速开始超过全国平均水平，从 2001 年开始连续八年保持 10% 以上的增长速度，进入持续、快速、稳定、健康的发展时期，全省经济总量也迅速扩大，不断跨越新台阶。全省生产总值由 1978 年的 15.54 亿元增加到 2008 年的 961.53 亿元，30 年增长 64 倍，年均增长 8.5%，其中后 8 年年均增长 12.2%。在生产总值中，第一产业年均增长 3.6%，第二产业年均增长 9.8%，第三产业年均增长 9.5%。人均生产总值由 1978 年的 428 元增加到 2008 年的 17389 元，增长 6.6 倍，年均增长 7.0%，其中，后 8 年年均增长 11.2%。全省财政一般预算收入由 1978 年的 2.9 亿元增加到 2008 年的 136.51 亿元，增长了 46.1 倍，年均增长 13.7%。财政支出由 6.8 亿元

---

① 侯碧波：《高原大地谱写辉煌篇章——青海省改革开放 30 年来经济社会发展综述》（节选），2009 年 11 月 18 日。

增加到 363.83 亿元，增长 52.5 倍，年均增长 14.2%。

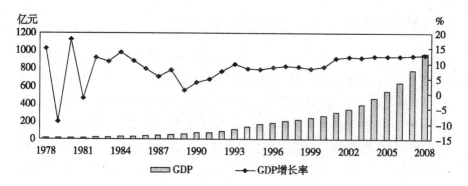

改革开放使青海经济实力增强，步入了加速起飞的新阶段。2004 年人均生产总值突破 1000 美元，2008 年已突破 2000 美元，正朝着 3000 美元的目标迈进。根据国际公认的人均生产总值 1000—3000 美元为"黄金发展期"，青海已经站在了加速起飞的历史起点上，正向科学发展的关键阶段迈进。

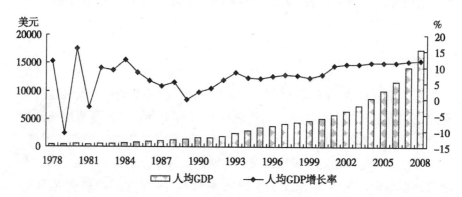

30 年间，青海各族人民在加快经济发展的同时，不断总结经验，遵循经济发展的内在规律，在实践中探索前进，不断调整经济结构，推动工业化、城镇化进程，促进经济发展方式的转变，取得了明显的成效。

（一）产业结构进一步优化，工业化进程加快。从 1978 到 2008 年，三次产业结构由 23.6∶49.6∶26.8 调整为 11∶55∶34。在加强农牧业基础地位的同时，工业化进程加快。一是第一产业下降 12.6 个百分点，第二产业和第三产业分别上升 5.4 个百分点和 7.2 个百分点。二是依托资源优势，实施资源开发和转换战略，形成了具有青海资源优势的特色工业体系，工业对全省经济增长的贡献率逐年提高，2007 年达 54.9%，工业成为拉动全省经济增长的主要动力。

（二）所有制结构发生较大转变，多种经济成份共同支撑青海经济发展。所有制结构朝着多元化方向发展，个体、私营经济、外商投资、股份制经济得到较快发展，非公有经济总量迅速增加。2007 年，非公有制经济增加值占全省经济总量的比重达到 27.27%，比 2000 年提高 9.1 个百分点。2007 年，工业增加值中非公有制工业企业增加值占 29.5%，比 2001年提高 14.1 个百分点。

（三）农业劳动力转移加快，带动了城镇化进程加速。产业结构的变化带来了从业人员构成的变化。1978 年，三次产业就业人员构成比例为71.3∶18.3∶10.4，2008 年发展为 44.5∶21.3∶34.2。第一产业人员比重降低 26.8 个百分点，第二产业和第三产业人员比重分别上升 3 和 23.8个百分点。第一产业的人员向第二产业和第三产业逐步转移，尤其是随着市场经济的发展和第三产业的活跃，从业人员迅速向第三产业转移。随着农业劳动力向非农产业转移，全省城镇化进程加快，2008 年全省城镇化率达 40.9%，比 1978 年提高了 22.3 个百分点。

【案例点评】

巩固和发展公有制经济，坚持公有制经济的主体地位，要全面认识公有制经济的含义。公有制经济包括国有经济和集体经济，以及混合所有制经济中的国有成分和集体成分。坚持公有制的主体地位，主要体现在两个方面：一是公有资产在社会总资产中占优势；公有资产占优势，二是国有经济控制国民经济命脉，对经济发展起主导作用。公有资产既要有量的优势，更要注重质的提高。国有经济起主导作用，主要体现在控制力上。

巩固和发展公有制经济，还要努力寻找能够极大促进生产力发展的公有制实现形式。

毫不动摇地鼓励、支持和引导非公有制经济发展，激发非公有制经济活力和创造力，是坚持和完善基本经济制度必须遵循的又一条原则。

要坚持权利平等、机会平等、规则平等，废除对非公有制经济各种形式的不合理规定。

坚持和完善基本经济制度，要积极发展混合所有制经济。

【思考题】

"公有制为主体、多种所有制经济共同发展"的科学含义。

【案例提示】

本案例适用于第八章第一节"建设中国特色社会主义经济"中的第二个标题——"社会主义初级阶段的基本经济制度"。案例通过数据资料,反映出了在经济社会过程中,所有制结构所发生的变化,是"公有制为主体、多种所有制经济共同发展"是社会主义初级阶段的基本经济制度的数据表现。

案例三 青海省改革开放 30 年来城乡居民的收入增长与分配制度

【案例材料】

材料 1:青海省城乡居民收入大幅增长,生活水平迈进小康。[①]

改革开放 30 年来,全省经济飞速发展,经济效益显著提高,城乡居民收入大幅增长,人民生活实现了由温饱到总体小康的历史性跨越。2008 年,城镇居民人均可支配收入达到 11648.3 元,比 1981 年增长 26.8 倍,年均增长 13.1%;农牧民人均纯收入达 3061.24 元,比 1981 年增长 15 倍,年均增长 10.8%。生活质量日益改善,城镇居民恩格尔系数由 1981 年的 55.83% 下降到 2008 年的 40.41%,下降 15.42 个百分点,平均每年下降 0.57 个百分点。农牧民恩格尔系数由 1981 年的 66.53% 降至 2008 年的 43.64%,下降了 22.89 个百分点,平均每年下降 0.85 个百分点。

居住条件得到极大改善。2008 年,城镇居民人均住房建筑面积达到 24.79 平方米,比 1981 年增加 17.49 平方米;农村居民人均住房面积达 19.78 平方米,比 1985 年增加 9.28 平方米。

消费结构升级。改革开放以后,随着经济社会的发展和社会主义市场

---

① 侯碧波:《高原大地谱写辉煌篇章——青海省改革开放 30 年来经济社会发展综述》(节选),2009 年 11 月 18 日。

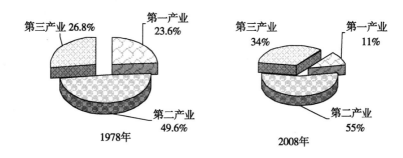

经济的建立和发展，物质供应的丰富，票证逐渐被取消，百姓住房也从简陋平房变成了水电暖厨卫设施齐全的楼房。电视、电话、冰箱、洗衣机、电脑成为普通家电，甚至轿车也开始进入寻常百姓家，居民生活实现了从温饱到总体小康的跨越。城镇和农村每百户居民拥有的耐用消费品大幅度增加，在满足基本需求的情况下，向高档次、多功能、智能化、环保等方向发展，实现了从量的满足到质的提高。

材料2：青海农民七成收入靠打工挣来。①

为掌握青海农牧民收入构成情况，青海省发改委组织对西宁市、海北藏族自治州、海南藏族自治州等省内不同地区的湟源县、门源县、共和县、祁连县的农牧民开展了收入构成调查。调查结果显示，全省广大农民70%的收入靠外出打工挣来。

据调查，今年青海省农业产区普遍丰收，农民纯收入比上年增长。对该四县2012年、2013年两年的农牧民人均纯收入构成调查测算，农业县的家庭经营（农业）纯收入为25.8%，工资性（外出打工）收入为70%，转移性（补贴）收入为4.2%．牧业县的家庭经营（牧业）纯收入为91.5%，工资性（外出打工）收入为2.5%，转移性（补贴）收入为4.1%，财产性（出租）收入为2.0%。

材料3："拉面经济"创贫困地区劳动力转移就业新途径。②

青海省海东地区通过政府多部门建立技能培训、提供技能认证、发放创业小额贷款等长效扶持机制，以发展"拉面经济"带动青海海东地区16万贫困农牧民外出就业，2001年为当地带来20亿元的收益。专家认

---

① 记者：《青海农民七成收入靠打工挣来》，《工人日报》2013年11月28日。

② 陈国洲：《"拉面经济"创贫困地区劳动力转移就业新途径》，中国西部开发网，2012年1月14日。

为，青海"拉面经济"不仅成为当地农牧民脱贫致富的一种有效模式，而且也为其他落后地区摆脱贫困提供了有益的借鉴。

——"拉面经济"带动 16 万贫困农牧民外地致富

青海省海东地区集中了青海省 80% 以上的农业人口，因为人多地少，加上自然环境恶劣，全区绝大多数县属于国家级贫困县，贫困人口占到了全省的 2/3。长期以来，如何引导贫困地区劳动力转移就业，成为当地政府部门实现脱贫的关键。

从 20 世纪七八十年代开始，海东地区化隆回族自治县的农民开始到外地打工、开面馆，随后有不少人凭借一碗香浓的牛肉拉面，在北京、杭州、上海等地餐饮业中站稳了脚跟。

看到开面馆带来的商机，从 2008 年起，海东地区政府部门积极引导，将发展"拉面经济"确定为海东劳动力转移就业的支柱产业，通过政府部门提供技能培训、办理技能认证，提供小额创业贷款，走"拉面经济"劳务输出产业化发展道路。

2001 年青海海东地区 16 万农牧民在全国 80 多个城市开办的拉面馆达到 22.5 万多家，年收入近 20 亿元。通过发展"拉面经济"，青海贫困农牧民挣了票子、换了脑子、育了孩子，逐渐改变了当地农村面貌。

目前，"拉面经济"收入已占到当地农牧民劳务收入的 50% 以上，成为农民工资性收入的主要来源；通过市场经济的锻炼、农民的思想观念发生了根本性的变化、融入社会的意识有了转变、经营头脑和管理水平有了明显提高。在外出创业中，广大农牧民意识到知识改变命运的重要性，利用创业所得出资办学和捐资改善家乡教学条件，为发展当地社会经济提供了有力的资金支持。

"拉面经济"也初步形成了以"化隆拉面"为龙头的以餐馆经营为主，餐厅务工、餐厅转让中介服务、餐厅牛羊肉贩运等为辅的多业并举的产业链，在吸纳剩余劳动力、增加农民收入方面发挥了重要作用。

——政府"保姆式服务"是"拉面经济"成功的关键

在政府大力发展拉面经济以前，虽然有部分群众通过在内地开拉面馆走上了致富路，但对于绝大部分群众而言，因为文化水平低、缺乏创业技能和创业启动资金，无法复制别人的成功经验。"许多山区的群众，从来没有离开过自己的家乡，甚至没有胆量外出创业。"

针对这种情况，海东地区政府提出"要致富先培训"的口号，以群众身边的成功案例现身说法鼓励群众外出创业；举办"阳光工程"创业技能培训提高群众的就业能力；聘请拉面经济劳务输出人；组织群众经营拉面馆；在异地设立办事处解决创业中面临的难题。全方位的服务被群众亲切地称之政府提供的"保姆式服务"。

据了解，仅 2001 年海东地区就培训拉面技术人员 4673 人，为所有培训合格的人员发放了技能认证书。海东地区政府还在拉面馆集中的 56 个内地城市成立了办事处，主要为在当地开拉面馆的海东群众提供政策咨询，帮助协调各种问题。并且为从事拉面经济的海东人办理"打工护照"。

被当地人亲切地称为"打工护照"的，实际上是一本《劳务输出证》。证件扉页上有青海拉面简介、请劳务输入地政府和有关部门支持的前言，后面依次加盖了就业服务局、公安局、扶贫办、民政局、教育局、计生局等部门的公章和审核意见。有了这本"打工护照"，海东人在外地开拉面馆得到许多优惠。

自 2009 年起，海东地区就业服务部门与国家开发银行青海省分行、中国邮政储蓄银行青海省分行等金融单位建立银政扶持农牧民小额创业贷款服务平台，为符合条件的贫困农牧民提供最高达 20 万元的小额贷款，解决发展"拉面经济"的资金问题。

据了解，目前海东就业部门前后分 19 个批次，为 6637 名拉面馆创业人员发放了总额为 3.41 亿元的小额贷款，帮助那些想在内地开拉面馆的困难农户解决启动资金和流动资金难题，扩大了青海拉面在内地的数量和知名度。

——以品牌战略推动拉面经济产业化发展

尽管成就了 20 亿元的大产业，带动了 16 万人转移就业，但当地干部群众和专家认为，海东"拉面经济"长期以来没有形成自主品牌，拉面馆标准化建设落后，产业附加值低，尚处于现代餐饮业发展的初级阶段，急需拥有自有品牌、规范经营。

和所有的地方特色小吃一样，最初闯荡全国的青海拉面难以摆脱各自为政、散兵游勇的局面。在 20 世纪七八十年代外出闯荡时，都以兰州拉面的招牌吸引顾客。据海东地区就业局调查，目前在全国各地以兰州牛肉面馆为品牌的拉面馆中，大多数实际都是青海海东人开办。时间久了，兰州拉面的名声越来越响，而青海拉面却无法打出品牌。

"现在是品牌经济的时代了，没有自主品牌就很难进一步打开市场，提升产业附加值"，为此，海东地区一方面要求所有在外经营拉面馆的海东人必须持照经营，办理好各种相关手续，严格执行当地城市卫生、环保、城管等规定；另一方面，海东地区扶持大的拉面馆在工商部门注册了"化隆牛肉拉面"等商标并申请专利，以现代连锁企业的形式经营清真餐饮业。

海东地区首个"化隆牛肉拉面"品牌，店面牌匾上统一使用蓝天、白云、青海湖、冬虫夏草的图案和形象；牛肉拉面突出"一清、二白、三红、四绿"的特点，即汤要清、面要白、辣油要红、菜要绿；突出原料的牛肉特点，即用青藏高原的牦牛肉、牛油、牛骨熬汤，美味可口，清而不腻。

目前，海东拉面"统一店面形象、统一店员服务、统一经营模式、统一使用招牌"的试点工作已经启动。2010年"化隆牛肉拉面"成功闯入上海世博会中华美食街，并圆满完成了餐饮服务任务，得到了组委会及游客的充分肯定，牛肉拉面、牛肉干拌面、特色葱油拌面、青海酿皮被上海烹饪协会评定为"服务世博名特菜点"，青海拉面的品牌正在国内外叫响。

【案例点评】

有什么样的所有制性质，就有什么样的分配方式。公有制为主体，多种所有制经济共同发展的基本经济制度，决定了收入分配领域必然实行按劳分配为主体、多种分配方式并存的分配制度。

按劳分配是社会主义的分配原则。

坚持按劳分配的主体地位，体现在按劳分配是全社会占主体的分配原则，也体现在它是公有制度经济内部主体的分配原则。

坚持按劳分配的主体地位对坚持中国特色社会主义经济的性质具有重要意义。

在社会主义初级阶段，多种分配方式并存是收入分配制度的一大特点。按劳分配以外的多种分配方式，其实质就是按生产要素的占有状况进行分配。

【思考题】

结合材料内容，谈谈你对社会主义初级阶段分配制度的认识。

【案例提示】

本案例适用于第八章第一节"建设中国特色社会主义经济"中的第三个标题——"社会主义初级阶段的分配制度"。改革开放 30 年以来，青海省居民收入增长显著，多渠道的收入来源是收入增长的主要原因，这也是社会主义初级阶段的按劳分配为主体、多种分配方式并存的分配制度的现实表现，按生产要素分配已成为居民收入增长的制度保障。

案例四　发挥地区特色资源优势，积极推动经济持续健康发展

【案例材料】

材料1：推进发展方式转变，积极培育新的经济增长点。[①]

青海省坚持稳增长和调结构并举，全面落实三个"十大特色产业"发展规划，加快产业项目建设，培育形成了一批新的经济增长点。一是工业结构不断优化。轻工业发展加快，实现增加值 68 亿元左右，增长 30%以上。非公工业增加值占比达到 38%，成为一大亮点。战略性新兴产业快速发展，"双百"项目进展加快，1000 兆瓦光伏电站并网发电，发光二级管等项目建成投产，2 万吨磷酸铁锂、1500 万平万米化成箔、煤基多联产等项目开工建设，太阳能光伏、铝加工、钾资源综合利用等产业链初具规模，工业发展后劲增强。园区经济快速壮大，集聚效应明显，三大园区共完成规上工业增加值 680 亿元，占全省规上工业的 76.4%。预计全年规上工业增长 15%。二是循环经济发展取得新成效。《柴达木循环经济试验区主导产业体系规划》印发实施，格尔木、德令哈和大柴旦三个工业园区循环化改造全面推进。落实专项资金 12.16 亿元扶持了一大批循环经济项目，盐湖综合利用二期、金属镁一体化等重大项目进展顺利，试验区产业发展、基础设施和服务平台建设加快推进，循环经济主导产业链初见端倪。循环经济招商成果丰硕，在绿色经济投资贸易洽谈会上签约项目

---

① 张守成：《深入贯彻落实党的十八大精神　全力促进经济社会持续协调健康发展》，青海经济信息网，2013 年 7 月 30 日。

57 个，金额达 402 亿元。三是服务业发展层次提升。报请省政府下发了《促进若干经营性服务业加快发展的政策意见》，强化政策支持，服务业增加值增长 11%，同比提高 1.3 个百分点。研究提出了《加快商贸及物流业发展的指导意见》，曹家堡保税物流中心等项目建设进度加快。落实旅游"倍增计划"，投入资金 8700 万元实施了青海湖、原子城、贵德等重点景区基础设施建设。大力扶持文化产业发展，重点实施了国家热贡文化生态保护区、西宁文化产业园区等项目。四是现代农牧业加快发展。落实资金 9000 万元扶持现代农牧业示范区建设，重点打造西宁大通、海东、海南、海北、黄南等五个重点示范园区，县级以上示范园区发展到 20 个，入驻企业 339 家。设施农牧业发展迅速，新建日光节能温室 3.6 万栋、畜用暖棚 1 万栋、规模养殖场 156 个。预计农牧业增加值增长 4.5%。水利设施改善明显，湟水北干渠扶贫灌溉一期，调水总干渠，李家峡、公伯峡、拉西瓦水库灌区，扎毛水库等重点水利工程顺利推进，解决了 31.6 万人饮水安全问题，改善灌溉面积 31 万亩。五是科技创新力度加大。全社会科技投入明显增加。"123"科技支撑工程作用突出，落实 3.4 亿元支持铅锌矿稀贵金属、钾资源综合回收等 88 个项目。华鼎大重型专用数控机床工程研究中心等三个项目被授予国家地方联合工程研究中心。总投资 1361 亿元的 50 个重大工业技术进步项目启动实施。实施"1020"农牧业科技工程，全膜覆盖沟垄积雨技术在山区农业中得到广泛应用。

材料 2：青海有望成中国太阳能光伏产业基地。[①]

"青海将通过对太阳能大型并网发电项目的建设，带动光伏产业链发展，力争把青海建成中国重要的太阳能光伏产业基地和太阳能发电基地。"2014 年 6 月 10 日下午，青海省经济和信息化委员会领导在 2014 年"青洽会"投资环境说明及项目推介洽谈会上表示。

"青洽会"于 2000 年创办，经过 15 年的发展，已经成为中国西部各省区合作交流的平台。青海地处中国西部、青藏高原东北部，幅员辽阔，有丰富的有色金属、石油、天然气等矿产资源，也有优势突出的水能、太阳能、风能等可再生资源，开发前景十分广阔。

据了解，本届"青洽会"青海省组织了新能源、新材料、化工等十四大类 233 个重点招商项目，总投资 1904 亿元人民币，以低碳、绿色、

---

① 丁洁琼：《青海有望成中国太阳能光伏产业基地》，中国新闻网，2014 年 6 月 10 日。

循环发展为要求，招商引资。

目前，青海正构建特色鲜明、优势突出的现代工业体系，主要以西宁经济技术开发区、柴达木循环经济试验区和海东工业园区为重点，着力打造新能源、新材料等特色优势产业，建设全国循环经济发展先行区。

"柴达木循环经济试验区作为青海省的重点工业园区之一，在巩固全球最大光伏发电基地的基础上，正加快构建以光伏、光热发电等新能源一体化产业集群，这不仅对青海经济发展意义重大，更是中国援藏稳疆的中继站和桥头堡。"乔弘志说。

青海省海西州柴达木盆地创造了世界上目前最大的光伏电站并网系统工程、在世界范围内首度实现千兆瓦级光伏电站并网等多项"世界之最"，是目前世界上最大规模光伏发电基地。

据了解，目前青海柴达木循环经济试验区已开工建设40个太阳能光伏、2个太阳能光热和5个风能发电项目，新能源产业已进入实质性开发阶段，呈规模化发展趋势。

【案例点评】

青海省坚持把科技进步和科技创新作为调整产业结构、加快转变发展方式的中心工作，集成科技资源，依靠科技创新，全面实施创新驱动发展战略，结合青海省特色优势产业，注重加强科技创新能力和区域科技创新体系建设。依靠科技创新推进产业结构调整、转变发展方式、惠及民生，开拓具有特色的区域发展格局，实施创新驱动发展战略，充分发挥科技的支撑和引领作用，为青海实现绿色发展发挥强有力的科技支撑和引领作用，提升资源转换战略水平。推动经济持续健康发展，是在总结改革开放以来我国经济发展经验教训的基础上取得的新认识；推动经济持续健康发展，必须加快转变经济发展方式；推动经济持续健康发展，必须坚持走中国特色新型工业化、信息化、城镇化、农业现代化道路；推动经济持续健康发展，必须坚持走中国特色自主创新道路。推动经济持续健康发展，必须健全城乡发展一体化体制机制。

【思考题】

推动经济持续健康发展有哪些具体要求？

【案例提示】

本案例适用于第八章第一节"建设中国特色社会主义经济"中的第四个标题——"推动经济持续健康发展"。青海要充分利用自身优势，大力发展新能源产业及循环经济，遵循低碳环保的理念，不断推动经济持续健康发展，结合实际转变经济发展方式，这既是地区经济健康持续发展的基本动力，也是国家发展战略的基本要求。

案例五　封建军阀对青海各族人民的经济掠夺①

【案例材料】

马家军阀统治青海期间，利用其政治、军事机构，横征暴敛，巧取豪夺，粮、税、款捐有名目可查者达七八十种，对各族人民进行极其残酷的压榨，集中财富，成为马家私有。各族群众称马步芳为"大掌柜子"。可见其在经济上的特殊身分了。

（一）繁重的农业税。

田赋有正粮、附征粮、临时附征粮草和地方随粮附加等名目，正目之下又各有子目三五种至十多种不等。正粮一般在田地亩产值的二成、三成以上，而附征粮又往往超过正粮一倍至几倍，至于临时供应粮草和地方随粮附加，更无定额，随意滥征……。

1939 年后，推行新度量衡制，马家军阀制造了大量升斗量器。但其新"升"就是新度量衡中的斗，上报时又以升计，平地增额十倍。这种升子每甲发一个，群众称"甲长升子"。还要征升子制造费，每个白洋一元。约计青海度量衡检定所共推销升子五万零八百九十个，即征得白洋五万多元。

马家军阀征来了粮，在军粮库中积压霉烂，据 1947 年伪粮食部督征员刘华给粮食部代电中说"历年军粮拨存数额……该省仓存甚多，经实地详细巡查结果，发觉该省（1945—1946 年度），拨存军粮尚有二万九千

---

① 芈一之：《青海省解放前落后的生产力与生产关系》，《解放前的中国农村》（第三辑），中国展望出版社 1989 年版，第 740—743 页。

三百三十九石六斗五升三合七勺……任其逐渐霉烂"。（原代电存南京史料整理处）

（二）刻毒的牧业税。

牧业税起源于清雍正时的丁银，原系人头税（每户折银八分至一钱）。马麒统治时继续征收丁银。1916年后，改为草头税，每年共征银三十余万两。马步芳统治时，改变税率和征收方法。1941年后改名"建设费"，税额各地不同，大体以祁连较重，河南和刚察较轻。基本上以征收羊毛、牛皮为主，牧民负担逐年加重。如以1921年为基数一百，则1941年为二百。如玉树囊谦族原税额川元（每川元四元，折合银元一元）二千元，1921年增至三千元，1927年增至四千二百元。

以1947年为例，当年征收羊毛一千五百万厅，牛皮一万八千五百张，羔皮十万零一千张。马家军阀利用这些庞大数额的物资，到津沪各地进行投机买卖，据为私产……

（三）苛捐杂税和差役

马家军阀的税役名目是繁杂的，征收机构也不统一。政权机关征收，军政机关也征收。兹分述如下：

"国税"　即伪财政部征收而由省经办的，大致有六种。酒类产销，百分之三点五；酒类公买税，百分之一点二五；烟类产销税，百分之三点五；烟类公卖税，百分之三；百货税，按品种百分之二点五到百分之三点五，印花税，百分之五，后增至百分之十，1932年后九马家还将印花税摊于农民，岂非怪事中的怪事。

地方税　包括省县两级，有三十余种。

此外，尚有营业牌照税、使用牌照税、房捐、娱乐捐、筵席捐、地方自治税等。

各县乡镇，还有附加的几种捐税。如①燃料费，按地亩摊派。以沈家寨为例，1941年三百元（银洋，其他同），1945年四百八十五元，1947年八百元。②鞋脚费，警察下乡之勒派名目。③马料、马草等。

差役方面主要备军公用盐，征派都兰、共和、海宴等地民夫支应，每人月发面粉六十斤，运价以盐顶替，驮盐一驮准由盐池取盐一块。牛只途中倒毙，自负其责。修路派民夫，植树派民夫……。

军事机关经征的税役

（1）民骡　各县每次摊派数百至数千不等。如1945年互助县负担民骡八千九百余头次。

（2）煤车　此项无偿劳役由大通、湟中、互助支应，每年至少派车三次，每次每县在辆以上。由大通煤窑运至乐家湾交煤。

（3）炭骡子　由乐都、互助两县支应，每年四次，由甘肃境运焦炭到小桥交差，每次每县出三四百头。

（4）商会借款借布，一借不还。1943年借土布三百卷、白洋布二千板。每年都借，数量不等。

临时经征的税役

（1）地方机关费　如1943年，各县征收数额：乐都二万五千四百元，民和二万六千二百元，西宁四万二千元，互助一万一千七百元，大通二万六千九百元，湟源一万零一百元，共和四千三百元，贵德三千元，循化四千二百元，化隆八千九百元。

（2）丈地费　各县土地重新清丈，有的反复清丈。

（3）契税　1945年成立了"契税整理处"，检查契纸。

（4）军马款　以马三匹折顶壮丁一名，每马作三百元。

此外，向牧业区摊派军马每年上万匹。

（5）献金　共办过三次。纹银、黄金、珠宝都要。如以银元折价，第一次（1944年）为十万零五千元；第二次（1947年）为六十余万元；第三次（1948年）为一百二十万元。

（6）献礼　搞过两次，1938年搞什么"祝贺"马步芳任省政府主席，1949年"祝贺"任长官。却大大地搜刮了一次。

如此等等，不一而足。

课堂讨论："没有共产党，就没有新中国；有了共产党，中国的面貌就焕然一新"的深刻内涵。

【案例点评】

马步芳及其家族统治青海长达40余年，对青海的历史产生了深重的影响。美国学者默利尔·亨斯博格认为，马步芳在青海实行的是"独裁政治"。无论是在军队中还是在行政管理系统中都贯彻任人唯亲的原则，"利用裙带关系作为维护其统治的关键手段"，"他通过对青海商业和工业的垄断与民争利"。其在"经济上的垄断与在政治上的独裁是完全一致的"。中国共产党领导人民推翻剥削阶级的统治，建立了人民当家做主的新中国，确立了社会主义基本制度，开创了中国特色社会主义道路，从根本上改变了中国人民的前途命运，决定了中国历史发展的正确方向，在世界上产生了广泛而深刻的影响。没有共产党，就没有新中国；有了共产党，中国的面貌就焕然一新。这是中国人民从长期奋斗中得出的最重要最基本的结论。

【思考题】

课堂讨论："没有共产党，就没有新中国；有了共产党，中国的面貌就焕然一新"的深刻内涵。

【案例提示】

本案例适用于第八章第二节"建设中国特色社会主义政治"中的第一个标题——"坚持中国特色社会主义政治发展道路"。中国特色社会主义民主政治的核心和本质是人民当家做主，马步芳在青海实行的"独裁政治"与中国特色社会主义民主政治形成了鲜明的对比。了解马步芳的"独裁政治"也是认识中国特色社会主义政治制度历史逻辑的需要。

案例六 中国共产党的民主政治制度及其在青海的发展

【案例材料】

材料1：中国共产党不同时期的民主政治。①

苏维埃政府逐步健全了民主与法制。中央执行委员会相继颁布了《宪法大纲》《苏维埃组织法》《选举条例》等一系列法规。1933年九、十月间，中央苏区普遍开展了一次自下而上的选举运动。如下才溪乡选举中，村民按照自己的意愿，大胆行使自己的民主权利。代表们纷纷表示，"把革命战争与选举密切联系起来"。

抗日战争时期，根据地的抗日民主政权就实行了"三三制"，即政府工作人员中实行共产党员、非党的左派进步分子和中间派各占1/3。这一

---

① http://wenku.baidu.com/view/8170a0583b3567ec102d8a3b.html.

政策容纳了各方面人士，调动了各阶级、阶层抗日的积极性，壮大了抗日力量，也为后来建立人民代表大会制度积累了经验。

解放战争时期，在新老解放区的农村，建立起选举产生的各级人民代表会议。在城市，一般先邀请各界代表人物共商当地事务，然后再召开具有民主协商性质的各界人民代表会议。这些制度都以人民的权利为基础，都坚持中国共产党的领导，都实行民主集中制原则。

新中国成立以后，中国共产党领导全国人民经过不懈努力，建立并完善了人民代表大会制度、中国共产党领导的多党合作和政治协商制度、民族区域自治制度等，形成了具有中国特色的民主政治。

材料2：青海省人民代表大会简介。①

青海省人民代表大会是青海省的国家权力机关。

青海省人民代表大会的代表是由青海省的西宁市、海西蒙古族藏族自治州、海南藏族自治州、海北藏族自治州、黄南藏族自治州、玉树藏族自治州、果洛藏族自治州，平安县、乐都县、互助土族自治县、民和回族自治县、循化撒拉族自治县、化隆回族自治县和驻青海省人民解放军代表大会选举产生，每届任期五年。省人民代表大会每年至少举行一次会议，会议由青海省人民代表大会常务委员会召集。经过1/5以上的省人民代表大会代表提议，可以临时召集省人民代表大会会议。省人民代表大会会议有2/3以上的代表出席，始得举行。

依照国家宪法和法律的规定，青海省人民代表大会行使下列职权：

（一）根据青海省的具体情况和实际需要，在不同国家宪法、法律、行政法规相抵触的前提下，可以制定和颁布地方性法规，并报全国人民代表大会常务委员会和国务院备案。

（二）保证国家宪法、法律、行政法规和全国人民代表大会及其常务委员会的决议在青海省的遵守和执行，保证国家计划和国家预算的执行。

（三）审查和批准青海省的国民经济和社会发展计划、预算以及它们的执行情况的报告。

（四）讨论、决定青海省的政治、经济、教育、科学、文化、卫生、环境和资源保护、民政、民族等工作的重大事项。

（五）选举并有权罢免青海省人民代表大会常务委员会组成人员。

---

① 青海省人大门户网站：www. qhrd. gov. cn。

（六）选举并有权罢免青海省人民政府省长、副省长。

（七）选举并有权罢免青海省高级人民法院院长，青海省人民检察院检察长；选出或罢免的省人民检察院检察长，须报经最高人民检察院检察长提请全国人民代表大会常务委员会批准。

（八）选举全国人民代表大会代表，并有权罢免省人民代表大会选出的全国人民代表大会代表。

（九）听取和审查青海省人民代表大会常务委员会的工作报告。

（十）听取和审查青海省人民政府、青海省高级人民法院和青海省人民检察院的工作报告。

（十一）改变或撤销青海省人民代表大会常务委员会的不适当的决议。

（十二）撤销青海省人民政府的不适当的决定和命令。

（十三）保护社会主义的全民所有的财产和劳动群众集体所有的财产，保证公民私人所有的合法财产，维护社会秩序，保障公民的人身权利、民主权利和其他权利。

（十四）保护各种经济组织的合法权益。

（十五）保障少数民族的权利。

（十六）保障宪法和法律赋予妇女的男女平等、同工同酬和婚姻自由等各项权利。

青海省第一届人民代表大会第一次会议于 1954 年 8 月 17—26 日在西宁举行，由 399 名代表组成。

材料 3：青海省西宁市城东区历史上的五次人民代表大会。[①]

第一届人民代表大会于 1954 年 1 月 23—27 日召开第一次会议，出席代表 79 人，听取和审议了吴宝山副区长作的《关于一年来的政府工作和今后意见的报告》。收到提案 214 件，交有关部门办理。会议遵照省、市关于成立东关回族自治区（科级）的指示，选出了自治区人民政府委员19 人，选举者正样（回族）为自治区人民政府主席，马玉林（回族）、米德寿（回族）为副主席。本届人民代表大会还举行了第二、三、四、五次会议。在 1955 年 6 月 27—30 日召开的第四次代表大会上，按照中华

---

① 西宁市城东区区志编纂委员会：《城东区志》，青海人民出版社 1997 年版，第 277—278页。

人民共和国各级人民代表大会组织法规定，将自治区人民政府改为自治区人民委员会，将区人民政府正副主席改为区长、副区长。第二届人民代表大会于 1956 年 12 月召开第一次会议，出席代表 149 人。会议传达了省人民政府 1956 年 8 月关于撤销东关回族自治区建制，新建县一级城东区的决定。选举李维钧为区长；选举叶锡彭、李维钧等 48 人为出席西宁市第二届人民代表大会的代表。

同年 12 月 19 日，召开第三次会议。会上传达了市政府关于撤销城东区建制的决定。根据决定，将周家泉办事处划归城中区，十里铺、中庄、小峡、和平四乡由市直接领导。

第三届人民代表大会于 1960 年 10 月 18—22 日召开第一次会议。出席会议代表 165 人。会议听取和审议了米德寿作的人民委员会工作报告和孙克强作的人民法院工作报告，通过了相应的决议。会议收到各类提案 23 件，选举王振洁等 19 人为区人民政府委员，李彬为区长、米德寿为副区长，孙克强为法院院长。

第四届人民代表大会于 1961 年 11 月 20—22 日在市公安局礼堂召开（当时城东区已改名为城区），会议听取和审议了米德寿作的政府工作报告和杨润堂作的人民法院工作报告，收到提案 22 件，选举孟建亭为区长，马玉林、米德寿为副区长，杨润堂为人民法院院长，唐念顺为人民检察院检察长。

第五届人民代表大会第一次会议于 1963 年 5 月 21—25 日在建国路西宁大厦召开，出席会议代表 81 人，列席 54 人。听取和审议了高仲远作的人民委员会工作报告，通过了相应的决议。收到提案共 40 件，及时全部办理。选举崔有仁等 19 人为区人民委员会委员，选举高仲远为区长，马骏朝为副区长，孙克强为法院院长，会议还选举出席西宁市第五届人民代表大会代表 43 人。第二次会议于 1964 年 6 月 4—6 日举行。听取和审议了马骏骧作的人民委员会工作报告和孙克强作的人民法院工作报告，有 11 名代表在会议上发言，收到提案 28 件。

材料 4：青海政协事业经 5 阶段风雨中创辉煌业绩。①

1955 年 5 月 29 日，中国人民政治协商会议青海省委员会第一次会议

①　白玛：《青海政协事业经 5 阶段风雨中创辉煌业绩》（节选），人民网—中国政协新闻网，2009 年 9 月 3 日。

在西宁召开，标志着青海省全省范围内中国共产党领导的最广泛的爱国统一战线组织的成立。至今，青海省人民政协事业已走过了54年的发展历程。在青海社会主义革命和建设的漫长征程中，我省各级政协走过了曲曲折折的道路，经历了风风雨雨的考验，建立了辉煌的业绩。特别是改革开放以来，青海省人民政协的面貌发生了历史性变化。可以说，人民政协事业的每一次进步，无不是沿着中国特色社会主义政治发展道路不断前进的结果。总的说，青海省人民政协事业的发展大致经历了五个阶段。

第一阶段——1955年青海省政协成立到"文化大革命"前。这一时期，全省各级政协组织充分发挥爱国统一战线组织的作用，围绕实现三大改造、团结教育人民群众和改造剥削阶级的统一战线工作的要求，引导、组织各界民主人士学习马列主义、毛泽东思想，学习时事政治，进行自我教育和自我改造；调整统一战线内部关系，调动一切积极因素为社会主义改造和建设事业服务；参与对国家大政方针和青海省重大事务的协商。使青海的统一战线和政协组织不断得以巩固和发展，为青海的社会主义革命和建设事业做出了积极的贡献。

第二阶段——1977—1988年。这一时期的主要特点是纠正"文革"错误，实现党和国家工作重心的转移，拉开改革开放的序幕。在这个大的历史背景下，青海省政协积极协助党和政府拨乱反正、清除"左"的影响，落实统一战线政策、调整统一战线内部关系，为巩固和发展爱国统一战线，发展我省安定团结、生动活泼的政治局面发挥了重要作用。其间，全省各级政协组织陆续恢复和建立，一大批与共产党合作共事的党外人士重返人民政协的舞台。同时，随着党和国家中心工作的转移，开始将政协工作的重心转移到推动全省经济建设、社会全面进步上来。

第三阶段——从1989年十三届四中全会到2000年。这一时期的主要特点是国家确立了社会主义市场经济的改革方向，改革发展呈现新局面。青海省政协自觉适应这一转变，切实把推进改革开放和社会主义现代化建设作为政协全部工作的中心。省政协明确提出了围绕"以经济建设为中心、民族宗教工作为重点"履行职能的工作思路，紧紧围绕"团结"和"民主"两大主题，大力推进政协履行职能制度化、规范化、程序化建设，拓宽了政协工作领域，调查研究、咨政建言等参政议政活动空前活跃；各级政协组织深入贯彻中国共产党领导的多党合作和政治协商制度，加强与各民主党派和无党派爱国人士的联系，为民主党派开展活动创造条件，同时积极开展"三胞"及归国藏胞的联谊活动，促进海峡两岸同胞的相互了解和往来；组织动员和鼓励民族宗教界委员及上层人士，宣传党的政策，在化解矛盾，促进民族团结、宗教和睦等方面做了大量富有成效的工作。

第四阶段——2001—2007 年。这一时期，国家和青海的发展进入了 21 世纪新阶段，以胡锦涛同志为总书记的党中央把人民政协工作纳入中国特色社会主义事业总体布局，作出一系列重要部署，在新的历史起点上，把人民政协事业继续推向前进。省政协围绕党和人民事业对人民政协工作的新要求，着眼于青海人民政协事业的新发展，紧紧结合青海多民族、多宗教、经济发展滞后的省情特点，积极探索青海人民政协事业的特点和规律。省政协重点围绕发挥民主党派在人民政协中的作用，加强对州县政协的指导，加强提案工作，做好民族宗教工作和加强界别建设、发挥界别作用等问题积极开展理论研讨，在一些关系青海人民政协事业发展的重大问题上取得共识，形成了"维护核心、围绕中心、凝聚人心"和"加强自身建设"的工作思路。同时，这一阶段正值西部大开发战略实施，青海省政协重点围绕改善发展环境、加快工业化进程、转变经济发展方式、推进自主创新能力建设、加快新农村建设等重大问题开展协商议政，提出了许多符合青海实际、富有建设性的意见建议，为省委、省政府决策提供了重要参考。

第五阶段——党的十七大以来，省政协坚持以促进发展作为履行职能的第一要务，采取有效措施，把参加人民政协的各党派团体和各族各界人士的积极性引导到促进科学发展上来，按照省第十一次党代会确定的建设富裕文明和谐新青海的奋斗目标，明确提出必须牢固坚持以科学发展观统领政协工作，着力解决政协工作中与科学发展观不适应、不符合的问题，努力在贯彻落实科学发展观上有新思路，在促进青海落实科学发展上有新作为，在按照科学发展观要求加强人民政协自身建设上有新举措。省政协以深入开展学习实践科学发展观为契机，把学习实践科学发展观与解放思想紧密结合起来，同围绕中心、服务大局结合起来，从科学发展观的学习实践中汇集出推动新时期人民政协事业不断开拓创新的理论依据和思想动力，围绕进一步发挥委员的主体作用、专门委员会的基础作用、民主党派的重要作用及界别的特殊作用等一系列问题，通过制度创新、健全机构等措施，理顺了机制，进一步提高了人民政协的履职能力和水平，将我省的人民政协工作推上了一个新的台阶。

材料5：关于贯彻实施《中华人民共和国民族区域自治法》情况的调研报告。①

青海是个多民族聚居的省份，全省共有55个民族成份，现有少数民族人口共238万多人，约占全省总人口的46%；在青海世居的少数民族有藏族、回族、土族、撒拉族、蒙古族等，其中土族、撒拉族是全国唯一在青海特有的少数民族。青海虽然不是民族自治区，但全省民族自治地区占全省面积的98%以上，有6个自治州、7个自治县。从这个角度来看，青海省的工作就是一个较大民族地区的工作，贯彻落实好自治法、做好民族工作，是我省多年来的工作重点。自治法颁布实施的近20年来，我省各级党委、政府从当地实际出发，根据自治法制定推进民族地区经济社会发展的各项措施，解决民族自治地方经济和社会发展中的实际问题，取得了显著成效。

经过长期不懈努力，6个自治州、7个自治县均制定了本自治地方的自治条例。自治法修订后，我省各自治州、自治县根据国家法修订的状况，及时对本自治地方的自治条例作了修订。各自治地方还根据本州、县的实际，制定了促进当地经济社会发展的单行条例，如海西州制定了《海西蒙古族藏族自治州矿产资源管理条例》、《海西蒙古族藏族自治州水资源管理条例》，海南州制定了《海南藏族自治州民族教育工作条例》，果洛州制定了《果洛藏族自治州生态环境保护条例》，玉树州制定了《玉树藏族自治州发展个体私营经济条例》，等等。至2010年底，我省各民族自治地方制定通过并提请省人大常委会批准通过的自治条例、单行条例共160余件，这些条例涉及各自治州、自治县的政治、经济、文化、教育、科技、生态建设和资源环境保护等各个领域，为我省民族地区经济社会各项事业的发展提供了有力的法制保障。

【案例点评】

民主是国体和政体的统一。中国特色社会主义民主是人民民主专政国体和中国特色社会主义根本政治制度、基本政治制度的统一。

---

① 省人大民族侨务外事委员会：《关于贯彻实施〈中华人民共和国民族区域自治法〉情况的调研报告》，青海人大网，2011年12月21日。

人民民主专政是我国的国体。人民民主专政是马克思列宁主义关于无产阶级专政的理论同我国革命的具体实践相结合的产物。是中国共产党在领导革命斗争中的一个创造。我国现阶段的人民民主专政实质上是无产阶级专政。实践证明，人民民主专政是适合中国国情和革命传统的一种形式，具有鲜明的中国特色。

人民代表大会制度是中国的根本政治制度，是我国的政体。

中国共产党领导的多党合作和政治协商制度是中国特色社会主义的政党制度，也是当代中国的一项基本政治制度，这项制度是马克思主义政党理论和统一战线学说与我国具体实际相结合的产物，是中国社会主义民主政治制度的重要组成部分。

民族区域自治是党解决民族问题的基本政策，是我国的一项基本政治制度。民族区域自治是在统一而不可分离的国家领导下，在各少数民族聚居的地方设立自治机关，行使自治权，实行区域自治。其核心是保障少数民族当家作主，管理本民族、本地方事务的权利。实行民族区域自治，是中国共产党根据我的历史发展、文化特点、民族关系和民族分布等具体情况作出的制度安排，符合各民族人民的共同利益和发展要求。

基层群众自治制度是中国的一项基本政治制度。

【思考题】

1. 坚持人民民主专政的实质是什么？

2. 为什么说"人民民主专政是适合中国国情和革命传统的一种形式，具有鲜明的中国特色"？

3. 试述中国特色社会主义政治制度的内涵。

【案例提示】

本案例适用于第八章第二节"建设中国特色社会主义政治"中的第二个标题——"发展社会主义民主"。习近平总书记指出："我们要坚持党的领导、人民当家作主、依法治国有机统一，坚持人民主体地位，扩大人民民主，推进依法治国，坚持和完善人民代表大会制度的根本政治制度，中国共产党领导的多党合作和政治协商制度、民族区域自治制度以及基层群众自治制度等基本政治制度，建设服务政府、责任政府、法治政府、廉洁政府，充分调动人民积极性。"结合民主政治在青海的发展，对中国特色社会主义政治制度给予更全面的了解。

案例七　全面依法治国，建设社会主义法制国家

【案例材料】

材料1：中华法系源远流长。①

中国是一个具有五千年文明史的古国，中华法系源远流长。早在公元前2100多年，中国就已经产生了奴隶制的习惯法。春秋战国时期（前770—前221年），中国开始制定成文法，出现了自成体系的成文法典。唐朝（618—907年）时，中国形成了较为完备的封建法典，并为以后历代封建王朝所传承和发展。中华法系成为世界独树一帜的法系，古老的中国为人类法制文明作出了重要贡献。

1840年鸦片战争后，中国逐渐沦为半殖民地半封建的社会。为了改变国家和民族的苦难命运，一些仁人志士试图将近代西方国家的法治模式移植到中国，以实现变法图强的梦想。但由于各种历史原因，他们的努力最终归于失败。

在中国共产党的领导下，中国人民经过革命、建设、改革和发展，逐步走上了建设社会主义法治国家的道路。

1949年中华人民共和国的建立，开启了中国法治建设的新纪元。从1949年到20世纪50年代中期，是中国社会主义法制的初创时期。这一时期中国制定了具有临时宪法性质的《中国人民政治协商会议共同纲领》和其他一系列法律、法令，对巩固新生的共和国政权，维护社会秩序和恢复国民经济，起到了重要作用。1954年第一届全国人民代表大会第一次会议制定的《中华人民共和国宪法》，以及随后制定的有关法律，规定了国家的政治制度、经济制度和公民的权利与自由，规范了国家机关的组织和职权，确立了国家法制的基本原则，初步奠定了中国法治建设的基础。20世纪50年代后期以后，特别是"文化大革命"十年（1966—1976年）动乱，中国社会主义法制遭到严重破坏。

---

① 国务院新闻办公室：《中国的法治建设》，人民网，2008年2月28日。

20 世纪 70 年代末，中国共产党总结历史经验，特别是汲取"文化大革命"的惨痛教训，作出把国家工作中心转移到社会主义现代化建设上来的重大决策，实行改革开放政策，并明确了一定要靠法制治理国家的原则。为了保障人民民主，必须加强社会主义法制，使民主制度化、法律化，使这种制度和法律具有稳定性、连续性和权威性，使之不因领导人的改变而改变，不因领导人的看法和注意力的改变而改变，做到有法可依，有法必依，执法必严，违法必究，成为改革开放新时期法治建设的基本理念。在发展社会主义民主、健全社会主义法制的基本方针指引下，现行宪法以及《刑法》、《刑事诉讼法》、《民事诉讼法》、《民法通则》、《行政诉讼法》等一批基本法律出台，中国的法治建设进入了全新发展阶段。

20 世纪 90 年代，中国开始全面推进社会主义市场经济建设，由此进一步奠定了法治建设的经济基础，也对法治建设提出了更高的要求。1997 年召开的中国共产党第十五次全国代表大会，将"依法治国"确立为治国基本方略，将"建设社会主义法治国家"确定为社会主义现代化的重要目标，并提出了建设中国特色社会主义法律体系的重大任务。1999 年，将"中华人民共和国实行依法治国，建设社会主义法治国家"载入宪法。中国的法治建设揭开了新篇章。

进入 21 世纪，中国的法治建设继续向前推进。2002 年召开的中国共产党第十六次全国代表大会，将社会主义民主更加完善，社会主义法制更加完备，依法治国基本方略得到全面落实，作为全面建设小康社会的重要目标。2004 年，将"国家尊重和保障人权"载入宪法。2007 年召开的中国共产党第十七次全国代表大会，明确提出全面落实依法治国基本方略，加快建设社会主义法治国家，并对加强社会主义法治建设作出了全面部署。

材料 2：刚察县泉吉乡宁夏村名列全省 6 个"全国民主法治示范村"之一。①

今年年初，国家司法部、民政部联合表彰了第五批 380 个"全国民主法治示范村"。刚察县泉吉乡宁夏村名列全省 6 个示范村之一，成为海北州近年来唯一一个"全国民主法治示范村"。

---

①　史忠民：《刚察县泉吉乡宁夏村名列全省 6 个"全国民主法治示范村"之一》，青海省刚察县政府网，2013 年 6 月 3 日。

　　近年来，泉吉宁夏村紧紧围绕全面推进村级民主选举、民主决策、民主管理、民主监督和规范村务、财务制度等目标，深入开展民主与法制的宣传教育，加强农村基层组织建设，依法建立健全各项规章制度，加强社会治安综合治理，实行以制治理、民主管理和依法管理，促进农村经济和社会各项事业的快速健康发展。通过"民主法治示范村"创建活动的开展，宁夏村各项事业的管理逐步规范化、制度化，干部群众的法律素质普遍提高，全面实现村领导班子按照村民自治章程，依法行政，规范运作，民主得到充分发扬，全村呈现出干部群众同谋发展，齐心协力共建小康的良好局面。

　　材料3：以开展党的群众路线教育实践活动为契机切实做好司法行政各项工作。①

　　2013年上半年，按照"六五"普法要求，围绕社会热点、焦点问题，开展多种形式的法制宣传工作，取得明显成效。一是以"六五"普法中期考核验收为契机，大力开展了"法律七进"活动。投入法制宣传经费30余万元，联合有关部门深入机关、乡村、社区、企业、单位、学校和宗教场所，通过大型文艺演出、报告会、法制讲座、巡回宣讲等形式开展了群众喜闻乐见的法制宣传活动，制作发放各类法律法规宣传资料60.5万册，受教育群众3.2万余人次。开展法制宣传讲座和培训班197期，1.2万人次接受宣传教育培训，培训"两委"干部和外出务工人员16.5万人（次）。法制宣传规模达到历史同期最高水平。特别是有的地方宣传活动内容好、形式新，值得肯定。如互助、民和两县借当地党委政府大型文艺演出而开展的搭车法制宣传，即节约了活动经费，又很好地开展了工作，效果很好。今后，这种方式要继续提倡和支持。二是围绕党委政府中心工作和社会焦点问题，开展特色法制宣传活动。如西宁周边地区针对城镇化建设过程中出现的土地纠纷、劳动纠纷、合同纠纷等开展的法制宣传，循化、民和两县针对当地商业氛围浓，外出打工和办企业比较多而开展的法制宣传，都突出了当地特色，针对性很强，效果也非常明显。另外，结合我省维稳工作实际，组成工作组，进驻1000余座宗教活动场所开展了为期一个月的集中法制宣传活动。编印发放反自焚反邪教藏汉双语

---

　　① 王胜德：《以开展党的群众路线教育实践活动为契机切实做好司法行政各项工作》（节选），青海司法行政网，2013年8月5日。

法制宣传册 7 万余册。开展"法律进校园"活动 1539 人次，培训法制副校长、辅导员 4.2 万人次，向全省 1795 座中小学校发放《青少年法制宣传漫画图册》。为配合有关部门开展打击非法集资宣传活动，编印发放《远离非法集资拒绝高利诱惑》宣传画册 40 万册，取得较好宣传效果，受到群众的广泛欢迎和省委省政府的充分认可。三是以法治青海创建活动为平台，扎实推进依法治理工作。坚持深化地方、行业、基层依法治理活动，扎实推进全方位、多层次、广覆盖的法治创建体系建设，上半年我省 6 个村被确定为第五批"全国民主法治示范村"，6 个县（市、区）为"全国法治城市、法治县（市、区）"创建活动先进单位，起到了引领示范作用。四是依托法制宣传阵地，促进法治文化建设。在各级报刊、电视等传统媒体开辟了宣传阵地，运用电视宣传片、有奖答题、以案说法等宣传手段，开展了具有影响力的宣传活动。坚持开拓创新，着力在打造法治文化品牌上狠下功夫，各地充分利用公园、墙体、宣传栏等资源，建设"法治文化长廊""法治文化公园"，进一步拓展了法治文化宣传阵地。

【案例点评】

依法治国，就是广大人民群众在中国共产党的领导下，依照宪法和法律规定，通过各种途径和形式管理国家事务，管理经济文化事业，管理社会事务，保证国家各项工作都依法进行，逐步实现社会主义民主的制度化、法律化，使这种制度和法律不因领导人的改变而改变，因领导人的看法和注意力的改变而改变。党的十八大提出"全面推进依法治国，法治是治国理政的基本方式"；十八届三中全会提出"建设法治中国，必须坚持依法治国、依法执政、依法行政共同推进，坚持法治国家、法治政府、法治社会一体建设"。"依法治国"方略自从党的十五大确立，在党的统一领导下贯彻实施 15 年来，已经取得了可喜成就，但依然存有不少差距。在中国特色社会主义的建设和发展的承上讫下关键时期，我们必须加快法治建设的步伐，到 2020 年实现全面建成小康社会宏伟目标时，"依法治国基本方略全面落实，法治政府基本建成，司法公信力不断提高，人权得到切实尊重和保障"。

【思考题】

1. 什么是依法治国？

2. 为什么要坚持依法治国？

【案例提示】

本案例适用于第八章第二节"建设中国特色社会主义政治"中的第三个标题——"建设社会主义法制国家"。党的十八大以来，以习近平为总书记的党中央从坚持和发展中国特色社会主义全局出发，提出并形成了全面建成小康社会、全面深化改革、全面依法治国、全面从严治党的战略布局。青海省积极建设"全国民主法治示范村"，广泛开展普法宣传等活动，是"四个全面"战略布局实际举措的应有之义。

案例八　推进社会主义民主政治建设，发展社会主义政治文明

【案例材料】

材料1：设计和发展国家政治制度要从国情出发从实际出发。①

人民民主是中国共产党始终高举的旗帜。在前进道路上，我们要坚定不移走中国特色社会主义政治发展道路，继续推进社会主义民主政治建设、发展社会主义政治文明。

以什么样的思路来谋划和推进中国社会主义民主政治建设，在国家政治生活中具有管根本、管全局、管长远的作用。古今中外，由于政治发展道路选择错误而导致社会动荡、国家分裂、人亡政息的例子比比皆是。中国是一个发展中大国，坚持正确的政治发展道路更是关系根本、关系全局的重大问题。

设计和发展国家政治制度，必须注重历史和现实、理论和实践、形式和内容有机统一。要坚持从国情出发、从实际出发，既要把握长期形成的历史传承，又要把握走过的发展道路、积累的政治经验、形成的政治原则，还要把握现实要求、着眼解决现实问题，不能割断历史，不能想象突然就搬来一座政治制度上的"飞来峰"。政治制度是用来调节政治关系、

———————

① 习近平：《庆祝全国人民代表大会成立60周年大会讲话》（节选），新华网，2014年9月5日。

建立政治秩序、推动国家发展、维护国家稳定的，不可能脱离特定社会政治条件来抽象评判，不可能千篇一律、归于一尊。在政治制度上，看到别的国家有而我们没有就简单认为有欠缺，要搬过来；或者，看到我们有而别的国家没有就简单认为是多余的，要去除掉。这两种观点都是简单化的、片面的，因而都是不正确的。

"橘生淮南则为橘，生于淮北则为枳。"我们需要借鉴国外政治文明有益成果，但绝不能放弃中国政治制度的根本。中国有 960 多万平方公里土地、56 个民族，我们能照谁的模式办？谁又能指手画脚告诉我们该怎么办？对丰富多彩的世界，我们应该秉持兼容并蓄的态度，虚心学习他人的好东西，在独立自主的立场上把他人的好东西加以消化吸收，化成我们自己的好东西，但决不能囫囵吞枣、决不能邯郸学步。照抄照搬他国的政治制度行不通，会水土不服，会画虎不成反类犬，甚至会把国家前途命运葬送掉。只有扎根本国土壤、汲取充沛养分的制度，才最可靠、也最管用。

世界上不存在完全相同的政治制度，也不存在适用于一切国家的政治制度模式。"物之不齐，物之情也。"各国国情不同，每个国家的政治制度都是独特的，都是由这个国家的人民决定的，都是在这个国家历史传承、文化传统、经济社会发展的基础上长期发展、渐进改进、内生性演化的结果。中国特色社会主义政治制度之所以行得通、有生命力、有效率，就是因为它是从中国的社会土壤中生长起来的。中国特色社会主义政治制度过去和现在一直生长在中国的社会土壤之中，未来要继续茁壮成长，也必须深深扎根于中国的社会土壤。

评价一个国家政治制度是不是民主的、有效的，主要看国家领导层能否依法有序更替，全体人民能否依法管理国家事务和社会事务、管理经济和文化事业，人民群众能否畅通表达利益要求，社会各方面能否有效参与国家政治生活，国家决策能否实现科学化、民主化，各方面人才能否通过公平竞争进入国家领导和管理体系，执政党能否依照宪法法律规定实现对国家事务的领导，权力运用能否得到有效制约和监督。

经过长期努力，我们在解决这些重点问题上都取得了决定性进展。我们废除了实际上存在的领导干部职务终身制，普遍实行领导干部任期制度，实现了国家机关和领导层的有序更替。我们不断扩大人民有序政治参与，人民实现了内容广泛、层次丰富的当家作主。我们坚持发展最广泛的爱国统一战线，发展独具特色的社会主义协商民主，有效凝聚了各党派、各团体、各民族、各阶层、各界人士的智慧和力量。我们努力建设了解民情、反映民意、集中民智、珍惜民力的决策机制，增强决策透明度和公众参与度，保证了决策符合人民利益和愿望。我们积极发展广纳群贤、充满活力的选人用人机制，广泛把各方面优秀人才集聚到党和国家各项事业中来。我们坚持依法治国、依法执政、依法行政共同推进，坚持法治国家、法治政府、法治社会一体建设，全社会法治水平不断提高。我们建立健全多层次监督体系，完善各类公开办事制度，保证党和国家领导机关和人员按照法定权限和程序行使权力。

中国实行工人阶级领导的、以工农联盟为基础的人民民主专政的国体，实行人民代表大会制度的政体，实行中国共产党领导的多党合作和政治协商制度，实行民族区域自治制度，实行基层群众自治制度，具有鲜明的中国特色。这样一套制度安排，能够有效保证人民享有更加广泛、更加充实的权利和自由，保证人民广泛参加国家治理和社会治理；能够有效调节国家政治关系，发展充满活力的政党关系、民族关系、宗教关系、阶层关系、海内外同胞关系，增强民族凝聚力，形成安定团结的政治局面；能够集中力量办大事，有效促进社会生产力解放和发展，促进现代化建设各项事业，促进人民生活质量和水平不断提高；能够有效维护国家独立自主，有力维护国家主权、安全、发展利益，维护中国人民和中华民族的福祉。

改革开放 30 多年来，中国经济实力、综合国力、人民生活水平不断跨上新台阶，我们不断战胜前进道路上各种世所罕见的艰难险阻，中国各民族长期共同团结奋斗、共同繁荣发展，中国社会长期保持和谐稳定。这些事实充分证明，中国社会主义民主政治具有强大生命力，中国特色社会主义政治发展道路是符合中国国情、保证人民当家作主的正确道路。

一个国家的政治制度决定于这个国家的经济社会基础，同时又反作用于这个国家的经济社会基础，乃至于起到决定性作用。在一个国家的各种制度中，政治制度处于关键环节。所以，坚定中国特色社会主义制度自信，首先要坚定对中国特色社会主义政治制度的自信，增强走中国特色社会主义政治发展道路的信心和决心。

中国特色社会主义民主是个新事物，也是个好事物。当然，这并不是说，中国政治制度就完美无缺了，就不需要完善和发展了。制度自信不是自视清高、自我满足，更不是裹足不前、固步自封，而是要把坚定制度自信和不断改革创新统一起来，在坚持根本政治制度、基本政治制度的基础上，不断推进制度体系完善和发展。我们一直认为，我们的民主法治建设同扩大人民民主和经济社会发展的要求还不完全适应，社会主义民主政治的体制、机制、程序、规范以及具体运行上还存在不完善的地方，在保障人民民主权利、发挥人民创造精神方面也还存在一些不足，必须继续加以完善。在全面深化改革进程中，我们要积极稳妥推进政治体制改革，以保证人民当家作主为根本，以增强党和国家活力、调动人民积极性为目标，不断建设社会主义政治文明。

发展社会主义民主政治，是推进国家治理体系和治理能力现代化的题中应有之义。党的十八届三中全会提出的全面深化改革总目标，是两句话组成的一个整体，即完善和发展中国特色社会主义制度、推进国家治理体系和治理能力现代化。前一句规定了根本方向，我们的方向就是中国特色社会主义道路，而不是其他什么道路。后一句规定了在根本方向指引下完善和发展中国特色社会主义制度的鲜明指向。两句话都讲，才是完整的。

发展社会主义民主政治，关键是要增加和扩大我们的优势和特点，而不是要削弱和缩小我们的优势和特点。我们要坚持发挥党总揽全局、协调各方的领导核心作用，提高党科学执政、民主执政、依法执政水平，保证党领导人民有效治理国家，切实防止出现群龙无首、一盘散沙的现象。我们要坚持国家一切权力属于人民，既保证人民依法实行民主选举，也保证人民依法实行民主决策、民主管理、民主监督，切实防止出现选举时漫天许诺、选举后无人过问的现象。我们要坚持和完善中国共产党领导的多党合作和政治协商制度，加强社会各种力量的合作协调，切实防止出现党争纷沓、相互倾轧的现象。我们要坚持和完善民族区域自治制度，巩固平等团结互助和谐的社会主义民族关系，促进各民族和睦相处、和衷共济、和谐发展，切实防止出现民族隔阂、民族冲突的现象。我们要坚持和完善基层群众自治制度，发展基层民主，保障人民依法直接行使民主权利，切实防止出现人民形式上有权、实际上无权的现象。我们要坚持和完善民主集中制的制度和原则，促使各类国家机关提高能力和效率、增进协调和配合，形成治国理政的强大合力，切实防止出现相互掣肘、内耗严重的现象。

总之，我们要不断推进社会主义民主政治制度化、规范化、程序化，更好发挥中国特色社会主义政治制度的优越性，为党和国家兴旺发达、长治久安提供更加完善的制度保障。

材料 2：十一届三中全会以来政治体制改革的简要历程。①

一　从中共十一届三中全会到中共十三大——政治体制改革的起步阶段

中国共产党考虑对政治体制进行改革是在十一届三中全会前后。邓小平、叶剑英等在 1978 年底中央工作会议上的讲话，中共十一届三中全会的公报，1980 年 8 月 18 日邓小平作的《党和国家领导制度的改革》的重要讲话，随后召开的中共十二大、十三大，都反复地强调要搞好社会主义民主政治建设，进行政治体制改革，并在实践中取得了积极的成果。

二　从中共十二大到中共十三大——提出政治体制改革蓝图，探索改革的路径

随着经济的发展，特别是经济体制改革的展开和深入，一方面为政治体制改革创造了前提，另一方面又使政治体制的不适应性突显出来。在这种情况下，从 1986 年 6 月开始，邓小平等中央领导多次强调要把政治体制改革"提到日程上来"，并且"需要一个蓝图"。中共十二届六中全会也强调要"坚定不移地进行政治体制改革"。中共十三大成为一个以加快和深化改革为主题的党的全国代表大会。

三　从中共十三届四中全会到中共十六大——总结经验调整思路确立依法治国方略

以江泽民为核心的中央领导集体，强调改革总的目的是：第一，改革党和国家的领导制度，总的目的是要有利于巩固社会主义制度和党的领导，有利于在党的领导和社会主义制度下发展生产力，有利于贯彻执行党的十一届三中全会以来所制定的路线方针政策，有利于维护国家统一、民族团结和社会稳定。第二，坚持政治体制改革要与经济体制改革相适应。通过政治体制改革始终保持党和国家的活力，克服官僚主义，提高工作效率，调动基层和工人、农民、知识分子的积极性。政治体制改革要坚持的原则：第一，必须坚持人民民主专政和人民代表大会的根本政治制度，绝不能照搬西方政治制度的模式。第二，政治体制改革必须在党的领导下有

①　陈述：《十一届三中全会以来政治体制改革的简要历程》（节选），中国改革论坛网，2008年 5 月 10 日。

计划、有步骤、有秩序地进行，既要坚定，又要慎重，循序渐进。第三，发展民主必须同健全法制紧密结合。

四　从中共十六大到中共十七大——民主政治建设和政治体制改革进入新阶段

从中共十六大到十七大，以胡锦涛为总书记的中共中央继续深化包括政治体制改革在内的全面改革，继续扩大社会主义民主，建设社会主义法治国家，加快行政管理体制改革，提高国家机关工作效率和服务水平，更好地保障人民各项权益，巩固和发展民主团结、生动活泼、安定和谐的政治局面。

【案例点评】

政治体制是指一个国家政治制度得以运行和发挥功能的体制安排。我国政治体制改革的总体要求、基本原则、改革的目标、改革的主要任务，都是围绕人民民主而进行的，为此，必须加强法制，必须使民主制度化、法律化，使这种制度和法律不因领导人的改变而改变，不因领导人的看法和注意力的改变而改变。

【思考题】

1. 评价一个国家政治制度是不是民主的有效的标准是什么？

2. 怎样理解"不能想象突然就搬来一座政治制度上的'飞来峰'"这句话的含义？

3. 如何正确理解坚持党的领导、人民当家做主和依法治国的有机统一？

【案例提示】

本案例适用于第八章第二节"建设中国特色社会主义政治"中的第四个标题——"推进政治体制改革"。党的十八届四中全会指出，全面推进依法治国，总目标是建设中国特色社会主义法治体系，建设社会主义法治国家。实现这个总目标，必须坚持中国共产党的领导，坚持人民主体地位，坚持法律面前人人平等，坚持依法治国和以德治国相结合，坚持从中国实际出发。结合案例，了解依法治国的理论逻辑和历史逻辑，帮助我们更好地学习和领悟十八届四中全会精神。

案例九　繁荣民族文化，实现绿色发展

【案例材料】

材料1：青海省民族文化发展情况。[①]

我省是一个多民族聚居的省份，全省共有53个少数民族成分，藏族、回族、蒙古族、撒拉族、土族为青海的五个世居少数民族。少数民族人口为2643206人，占全省总人口的46.98%。由于特殊的地理环境、悠久的历史、多民族的融会发展，形成了丰富灿烂的民族文化。目前我省已发现不同时代、不同类别的文物保护点4300个，其中，全国重点文物保护单位18个，省级文物保护单位315个。国家级非物质文化遗产19处。我省的宗教文化也较为浓郁。像塔尔寺独特的建筑艺术、珍贵的历史文物和精湛而稀有的"三绝"工艺美术（酥油花、绘画、堆绣）闻名于世；还有现存于循化街子清真寺的手抄本《古兰经》，是世界上保存完整的仅有的三本11世纪的《古兰经》手抄本之一，由青海省玉树州囊谦县东仓家族收藏的《大藏经》，具有珍贵的史料价值。

我省五个世居少数民族在长期的生产生活实践中，形成了丰富多彩而又独具特色的民族风俗文化。如以"花儿"创作演唱为代表的民间民俗文化，以玉树歌舞为代表的民族民间歌舞文化，以史诗《格萨尔王传》为代表的源远流长的民族民间说唱艺术，以塔尔寺"艺术三绝"和"热贡艺术"为代表的藏传佛教文化，以赛马会、纳顿节、六月歌会等为代表的民间风情文化。

改革开放30多年来，在省委、省政府的正确领导下，青海民族文化工作以邓小平理论和"三个代表"重要思想为指导，深入贯彻落实科学发展观，坚持"二为方向"和"双百方针"，以艺术生产为中心，以丰富和活跃群众文化生活为根本出发点，坚持一手抓文化事业，一手抓文化产业，民族文化工作呈现出与时俱进、全面发展的良好态势，为全省改革开放，社会稳定，民族团结和建设富裕文明和谐新青海提供了强有力的文化

[①] 李滨：《青海省民族文化发展情况》，青海省人民政府网，2012年11月13日。

支撑。

（一）文化基础设施网络基本形成。我省把基础设施建设作为发展民族地区文化事业的重点来抓，积极争取项目，加大投入，努力改善民族地区落后的硬件设施。在调查研究、摸清家底的基础上，制定了全省三级文化网络建设规划。截至目前，基本实现了"县县有图书馆、县县有文化馆"的建设目标。目前，全省民族地区有州级群众艺术馆6个，公共图书馆6个，博物馆4个，乡镇文化站173个；县级文化馆37个，公共图书馆30个，县级博物馆5个。通过组织实施乡镇宣传文化工程，在民族地区兴建了一批乡镇宣传文化中心，有力地改善了民族地区基层文化工作的基础条件。

（二）以重点文化工程为依托，丰富和活跃少数民族群众的文化生活。近年来，为丰富和活跃民族地区群众的文化生活，我们积极创新工作思路，不断拓宽新领域，培育新载体，重点实施了四项工程：一是农牧区电影放映工程，向全省发放电影放映设备150余套，配发多功能流动文化服务车40辆、流动电影放映车40余辆和流动舞台演出车13辆，恢复和成立农牧区电影放映队230支，年均放映电影3000场次以上，年译制藏语电视剧（节目）300个小时，藏语影片30部，发行拷贝200多部，较好地缓解了民族地区群众看电影难的矛盾。二是实施"送书下乡"工程。向全省15个国家扶贫开发重点地区的5个州级图书馆、15个县级图书馆、80个乡镇图书室赠送图书18万多册，总价值250余万元。三是实施"文化信息资源共享工程"。实施"文化信息资源共享工程"以来，在我省累计投入资金145万元，建设了38个基层分中心。文化信息资源共享工程基层服务点已覆盖全省所有县级图书馆。四是文化进村入户工程，向湟中、乐都、贵南三个试点县的16个乡镇文化站、333个村文化室、75个文化中心户、文化大院、128个业余剧团配发音响（含DVD、电视机）、服装、乐器、图书、光碟及其他文体活动用品，总投入达850多万元。为328个民间戏曲歌舞剧团、皮影社、曲艺队配备演出服装、乐器、音响等。仅2008年一年投入资金1301.6万元，对全省21个县的560个村文化活动室、110个业余剧团和曲艺队继续给予了扶持。

（三）艺术精品不断推出，文艺舞台丰富多彩。我省现有专业艺术表演团体11个，其中民族专业艺术表演团体7个。30多年来，我省各级专业艺术团体坚持以"优秀的作品鼓舞人"为己任，创作生产了一大批民族地域特色浓郁、主题鲜明、题材多样的优秀剧（节）目，有力地宣传了改革开放以来青海各项事业取得的辉煌成就，热情讴歌了高原各族儿女团结进取、勇于拼搏的精神风貌。同时，我省民族和文化部门对民族题材剧节目和民族地区的艺术创作给予了重点扶持，近年来，全省专业艺术表演团体共创作大型剧目 37 台，其中民族题材的剧（节）目多具有较强思想性、艺术性和欣赏性。部分节目参加了第二、第三届全国少数民族文艺会演并获得创作金奖。

（四）结合民族传统风俗，举办民族节庆活动，丰富群众的文化生活。自 2003 年起，省政府连续举办了五届青海民族文化旅游节，以"高原花儿红了"为主题，以河湟文化、江河源文化、热贡文化等为主，突出青海民族民间文化资源的民族性、地域性和多元性，努力打造青海民族民间文化品牌。举办了迄今为止国内规模最大的青海湖国际诗歌节，打造了"青海湖国际诗歌节"这一青海特色文化品牌，进一步提升了青海的文化地位，打开了青海通向世界的门扉，为青海经济社会事业的发展产生了积极而深远的影响。在省级节庆文化活动的带动下，全省各地挖掘、开发和利用特色文化资源，打造区域文化品牌，以此扩大当地宣传的意识不断增强。现全省不同规模、不同类别的节庆活动多达 15 个，6 州均有节庆活动，以青海民族文化旅游节为龙头，黄南州"热贡文化艺术节"、玉树州"康巴艺术节"、果洛州"玛域《格萨尔》文化艺术节"、海北州"王洛宾音乐艺术节"等州级文化节庆活动为骨干，互助"中国土族旅游文化艺术节"、循化"中国撒拉族旅游文化艺术节"等文化节庆活动为基础的全省文化节庆活动日趋丰富。这些众多文化节庆活动的成功推出，促进了民族地区民间文化资源的保护和开发、利用。

（五）民族语文、新闻出版、广播电视工作进一步加强。青海省的五个世居少数民族除回族使用汉语言文字外，藏族、蒙古族、土族、撒拉族都有自己的语言，并且藏族、蒙古族有自己古老的文字。其中藏族使用本民族语言文字的占总人口的 90%，蒙古族占总人口的 40% 以上；使用本民族语言的土族占总人口的 80%，撒拉族几乎全部使用本民族语言。截至目前，全省公开发行的民族文字类报刊 17 种，其中报纸类 7 种，杂志类 10 种；藏文类 15 种，蒙文类 2 种。青海藏语广播于 1952 年开播，是我国创办最早的藏语广播。藏语广播全天播音时间 17 小时 10 分钟，30% 的节目实现了直播。于 2005 年初开通了全国第一个藏语广播网站，除了网上广播外，还开设专门网页反映藏区各行各业新成就、新面貌的图片、文字、民族文学作品、特色的专题音乐节目。青海藏语电视节目于1984年开办，平均每天自制节目达30分钟，藏语综合频道每天播出3小时左右的藏语节目。藏语电视节目已成为我省传播和弘扬民族民间文化的窗口和宣传阵地。另外，我省的六个少数民族自治州，都设有州级电视台。

（六）少数民族古籍整理工作成果丰硕。近年来，我省先后搜集、整理和出版了《嘛尼全集》《清真指南》《西藏六十年大事记》《四部医典》和《土族史料集》等40部民族古籍以及国家重点项目中国少数民族古籍总目提要《土族卷》《撒拉族卷》《回族卷》《蒙古族卷》和《藏族卷》正在抓紧整理。

（七）以工艺美术产业为龙头的民族文化产业发展迅速。我省民族文化产业已基本形成了工艺美术产业重点突破，其他门类文化产业协调发展的喜人局面。从2003年起，我省连续举办了四届全省民族民间工艺美术品展，全省工艺美术行业从业人员达2万余人，一些企业的产品远销国内外。经过持续的扶持和引导，工艺美术品业的产业化、市场化、社会化程度不断提高，经济效益逐年攀升，已成为我省文化产业领域的领头羊。黄南"热贡"艺术、互助盘绣等民族地区文化产业有较大发展，以"热贡"艺术为主的文化产业初步形成。此外，我省贵南县民间歌舞演出队、平安县阿伊赛迈演出队为代表的民族民间歌舞队，依托自身特色品牌积极拓展省外演出市场，走出了一条文化致富的新路子。

（八）少数民族非物质文化遗产保护工作取得初步成果。第一，成功申报同仁"热贡艺术"为中国民族民间文化保护工程国家级试点，土族纳顿节为省级试点，在第一批国家级非物质文化遗产名录中，我省有民间文学、民间音乐、民间舞蹈、传统戏剧、民间美术、传统手工技艺、民俗等7个大类的19个项目被列入。第二，根据《国务院关于加强文化遗产保护的意见》，2006年省政府制定出台了《关于进一步加强青海省文化遗产保护的实施意见》，还专门成立了青海省文化遗产保护领导小组，同时，建立了青海省非物质文化遗产保护工作联席会议制度，成立青海省非物质文化遗产保护专家委员会和保护中心。第三，2006年10月起，在全省部署开展非物质文化遗产普查工作，以及第二批省级非物质文化遗产申报工作。省政府已公布了两批102项省级非物质文化遗产保护名录。在国务院正式公布的两批国家级非物质文化遗产名录中，青海省有10个大类的 57 个项目被列入。其中，藏族项目 32 个，土族项目 7 个，撒拉族项目 3 个，蒙古族、回族项目各 2 个。第四，我省把对民族民间文化"传承人"的保护和培养作为非物质文化遗产保护工作的重要内容之一。首先，2003—2006 年开展了全省农牧民文化技能技艺培训工作，培训内容包括剪纸、刺绣、堆绣、农民画、热贡艺术、民间曲艺、民族歌舞等，共举办培训班 28 期。其次，我们着力组织开展了"民间艺术之乡""特色艺术之乡"命名活动，授予秉承传统、技艺精湛的民间艺人"民间艺术大师""民间工艺美术大师"等称号。我省现有国家级非物质文化遗产项目代表性传承人 18 位，省级传承人 153 位，上报文化部待批的第三批国家级传人 47 位，"中国民间文化艺术之乡" 29 个，中国工艺美术大师 5 名，青海省工艺美术大师和民间工艺美术大师 55 人。

材料 2：民族文化绿色发展——写在 2014 年"清食展"闭幕之际。①

5 月 18 日中午时分，天空突然下起了大雨，但是人们对这场突如其来的大雨似乎没有一点紧张。对他们来说，更紧张的是抓紧时间采购需要的生活用品，因为这是 2014 中国（青海）国际清真食品及用品展览会（以下简称"清食展"）的最后一天了。

这天的青海会展中心用人头攒动来形容一点不为过。

2014 年"清食展"悄然落幕了，而在落幕的这天天空突然下起了大雨，人们纷纷说，这是一个很好的兆头，预示着一年的大丰收。

因为"清食展"，青海国际会展中心异常的热闹；因为"清食展"，青海老百姓的生活更加丰富。"慢点来，慢点来，这里还有，每个人都有……"在客商的吆喝中，记者看到在一家小吃展柜前晃来晃去的只有人头，根本看不到老板的模样。

这就是人气，这就是商气，这就是展会带给老百姓实实在在的幸福实惠。

一

回眸八届"清食展"，它给青海人民带来的不止是丰富市民的生活，更多的是给青海清真商家搭建了更大的舞台和更宽广的桥梁。据悉，2014 年的"清食展"规模空前，展会共有 37 个国家和地区的客商参展，比上

① 李滨：《民族文化绿色发展——写在 2014 年"清食展"闭幕之际》，青海省人民政府网，2014 年 5 月 20 日。

届新增7个国家和地区,其中中亚吉尔吉斯坦、塔吉克斯坦等国首次参展;国内有28个省区市近500多家企业参展。参展参会中外客商4000余人,比上届增长15%。展馆现场累计有30万人次参观、洽谈、采购。

30万,青海某个县城的总人口,这么大规模的人气,在青海展会上是空前的,也是创历史的。只要有人气的展会,才是成功的展会,而"清食展"就做到了这一点。

这几天,行走在西宁的大街上,到处都能看到关于"清食展"绿色的宣传横幅。但是细心的人们会发现,今年的主题除"绿色、跨越、合作、共赢"外,又多了一行字——"清真食品的世界之窗,绿色产业的发展平台"。在5月19日的"清食展"新闻发布会上,青海省贸促会会长王熙惠说,这样的主题体现了作为全球唯一的国际清真食品用品展览会的定位和内涵,展示了把这一盛会打造成为全球清真食品用品产业交流合作的国际性重要平台的胸襟和气魄。"经过7年的打造,展会吸引力逐年增强,国内外客商通过这一平台,深化交流合作,不仅促进了国际清真食品用品产业的繁荣与发展,也充分感受到青海作为西部内陆省份扩大对外开放的崭新形象。"

二

四天的展会,记者每天都在一线进行采访,感动于记者的不光是人来人往的市民,更多的是那些带着自己产品前来展销的客商,他们在把自己的产品展示给大家的同时,也把自己民族文化展示给青海人民和世界各族人民。"我参加'清食展'已经三年了,这三年来,我不仅宣传了自己的企业,同时把自己的文化理念和世界各地的文化理念融入到了一起。"来自兰州市的客商李先生说道。

在为期四天的展会中,"清食展"不仅突出展示了我省丰富多彩的民族文化、高原特色的优势资源、清真产业的发展成果和蓄意待发的产业优势,而且注重了国内外各参展国的地域特色、文化特色和发展前景。值得一提的是,在2014年的展会上,中国(青海)"丝绸之路经济带"圆桌会议让各参展商眼前一亮,除了食品展示以外,还举办了"丝绸之路经济带"座谈会。据悉,作为中国古丝绸之路的重要节点,我省顺势而上,利用清食展经贸平台,打开青海与丝路周边国家经贸、投资合作的新思路,也表达了青海加强与丝绸之路沿线国家经贸合作的强烈愿望。圆桌会期间,地方政府缔结友好城市,签署合作协议额1.86亿元人民币。

正因为这些细节的活动，让"清食展"更加充满了激情，充满了活力。

2014 年的青海西宁，因为"清食展"的举办，让全国乃至世界人民所关注。这是一个专业化和国际化的展会，也是全国规模最大的展会，这个展会在夏初让青海走向了世界，也让世界关注了青海。尤其重要的是，让所有的清真食品从这里走向了世界——这是展会的目的。这也响应了今年的主题：清真食品的世界之窗，绿色产业的发展平台。

2014"清食展"闭幕了，但是人们谈论的话题还没有结束，坐在广场上的老大妈还在讨论着"清食展"上"淘回来"的服饰和小吃；大树下的老大爷们一边品尝着在"清食展"上买回来的茶叶，一边回忆着人生……这几日的西宁，人们在讨论着这个展会带给大家的幸福。

什么是幸福？这就是幸福，老百姓眼中最大的幸福。

展会暂时闭幕了，但是这场展会掀起的高潮没有停止，人们在过着幸福日子的同时期盼着明年的展会。而我们也期待着，这个站在夏都高原上的国际化展会，在绿色产业的带动下，随着丝绸之路经济带一起壮大我省的经济动脉，走向未来。

【案例点评】

文化是民族的血脉，是人民的精神家园，也是政党的精神旗帜。在新民主主义革命时期，党就提出了建设新文化的奋斗目标。新中国成立后，党的十一届三中全会和新世纪以来我们党对文化建设的认识不断深化，在实践中逐步形成了中国特色社会主义文化发展道路。其中，各少数民族的优秀传统文化同样是中国特色社会主义文化的内容之一，发挥各少数民族优秀传统文化的积极作用，为民族地区的经济社会发展提供智力支持，是民族地区稳定发展的基础。

【思考题】

如何认识少数民族优秀传统文化与中国特色社会主义文化之间的关系？

【案例提示】

本案例适用于第八章第三节"建设中国特色社会主义文化"中的第

一个标题——"坚持走中国特色社会主义文化发展道路"。2014 年召开的中央民族工作会议指出："加强中华民族大团结，长远和根本的是增强文化认同，建设各民族共有精神家园，积极培养中华民族共同体意识。要把建设各民族共有精神家园作为战略任务来抓，抓好爱国主义教育这一课，把爱我中华的种子埋在每个孩子的心灵深处，让社会主义核心价值观在祖国下一代的心田生根发芽。弘扬和保护各民族传统文化，要去粗取精、推陈出新，努力实现创造性转化和创新性发展。"保护和繁荣青海各少数民族优秀文化，搭建民族文化的大舞台，唱好经济发展为主角，实现创造性转化和创新性发展。

案例十　弘扬社会主义核心价值观·雷锋精神在青海[①]

【案例材料】

赵红霞：清淘工中的"女专家"

"要说最近忙些什么，还是跟以前一样，除了下水道，就是化粪池。"谈到自己的工作，第三届全国道德模范提名奖获得者赵红霞笑着说。

在环卫战线上奋战了 20 多个春秋，成为清淘工中的"女专家"，赵红霞不知道付出了多少艰辛与努力。面对这份被很多人"嗤之以鼻"的工作，赵红霞说，这么多年坚持了下来，自己早已对这份事业有了深深的热爱，虽然工作量越来越大了，也没有节假日，还会随时面临很多困难，但只要身体允许，还会一直干下去。

20 年前，因工作需要，赵红霞从西宁市城北区城管局清扫队调往服务科，成了局里唯一一名女清淘工，干起了环卫工作中最苦、最累、最脏、也是最让人瞧不起的掏粪工。从此，赵红霞便成了一个大忙人，每天早出晚归，没日没夜，没有了节假日，甚至在万家团圆的除夕之夜，她还在为居民疏通卫生间的下水道。

多年来，赵红霞下过无数次化粪池，忍受着熏人的毒气和飞溅到脸上

---

① 李启瑞：《弘扬社会主义核心价值观·雷锋精神在青海》（节选），《青海日报》2014 年 3 月 5 日。

的粪便，清掏污物，疏通水道，也经历了无数次生与死的考验，但她从没有退却过。她不怕脏和累，任劳任怨，埋头苦干，弘扬"宁愿一人脏，换来万人洁"的行业精神，把美好年华无私地奉献给了执着追求的环卫事业。由于长期受粪污和毒气的腐蚀，赵红霞的皮肤日益粗糙，脸色不再亮丽，然而，她工作依然一丝不苟，内心依然亮丽如初。她把最苦、最累、最脏的环卫工作当作体现自己价值的舞台，用坚韧的肩膀挑起了净化城市、美化城市的重任。她那干一行、爱一行、钻一行的精神感染和感动了很多人，被誉为"西宁的时传祥"。

葛军：坚守天路的"鸿雁"

二月的最后一周，刚刚跑完从格尔木至唐古拉山镇的邮路，顾不上休息，葛军又开始在格尔木市内送教材。"就要开学了，不能耽误了孩子们的学习，得及时准确地把教材送到学校。"第四届全国道德模范提名奖获得者葛军说，"每天很忙碌，让我更加真切地感受到奉献的快乐，也深感肩负责任的沉重，我时刻鞭策、提醒自己要做好本职工作"。

自 2009 年 7 月格尔木至唐古拉山镇自办邮路开通后，这条邮路就成了世界上距离最长、海拔最高的乡镇邮路。这条邮路沿线设立 22 个邮件交接点，每周一班，往返两天，单程约 470 公里，平均海拔 4600 米以上。邮路开通后，三十出头的葛军因政治素质好、身体条件好、业务过硬等诸多优势成为邮递员候选人。得知消息后，他多次主动请缨，同事纷纷劝阻，说他刚得爱女，妻子尚在医院，这条邮路不仅艰辛还有生命危险。他却说："家事重要，工作更重要，这条邮路是很辛苦，但总得有人来干……"

葛军义无反顾地挑起重担，开始了大半年都在与沙尘、雨雪相伴的邮递生涯，成为"鸿雁天路"精神和物质的重要传递着。邮路上恶劣的气候和危险的处境阻挡不了他前进的车轮，他与疯狂的沙尘赛跑，与突如其来的风霜雨雪抗争，与高海拔较劲，一次又一次与死神擦肩而过，一次又一次出色地完成邮运任务。他曾不顾刺骨的洪水倾力保护邮件，曾在中秋佳节顶风冒雪将月饼送到志愿者手中，曾无数次紧急救助沿线的陌生人……葛军与沿线的各族群众结下了深厚的友谊，成为了战士心中的"葛班长"、沿线生灵的保护者、农牧民的好朋友、"五道梁"上的救命人，受到了大家的尊敬和爱戴。

赵婷：帮助别人快乐自己

"马上就要开学了，希望这笔钱能快点汇到学校。"这几天，赵婷总是拿着手机和循化撒拉族自治县岗察乡中心学校的校长李嘉东联系，原来赵婷得知学校有三个孩子因家庭困难面临辍学，所以想赶在开学前把钱汇到学校，帮助他们解决目前的困难。

对于赵婷来说记不清这是第几次捐助，也算不清到底捐了多少了。1994 年的一天，中国青年报上一张失学小女孩渴望知识的眼神震撼了赵婷的心灵，她向中国青少年发展基金会捐出了第一笔钱——30 元善款。从那时起，她的爱心之旅开始起航。50 元、100 元、200 元、300 元、500元、1000 元、2000 元的善款源源不断地从赵婷手中传递出去。20 年来，赵婷的爱心撒播到遥远贫困的山区，中国青少年发展基金会的感谢信、受助学生的感谢信、慕名而来的充满敬意的信件雪片一般飞回来。信中那些真诚的感谢，衷心的祝福将赵婷包裹得满满当当的。赵婷开心地笑了，沉浸在助人的快乐和幸福中。

对于贫困山区的孩子，她不仅给予金钱资助，还不断写信鼓励孩子们要好好学习，长大以后成为一个有用的人。她已经以"结对子"的方式帮助了五位儿童重返校园。宁夏盐池县的王玫芳，赵婷从小学一年级一直资助到高中毕业。为资助王玫芳的学业，赵婷还发动家人伸出援手。

2011 年，赵婷在休假期间还参加了一个骨髓捐献计划，并在中华骨髓库留下了自己的血型。一年后的 7 月末，捐献中心打来电话，说有一名儿童患者急需要她的骨髓，赵婷二话没说，在最短的时间内赶到了四川华西医院，捐献了自己的骨髓。赵婷衣着简单、生活简朴，她用最朴实的价值观，诠释了"诚信、友善"的精神。2013 年，赵婷先后获得第四届全国道德模范提名奖、"青海好人"等荣誉称号，赵婷说，"小时候，我认为帮助他人是我的本质；长大了，我认为帮助他人是我的义务；现在，帮助他人已成为了我的一种习惯"。

罗加扎特：和一位汉族老人的故事

今年 51 岁的罗加扎特是青海湖农场的一名普通藏族职工，他用 28 年的时光赡养着一位非亲非故的汉族老人，用纯朴和真诚演绎了一段"藏汉一家亲"的人间佳话。

罗加扎特赡养的汉族孤寡老人名叫张文涧，河南省中牟县人。1965年，张文涧寄居在青海湖农场一个废弃的窑洞里拾荒，过起了流浪生活。张文涧一生未婚，无儿无女，拾荒只能勉强混口饭吃，更不用说遭遇病痛。那时，每当他路过罗加扎特家，都会进去坐一会儿，喝一碗滚烫的奶茶，吃一碗热乎乎的面条，和一家老小拉拉家常。在这里，他能享受到亲人般的温暖。1984 年，20 岁出头的罗加扎特看到张文涧生活贫困，产生了赡养老人的想法。罗加扎特对老人说："老汉，就住我们家吧，我们吃啥，你就吃啥，你就是我们家的亲人。"罗加扎特朴实诚恳的话语感动得老人流下了热泪。就这样，本来也不富裕的罗加扎特家里又增加了一名新成员，从此，老人的衣食住行、柴米油盐、人情礼节、头疼感冒等都由罗加扎特来操心。20 多年如一日，他以宽广的胸怀和藏民族的纯朴，无微不至地照料着老人的衣食起居，老人在这个特殊的家庭中安度着晚年。

去年 87 岁的张文涧去世了，临终前，张老汉给罗加扎特交代了自己的后事，他要按藏族习俗进行火葬，把骨灰洒在这片草原上。如今，罗加扎特在工作之余还常骑着摩托车，凭借一口流利的藏语，深入到农场周边牧户家中，宣传退耕还林工程政策，开展民族团结进步教育。罗加扎特的行动，感动和带动着身边的人，他们愿意和罗加扎特一样，在平凡的岗位上认真做好本职工作，以平凡小事奉献不平凡的爱心。近几年间，罗加扎特先后获得"全国五好文明家庭标兵户""全国第三届道德模范提名奖""青海十佳人物""海北州民族团结进步先进个人"等荣誉。

雷锋爱心车队：搭把手就能帮到别人

"'车让人让出一分和谐，人让人让出一分快乐，车让车让出一分平安。'这是我们雷锋爱心车队的座右铭。"

这两天，雷锋爱心车队的司机师傅们聚在一起聊天时，经常会聊到社会主义核心价值观这个话题，"因为电视、报纸、网络上都在宣传，我们车顶的显示屏上也播放了社会主义核心价值观的内容，大家对这 24 个字一点也不陌生"闫立平说。

在聊天中，有的师傅说："免费接送一下残疾人，是很平常的事，但传递的却是助人为乐的品格。"有的师傅说："乘客把东西落在了车里，我还得花功夫专门跑一趟送回去，虽然影响了收入，心里很踏实。"有的师傅说："在拐弯的地方把车开慢一点、多让一让正在过马路的行人，表现出来的就是友善。"有的师傅说："每天把车擦得干干净净，友好对待每一个乘客，这也是一种敬业。"……。

"不管做什么事情，都认认真真地去做，搭把手就能帮到别人，这样也体现出了我们自己的价值，我们觉得很自豪。"闫立平说。

西宁市雷锋爱心车队是一个由 50 辆车，100 名"的哥""的姐"组成的团队，多年来，车队一直坚持着为特殊群体做公益服务。车队的每一辆车里都挂有一个报刊架，司机师傅们会把每天的《西海都市报》《西宁晚报》放到里面，不仅自己阅读，也方便乘客们阅读。闫立平说，每一辆雷锋爱心车，同时也是一辆特殊的流动宣传车，时刻在把社会正能量传递给乘客，让我们的生活变得越来越美好。

大连理工大学支教团：奉献在高原深处

"到西部去，到基层去，到祖国和人民最需要的地方去……"有一个奉献在高原深处的集体，一个将大海与大山紧紧联系在一起的集体，这就是大连理工大学赴青海研究生支教团。15 年来，80 名大连理工大学学子为了一个共同的目标，以知识和技能来报答祖国的培养，以奉献和付出实现着自己的人生价值，演绎着新时代的"雷锋精神"。"15 年过去了，我觉得支教是一种责任，一种奉献。"2000 年，潘晓丹作为第一届支教团成员，在化隆回族自治县支教一年，如今回忆起支教的那段时光，潘晓丹十分感慨。

2011 年 2 月，第十一届研究生支教团团长李康，从大连出发，一路风尘仆仆，顶着高原的寒冷来到同仁县——他曾经支教的地方做公益事业，这已经是李康第三次来同仁县。"雷锋精神就是人生价值观最好的体现，做公益事业离不开雷锋干一行、爱一行的精神，生活中我们离不开雷锋助人为乐的精神，社会发展需要榜样的力量同样离不开雷锋精神。践行雷锋精神不是一种口头上的语言，而应当是实际行动。"

2013 年，新一届研究生支教团的服务地增设了化隆回族自治县第二中学支教点。"我们帮助了别人，内心就会充满愉悦，希望为这里的孩子开一扇窗，让他们可以看到外面更大的世界，就是我最大的成就。"第十五届研究生支教团团长潘博说。

秦东林：助人为乐精神永不"退休"

40 多年来，不论是当战士、当干部，还是退休，他始终以雷锋为榜样，奉献社会。家住昆仑路西社区的秦东林，是一位复转军人，十几年如一日无私照顾辖区孤残老人于秀英。

秦东林出生于 20 世纪 60 年代，学生时代深受"雷锋精神"的熏陶，"学习雷锋"好榜样，忠于革命忠于党……、接过雷锋的枪，千万个雷锋在成长……"凡是与雷锋有关的事迹、歌曲、日记，秦东林至今都还依稀记得"，在我们那个年代，《雷锋日记》是必读书目之一，雷锋歌曲也是人人会唱，人人都向往做一颗永不生锈的"螺丝钉"。如今，虽然时代环境发生了变化，但雷锋精神一直在我们的心中延续，与人为善，助人为乐，公交车上让座位，马路上搀扶摔倒的老人，向灾区捐款捐物，只要人人都献出一点爱，整个社会将变得更加美好。

"人的生命是有限的，但为人民服务的宗旨却是无限的。"在他看来，虽然工作退休，但助人为乐、奉献爱心永远不会退休，他所做的就是希望更多人积极参与学雷锋活动，在全社会营造诚信、互助、友爱的良好氛围。

王兴辉：让更多的人成为雷锋

2014年，24岁的王兴辉是一名创业青年，也是青海义工联服务队队长，18岁时他创建志愿者QQ群，开始组织参加公益活动，在6年的时间里先后组织开展各类志愿服务活动120余次，共募集善款十多万元，救助贫困儿童500名，结对帮扶残疾人80户，受益群众达3万多人次。

青年志愿者与雷锋精神在本质上是一样的，都体现着助人为乐的奉献精神。王兴辉说，作为"90后"并不缺乏信仰和追求。许多"80后"和"90后"已经从老一辈手里接过了接力棒，认识雷锋、学习雷锋，让雷锋精神世代相传。他觉得在新的历史时期应该将雷锋精神融入青年志愿者爱国、助人、友善、团结的公益心态中，将雷锋精神践行在青年志愿者坚定、专注、无私的服务行动里，从小处着眼，从小事着手，关心帮助社会上需要帮助的人，让弘扬雷锋精神成为一种自觉行动，让关爱他人成为一种习惯，让更多的人成为雷锋。

"每个人在自己的岗位上立足本职，尽职尽责，每个人友善地对待每一个人，见义勇为，乐于助人，每个人在自己的家庭里，孝顺父母，关爱子女，这应该是当代青年人的追求。"王兴辉说。

陈媛：心存善念做力所能及的事

陈媛是一名年轻的公司白领，同时也是安利青海志愿者服务队的负责人。又到了一年一度学雷锋的日子，她和同事们在工作之余，正着手准备在3月5日这天，帮助实现西宁市光明小学的留守流动儿童的愿望。

"做公益事业、做一名志愿者不一定就要有钱，就要做'高端大气上档次'的事，只要心存善念，做一些力所能及的事情，给需要帮助的人伸出援手，就会给社会带来很多温暖。光明小学的许多留守流动儿童性格比较孤僻，我们去帮助他们，不仅是捐钱捐物，还带他们去科技馆、动物园，跟他们结对子交朋友，让他们尽快适应环境、融入社会，我想我们做的这件事情是非常有益的，与当前正在倡导的社会主义核心价值观的内涵是一致的。"陈媛说。

9年前入职安利公司同时开始组建并管理安利青海志愿者服务队，陈媛带领着150名志愿者，开展了近百项志愿者服务工作。无论是担任留守儿童的代理家长，还是做聋哑盲童的眼耳口，或是在可可西里担当环保宣传大使，甚至在抢险救灾一线，陈媛总是充满了活力与快乐。

做了9年的公益事业，陈媛对社会主义核心价值观有着自己的理解，她说："社会主义核心价值观这个概念似乎很大、很抽象，其实作为一个普通的公民，把废纸扔进垃圾筒、下雨天给身旁的人撑一下伞、扶一扶过马路的老人、甚至给陌生人一个微笑，事情很小，同样弘扬了中华民族的优良传统，这也是用实际行动践行着社会主义核心价值观。"

【案例点评】

热爱党、热爱祖国、热爱社会主义的坚定理想信念，是雷锋精神的基石；全心全意为人民服务是雷锋精神的核心；爱憎分明、言行一致、公而忘私、奋不顾身是雷锋精神的特征；甘当革命"螺丝钉"的敬业精神，刻苦钻研的"钉子精神"，锐意进取、自强不息的创新精神，艰苦奋斗、勤俭节约的创业精神，是雷锋精神的重要内容。弘扬雷锋精神，就要以雷锋精神为镜，坚守社会主义核心价值观，充分发挥文化力量，更需要大力倡导社会主义核心价值观，从而激发正能量、凝聚正能量、释放正能量。

【思考题】

1. 结合材料内容，谈谈你对社会主义核心价值体系的理解？
2. 在生活中，怎样去践行社会主义核心价值观？

【案例提示】

本案例适用于第八章第三节"建设中国特色社会主义文化"中的第二个标题——"建设社会主义核心价值体系"。党的十八大提出，倡导富强、民主、文明、和谐，倡导自由、平等、公正、法治，倡导爱国、敬业、诚信、友善，积极培育和践行社会主义核心价值观。发扬雷锋精神，就是对社会主义核心价值观的实践。

案例十一　加强思想道德建设，发展教育科学

【案例材料】

材料 1：公民道德建设的主要内容。①

《公民道德建设实施纲要》内容摘要：

2001 年 10 月 20 日，中共中央发出通知指出，加强社会主义思想道德建设，是发展先进文化的重要内容和中心环节。各地区、各部门一定要把公民道德建设放在突出位置来抓，认真贯彻执行《公民道德建设实施纲要》。其中公民道德建设的主要内容有：

1. 从我国历史和现实的国情出发，社会主义道德建设要坚持以为人民服务为核心，以集体主义为原则，以爱祖国、爱人民、爱劳动、爱科学、爱社会主义为基本要求，以社会公德、职业道德、家庭美德为着力点。在公民道德建设中，应当把这些主要内容具体化、规范化，使之成为全体公民普遍认同和自觉遵守的行为准则。

2. 为人民服务作为公民道德建设的核心，是社会主义道德区别和优越于其他社会形态道德的显著标志。它不仅是对共产党员和领导干部的要求，也是对广大群众的要求。每个公民不论社会分工如何、能力大小，都能够在本职岗位，通过不同形式做到为人民服务。在新的形势下，必须继续大张旗鼓地倡导为人民服务的道德观，把为人民服务的思想贯穿于各种具体道德规范之中。要引导人们正确处理个人与社会、竞争与协作、先富与共富、经济效益与社会效益等关系，提倡尊重人、理解人、关心人，发扬社会主义人道主义精神，为人民为社会多做好事，反对拜金主义、享乐主义和极端个人主义，形成体现社会主义制度优越性、促进社会主义市场经济健康有序发展的良好道德风尚。

3. 集体主义作为公民道德建设的原则，是社会主义经济、政治和文化建设的必然要求。在社会主义社会，人民当家作主，国家利益、集体利益和个人利益根本上的一致，使集体主义成为调节三者利益关系的重要原

---

① 《公民道德建设实施纲要》（节选），人民网，2001 年 10 月 24 日。

则。要把集体主义精神渗入社会生产和生活的各个层面，引导人们正确认识和处理国家、集体、个人的利益关系，提倡个人利益服从集体利益、局部利益服从整体利益、当前利益服从长远利益，反对小团体主义、本位主义和损公肥私、损人利己，把个人的理想与奋斗融入广大人民的共同理想和奋斗之中。

4. 爱祖国、爱人民、爱劳动、爱科学、爱社会主义作为公民道德建设的基本要求，是每个公民都应当承担的法律义务和道德责任。必须把这些基本要求与具体道德规范融为一体，贯穿公民道德建设的全过程。要引导人们发扬爱国主义精神，提高民族自尊心、自信心和自豪感，以热爱祖国、报效人民为最大光荣，以损害祖国利益、民族尊严为最大耻辱，提倡学习科学知识、科学思想、科学精神、科学方法，艰苦创业、勤奋工作，反对封建迷信、好逸恶劳，积极投身于建设有中国特色社会主义的伟大事业。

5. 社会公德是全体公民在社会交往和公共生活中应该遵循的行为准则，涵盖了人与人、人与社会、人与自然之间的关系。在现代社会，公共生活领域不断扩大，人们相互交往日益频繁，社会公德在维护公众利益、公共秩序，保持社会稳定方面的作用更加突出，成为公民个人道德修养和社会文明程度的重要表现。要大力倡导以文明礼貌、助人为乐、爱护公物、保护环境、遵纪守法为主要内容的社会公德，鼓励人们在社会上做一个好公民。

6. 职业道德是所有从业人员在职业活动中应该遵循的行为准则，涵盖了从业人员与服务对象、职业与职工、职业与职业之间的关系。随着现代社会分工的发展和专业化程度的增强，市场竞争日趋激烈，整个社会对从业人员职业观念、职业态度、职业技能、职业纪律和职业作风的要求越来越高。要大力倡导以爱岗敬业、诚实守信、办事公道、服务群众、奉献社会为主要内容的职业道德，鼓励人们在工作中做一个好建设者。

7. 家庭美德是每个公民在家庭生活中应该遵循的行为准则，涵盖了夫妻、长幼、邻里之间的关系。家庭生活与社会生活有着密切的联系，正确对待和处理家庭问题，共同培养和发展夫妻爱情、长幼亲情、邻里友情，不仅关系到每个家庭的美满幸福，也有利于社会的安定和谐。要大力倡导以尊老爱幼、男女平等、夫妻和睦、勤俭持家、邻里团结为主要内容的家庭美德，鼓励人们在家庭里做一个好成员。

材料2：《青海省公民道德规范（试行）》。①

开篇词

巍巍昆仑　汤汤三江　历史悠久　文明发祥

大美青海　乐土一方　万物和谐　道尊德昌

社会公德篇

爱国

了解历史　把握国情

维护统一　反对分裂

热爱祖国　矢志不渝

民族复兴　匹夫有责

法纪

学法懂法　守法用法

弘扬法治　维护法威

法定义务　自觉履行

维持秩序　遵守纪律

民族

坚持团结　反对分裂

坚持平等　相互尊重

相亲相爱　互帮互助

共同奋斗　共同发展

新风

崇尚科学　破除迷信

移风易俗　革除陋习

助人为乐　见义勇为

洁身自好　举止文明

志愿

热心公益　服务他人

助人自助　扶弱助残

大爱同心　帮困解难

---

① 青海省精神文明办公室：《青海省公民道德规范（试行）》，《青海日报》2012 年 12 月 12 日。

学习雷锋　奉献社会

环保

倡导绿色　珍爱自然

美化环境　节约资源

崇尚低碳　减少污染

保护生态　善待家园

职业道德篇

工人

爱岗敬业　团结协作

遵章守纪　严格操作

钻研技术　勇于创新

一丝不苟　精益求精

农牧民

爱护田地　科学种养

学习文化　勤劳致富

关心集体　村邻互助

遵守合同　不忘义务

军人

政治合格　军事过硬

作风优良　纪律严明

保障有力　拥政爱民

服从命令　听党指挥

经营者

诚实守信　合法经营

依法纳税　公平竞争

民主管理　尊重员工

富而思源　回报社会

服务人员

树立形象　爱岗敬业

顾客至上　童叟无欺

文明热情　彬彬有礼

精通业务　优质服务

司驾人员

尊客爱货　安全第一

守法遵规　杜绝酒驾

专心谨慎　礼让三先

珍爱生命　文明出行

财务工作者

熟悉法规　遵守制度

严谨细致　当好参谋

坚持原则　不做假账

实事求是　廉正财务

科学技术工作者

热爱科技　严谨治学

追求真理　孜孜探索

谦虚谨慎　团结协作

报效祖国　造福人类

教育工作者

热爱学生　诲人不倦

忠诚教育　勤于教研

学高为师　德高为范

授业解惑　薪火相传

文艺工作者

坚持方向　讴歌时代

深入生活　深入基层

颂真扬善　德艺双馨

多出精品　鼓舞人民

新闻工作者

围绕中心　服务大局

把握导向　正面宣传

坚持真实　公正客观

弘扬正气　鞭恶扬善

医务工作者

尊重病人　奉献爱心

钻研医术　诊治精心
提高技能　护理细心
救死扶伤　尽责尽心
体育工作者
刻苦训练　顽强拼搏
不骄不馁　战胜自我
公平竞赛　严守规则
增进友谊　团结协作
执法工作者
秉公执法　清正廉明
打击犯罪　保护人民
热情服务　依法办案
主持正义　维护公正
社会工作者
助人自助　促进公平
接纳对象　平等待人
杜绝歧视　善解人意
尊重自决　保护隐私
公务员
恪尽职守　务实勤政
服务人民　心系群众
依法行政　公道公正
淡泊名利　廉洁奉公

家庭美德篇
婚育
婚恋自主　尊重对方
依法登记　文明结婚
晚婚晚育　优生优育
计划生育　男女平等
夫妻
珍惜婚姻　珍爱家庭
互谅互让　互敬互信

夫妻平等　共担责任
同甘共苦　携手一生
长幼
长幼有序　各守其份
尊老爱幼　孝顺父母
关心兄弟　疼爱姊妹
彼此尊重　共同进步
家教
养育子女　且教读书
循循善诱　明理第一
既重言传　更重身教
忌宠忌暴　宽严相辅
持家
俭朴持家　消费有度
科学理财　勤劳致富
健康身心　文明言行
共担家务　和谐相处
邻里
比邻而居　和睦共处
礼尚往来　关心互助
矛盾纠纷　及时化解
与人为善　宽宏大度

个人品德篇

学习
热爱学习　锐意进取
博闻强识　自强不息
学思结合　追求真理
明辨是非　德才兼备
言谈
真话实说　谦词用语
面带微笑　诚恳庄敬
不讲脏话　不弄是非

柔和委婉　不可强词

做事

行有计划　科学安排

有始有终　力行表率

言而有信　坚持原则

严于律己　宽容为怀

立身

淡泊明志　宁静致远

自尊自强　敏行讷言

去庸求进　戒贪持廉

去懒求勤　雅俗明辨

生活

见贤思齐　恪守信义

礼貌真诚　坦率待人

勤俭节约　温和谦恭

祛恶向善　知耻尚荣

工作

立足本职　爱岗敬业

勤奋踏实　认真负责

遵守纪律　热忱服务

乐于奉献　团结协作

学生品德篇

学前儿童

开口说请　见人问好

同伴同玩　礼让友好

生活小事　自己做好

知道对错　从小学好

中小学生

热爱祖国　热爱人民

尊敬师长　团结同学

生活简朴　不挑吃穿

刻苦学习　诚实勇敢

大学生

脚踏实地　胸怀天下

知行合一　完善人格

自尊自立　自强不息

品学兼修　立志成才

材料 3：2013 年全国高等教育事业发展统计公报。[①]

全国各类高等教育在学总规模达到 3460 万人，高等教育毛入学率达到 34.5%。全国共有普通高等学校和成人高等学校 2788 所，比上年减少两所。其中，普通高等学校 2491 所（含独立学院 292 所），比上年增加 49 所；成人高等学校 297 所，比上年减少 51 所。普通高校中本科院校 1170 所，比上年增加 25 所；高职（专科）院校 1321 所，比上年增加 24 所。全国共有培养研究生单位 830 个，其中普通高校 548 个，科研机构 282 个。

研究生招生 61.14 万人，比上年增加 2.17 万人，增长 3.68%，其中，博士生招生 7.05 万人，硕士生招生 54.09 万人。在学研究生 179.40 万人，比上年增加 7.41 万人，增长 4.31%，其中，在学博士生 29.83 万人，在学硕士生 149.57 万人。毕业研究生 51.36 万人，比上年增加 2.72 万人，增长 5.59%，其中，毕业博士生 5.31 万人，毕业硕士生 46.05 万人。

普通高等教育本专科共招生 699.83 万人，比上年增加 11.00 万人，增长 1.60%；在校生 2468.07 万人，比上年增加 76.76 万人，增长 3.21%；毕业生 638.72 万人，比上年增加 13.99 万人，增长 2.24%。

成人高等教育本专科共招生 256.49 万人，比上年增加 12.54 万人；在校生 626.41 万人，比上年增加 43.30 万人；毕业生 199.77 万人，比上年增加 4.34 万人。

全国高等教育自学考试学历教育报考 766.30 万人次，取得毕业证书 73.42 万人；非学历教育报考 958.7 万人次。

普通高等学校本科、高职（专科）全日制在校生平均规模 9814 人，其中，本科学校 14261 人，高职（专科）学校 5876 人。

普通高等学校教职工 229.63 万人，比上年增加 4.19 万人；专任教师

① 教育部：《2013 年全国教育事业发展统计公报》（节选），中国新闻网，2014 年 7 月 4 日。

149.69 万人，比上年增加 5.66 万人。普通高校生师比为 17.53：1。成人高等学校教职工 5.64 万人，比上年减少 9195 人；专任教师 3.36 万人，比上年减少 5746 人。

普通高等学校校舍总建筑面积 84154.95 万平方米，比上年增加 3094.53 万平方米；教学科研仪器设备总值 3309.58 亿元，比上年增加 374.21 亿元。

材料 4：2012 年浙江省高等教育事业发展统计公报。[①]

全省共有普通高等学校 105 所（含独立学院及筹建院校），其中：大学 13 所、学院 21 所、独立学院 22 所、高等专科学校 3 所、高等职业学校 46 所。研究生、本科、专科招生比例为 1：8.2：6.8；普通高考录取率为 85.4%，与上年基本持平；高等教育毛入学率为 49.5%，比上年提高 2.5 个百分点。

研究生招生 18748 人，其中：博士生 2262 人，硕士生 16486 人，招生总数比上年增加 1183 人，增长 6.7%；在学研究生 54369 人，其中：博士、硕士在校生分别为 9485 人、44884 人，在学研究生总数比上年增加 2523 人，增长 4.9%。地方属普通高校招收研究生 11706 人，其中：博士生 318 人，硕士生 11388 人，招生总数比上年增加 930 人，增长 8.6%；在学研究生 32195 人，其中：博士、硕士在校生分别为 1238 人、30957 人，在学研究生总数比上年增加 2174 人，增长 7.2%；研究生毕业生 9212 人，其中：博士、硕士毕业生分别为 164 人、9048 人，毕业生总数较上年增加 1584 人，增长 20.8%。

全省普通本专科招生 28.08 万人，比上年增长 3.5%，其中部属院校招生 0.61 万人，与上年持平；地方属高校招生 27.47 万人，比上年增长 3.6%。本科招生 15.32 万人，增长 4.8%；高职（高专）招生 12.76 万人，增长 2%；在校生数 93.23 万人，增长 2.7%，其中本科在校生 56.92 万人，增长 4.2%，高职（高专）在校生 36.31 万人，增长 0.5%。毕业生 24.75 万人，增长 3.8%。

全省普通本、专科招生比达 54.6：45.4，其中地方属高校本、专科招生比 53.6：46.4。

---

① 浙江省教育厅：《2012 年浙江省教育事业发展统计公报》，中国发展门户网，2013 年 11 月 26 日。

全省普通高等学校教职工 8.38 万人，比上年增加 0.24 万人；其中专任教师 5.42 万人，增加 0.19 万人。专任教师中副高职称以上教师所占比例达到 43.6%，比上年提高 0.7 个百分点；具有硕士以上学位教师比例 71.7%，比上年提高 3.2 个百分点。

普通高校校舍建筑总面积 3167.72 万平方米，比上年增加 129.31 万平方米，增长 4.3%；图书 8808.95 万册，比上年增加 1040.7 万册，增长 13.4%；仪器设备值 145.5 亿元，比上年增加 16.61 亿元，增长 12.9%。

材料 5：2012 年青海省高等教育事业发展统计公报。[①]

高等教育继续将重点转向内涵发展，着力优化结构，提高教学质量。全省高等学校 11 所，其中普通高校 9 所，成人高校 2 所。普通高校中本科院校 4 所（含独立学院 1 所），高职院校 5 所。全省共有研究生培养机构 5 个，其中高等学校 3 个，科研机构 2 个。全省高等教育毛入学率达到 31.59%，比上年提高 2.08 个百分点。

全省高校研究生招生 980 人，比上年增加 162 人，增长 19.80%；普通本专科招生 15148 人，比上年增加 980 人，增长 6.92%；全省成人本专科招生 5637 人，比上年增加 697 人，增长 14.11%。其中：

普通高校中普通本科招生 8623 人，占普通本专科招生数的 56.93%，比上年降低 0.95 个百分点；普通专科招生 6525 人，占普通本专科生的 43.07%，比上年增长 0.95 个百分点。成人本科招生 2969 人，比上年增加 354 人；专科招生 1735 人，比上年增加 261 人。

成人高校中成人专科招生 933 人，比上年增加 82 人，增加 9.64%。

全省高等院校在校生总规模达到 64128 人，比上年增加 3455 人，增长 5.69%；其中：全省高校在校研究生 2579 人，比上年增加 394 人，增长 18.03%；其中博士研究生 32 人，比上年增加 13 人，增长 68.42%；普通本专科在校生 48668 人，比上年增加 2947 人，增长 6.45%；成人本专科在校生 12881 人，比上年增加 114 人，增长 0.89%。

全省高等院校共有教职工 6929 人，比上年减少 12 人；专任教师 3878 人，比上年减少 19 人。其中：普通高校教职工 6668 人，专任教师 3717

---

① 青海省教育厅：《2012 年青海省教育事业发展统计公报》，中国发展门户网，2013 年 11 月 26 日。

人，专任教师占教职工的 55.74%，比上年降低 0.2 个百分点。成人高校教职工 261 人，专任教师 161 人，专任教师占教职工的 61.69%，比上年增长 0.33 个百分点。

全省高校专任教师中副高级及以上职称的教师 2120 人，比上年增加 122 人，占专任教师的 54.67%。其中：普通高校副高级及以上职称的 2076 人，占普通高校专任教师的 55.85%，比上年增加 119 人；成人高校副高级及以上的 44 人，占成人高校专任教师的 27.33%，比上年增加 3 人。

全省高校专任教师中拥有博士学历的 228 人，占 5.88%，比上年增加 19 人，提高 0.52 个百分点；拥有硕士学历的 944 人，占 24.34%，比上年增加 45 人，提高 1.27 个百分点；获得硕士以上学位的 1953 人，占专任教师的 50.36%，比上年增加 94 人，提高 2.66 个百分点。

【案例点评】

1. 一个有文明道德风尚的社会，必然是一个和谐的社会。要培育文明道德风尚，必须积极倡导爱国、敬业、诚信、友善等道德规范，开展社会公德、职业道德、家庭美德教育，促进人际和谐。必须注重人文关怀和心理疏导，加强心理健康教育，促进人的心理和谐。必须引导人们牢固树立节约资源、保护环境、科学发展的意识，促进人与自然的和谐。

2. 教育和科学是中国特色社会主义文化建设的重要内容，对于提高民族素质、提高社会文明程度、促进经济发展和社会全面进步具有重要作用。发展教育和科学，营造良好的文化环境，是加强文化建设、推进改革开放和现代化建设的重要条件。我国人均受教育水平仍然不高，从业人员平均受教育年限仍低于发达国家平均水平 3 年以上。创新型人才和高技能人才不足，杰出人才缺乏。城乡、区域、各级各类教育之间发展不平衡。实施素质教育尚未取得根本性突破。教师队伍的素质和水平需要进一步提高，人才培养模式需要进一步改进。教育投入不足，与教育事业持续健康发展的需求有较大差距。一些关系人民群众切身利益的教育问题还没有得到很好解决。

【思考题】

1. 思想道德建设的主要内容是什么？

2. 如何正确认识东西部高等教育事业发展存在的差距？

【案例提示】

本案例适用于第八章第三节"建设中国特色社会主义文化"中的第三个标题——"加强思想道德建设和发展教育科学"。《公民道德建设实施纲要》和《青海省公民道德规范（试行）》的实施，既是加强思想道德建设的制度保障，也是加强思想道德建设的内容诠释，教育科学的发展在思想道德建设中发挥着重要作用。同时，还应该科学客观地认识中西部地区在教育科学发展水平方面所存在的差距。

案例十二　青海省特色文化产业发展之路

【案例材料】

材料1：青海特色文化产业走出高原。[①]

2013年青洽会青海文化产业项目推介昨天签约，国家藏羌彝文化产业走廊项目青海沿线重点项目发布。

近年来，青海省初步走出了一条以昆仑玉、热贡艺术、藏族织毯、民族服饰、工艺美术等为重点的特色文化产业发展之路。全省共有国家文化产业示范基地8个，省级文化产业示范基地（单位）61个。到2011年底，全省文化及相关产业共有7198多个，文化产业从业人员近10万人，文化产业实现增加值29.45亿元，占同期国民生产总值的1.88%。

昨天，北京普罗之声文化传播有限公司与青海省有关单位签署了一系列青海特色文化产业"走出去"合作框架协议，涉及"青海花儿"的推广，与青海省部分中国工艺美术大师、国家级非遗传承人合作等内容。

国家藏羌彝文化产业走廊整体项目包括四川、西藏、甘肃、青海、云南的部分区域，以及国家命名的青海"热贡文化生态保护实验区"，四川、陕西"羌族文化生态保护实验区"的5个省（区）、7个自治州、2个生态区。项目主要是通过在这些区域内实施一批具有带动示范作用的文

[①]　刘鹏：《青海特色文化产业走出高原》，《光明日报》2013年6月12日。

化产业项目，把民族文化资源优势变为经济优势，扩大民族地区就业，促进文化资源的保护和合理利用，用发展文化产业的手段为西部地区经济和社会发展以及民族大团结提供坚实的文化基础和物质条件。

据文化部文化产业司巡视员孙若风介绍，国家藏羌彝文化产业走廊项目青海沿线重点项目青海片区共规划 23 个文化产业项目，总投资达 29.08 亿元。

国家藏羌彝文化产业走廊项目涵盖黄南、海北、海南、海西、果洛、玉树 6 个自治州所辖 30 县（市）和 3 个行委，海东、西宁部分藏族乡。该项目以黄南州及国家命名的青海"热贡文化生态保护实验区"为核心区，以海北、海南、海西、果洛、玉树 5 个自治州为辐射区域，以西宁市为城市枢纽，突出环青海湖、三江源、热贡艺术藏区文化板块。以藏区文化资源实现产业转化为目的，以文化产业项目为支撑，以特色藏民族文化县、乡、镇为载体，依托唐蕃古道、三江源自然生态保护区、青海湖、青藏铁路（公路）、黄河沿线，大力实施藏区文化产业园区建设，形成国家以及西部地区有鲜明特色的文化产业走廊。

材料 2：世界最长的史诗——《格萨尔》。①

藏族说唱艺术《格萨尔》发源于青海省长江、黄河源头，是藏族人民集体智慧的结晶。这一艺术在千年的流传过程中，经过民间艺人的不断加工创造，形成影响力大、流传范围极广的藏族英雄史诗《格萨尔王传》，简称《格萨尔》。这部史诗在以往千年的创造和传播中获得了无限的智慧源泉和精神动力，从最初阶段的几部，集腋成裘，最终达 200 多部（含异文本），是世界最长的史诗。

《格萨尔》作为一部英雄史诗，不仅叙述了英雄格萨尔王毕生的征战史，同时也是一部全方位反映藏族古代社会生活的鸿篇巨制。在漫长的流传过程中，不同时代均在史诗中留下了各自的历史与文化积淀，使它成为了解与认识藏族历史、宗教、语言、文学、民俗的"百科全书"，具有语言学、民俗学、史学、宗教学、人体学、生态学和原生态的文化价值。格萨尔学与红楼梦学、敦煌学一起为世界所瞩目，是世界文化宝库中一颗璀璨的明珠。目前有 20 多个国家的研究人员致力于《格萨尔》研究，用十

---

① 青海省文化馆：《世界最长的史诗—〈格萨尔〉》，青海省文化馆网站，2012 年 12 月 27 日。

多种文字出版《格萨尔》的版本 150 多种，发表研究论著 300 多部（篇），涌现出了以帕拉斯为代表的一批研究专家。

青海是《格萨尔》说唱艺术的发祥地，是抢救、搜集、翻译、整理、出版和研究等方面起步最早的省份。1962 年青海省成立了《格萨尔》抢救办公室，1984 年成立《格萨尔》研究办公室（隶属青海省文联）。在果洛藏族自治州、玉树藏族自治州相继成立了《格萨尔》抢救办公室。1985 年，青海省《格萨尔》研究办公室改称青海省《格萨尔》史诗研究所。在青海省委、省政府的大力支持下，青海《格萨尔》史诗的挖掘、搜集、抢救、翻译、出版和研究等工作取得了令人瞩目的成绩。共搜集藏文原始手抄本和木刻本达 28 部 74 种之多，已出版 27 部；深入农村牧区，普查、寻访说唱艺人，为具有代表性的 55 名艺人建立了艺术档案；普查1000 多处遗迹，收集了许多遗物；举办两届全省《格萨尔》民间艺人演唱会和学术研讨会；抢救、记录、整理艺人口头说唱本 50 部，约 1500 万字，其中出版 7 部；用汉、藏两种文字撰写出版研究专著 8 部，发表研究论文近 200 篇，出版《格萨尔研究》内部刊物 6 期，《〈格萨尔〉工作通讯》6 期；承担并出版国家级课题——《格萨尔》精选本 6 部 7 本；成功举办在西宁召开的第五届国际《格萨尔》学术研讨会。

【案例点评】

21 世纪是知识经济时代，经济的文化化和文化的经济化已成为大趋势，知识文化已成为经济发展的重要资源。随着经济全球化进程的加快，文化产业已成为 21 世纪发展最快的朝阳产业之一，它与信息产业并称为21 世纪的两大新兴支柱产业，成为世界经济增长的两个新亮点。建设社会主义文化强国，需要培养高度的文化自觉自信；要大力发展文化事业和文化产业；必须加快文化体制改革。民族文化产业的发展同样是建设社会主义文化强国的基本内容。

【思考题】

如何认识地区特色文化产业的发展对建设社会主义文化强国的重要意义。

【案例提示】

本案例适用于第八章第三节"建设中国特色社会主义文化"中的第

四个标题——"建设社会主义文化强国"。地域特色和民族特色是青海特色文化的主要标志，结合"一带一路"的建设战略，挖掘和整理民族文化，发展特色文化产业，走出一条青海特色文化产业发展之路，为建设社会主义文化强国发挥应有的作用。①

案例十三　青海省民族地区民生事业面临的机遇和挑战②

【案例材料】

近年来，青海省坚持把解决民生问题作为建设富裕文明和谐新青海的重中之重，以科学发展观为统领，以解决人民群众最关心、最直接、最现实的利益问题为切入点，积极抢抓国家西部大开发、支持青海等省藏区发展的战略机遇，组织实施了扶贫开发和社会服务保障各项工程，加快了民族地区贫困群众脱贫致富步伐，民生领域各项工作取得重大突破，促进了民族地区经济社会全面发展。随着我国经济建设的快速发展，综合国力显著增强，财政投入持续增加，公共支出结构不断优化，政府解决民生问题的能力明显增强，尤其是加大了对包括青海在内的西部地区投入力度，为改善民生提供了难得的保障和机遇。

一　民族地区民生事业面临的机遇

从全国来看，一是党的十七届五中全会把保障和改善民生，作为加快转变经济发展方式的根本出发点和落脚点，纳入了国家"十二五"发展规划，提出了加大扶贫开发力度，加强社会建设，建立健全基本公共服务的重大战略部署，对于进一步推动扶贫开发、改善民生、发展社会事业，作用重大、意义深远。二是中央农村工作会议提出继续大幅度增加财政对"三农"的投入，扶贫开发力度将会加大。三是国务院扶贫办关于对低收入人口全面实行扶持的政策，安排更多资金直接扶持到贫困户，必将为贫困群众带来更多的实惠。四是随着改革开放不断深入，社会体制改革加快

---

① 本章案例——十二内容由马文祥编写。
② 青海省创建民族团结进步工作领导小组办公室编印《全省创建民族团结进步示范区调研报告汇编》，2011年6月。

推进，社会力量参与公共服务的渠道不断拓宽，社会各界和人民群众参与社会服务、爱心捐赠和慈善公益事业的热情普遍高涨、行动更加自觉，为社会服务事业的发展创造了有利条件和良好环境。

从青海来看，中央深入实施西部大开发、支持青海等省藏区经济社会发展、推进玉树灾后恢复重建等重大举措和战略部署，为加大扶贫开发力度、加快青海省民族地区基础设施建设、保障和改善民生、保护生态环境等方面提供了政策机遇；省委、省政府高度重视以改善民生为重点的扶贫开发和社会建设，提出"十二五"期间扶贫开发和基本公共服务发展目标，并施行一系列优惠政策，为青海省改善基本民生提供了广阔的发展空间。

二　民族地区民生事业面临的挑战

青海省民族地区包括海北、海南、黄南、果洛、玉树五个藏族自治州和海西蒙古族藏族自治州，西宁市大通回族土族自治县、海东地区化隆回族自治县、循化撒拉族自治县、互助土族自治县、民和回族土族自治县，西宁市湟中县、湟源县、海东地区平安县、乐都县的13个民族乡。民族地区贫困群众大多分布在山大沟深、自然条件严酷的地区，面临着贫困面广、贫困人口多、发展能力弱、返贫率高、收入差距大、生态保护任务重、民生保障不足的挑战。一是贫困面广。青海省民族自治州、自治县、民族乡的面积占全省总面积的98%以上。15个国家扶贫开发工作重点县和10个全省扶贫开发工作重点县中，民族自治县就有11个，湟中、湟源、平安、乐都四县中有民族乡13个。实行新的扶贫标准后，扶持范围涉及民族地区4146个贫困村。二是贫困人口多。根据青海省新的扶贫标准，民族地区贫困人口29.72万户117.73万人，占全省农牧民总人口的32%、全省贫困农牧民人口的85%。三是发展能力弱。民族地区贫困人口主要集中东部干旱山区和藏区，自然环境恶劣，灾害频繁，基础设施落后，生产生活条件差，生产单一，靠天吃饭，产业发展艰难，信息闭塞，劳动者素质和市场化程度低，资金投入不够，生产力发展缓慢，自我发展能力十分有限，脱贫难度大。据不完全统计，目前还有3.92万户、18.17万人居住在不具备生产发展条件的地区，需要易地搬迁发展。四是生态保护任务重。被誉为"中华水塔"和"地球之肾"的三江源地区既是生态保护区，又是民族地区最贫困的地区，其特殊的生态战略地位对中华民族的生存和发展起着至关重要的作用。因此，青海省民族地区肩负着保护生态和脱贫致富两大艰巨而长期的任务。五是返贫率高。青海省民族地区常年返贫率 13% 左右，灾年 30%，重灾年高达 50%—60%。玉树"4·14"地震因灾返贫人口达 6.8852 万人，返贫率达 71.8%。六是收入差距大。2010 年人均纯收入 1510 元，与全省 3863 元、全国 5919 元相比分别差 2353 元、4409 元，差距还在进一步扩大。七是生活问题突出。受自然条件等诸多因素的限制，一直以来青海省民族地区农牧民家庭收入处于较低的水平，除去必须的生活支出外就所剩无几，家庭积累严重不足，生产、生活发展面临诸多困难，突出表现在住房、就医、子女教育、生产投入等方面。八是民生保障不足。青海省经济发展滞后，地方政府对民生事业的投入受限，民族地区民生保障能力不足，特别是城乡区域发展不平衡，农牧区社会服务基础薄弱、有效供给不足，推进基本公共服务均等化的难度较大；城乡社会救助标准相对较低，覆盖面比较窄，社会服务设施建设相对滞后，与全国平均水平和人民群众的服务需求相较差距不断扩大，新的社会问题不断产生并日益复杂，社会服务的需求更加趋向个性化和多样化。

【案例点评】

党的十八大指出：加强社会建设，必须以保障和改善民生为重点。提高人民物质文化生活水平，是改革开放和社会主义现代化建设的根本目的。要多谋民生之利，多解民生之忧，解决好人民最关心最直接最现实的利益问题，在学有所教、劳有所得、病有所医、老有所养、住有所居上持续取得新进展，努力让人民过上更好生活。

多年来，在青海省委省政府的领导下，本地区的民生保障不断加强，初步构建了社会救助服务、社会福利服务、优抚安置服务和慈善服务等基本社会服务制度合作机制，使得民生保障有制度支撑，社会公共服务体系基本建立，人们能享受教育、医疗、住房、社保、灾害救助等公共服务。但另一方面还存在着人民群众日益增长的公共产品、公共服务、公共安全需求同供给不足的矛盾；城乡结构、就业结构、人口结构、分配结构等社会结构的重大变化，引发一些民生新问题，这些问题的解决还面临着制度体制上的制约。能否妥善解决这些问题，事关社会和谐稳定，事关国家的长治久安。因此，必须加快推进以保障和改善民生为重点的社会建设，坚定不移走共同富裕道路，完善保障和改善民生的制度安排。

【思考题】

结合青海省民族地区民生事业面临的机遇和挑战，谈一谈解决民族地区民生问题的对策。

【案例提示】

本案例可用于第八章"建设中国特色社会主义总布局"第四节"建设社会主义和谐社会"。通过本案例教学，使学生正确认识保障和改善民生是坚持以人为本的具体体现，是促进社会和谐的重要保证，是全面建成小康社会的必然要求；了解民族地区民生事业发展取得的成就、面临的问题及解决对策。

案例十四　青海省民族地区经济社会发展的成就和经验①

【案例材料】

一　地区概况

青海省地处青藏高原东北部，总面积 72 万平方公里，居全国各省（区、市）第四位，全省辖 6 个少数民族自治州、1 地、1 市，46 个县（市、区、行委），其中，包括 7 个少数民族自治县及民族，世居的少数民族主要有藏族、回族、土族、撒拉族和蒙古族，其中，土族和撒拉族是青海独有的少数民族。2010 年底，全省总人口 562.67 万，其中少数民族人口 264.32 万，占总人口的 46.98%，少数民族人口比例除低于西藏、新疆外，均高于其他自治区。

民族人口结构中，藏族总人口 137.51 万，占总人口的 24.44%，是青海省少数民族中人数最多，分布最广的民族，占全省少数民族的一半左右，他们遍布全省各地，尤以海北、海南、黄南、果洛、玉树、海西等牧区人数最多，有本民族的语言和文字，文化遗产十分丰富，主要从事畜牧

---

① 青海省创建民族团结进步工作领导小组办公室编印《全省创建民族团结进步示范区调研报告汇编》，2011 年 6 月。

业和农业，信奉藏传佛教；回族总人口 83.43 万人，占总人口的 14.83%，是青海省少数民族中人数较多，分布较广的民族，化隆、门源、大通、民和等自治县为主要聚居区，信奉伊斯兰教；土族总人口 20.44 万人，占总人口的 3.63%，是我国古老的少数民族之一，主要集中居住在互助土族自治县，他们有自己的语言和文字，一般信奉佛教，以农业生产为主；撒拉族总人口 10.71 万人，占总人口的 1.9%，主要集中居住在青海省循化撒拉族自治县，有自己的语言，但没有文字，信奉伊斯兰教，以从事农业生产为主；蒙古族总人口 9.98 万人，占总人口的 1.77%，主要分布在海西蒙古族藏族自治州、黄南藏族自治州的河南蒙古族自治县，他们有自己的语言和文字，信奉佛教，主要从事牧业生产；其他少数民族人口 2.25 万人，占总人口的 0.4%。在青海这个民族大家庭中的重要成员，各民族都有自己的风俗习惯、丰富多彩的文化艺术、传统的体育活动和宗教信仰。在长期的共同生产生活活动中，团结友爱、和睦共处、相互帮助、并肩战斗。

二　西部大开发以来青海民族地区经济社会发展取得的巨大成就

新中国成立以来，在国家的大力支持和各族干部群众的艰苦努力下，青海民族地区经济社会发展取得了令人瞩目的成绩，尤其是西部大开发战略实施以来，民族地区基础设施和城乡面貌进一步改善，特色经济和优势产业快速发展，公共服务能力得到加强，各族人民生活水平显著提高，呈现出民族团结、经济发展、社会稳定的良好局面，进入了新中国成立后发展最好、城乡面貌变化最快、各族群众得实惠最多的时期。

（一）发展速度明显加快。

2000 年以来，全省生产总值年均增长超过 12%，经济总量由 1999 年的 238.4 亿元增加到 2010 年的 1350.43 亿元，人均生产总值由 4663 元增加到 24232 元。全省经济的快速发展，综合实力的提高，有力地带动和促进了青海省民族地区经济社会的加快发展。以全省六个民族自治州为例，其生产总值由 2001 年的 117.01 亿元提高到 2010 年的 530 亿元，增长 2.43 倍，占全省生产总值比重由 2001 年的 38.9% 提高到 2010 年的 39.3%。人均 GDP 由 2001 年的 7205 元增加到 2010 年的 27800 元，是同期全省人均 GDP 的 1.15 倍。总体来说，西部大开发以来青海省民族地区均保持了略高于全省平均水平的增长速度，初步形成了跨越式发展的良好态势。

（二）基础设施不断完善。

西部大开发以来，青海省在国家的支持下，大力实施基础优先战略，从确保民族地区资源开发和人民生产生活需要出发，不断加大投入，一大批建设项目相继建成投入使用，有效缓解了民族地区经济社会加快发展的瓶颈制约。"两横三纵三条路"为主骨架的公路网基本建成，高速公路从无到有，以西宁为中心的高速公路网初步形成，实现了省会到各自治州州府通二级公路、州府到县城的油路化、州府到县城通三级及以上等级的公路、乡镇通公路的目标，辐射全省城乡的公路交通网，已有88.6%的行政村通公路。举世瞩目的青藏铁路全线建成通车、兰青铁路复线、西宁机场和格尔木机场改扩建工程建成，玉树机场建成通航，支线铁路建设取得积极进展，兰新铁路二线开工建设。先后建成了一批水利项目，农村安全饮水普及率显著提高，城乡经济社会发展的水资源保障能力进一步提高。游牧民定居工程稳步推进，城镇综合服务功能明显提高，民族地区各族人民群众的生产、生活环境明显改善。

（三）产业结构日趋合理。

2000年以来，青海省从统筹区域经济协调发展的需要出发，结合民族地区实际，在加大结构调整力度方面，取得了显著成效。全省三次产业比例由1999年的17：41：42调整为2010年的10：55：35。以全省六个民族自治州为例，三次产业比例也由2001年的20.4：51.2：28.4调整为2010年的14：64：22。

（四）生态保护成效显著。

西部开发以来，为维护生态安全，确保全省乃至全国的可持续发展，先后组织实施了退耕还林（草）、退牧还草、"三北"防护林、天然林保护、水土保持、自然保护区建设等重点生态工程。2010年底，建立国家级和省级自然保护区11处，森林覆盖率由1999年的3.1%提高到2010年的5.23%。尤其是以三江源、青海湖流域为重点的生态环境综合治理工程建设步伐不断加快。青海三江源国家生态保护综合试验区试验总体方案、三江源生态保护二期工程、青海祁连山水源涵养区、柴达木地区生态环境保护等一批生态项目前期工作有序推进。大量资金的投入不仅减缓了这些区域生态环境持续恶化的态势，而且也促进了生态保护与建设区区域经济社会发展，民族地区农牧民群众也从生态保护与建设中得到了实惠。

（五）社会事业全面发展

西部大开发以来，全省以"小财政解决大民生"，坚持发展为了人民、发展依靠人民、发展成果由人民共享的政策方针。积极筹措建设资金，加强了教育、卫生、文化等社会事业薄弱环节建设，特别是对民族地区社会事业基础设施建设加大了投入和支持力度，一批社会事业项目相继建成投入使用。比如，在教育投入方面，先后在民族地区组织实施了国家贫困地区义务教育工程、农牧区寄宿制学校、农村初中校舍改造、民族教育和中小学现代远程教育等项目，民族地区中小学办学条件有了极大改善。"两基"攻坚取得重大进展，"两基"人口覆盖率达到94%，青海省六个民族自治州以外的五个自治县的"两基"人口覆盖率均达到100%，民族地区义务教育经费保障机制逐步建立，农牧区义务教育阶段免费教科书、中小学公用经费及寄宿生生活补助标准逐步提高。

（六）人民群众收入不断提高

西部大开发以来，全省城乡居民收入不断提高。城镇居民人均可支配收入由1999年的4703元提高到2010年的13855元，年均增长近12%；农牧民人均纯收入由1486元提高到3863元，年均增长10%。民族地区人民生活水平也保持了快速增长态势，其中，全省六个民族自治州，城镇居民人均可支配收入由2001年的5959元提高到2010年的15000元，年均增长超过10%；农牧民人均纯收入由2001年的1567元提高到3696元，年均增长10%。

三　西部大开发十年青海民族地区经济社会发展的经验

西部大开发以来，在国家的大力支持下，在省委、省政府的带领下，在各族干部群众的共同努力下，青海省民族地区各项事业得到了深入发展。全省民族地区干部群众的思想观念、精神面貌也发生了可喜变化，"自信、开放、创新"的青海意识逐步形成，尤其是国家扩大内需和支持青海等省藏区经济社会发展政策措施的出台，使全省民族地区广大干部群众群情振奋，加快发展、科学发展的信心、决心更加坚定，思发展、谋发展、促发展的自觉性和紧迫性进一步增强。回顾多年来的发展实践，我们深深感到党中央、国务院对民族地区发展的关怀和支持为民族地区实现跨越式发展提供了强有力保障；实施西部大开发战略为民族地区加快发展创造了难得的历史机遇；民族地区干部群众把争取国家支持与自身努力结合起来，做到了一切从青海的实际出发，依靠而不依赖。

一是坚持民族团结，促进各民族共同繁荣发展。长期以来，省委、省政府始终从全省大局出发把握和判断民族工作，牢牢把握各民族共同团结奋斗、共同繁荣发展的主题，全面贯彻民族平等、民族团结、民族区域自治的各项政策，把落实民族政策、加快民族地区发展作为全省发展改革稳定的一项重大工作来抓，不断巩固和发展社会主义新型民族关系，不断夯实民族团结进步的群众基础，大力培养少数民族干部和各类人才，为民族地区经济社会的快速发展创造了和谐稳定的社会基础，促进了民族地区各个民族的共同繁荣发展。

二是坚持从实际出发，提高自主发展能力。从省情和民族地区实际出发，立足比较优势，进一步深化了对民族地区优势资源的认识，找准民族地区在全省乃至全国发展全局中的位置，着力实施资源转换战略，推动民族地区资源开发向加工转换、延伸产业链条方向发展，培育发展了一批重大产业项目，盐湖化工、水电、石油天然气、有色金属等特色优势产业快速发展，循环经济快速起步，已经初步形成了产业优势和经济优势。积极发掘高原自然生态、历史和民族文化、民俗风情等各种资源，提出并加快推进旅游名省建设，拓展了全省民族地区特色优势产业的发展领域，青海民族地区自主发展能力明显增强。

三是坚持基础优先，着力缓解瓶颈制约。针对民族地区基础设施滞后的现实，我们在国家的大力支持下相继规划建设了一批着眼民族地区长远发展的交通、能源、水利、通信等重点基础设施工程，民族地区的路、水、电、通信、广播电视等基础条件有了显著改观，打破了民族地区相对偏僻、封闭的地理环境束缚，在改善经济社会发展条件的同时有力促进了民族地区与内地的经济、文化交流。同时，把发展经济和保护生态有机结合起来，转变发展理念，创新发展模式，着力加强生态保护与建设，引导和支持当地加快发展生态畜牧业、生态旅游业和民族特色加工业，努力实现经济社会发展与人口、资源、环境相协调。

四是坚持以人为本，使发展成果充分惠及各族群众。始终把民族地区各族人民群众的利益福祉摆在首位，采取有效措施，集中有限财力增加城乡居民收入，改善民族地区农牧民群众生产生活条件。加强了以水利设施、乡村道路、草原"四配套"、设施农牧业等为重点的农牧业基础设施建设，不断改善农牧区生活条件，启动实施了一大批教育、卫生、文化等社会公益性项目，使民族地区农牧民群众享受的公共服务水平有了提高，解决了一大批民族地区群众最关心、最直接、最现实的利益问题，使各族人民从改革发展中得到了更多实惠。

五是坚持自力更生和争取国家支持相结合，努力增强自我发展能力。事实证明，青海民族地区的发展离不开国家的支持，但绝不能一切都依赖国家，首先要把自身的事情做好。积极做好项目工作，为争取国家支持和扩大招商引资打好项目基础，全面加强项目管理，用好和管好国家投入资金，使国家投资发挥最大效益，把国家的支持政策落到实处。在结合青海实际，用足、用好、用活国家倾斜支持和西部大开发的各项政策基础上，坚持自力更生、艰苦奋斗，依靠自身努力加快发展。

【案例点评】

由于自然环境、经济基础等各方面原因，民族地区基本都处于欠发达地区。青海是一个集西部地区、高原地区、民族地区与欠发达地区于一身的地区，与其他地区相比，经济社会发展水平相对滞后。改革开放以后，特别是国家实施西部大开发战略以来，广大西部地区和民族地区加快发展步伐，各项事业取得前所未有的巨大成就。青海的发展是民族地区、西部地区发展的一个缩影。本案例以大量的数据，对青海民族地区经济社会发展状况进行了概括介绍。案例说明，民族地区的发展必须坚持从实际出发，不断提高自主发展能力；坚持以人为本，使发展成果充分惠及各族群众；坚持自力更生和争取国家支持相结合，努力增强自我发展能力。只有这样，才能实现各民族共同进步，共同繁荣发展。

【思考题】

试述民族地区经济社会发展中存在的主要问题及对策。

【案例提示】

本案例可用于第八章"建设中国特色社会主义总布局"。第一节"建设中国特色社会主义经济"和第四节"建设社会主义和谐社会"。通过本案例教学，使学生正确认识经济社会发展对于构建社会主义和谐社会的重要意义，了解民族地区在发展中取得的经验和存在的问题，从而引发学生对促进民族地区经济社会发展对策的思考。

案例十五　青海省民族地区社会管理创新探索①

【案例材料】

一　青海省民族地区社会管理创新的实践探索

（一）立足于夯实社会稳定根基，深入开展基层平安创建活动。

始终坚持把深化基层平安建设作为加强社会管理、促进社会和谐稳定的有力抓手和有效载体，按照积"小安"为"大安"的工作思路，加强组织领导、落实职责任务、强化督促检查，推动基层平安创建活动深入扎实开展。坚持平安建设与经济社会发展同部署、同检查、同落实、同考核、严格落实领导责任制，目标管理责任制和工作责任制，形成了党委政府统一领导、综治机构牵头协调、有关部门齐抓共管、社会各界共同参与的工作格局。坚持地区创建与行业创建相结合，有效扩大基层平安创建的覆盖面。目前，全省共有36个县（市、区）经省综治委考评验收达到平安建设标准，平安乡镇（街道）、平安村（社区）等基层创建达标率达到了90％以上。

（二）立足于促进社会和谐稳定，扎实推进矛盾纠纷排查化解。

始终坚持把排查化解矛盾纠纷作为加强社会管理、促进社会和谐稳定的基础性工作，及时发现和有效化解了一大批影响社会和谐稳定的突出问题。坚持经常性排查与集中排查相结合，采取领导包案、联合接访、集中交办、重点督办等措施，重点排查化解因利益诉求问题而引发的矛盾纠纷，有效预防和减少了群体性事件发生。着力构建社会稳定风险评估机制，推动解决群众关心、社会热点、历史欠账等方面的问题，从源头上预防和化解了大量社会矛盾；着力构建以县乡排查调处中心和村（社区）调委会为重点的工作网络，健全完善定期排查、信息预警、应急处置工作机制，基本实现了对矛盾纠纷的统一受理、集中梳理、归口管理和限期办理；制定下发了关于构建"三调联动"大调解工作体系的意见，推动建立人民调解、行政调解、司法调解相互衔接配合的"大调解"工作体系，

---

①　青海省创建民族团结进步工作领导小组办公室编印《全省创建民族团结进步示范区调研报告汇编》，2011年6月。

深入开展"三无县"创建，促进了矛盾纠纷排查化解工作的经常化、制度化、规范化。

（三）立足于增强人民群众安全感，着力构建社会治安防控体系。

始终坚持把解决突出治安问题、增强人民群众安全感作为加强社会管理、促进社会和谐稳定的根本任务，下大气力推进社会治安防控体系建设，深入排查整治治安混乱地区和突出治安问题，强化对社会面的管控，保持了社会治安大局的持续平稳。坚持人防、物防、技防"三防并举"，提升社会治安整体防控能力，全省县级以上城区基本安装了覆盖主要街道、重点要害部位的视频监控系统，初步形成了以专门机关力量为骨干、以群防群治力量为依托、以社会面防范为基础、点线面结合的治安防控体系。加强对社会治安形势的分析评估和预警预测，集中力量排查整治治安混乱地区和突出治安问题，有针对性地组织开展打黑除恶、打击制贩枪支、油气管线治安秩序整治、道路交通安全综合治理等一系列专项治理行动，有效遏制了刑事犯罪高发势头，实现了全省社会治安大局的持续稳定。

（四）立足于预防减少违法犯罪，努力提高对社会重点群体的帮扶管控水平。

始终坚持把加强和改进对社会重点群体的帮扶管控、预防和减少违法犯罪作为加强社会管理、促进社会和谐稳定的重要手段，有效整合基础资源，加强对"社会人"、社会组织和网络虚拟社会的管理，提高了社会管理效能和服务水平。加强流动人口服务管理，积极构建"以证管人、以房管人、以业控人"的动态管控机制，促进了流动人口管理向综合服务和动态管理的转变；落实刑释解教人员安置帮教措施，有效预防和减少了重新违法犯罪的发生；落实中小学法制教育、文化市场监管、未成年人保护专项治理措施，有效预防和减少了青少年违法犯罪；强化寺院法制宣传教育和社会管理，深入推进寺院派出所、警务室建设，建立完善寺院管理和内部管理机制，初步形成了具有青海特点的寺院社会管理长效机制，为实现对藏传佛教寺院的依法管理、规范管理和有序管理奠定了坚实基础；加强对非政府组织和出入境活动的管理，加强网上管控，严密防范和严厉打击境内外敌对势力利用非政府组织向基层渗透、利用互联网误导社会舆论等各种渗透破坏活动，促进了藏区社会稳定。

（五）立足于筑牢维护稳定第一道防线，切实加强基层基础建设。

始终坚持把加强基层基础建设作为加强社会管理、促进社会和谐稳定的关键环节，大力加强乡镇（街道）综治办、人民法庭、公安派出所、司法所等基层政法综治组织建设，截至目前，已建设社区警务室421个、农村牧区警务室304个，覆盖率分别达100%和60%以上。大力加强以村（社区）党支部为核心的治保、调解等群众自治组织建设，不断巩固和发展维稳工作队、专职巡逻队、治安信息员、义务联防员以及法律援助、安置帮教和社区矫正等各种形式的群防群治队伍，推动工作触角向社会管理末端延伸。认真贯彻落实省委、省政府《关于建立乡镇（街道）社会治安综合治理工作中心和村（社区）综合治理工作站的通知》精神，深入开展"社会治安综合治理基层基础建设年"活动，通过整合基层综治维稳工作资源和力量，为加强基层社会管理搭建全方位服务平台。目前，全省所有乡镇（街道）全部建立了综治工作中心，村（社区）基本建立了综治工作站，基层力量进一步充实，工作合力进一步增强，化解社会矛盾、维护社会治安、服务群众的能力得到明显提高。

二　目前青海省民族地区社会管理面临的新的挑战与压力

（一）流动人口管理的难度和压力日益加大。

青海省现有流动人口50.03万，占常住人口的9%，文化程度以初、高中为主体，16—59岁的劳动力人口所占比重较大。其中，已居住一年以上的占43%，计划长期居住的占56%；西宁市和海西州流动人口较为集中，占全省流动人口的80.8%。在西宁市、格尔木市的一些城中村、城乡结合部和无人看管楼院，流动人口比例甚至超过了常住人口。由于这些部位流动人口多、出租房屋多、高危人群多、违法犯罪多，再加上基础设施建设、治安防控体系建设、社会公共服务相对薄弱，社会管理服务不到位的问题较为突出，有的已成为社会治安的乱点和死角。

（二）移民人口管理的难度和压力日益加大。

近年来，青海省生态移民和库区移民大量增加，截至目前，生态移民总人口达到49631人，移民社区113个；库区移民总人口达到53632人，库区移民村64个。这些移民人口脱离了原有的村（牧）委会组织，从草场和原住地迁移到新的移民点后，由于户籍管理和组织管理工作没有理顺，成为管理服务上的盲区与空白，给社会治安和社会稳定带来了诸多隐患。

（三）特殊群体管理的难度和压力日益加大。

据不完全统计，目前，青海省纳入管理的刑释解教人员共有6641人，社区矫正人员1619人，吸毒人员5689人，重点高危人员293人，加上一定数量的漏管失控人员、社会闲散青少年、服刑在教人员子女和精神病患者，这一特殊群体已成为社会管理的重点难点和薄弱环节。由于一些地区对高危人群未能建立起常态化的帮教管控机制，还存在底数不清、情况不明、信息不灵、漏管失控的问题，缺乏有效的思想教育、人文关怀、心理疏导，致使特殊群体中的违法犯罪事件、个人极端事件时有发生，给社会治安和社会稳定带来了极大的压力。

（四）社会组织管理的难度和压力日益加大。

随着改革开放进程的日益加快，新经济组织和社会组织不断涌现、快速发展。目前，全省登记在册的各类社会组织就有2482家，还有大量未登记的社会组织，监管难度日益加大。另外，境外非政府组织进入青海省活动的越来越多，总数已达78家，其中设立办事处的15家，活动范围主要在海东和西宁地区，活动重点为地处边远、发展滞后的藏区乡村。绝大多数境外非政府组织为促进当地经济社会发展做了一些有益的工作，但也有少数境外非政府组织打着扶贫、教育、文化、卫生合作和援助等的旗号，采取扩大领域、就地发展、内外策应的战略，通过抢占教育领域、实施民生项目、制造民族矛盾、搜集敏感信息等手段，加紧对我藏区实施分裂、渗透和策反活动，千方百计与我争夺民心，给民族团结和社会稳定带来了潜在威胁。

（五）虚拟社会管理的难度和压力日益加大。

截至2010年7月，青海省共有互联网用户245.5万户，网吧420家，网络的便捷和虚拟功能使得不少网民通过网络参政议政、表达诉求，一些敏感事件就是在"网络推手"的煽动下，被炒作成为热点问题，网络虚拟社会对现实社会产生的影响越来越大。境外敌对势力往往抓住一些民族宗教问题和司法个案，通过网络煽动所谓"维权"，鼓动群众同党和政府对立，企图动摇党和政府的群众基础。一些不法分子利用网络从事违法犯罪活动，且犯罪手法不断翻新，隐蔽性不断增强，破坏性不断加大，互联网在深刻改变人们生产生活方式、促进经济社会发展的同时，其"双刃剑"的特征也日益凸显。青海省在推进"双语"教育改革中发生的不稳定事件，之所以蔓延迅速、波及广泛，网络信息和手机短信从中起到了推波助澜的作用。

（六）社会治安管理的难度和压力日益加大。

在经济转轨、社会转型过程中，刑事案件和治安案件高发的基本态势没有改变，诱发、滋生违法犯罪的消极因素仍然大量存在，刑事犯罪、治安案件仍在高位徘徊，总体形势依然不容乐观。受各种复杂因素的影响，一些严重侵害人民群众生命财产安全的犯罪活动时有发生，特别是"两抢一盗"、诈骗等侵财性犯罪活动多发易发，经济犯罪、金融犯罪急剧上升，流动人口犯罪、无业人员犯罪成为突出的社会问题。加之一些社会治安重点地区和突出治安问题尚未得到彻底整治，一些重点部位安全防范还比较薄弱，一些普通治安事件由于处置不当极易演化为社会热点问题。所有这些，都给预防打击犯罪、维护社会治安带来了新的难度和压力。

（七）社会矛盾纠纷源头化解的难度和压力日益加大。

随着大量社会矛盾不断进入信访渠道，青海省信访总量高位运行，特别是群体性上访问题日益突出，并呈现出阶段性高发态势；初信初访居高不下，呈现出老问题没有解决、新问题不断涌现的特点；非正常越级上访时有发生，呈现出越到上一级、群众信访量就越大的"倒金字塔"特点。当前，因征地拆迁、移民安置、企业改制、劳动就业、社会保障、涉法涉诉等利益诉求问题引发的各种社会矛盾日益凸显，其突发性、聚合性、关联性、敏感性日益增强，矛盾类型多样化、涉及主体多元化、利益冲突激烈化、表现形式群体化等特征日益明显，给社会和谐稳定带来了极大的挑战和压力。

【案例点评】

党和国家始终高度重视社会管理工作。党的十七大明确提出，"在经济发展的基础上，更加注重社会建设，着力完善社会管理"。十八大进一步提出，"在改善民生和创新管理中加强社会建设"，加快形成源头治理、动态管理、应急处置相结合的社会管理机制。

加强和创新社会管理，事关党的执政地位巩固，事关国家长治久安，事关人民安居乐业，是构建社会主义和谐社会的必然要求，是维护最广大人民根本利益的重要举措，对于推动党和国家事业发展、实现全面建成小康社会宏伟目标具有重大战略意义。近些年来，青海省各级党委政府大胆创新，积极探索，下大力气破解社会管理难题，逐步形成了一套贴近实际、具有地方特色的社会管理机制，有效维护了民族地区的社会稳定。但是，随着经济社会的发展，社会管理领域也面临着一些新情况、新问题，主要表现在：社会管理体制不健全，法规制度建设滞后，社会基本公共服务不足，社会事业发展缺乏专门人才，社会事业组织发展滞后等。这些问题的存在说明，要实现党的十八届三中全会提出的"完善和发展中国特色社会主义制度，推进国家治理体系和治理能力现代化"的总体目标还有较长的路要走。

【思考题】

结合案例谈谈你对社会管理创新的目标及内容的理解。

【案例提示】

本案例可用于第八章"建设中国特色社会主义总布局"第四节"建设社会主义和谐社会"。通过本案例教学，使学生搞清楚社会管理的根本目的在于更好地优化社会资源配置，构建和维护社会发展的良好秩序，保障人民福祉，促进社会和谐。了解民族地区社会管理在新形势下面临的压力和挑战，正确认识推动民族地区社会管理创新对于促进该地区经济发展和社会和谐稳定的重要意义。

案例十六　青海省民族教育发展面临的特殊困难和问题①

【案例材料】

一　基本省情和民族教育发展综述

青海是多民族聚居省份，现有 53 个少数民族成分，世居少数民族主要有藏族、回族、土族、撒拉族和蒙古族。5 个世居少数民族中，藏族和蒙古族有自己的语言和文字，聚居区的中小学实行藏汉、蒙汉"双语"教学；土族和撒拉族有语言无文字，中小学实行汉语教学，汉语环境较差的边远农区小学用本民族语言辅助教学。从民族教育普及程度上看，2010年全省小学少数民族适龄儿童毛入学率 113.69%，少数民族适龄儿童入学率 98.78%（全省为 99.58%、全国为 99.7%）；初中少数民族适龄儿

---

① 青海省创建民族团结进步工作领导小组办公室编印《全省创建民族团结进步示范区调研报告汇编》，2011 年 6 月。

童毛入学率 91.69%（全省为 103.62%、全国为 100.1%）；全省高中阶段毛入学率 70%；全省高等教育毛入学率 27.42%。从发展总量上看，民族教育在全省教育中占有很大比重，截至 2010 年底，全省各级各类民族学校 1170 所，少数民族在校生 56.06 万人，占全省学生总数的 50.88%，超过少数民族人口占全省总人口的比例。民族教育覆盖了从学前教育到高等教育的各个学段。从发展状况来看，青海省民族地区义务教育发展总体上进入巩固和提高阶段，但与处于基本普及高中阶段教育的西宁市、海东地区差距还很大，环湖地区落后于东部农业区，青南地区落后于环湖地区。海西州地方财力优先保障教育发展，在全省率先实现了十二年免费教育。土族人均受教育年限达到或接近全省平均水平；回族、撒拉族适龄在校生人数突破民族人口比例；蒙古族教育发展仍面临诸多困难和问题；藏族人口最多，分布最广，但义务教育发展极不平衡，教育发展主要指标与省内平均水平相比有较大差距，特别是青南牧区办学条件差、特殊需求多、保障能力弱的问题仍然十分突出，可以说青南牧区藏族教育是青海教育发展最为艰难的地区，集中了西部地区、民族地区、高原地区和经济欠发达地区的所有发展特点和困难，其办学难度之大全国少有。

省委、省政府始终坚持"小财政大民生"的执政理念，把教育作为第一民生优先保障投入，高度重视民族教育工作，坚持把优先重点发展民族教育、提高人口素质纳入全面建设小康社会和和谐新青海的重要目标，按照"全面推进、突出重点、抓住关键、重在落实"的原则，着力实施一系列"民族教育工程"，有力促进了全省民族教育工作持续健康发展。基本形成了包括学前教育、义务教育、高中阶段教育、高等教育和继续教育在内的社会主义现代化民族教育体系。为切实保障少数民族群众依法平等接受教育的权利、提高少数民族和民族地区各族人民科学文化素质、促进民族地区经济社会发展，加强民族团结和社会长治久安做出了重大贡献。

二　青海省民族教育发展面临的特殊困难和问题

当前，青海省民族教育仍然面临诸多困难和问题，省内不同地区之间和民族地区内部的教育发展不平衡，国内发达地区甚至于西部省份与青海省的教育发展差距还在继续拉大。我们认为，影响和制约青海省民族教育发展的原因是多重而复杂的。从宏观方面分析：一是从教育供给的角度看，青海省是一个西部欠发达的内陆省份，"穷省办大教育"的特征十分明显，教育供给不能充分满足社会日益增长的教育需求，教育资源供给的总量性短缺问题长期存在，而在不同时期，不同发展水平地区又有所不同，农牧区表现为满足接受相对优质教育的资源不足；城镇表现为接受高水平、高质量教育的资源短缺。二是从教育资源配置的角度看，长期以来，由于区域发展不平衡和城乡二元结构的影响，以及其他多种原因，目前，青海省在义务教育的资源配置和教育质量等方面存在较大的地区差异和城乡差别。如青海省使用民族语言文字的学校网络建设和数据传输、信息共享始终与普通学校信息技术的差距较大，各类基础软件、应用软件研发和统一平台建设及信息资源库建设处于滞后状态，信息资源的开发利用不均衡。如果说教育公平分为入学机会的公平，教育资源配置的公平和教育质量的公平三个层次的话，青海省民族教育目前正处于从入学机会公平向教育资源配置公平发展，教育质量的公平很难在短时间内实现。三是从教育经费投入的角度看，由于青海省经济总量小，财力弱，农村牧区义务教育经费保障机制方面仍然存在着投入不足，供需矛盾突出等问题，加上历史欠账较多，教育投入和需求之间的矛盾难以在短期内改变。民族教育发展基础较脆弱，势必影响和制约民族教育又好又快的发展。青海民族教育面临的困难和问题主要表现在：

（一）民族地区义务教育基础薄弱，办学成本居高不下。

全省教育已开始进入内涵发展提高质量的阶段，但民族地区义务教育基础设施建设还面临巨大压力。一是寄宿制学校校舍需求大。为保证教育教学质量，目前青海省民族地区办学主要以集中为主、分散为辅，寄宿制学校已成为主要的办学形式。寄宿制学校仅校舍建设一项投入就相当于普通学校的两倍左右。二是寄宿制学校管理难度大。寄宿生中的低龄学生较多，吃喝拉撒都要人照料，有些生活设施建设的滞后，给低龄寄宿生保育工作增加了难度。三是布局调整面临特殊困难。目前青海省正在巩固"两基"成果的基础上，不断加大整合力度，进一步调整农牧区中小学布局结构。四是卫生、饮水设施条件差。学校食堂设施设备陈旧、落后。五是寄宿制中小学普遍紧缺校医、后勤管理等服务人员，对各种学校安全事故、突发事件的预防和应急能力相对薄弱，致使学校管理工作压力增大。

（二）师资缺编问题严重，教师工作压力大。

一是教职工编制紧缺。随着民族地区"两基"目标的实现，学生数成倍增长，中小学教师编制不足问题日益突出。二是教师队伍不稳定。由于农牧区中小学学校工作条件艰苦，待遇较低，近年来很多民族中小学教学骨干流失现象严重。三是教师住房紧缺，随着青海省布局调整规模不断扩大，寄宿制学校教师住房困难的问题越来越突出，因住房得不到解决流失的骨干教师也不在少数。

（三）普通高中教育资源总量不足、水平偏低、发展不平衡。

青海省普通高中教育虽然取得了长足发展，但是，由于自然环境、经济文化、民族构成和人口分布等因素的影响，普通高中教育资源总量不足、水平偏低、布局不合理、发展不平衡的矛盾日益突出，普通高中教育发展缓慢，已成为制约民族教育发展的"瓶颈"。尤其在广大的民族地区，教育基础差，教学设施落后，师资力量薄弱的问题比较突出，教育发展不均衡、"上学难、上好学更难"是目前群众最关注的热点问题之一。

（四）高等教育发展水平不高、中等职业教育发展缓慢。

由于资金支持有限，基础设施较差，办学实力不强，缺乏学术领军人才，目前只有一所国家211院校，仅有两个博士点，亟待加强重点学科和实验室建设，引进高层次人才，提高培养能力。青海省现有的五所高职院校也是近几年在普通中专的基础上升格组建的，办学规模小，办学条件差，难以适应为藏区培养实用型高级技能人才的需要。

（五）双语教学存在很多困难，严重制约民族教育教学质量的提高。

一是纯牧区缺乏汉语学习的环境，双语教师整体素质偏低。青海省藏区95%以上的人口使用本民族语言文字，六州有65%以上的学校以民族语言授课为主，这是青海省民族教育的一大特点。如何使民族学生尽快掌握除母语之外的国家通用语言文字，是双语教学需要解决的关键问题。但教师队伍的整体素质特别是汉语水平的偏低状况，已成为制约民族中小学提高教学质量的"瓶颈"。二是藏文教材建设体系尚需进一步完善。三是各级教研机构不全。

（六）教育资源严重缺乏，仪器设备等配套设施短缺。

一是远程教育设备老化且不足。现代远程教育的三种基本模式虽然在青海省民族地区中小学全面覆盖，但随着在校学生的逐年增加，计算机教室规模现已偏小，设备不足和老化现象日趋严重。二是"双语"远程教学资源开发滞后。民族语言教学资源严重缺乏，民族地区远程教育设备利用率很低，教育信息化进程缓慢。三是民族中小学教学仪器设备缺乏。

（七）教育经费投入机制还不尽符合实际，经费保障存在缺口。

国家义务教育经费保障机制的建立和实施，为青海民族地区实现"两基"目标发挥了极大作用。但国家和省上下达的中小学公用经费、寄宿生生活补助、取暖费补助等资金还不能完全满足民族地区教育发展的需要，资金缺口大，保障经费不能实现全覆盖。主要原因是：国家对农牧区教育实行"两免一补"政策后，民族地区学生入学率增幅较大。此外，青海省高校来自牧区的学生绝大多数为贫困生，尽管目前国家实施了"奖、贷、助、补、减"等资助政策，但由于贫困面大，青海省社会资助的能力比较薄弱，资助力度有限。同时，由于学生就业困难，担心将来无力偿还，不愿意申请助学贷款，学费和生活费没有保障。

（八）民族地区"两基"巩固提高任务艰巨。

青海省民族地区实施"两基"攻坚以来。在国家和省上的大力支持下，民族地区义务教育经历了十几年超常规发展，截至 2010 年全面完成国家"两基"攻坚任务，标志着青海省基础教育事业迈入新的发展时期。但是，民族地区"两基"巩固提高工作，与东部地区和国家中小学校标准化建设标准相比，"两基"工作水平总体偏低，部分县办学条件标准较低；普及程度指标比较脆弱；确保中小学生入学率、巩固率的长效机制有待完善。

【案例点评】

改革开放以来，青海省始终坚持"小财政大民生"的执政理念，把教育作为第一民生优先保障投入，高度重视民族教育工作，坚持把优先重点发展民族教育、提高人口素质纳入全面建设小康社会和和谐新青海的重要目标，按照"全面推进、突出重点、抓住关键、重在落实"的原则，着力实施一系列民族教育工程，有力促进了全省民族教育工作持续健康发展。但是，由于种种原因，青海省民族教育仍然面临诸多困难和问题，省内不同地区之间和民族地区内部的教育发展不平衡，青海省与国内发达地区甚至于西部省份的教育发展差距还在继续拉大。

当前，青海省面临着中央深入实施西部大开发战略、支持青海等省藏区发展、玉树灾后恢复重建等一系列特殊的历史机遇。民族教育正处在难得的发展机遇期，我们要进一步认清新形势、新任务，从教育事业改革和发展全局的战略高度，深刻认识青海省民族教育加快发展的重要性和紧迫性，在推动民族教育的过程中，既要认真贯彻执行党的民族教育政策，也要深入了解民族地区教育事业发展面临的特殊困难和突出问题，切实做到为民族教育排忧解难，开创一条欠发达地区民族教育跨越发展的成功之路。

【思考题】

根据青海省民族教育发展面临的特殊困难和问题，结合所学知识，谈一谈你对加快推进青海省民族教育跨越式发展的想法。

【案例提示】

本案例可用于第八章"建设中国特色社会主义总布局"第四节"建设中国特色社会主义和谐社会"。通过本案例教学，使学生认识到教育是民族振兴、社会进步的基石，是提高国民素质、促进人的全面发展的根本途径，是中华民族最根本的事业。发展民族教育，对于提高少数民族整体素质，推动少数民族和民族地区经济社会发展，促进各民族共同团结奋斗、共同繁荣发展，具有重大而深远的意义。

案例十七　"四个发展"：青海特色的科学发展之路①

【案例材料】

改革开放以来特别是西部大开发以来，青海经济建设取得突破性进展，社会事业全面发展，产业结构明显改善，人民生活水平和质量不断提高，经济社会发生了重大新变化。青海已经进入经济加速发展、产业加快转型的关键阶段。对此青海省委立足实际，在科学分析青海省阶段性特征的基础上，提出了着力推动跨越发展、绿色发展、和谐发展和统筹发展的具有青海特点的科学发展模式。这是省委省政府提出的指导全省经济社会发展的重要指导思想，科学回答了青海闯出一条欠发达地区实践科学发展观之路的路径问题，既是青海贯彻落实科学发展观的具体体现，也是实践

① 根据中共青海省委政策研究室《青海四个发展研究》整理。

青海科学发展的模式探讨。

一 "四个发展"的内涵及内在联系

（一）"四个发展"的内涵。

1. 跨越发展。

跨越发展是指在一定的历史条件下落后者对先行者的某个发展阶段的超常规的赶超行为。跨越发展首先表现在快速度上，即在遵循发展规律的前提下，用尽可能短的时间达到目标。同时，跨越发展又不是通过单纯地加快速度可以实现的。而是需要突破传统工业化道路中单纯追求"速度型"增长，避免经济发展中的短期行为，以及"单项突进"的发展模式，追求一种速度与效率并重，当前发展与长远发展兼顾，经济和社会、生态环境协调发展的模式。

2. 绿色发展。

绿色发展是指在经济社会从工业文明向生态文明发展过程中，将经济系统纳入生态系统来实现物质循环、能量转换、信息传递和价值增值，从而达到生态与经济两个系统的良性循环和经济、生态、社会三大效益的高度统一的发展模式。绿色发展既包含着发展经济、提高效率等物质文明的内容，又包含着保护生态、以人为本、可持续发展等非物质文明的内容，是物质文明与非物质文明的有机统一，是青海经济社会发展的重要方向。

3. 和谐发展。

和谐发展就是根据社会——生态系统的特性和演替动力，遵照自然法则和社会发展规律，利用现代科学技术和系统自身控制规律，合理分配资源，积极协调社会关系和生态关系，实现生物圈稳定和繁荣。是指按照构建和谐社会的客观要求，妥善协调社会各方面的利益关系，正确处理人民内部矛盾和其他社会矛盾，以人为本，贯彻落实构建和谐社会的各项方针政策，建立健全利益协调机制、诉求表达机制、矛盾调处机制和权利保障机制；关注民生，切实解决好各族人民群众最关心、最直接、最现实的利益问题，努力使人民群众学有所教、劳有所得、病有所医、老有所养、住有所居，让改革发展成果惠及各族群众。和谐发展是科学发展观要义的体现，其主旨是关注民生，促进社会公平正义，让全体人民共享改革发展成果。和谐发展是建设富裕文明和谐新青海的重要保障。

4. 统筹发展。

统筹发展主要包括统筹区域发展和统筹城乡发展两个方面。统筹区域发展就是从全局出发，全而综合地考虑区域发展的各个层面、各个环节，以政府资源为基础，以制度建设为保障，整合社会资源，鼓励各区域在发挥比较优势基础上的发展；是合理控制区域间发展差距，有重点的治理区域问题，逐步协调区域关系并促进各种类型区域经济社会全面发展。统筹城乡发展就是把城市和农村经济社会发展作为整体进行统一规划，通盘考虑；把城市和农村存在的问题及其相互因果关系进行综合考虑，统筹解决。在制定国民经济发展计划、确定国民收入分配格局、研究重大经济政策的时候，不就农村说农村，不就城市说城市，而是统筹城乡协调发展，摒弃城乡两策或重城轻乡、或片面强调农村优先的思路，从城乡各自的小循环、小系统走向城乡统一的大循环、大系统。

（二）"四个发展"是统一的有机整体。

"四个发展"互相渗透，相辅相成，是统一于科学发展观的总体目标要求之中的有机整体。（1）跨越发展是基础。跨越发展为绿色发展、和谐发展、统筹发展提供了坚实的物质基础。（2）绿色发展是本质。绿色发展为跨越发展、和谐发展、统筹发展指明了方向。（3）和谐发展是核心。和谐发展为跨越发展、绿色发展、统筹发展营造了良好的社会环境。（4）统筹发展是方法。统筹发展为跨越发展、绿色发展、和谐发展开辟了协调推进的新途径。

四个发展凸显了加快发展的紧迫性、保护中华民族生态屏障的关键性、维护民族团结和稳定局面的重要性、缩小区域及城乡之间发展差距的必要性，从本质上解决了青海要发展什么、如何发展以及发展要达到的目标等诸多战略问题。"四个发展"融合了近年来青海在探索发展模式上所提出的"科教兴青""开放融入""资源转换""生态立省"等战略思想，是对多年来青海经济社会发展经验的高度概括和提升，是青海立足当前，着眼长远，运用科学的眼光、科学的态度和科学的思路，创新性地推动闯出一条欠发达地区成功实践科学发展观成功之路的重大战略决策。对此，我们要把推动跨越发展、绿色发展、和谐发展和统筹发展，作为深入贯彻落实科学发展观的战略举措，作为加快转变经济发展方式的主攻方向，摆在战略和全局的位置来抓，真正做到在"四个发展"中加快转变发展方式，在转变经济发展方式中实现"四个发展"，不断推动全省经济社会发展迈上新台阶、取得新成效。

二　推动"四个发展"的重大意义

（一）着力推动"四个发展"是青海深入贯彻落实科学发展观的本质

要求。

　　科学发展观，第一要义是发展，核心是以人为本，基本要求是全面协调可持续发展，根本方法是统筹兼顾。青海作为一个欠发达地区，发展不够是最大的省情。因此，贯彻落实科学发展观，推动"四个发展"是青海最紧迫的任务。贯彻落实科学发展观，对青海来说，就是要把资源优势转换为发展优势、经济优势，突破发展的瓶颈制约，通过超常规发展推动青海经济社会发展再上新台阶。这不仅要求青海在"十二五"时期经济总量上规模，实现新跨越，更要求经济发展的质量和效益实现新跨越；不仅要以生态保护为先，更要求实现产业发展和社会消费绿色化的转变；不仅要求加快社会事业的发展和促进民族团结进步，更要求大力推进和谐社会建设；不仅要求加快区域和城乡的发展，更要求形成以工促农、以城带乡的长效机制。"四个发展"从内涵到实质，从特征到重点，都体现了以人为本的执政理念和全面、协调、可持续的发展理念，是青海今后经济社会发展的重要指导原则，更是青海在进入经济加速发展、产业加快转型的关键时期贯彻落实科学发展观的根本实践途径和必然要求。

　　（二）着力推动"四个发展"是青海闯出一条欠发达地区实践科学发展观成功之路的重大决策。

　　"四个发展"科学地审视了青海经济社会发展所处的新阶段与全国及西部地区的差距，凸显了加快发展的紧迫性，以及缩小区域及城乡之间发展差距的必要性，从本质上解决了青海要发展什么、如何发展以及发展要达到的目标等诸多战略问题。"四个发展"融合了近年来青海在探索发展模式上所提出的"科教兴青""开放融入""资源转换""生态立省"等战略，对多年来青海经济社会发展经验的高度概括和提升，是青海立足当前，着眼长远，运用科学的眼光、科学的态度和科学的思路，创新性地推动闯出一条欠发达地区成功实践科学发展观成功之路的重大战略决策。

　　（三）着力推动"四个发展"是青海主动应对新一轮区域竞争的客观需要。

　　当前，在中央宏观调控政策的引导下，沿海发达地区加快了区域一体化和产业结构优化升级进程，加速高端产业和优势发展要素的集聚，以巩固和提高区域竞争力；西部诸多省区，都在设法把本地区的发展上升为国家战略。青海在太阳能、风能、新材料等产业发展方面拥有得天独厚的资源优势，应当坚持"四个发展"的方向，积极推进以太阳能光伏发电为主的新能源发展战略，支持、引导和推动企业加快新能源、新材料的发展步伐，促使青海成为新能源发展利用的先行区和循环经济的样板区。唯有坚定不移地推动"四个发展"，抢抓每一个有可能实现赶超的机遇，迅速做大经济总量，才能进一步增强各种发展要素的集聚能力，真正进入持续、快速、健康的稳定发展期，从容应对新一轮区域竞争。

（四）着力推动"四个发展"是青海实现经济社会又好又快发展的重要抓手。

进入新的历史发展阶段，在生态保护和建设责任凸显的前提下，改造提升传统产业，做大做强特色产业，积极培育新兴产业，有效保障和改善民生，统筹区域、城乡协调发展等，成为青海实践科学发展观，实现发展和跨越的关键所在。在新的历史起点上，着力推动"四个发展"，有利于发挥青海的比较优势，推进产业结构的战略性调整，培育新的经济增长点，提高经济发展的质量和效益，促进经济与社会、人与自然、区域和城乡的协调发展。

（五）着力推动"四个发展"是新青海建设的必然选择。

建设富裕文明和谐新青海是新时期新阶段全省的奋斗目标和宏伟事业，是与国家现代化建设"三步走"发展战略和西部大开发进程相统一，与经济、政治、文化、社会建设要求相一致的综合性目标，是青海各族人民的根本利益所在。青海具有生态上、资源上、稳定上的重要战略地位。同时，经济社会发展相对滞后，资源开发利用难度大、成本较高，生态环境相对脆弱。继续走粗放型发展的传统老路，不仅难以摆脱青海发展的落后状况，更会严重制约自身优势的发挥。只有着力推动"四个发展"，才能扬长避短，把握现代文明变革进程的主流，消除不利于科学发展的消极因素；只有着力推动"四个发展"，才能充分发挥自然禀赋和生态环境的战略优势，提升长远竞争力，最大限度地集聚发展要素；只有着力推动"四个发展"，才能避免走发达地区曾经走过的弯路，避免低端工业化导致自然资源瓶颈制约，跨越自然生态环境恶化的阶段；只有着力推动"四个发展"，才能形成绿色生产、绿色消费、生态良好的文明发展模式，真正实现速度、结构、质量、效益相统一，经济发展与人口、资源、环境相协调，最终全面实现新青海建设的目标。

【案例点评】

科学发展观是立足我国社会主义初级阶段的基本国情，深入分析我国发展的阶段性特征，总结我国发展实践，准确把握世界发展趋势，借鉴国外发展经验，适应新的发展需要提出来的，是我国经济社会发展的重要指导方针，是发展中国特色社会主义必须坚持和贯彻的重大战略思想。改革开放以来，青海经济建设取得突破性进展，社会事业全面发展，产业结构不断优化，人民生活水平和质量不断提高，经济社会发生了重大变化。青海已经进入经济加速发展、产业加快转型的关键阶段。面对新的发展形势，省委省政府在立足省情、科学分析青海省阶段性特征的基础上，提出了着力推动跨越发展、绿色发展、和谐发展和统筹发展的具有自身特点的科学发展模式。"四个发展"融合了近年来青海在探索发展模式上所提出的"科教兴青""开放融入""资源转换""生态立省"等战略思想，是对多年来青海经济社会发展经验的高度概括和提升，是立足当前，着眼长远，运用科学的眼光、科学的态度和科学的思路，创新性地推动闯出一条欠发达地区实践科学发展观成功之路的重大战略决策。"四个发展"既是青海贯彻落实科学发展观的具体体现，也是实践青海科学发展的模式探讨。

【思考题】

结合本案例谈谈"四个发展"的内容及其在青海经济社会发展中的重大意义。

【案例提示】

本案例可用于第八章"建设中国特色社会主义总布局"第四节"建设中国特色社会主义和谐社会"。通过本案例教学，使学生掌握科学发展观是我国经济社会发展的重要指导方针，是发展中国特色社会主义必须坚持和贯彻的重大战略思想。明确"四个发展"既是青海贯彻落实科学发展观的具体体现，也是实践科学发展观的重大战略决策。

案例十八　青海省：加强区域合作实现互利共赢①

【案例材料】

在"十二五"的开局之年，新疆自治区招商发展局主持召开"全国

---

① 资料来源：新疆招商网，信息网络中心，2011年9月21日。

经协部门区域合作产业援疆会议"，动员全国招商引资部门的力量，共商发展区域合作、推进产业援疆大计，这是贯彻落实党中央关于新疆发展一系列重大部署的有效举措，也是推进新疆加强与各省区合作，吸引产业援疆，实现跨越式发展和长治久安的重要保证。相信会议一定会圆满成功并取得丰硕成果。

一　青海与新疆近年来经济技术合作的主要成果

近年来，在国家西部大开发战略方针的指引下，青海与新疆的区域经济合作取得长足发展：

（一）高层次的合作关系得以建立。2009年乌洽会期间，青海省人民政府与新疆维吾尔自治区人民政府签署《加强区域经济技术合作框架协议》，确定了合作目标、合作领域、合作机制，建立了省区政府间高层次的合作关系，标志着双边合作进入全面战略合作阶段。

（二）经贸交流日益密切。作为近邻和同为黄河经济协作区的成员，以"青洽会"和"乌洽会（亚欧博览会）"为纽带，两省区每年都要派出省级代表团相互参会，开展项目洽谈、商品展示和经贸交流，鼓励开展相互投资，支持对方壮大会展经济。

（三）劳务合作关系稳定发展。以进疆摘棉为主要形式的劳务输出，已经从青海的海东地区，逐步辐射到西宁、海北、海南等地，预计今年青海进疆务工人数将达到7万人左右。青海东部农业区部分人员已经在新疆长年从事棉花和蔬菜、瓜果种植，吸引了一部分劳动力向新疆转移。

（四）共同建设基础设施迈出重要步伐。双方按照"平等互利、真诚合作、优势互补、共同发展"的原则，携手推进基础设施建设，共同争取国家支持，兰新铁路第二双线工程开工建设，库格铁路纳入国家"十二五"铁路中长期规划，新青电网联网工程前期工作进展顺利，年内有望得到国家批复开工建设，两省区共建基础设施迈出重要步伐。

（五）产业合作出现新局面。两省区经贸往来进一步加深，新疆企业到青海发展，康泰集团在柴达木盆地和海东地区投资建设钾肥项目和装备制造产业，青海黄河上游水电公司、青海豪盛矿业集团公司和青海昂大集团公司等企业积极参与新疆资源开发，双方产业合作迈出重要步伐。

（六）地方政府间友好往来不断加强。青海海西州与新疆巴州建立友好州，经贸文化交流不断加深。两省区相互支持，边界和睦相处，各民族团结稳定，为下一步深入合作和长远发展奠定了坚实基础。

（七）向西开放领域不断拓展。两省区外经贸部门、口岸办之间建立了良好的合作关系，新疆外经贸部门积极创造条件、提供便利，吸引青海通过新疆的边境口岸开展对外贸易，青海作为内陆省份，积极寻求拓宽利用新疆对外口岸扩大优势产品出口的渠道，谋求不断扩大对外开放，面向东欧、中东国家的贸易和开放水平不断提高。

二　加强青海与新疆合作的必要性和重要意义

在未来的开展建设中，加强青海与新疆的区域经济合作，十分迫切、十分必要，这是因为：

（一）加强两省区的合作是时代的潮流。青海与新疆同处祖国的大西部，在国家实施第二轮西部大开发战略，众多省区开展对口援疆的条件下，加强两省区之间多层次、多形式、宽领域的合作顺应时代潮流。

（二）加强两省区合作是党委、政府的愿望。今年"首届亚欧博览会"期间，新疆自治区党委主要领导会见了青海省政府代表团，展望了两省区加强合作的前景，表达了加强两省党委、政府交往，继续推进《加强区域经济技术合作框架协议》加快落实的愿望，这为两省区开展长期合作奠定了坚实基础。

（三）加强两省区合作共同发展的要求。"十二五"期间，青海省将积极探索以"跨越发展、绿色发展、和谐发展、统筹发展"为路径的科学发展模式，新疆也将把实现"跨越发展"和"长治久安"作为经济社会发展的长期目标，两省区有着共同实现跨越式发展的愿望。因此，加强经济交流和社会交往，是两省区共同发展的要求。

（四）加强两省区合作是企业的选择。青海与新疆同处祖国的西北部，山水相连，省情相近。历史上，企业之间就有着许多经济上的联系与交往。在西部大开发，青海、新疆实现大发展的背景下，建立更多紧密的经济联系，开展更多形式的经济交往，将是两省区企业的共同选择。

（五）加强两省区合作是实现产业转移的有效途径。青海与新疆都是一个资源性的省份，在生态环保、交通、电力、煤炭、盐湖资源、旅游、农牧业、生物等领域有着较强的互补性，只有加强省区间的互利合作，才能实现强势产业的互补和转移，共同推动两省区经济平稳、较快发展。

因此，加强青海与新疆的区域经济合作，对促进两省区建立长期的、互惠互利的经济技术合作关系，强化能源、交通、劳务输出、旅游、对外贸易等领域的互利合作，加快实现盐湖资源加工、装备制造业等领域的产业转移，加快两省区建设小康社会的步伐，实现共同富裕、共同繁荣、共同发展，具有十分重要的意义。

三　加强青海与新疆合作的主要领域

作为同处祖国西部的毗邻省份，青海没有对口支援新疆的任务。当前和今后一个时期，双方应发挥比较优势，面向国际国内两个市场，主要开展以下领域的合作：

（一）积极推进基础设施建设。在继续共同做好兰新第二双线铁路建设的前提下，两省区密切配合，进一步共同争取国家对格库铁路和新青联网工程的支持，共同呼吁国家发改委加快该项目立项批复，早日开工建设，造福于两省区人民。

（二）加强煤炭资源开发领域的经济合作。在以往合作的基础上，利用双方资源、地理和区位优势，探讨进一步深入合作的新模式，谋求更深领域、更广范围的全方位合作。按照新疆自治区"一主两翼"铁路建设思路，充分利用南翼库格、敦格铁路的建设，打通"西煤东运"出疆南通道，有效缓解青海煤炭供需紧张的矛盾。

（三）加强盐湖资源领域的合作。充分发挥青海盐湖股份公司盐化工产业发展的资金技术优势，与新疆丰富的煤炭和盐湖资源开发相结合，在新疆投资建设钾肥、纯碱和PVC等配套项目，实现优势互补，互利双赢，共同发展。

（四）加强装备制造业领域的协作。根据各自装备制造业发展的特点，在电力设备、石油机械等方面加强合作，促进产业升级。

（五）加强旅游、商贸领域的协作。以青藏线、库格线为纽带，进一步加强旅游资源开发、项目建设、市场开拓、信息共享等方面的合作，促进两省区旅游业的发展。支持青海利用新疆口岸，把新疆作为青海出口商品中转集散地，开拓国际国内投资贸易渠道，构建青海经由新疆向中亚、南亚、欧洲开放的格局。

（六）加强人才交流与劳务合作。以农牧业、科技、教育、文化为重点，加强交流互动、项目合作、人员交流，积极推进双方人才共享与开发。强化协调配合，扩大就业和劳务合作。

（七）进一步加强友好往来。相互支持并积极组织参与对方举办的经贸洽谈活动，使"青洽会""亚欧博览会"成为两省区合作交流的有效平台。

【案例点评】

统筹区域协调发展，缩小区域间的发展差距，是我国经济社会发展的一个重要原则。近年来，在国家西部大开发战略方针的指引下，青海与新疆的区域经济合作取得长足发展，取得来一系列重要成果。当前和今后一个时期，两省区将会在基础设施建设，盐湖资源开发、装备制造、旅游、商贸等领域开展交流与合作。加强青海与新疆的区域经济合作，对促进两省区建立长期的、互惠互利的经济技术合作关系，强化能源、交通、劳务输出、旅游、对外贸易等领域的互利合作，加快经济社会的全面发展，实现共同富裕、共同繁荣，具有十分重要的意义。

【思考题】

结合本案例，谈谈你对区域合作的重大意义的认识。

【案例提示】

本案例可用于第八章"建设中国特色社会主义总布局"第一节"建设中国特色社会主义经济"。通过本案例的教学，使学生了解各省区之间资源分布差距很大，只有加强区域合作，才能实现优势互补，才能促进国民经济的整体发展。①

案例十九　建生态文明先行区，为美丽中国作贡献

【案例材料】

材料 1：生态文明建设在"五位一体"中的特殊功能。②

党的十八大将生态文明建设纳入"五位一体"中国特色社会主义总体布局，要求"把生态文明建设放在突出地位，融入经济建设、政治建设、文化建设、社会建设各方面和全过程"，在"四位一体"的基础上，增添了生态文明建设。作为"五位一体"总体布局的组成之一，生态文

---

① 本章案例十三—十八内容由马玉英编写。

② 黄勤：《生态文明建设在"五位一体"中的特殊功能》，《光明日报》2012 年 2 月 1 日。

明建设不仅要发挥重要的成员功能，还要与其他"四大建设"融为一体，共同发展，齐力推进中国特色社会主义现代化建设和中华民族伟大复兴，因而，其地位更突出，功能也更特殊。把生态文明建设提高到"五位一体"整体推进中国特色社会主义建设的高度来认识，深刻把握生态文明建设对"五位一体"总体布局的特殊意义和作用机制，对大力推进生态文明建设，努力建设美丽中国，具有十分重要的理论意义和现实意义。

净化功能

生态文明建设的净化功能，不仅包括对自然生态的净化，还包括对人类文明系统和人类自身的净化。生态文明倡导"尊重自然、顺应自然、爱护自然"的价值理念，承认并遵循自然应有的主体性和文明性，因此，生态文明理念下的生态环境建设，既要加强生态环境的治理，又要加强生态保护，实施生态修复，让自然生态休养生息和按规律发展进化，给自然留下更多修复空间，还自然应有的"天蓝、地绿、水净"的美丽景观，实现对自然生态的净化。作为对工业文明的反思和超越，生态文明要求摒弃"人类中心主义"的工业文明价值观以及"大量生产、大量消耗、大量排放"的工业化模式，运用生态文明的理念和技术等，对工业文明社会下人类生产生活方式及其组织运行系统进行生态化改造，使经济增长与生态环境退化脱钩，社会制度和文化意识符合生态文明理念，实现对人类文明系统的净化。与此同时，人的价值观、人性以及人格也在生态文明建设中得到净化。工业文明的理论和实践将人性的多面性、复杂性单纯地抽象为"理性经济人"，人性中自私和追求物质利益的一面在工业文明的价值体系和制度框架下得到最大化发展，而人性中对人与自然、人与社会融洽关系的追求却被忽视和弱化。建设生态文明，就是要除去人性中过度自私和最大化追求物质利益的"杂质"，唤醒人性中的生态良心和生态意识，不仅遵从"经济理性"，也要遵从"生态理性"，回归多面人性，推动人从"经济人"到"生态理性文明人"的转变，实现人格的净化，促进人的自由全面发展。

提升功能

生态文明建设融入经济、政治、文化与社会等建设的过程，既是一个生态化的过程，也是一个绿色转型和质量提升的过程。我国在工业化尚不发达、工业文明程度还不高的情况下建设生态文明，不是全盘否定工业文明，而是对被工业文明固化和锁定的价值理念、行为模式和制度安排等进行生态化改造和绿色提升。通过实施空间管治，控制开发强度，调整空间结构，优化国土空间开发格局，建立可持续的产业结构、生产方式和消费模式，加快转变经济发展方式，使空间开发更加有序、资源环境利用更加集约节约、产业结构更加生态化高级化、生态制度更加法制化，从而提高经济社会发展的质量和效益，促进我国经济发展活力和竞争力、文化软实力以及可持续发展能力都提升到新的水平。

协调功能

生态文明建设通过净化人与自然的关系，重塑人与人、人与社会的关系，协调"五位一体"内部各组成部分之间的关系，最终协调生产关系与生产力、经济基础与上层建筑的关系。经济建设、政治建设、文化建设和社会建设是一个有机整体，生态文明建设这一新成员的加入，通过融入"四大建设"的各方面和全过程，打通各建设系统之间的有机联系，有利于各建设系统之间形成相互支持、彼此推动的良性机制。工业文明具有强大的惯性，生态文明不可能像从原始文明到农业文明再到工业文明一样，自发、自动地形成，而必须对现行体制机制进行生态化改造，对生产关系不适应生产力发展水平、上层建筑不适应经济基础的弊端进行绿色变革和创新，从而为经济、文化、社会建设的生态化提供强制力量，在这个过程中，不仅促进了生产力的发展和解放，也促进了生产力与生产关系、经济基础与上层建筑的相互协调。

融合功能

经济、政治、文化和社会"四大建设"是现实运行中的系统，生态文明建设融入这个系统，不是简单叠加，也不是以一个独立的外在因素"输入"或"植入"，而是在基本不改变现实系统结构和功能的前提下，将生态文明建设的要求、目标和内容等要素，体现和融合在现实系统的目标、任务与部署之中，使之成为现实经济社会运行系统的有机组成部分，从而实现生态文明建设与现有经济社会发展紧密结合、"合二为一"，而不是"两张皮""两条线"。

滋养功能

根据马克思社会有机体理论，人类社会是一个不断运动和发展着的活的有机体，只有在与自然界进行物质变换中才能存在和发展，人类所创造的各种积极成果以及所积累的各种文明都无法离开生态环境这一自然基础。生态文明建设为"四大建设"奠定坚实的自然基础，提供丰富的养分，起到"滋养"作用。生态环境建设为经济建设奠定坚实的自然基础和源头活力，增强经济发展的可持续能力；发达的生态经济是"五位一体"总体布局的物质基础；推进生态文明建设，保障生态安全，有利于政治稳定和政治发展，加快社会主义民主和法治进程；生态文化建设为社会主义核心价值体系的建设增添新的内容，促进社会主义文化大发展大繁荣；着力解决损害群众健康的突出环境问题，保障群众的环境权益、提高人民健康水平，是促进民生改善和社会和谐的重要条件。

材料2：建生态文明先行区，为美丽中国作贡献——访中共青海省委领导。①

党的十八大提出建设"美丽中国"的中国梦。作为我国重要的生态安全屏障，"大美青海"将如何继续保障国家生态安全？如何抓住机遇有所作为，更进一步推动生态文明建设？为此，新华社记者专访了中共青海省委领导。

问：党的十八大和习近平总书记系列讲话对生态文明建设提出了新的要求。请谈谈您对青海在全国生态地位的认识？

答：党的十八大首次将生态文明建设纳入中国特色社会主义事业"五位一体"总布局。十八大以来，习近平总书记对加强生态文明建设提出了许多重大战略思想，先后三次就青海生态保护与建设作出重要指示。这充分体现了中央对推进生态文明建设的高度重视，为我们进一步指明了治青理政的方向。

青海地处青藏高原腹地，长江、黄河、澜沧江及黑河发源于此，是我国极为重要的水源涵养地和国家生态安全屏障，在维护国家生态安全中具有独特而不可替代的作用。生态文明建设不仅关系到青海自身的发展，还关系着全国的可持续发展，乃至全球的生态安全。可以说，保护好生态是青海对国家和人类、对子孙后代肩负的重要责任。

我们感到，贯彻党的十八大和习总书记重要指示精神，就必须深刻认识青海在国家生态建设中的战略地位，正确处理保护生态、开发资源、改善民生三者的关系，坚持在保护中发展，使良好的生态环境成为青海最大的优势、财富和品牌，不断提高绿色指数，努力探索一条符合青海实际的

---

① 党周、马千里：《建生态文明先行区，为美丽中国作贡献》，新华网，2013年12月15日。

生产发展、生活富裕、生态良好的文明发展之路。

问：据了解，这些年青海在生态文明建设中采取了一系列重大举措，目前取得了哪些成效，还存在哪些突出问题？

答：这些年来，我们深入实施了生态立省战略，着力推动绿色发展。优化国土空间开发利用，全省大部分地区列为禁止或限制开发区域，取消了对三江源地区 GDP 考核，在三江源、青海湖、祁连山实施了生态保护和建设工程，加大退牧还草、退耕还林力度，加强节能减排和环境污染治理。经过不懈努力，重点治理区生态环境明显改善，黄河源头玛多县重现千湖美景，青海高覆盖度草地正以每年 2300 多平方公里的速度增加，三江对下游供水能力明显增强。

当然，青海总体生态环境尚未根本好转。目前，重点生态工程占应治理区的覆盖面不足 40%，环保基础设施建设滞后，鼠虫草害、荒漠化、水土流失依然严重；生态主体功能区基本公共服务均等化水平低，贫困面广量大程度深，人口、资源与环境矛盾仍然突出；重化工业为主的产业结构给节能减排带来很大压力，单位能耗水平还比较高。特别是生态功能价值核算、生态补偿等制度建设滞后，一些干部的思想认识、工作作风、能力水平与肩负的保护生态历史责任相比还有较大差距。可以说，青海生态保护和建设的任务还很艰巨，需要我们付出更大的努力。

问：党的十八届三中全会吹响了全面深化改革的号角，青海如何抓住机遇，进一步从整体上谋划和推动生态文明建设？

答：全面深化改革是青海必须牢牢抓住的历史机遇。实践中我们深刻认识到，生态文明建设是人类发展的重要成果和必然趋势，是思想观念的一场深刻变革。近日，我们按照国家主体功能区规划，制定了《青海省创建全国生态文明先行区行动方案》，确立"三年打基础、八年见成效"的奋斗目标。力争到 2015 年，完成生态文明先行区建设的总体布局和基本框架，生态状况明显好转，环境质量有所改善，资源节约取得进展，生态制度体系基本建立，生态文化建设全面推进；到 2020 年，基本形成主体功能区布局，生态产品生产能力大幅提升，资源综合利用和产出率显著提高，生态制度先行先试取得重大成果，全民生态文明理念普遍增强。在具体推进上，围绕目标任务，实施优化国土空间开发格局、生态屏障保护与建设、绿色产业构建、环境综合整治、建设美丽家园、生态文化建设等六个专项行动，安排 32 项具体工程和 14 项保障措施，争取在三江源综合试验区建设、生态建设、环境保护、应对气候、绿色经济、制度建设等六个方面为全国或同类地区积累经验、提供示范。

问：您能介绍一下青海目前正采取的重大举措吗？

答：保护生态既要有明确的方向，更要有务实的行动。近期，我们对制约我省生态保护与建设的突出问题，进行了全面摸底调研，有针对性地部署了十项重点工作，并取得了积极进展。一是启动三江源生态保护建设二期工程，省里安排财政先期垫支 3 亿元启动了部分项目。二是落实和巩固草原生态奖补政策，对牧民的奖补资金已全部发放到户。三是全面评估和优化藏区地勘项目布局。四是抓好三江源地区居民生活配套设施建设，减少人为污染。五是加强节能减排工作，组织实施一批重点节能技改和工程减排项目，淘汰落后产能。六是开展西宁大气污染综合治理行动，使大气环境质量达到西部省会城市先进水平。七是实施农牧区清洁工程，有效治理农牧区面源污染。八是集中开展生态保护执法大检查，查处一批损毁破坏生态环境的典型。九是实施生态文化建设行动，推广绿色消费理念，发展生态文化产业。十是完善生态文明体制机制，从源头保护、环境治理、生态修复、有偿使用和责任追究方面，探索建立系统完整的生态文明制度体系。

我们有决心以打造全国生态文明先行区的实际成效，坚决把中华民族的生态屏障维护好建设好，为美丽中国和应对全球气候变化作出新贡献。

【案例点评】

建设生态文明，是关系人民福祉、关乎民族未来的长远大计。生态文明的核心是正确处理人与自然的关系。中国特色社会主义生态文明体现了和谐发展、全面发展、可持续发展和循环发展的思想。党的十八大明确提出了大力推进生态文明建设的总体要求，党的十八届三中全会进一步强调，紧紧围绕建设美丽中国深化生态文明体制改革。根据生态文明建设的总体要求，到 2020 年实现全面建成小康社会时生态文明建设目标。

青海位居我国内陆腹地，接近欧亚大陆中心地带，是欧亚大陆孕育大江大河最多的区域。青海独特的地理环境和气候特征，造就了高海拔地区独一无二的大面积湿地生态系统，孕育了高原独特的生物源系，其基础性生态效益直接维系着国家的生态安全和中华民族的未来发展。青海被认为是对全国、全球大气、水量循环影响最大的生态调节区，全国和东南亚地区重要的生态屏障、北半球气候变化的启动区及调节区、全球高海拔地区重要湿地生态系统、高原生物种质资源基因库。作为青藏高原的主要组成部分，青海生态不仅关系到青海的可持续发展，而且影响着整个中国及东南亚地区甚至世界的生态平衡。

【思考题】

建设社会主义生态文明的总体要求是什么？

【案例提示】

本案例适用于第八章第五节"建设社会主义生态文明"中的第一个标题——"建设社会主义生态文明的总体要求"。生态文明的核心是正确处理人与自然的关系。青海省是长江、黄河、澜沧江的发源地，被誉为"江河源头""中华水塔"，独特的地理位置，使其在维护国家生态安全中具有独特而不可替代的作用。建生态文明先行区，为美丽中国作贡献，使青海省的生态文明建设在建设社会主义生态文明中发挥特殊作用。

案例二十　青海省加快全国生态文明先行区建设

【案例材料】

材料1：用保护和发展生产力的理念加快生态文明先行区建设。[①]

习近平总书记始终强调，"决不以牺牲环境为代价去换取一时的经济增长"，要"牢固树立保护生态环境就是保护生产力、改善生态环境就是发展生产力的理念"，"青海是中华水塔，西藏是世界屋脊，如果把青海、西藏污染了，多搞几百亿的生产总值又有什么意义呢？要坚持生态保护第一"等一系列新思想、新论断、新要求，对青海加快全国生态文明先行区建设指明了前进方向。在推进全国生态文明先行区建设中，青海应积极探索发展与保护"双赢"的长效机制，在重点区域示范、重点工程建设、绿色产业发展和生态文明理念四个方面要有新突破。

---

① 苏海红、马生林：《用保护和发展生产力的理念加快生态文明先行区建设》，《青海日报》2014年1月15日。

　　首先，丰富生态文明先行区建设的内涵。将生态文明建设纳入发展全过程，先行区最终要形成可持续发展的环境和条件，良性增长的经济和产业，健康有序的机制和制度，科学向上的意识和价值，协调创新的科学和技术，保障人与自然和谐全面进步。

　　其次，明确生态文明先行区建设的主题。先行区建设要牢固树立生态文明理念，发挥三江源国家生态保护综合试验区的示范带动作用，以绿色发展为主线，以建设两型社会为核心，以重点区域和关键环节为抓手，以体制机制创新为动力，形成政府推动、市场主导、公众参与的多元格局，在全国起到引领和示范作用。

　　再次，突出生态文明先行区"五位一体"战略目标。习近平总书记指出，把生态文明理念融入经济、政治、文化、社会建设各方面和全过程中。生态文明先行区应强调均衡性和统筹性。做到四个突出：突出绿色发展使生态文明融入经济建设，突出制度推动使生态文明融入政治建设，突出理念引导使生态文明融入文化建设，突出民生改善使生态文明融入社会建设。

　　针对生态文明建设习近平总书记提出，"要坚持节约优先、保护优先、自然恢复为主的方针，着力树立生态观念、完善生态制度、维护生态安全、优化生态环境，形成节约资源和保护环境的空间格局、产业结构、生产方式、生活方式"。这为青海加快建设全国生态文明先行区指明了在"四个着力"方面的具体实现路径。

　　首先，着力优化国土空间开发格局。一是严格按照主体功能定位发展，调整空间结构，构建科学合理的城镇化、产业发展、生态保护的布局结构。二是根据青海区域差异大、空间分布广、配置效率弱等特点，突出园区的增长极作用，以产业联动、错位竞争、功能互补的理念，形成分工合理、各具特色、优势互补、良性互动的区域协调发展新格局。三是面对全省资源和人口分布的非均衡性和区域产业体系间疏散性等问题，强化工业化与城镇化、园区化的同步发展，提高资源和要素的配置及利用效率。

　　其次，着力推动资源节约型、环境友好型社会发展。一是构建循环经济体系。以两个国家级循环经济试验区建设为突破口，加大对传统产业的"循环化"和"绿色化"改造，建立绿色循环型农业体系、工业体系、服务业体系。二是着力培育战略型新兴产业，通过能源结构、产业结构调整逐步实现节能减排目标。三是将生态文明建设与公共服务均等化相结合，增强相关设施的投入力度，为群众创造良好的生态环境。四是增强全民节约意识、环保意识、生态意识，支持引导公众的绿色消费、绿色出行和绿色居住行为。五是推动以政府传播、引导、规范为主的生态文化建设，积极发展生态文化产业。

再次，着力加大对自然生态系统修复和环境保护的力度。一是加快推进三江源国家生态保护综合试验区建设。重点从加强生态环境保护和建设、改善农牧民生产生活条件、加快培育生态型产业发展、加强基础设施建设四个方面推进。二是突出青海湖、祁连山、柴达木、河湟谷地生态环境综合治理。三是根据习近平总书记提出的"要传承文化，发展有历史记忆、地域特色、民族特点的美丽城镇"的要求，努力建设好、维护好天蓝、地绿、水净、人与自然和谐共处的美丽家园，改善城乡人居环境。四是继续实施好天然林资源保护、三北防护林建设、退耕还林草、国家重点公益林保护等专项工程。

最后，着力加强生态文明制度建设。一是创新生态保护体制机制。建立生态服务功能价值核算体系和监测预警评估、绩效考核和激励约束机制，为全国生态补偿机制的建立提供示范。二是强化政府改善生态环境的责任。将生态文明建设纳入全省经济、政治、文化、社会建设全过程。三是建立完善的生态文明制度体系。实行最严格的源头保护制度、损害赔偿制度、责任追究制度，健全资源有偿使用制度。

材料2：民族地区的生态文明建设。①

党的十八大将生态文明建设放在突出位置，使得其与经济建设、政治建设、文化建设和社会建设一起，被纳入中国特色社会主义事业"五位一体"的总体格局之中。十八大报告明确提出必须树立尊重自然、顺应自然、保护自然的生态文明理念，努力建设美丽中国，实现中华民族永续发展。

近日，本报记者对国家可持续发展试验区专家委员会的专家进行了专访。

记者：我国边疆大多是民族地区，民族地区大都是我国的生态屏障。由于这些地区发展经济的诉求比较强烈，在开展生态文明建设时面临的挑

① 李翠：《推进生态文明建设美丽中国——对话中央党校哲学部教授赵建军》，《中国民族报》2013年7月2日。

战应该更大。您认为民族地区应该如何建设生态文明？

专家：民族地区有些属于生态脆弱地区，有些是原生态的、未经开发的地区。由于这些地区普遍相对贫穷落后，发展的诉求非常强烈。但这些地区一旦开发，就会对生态环境造成难以修复的负面影响。如何解决这个矛盾，就我的理解，有三个方面需要把握。

第一，在国家限制开发区域以保护为主。比如说，在"中国的水塔"青海三江源地区，如何保护好这块水源地是当地最主要的责任。在这些限制开发和禁止开发的区域，转移支付和生态补偿机制显得尤为重要，中央要拿出相当的经费用于这些地区的保护性开发，要让他们保护环境这项工作本身就是在创造 GDP，要让这些地区的农牧民和全国人民一道步入小康社会，避免他们为了提高经济水平而进行盲目开发。

第二，我们要在西部有条件可以进行开发的地区，淘汰落后产能，引进低能耗、低污染、低排放、有高附加值的技术和设备，引进世界一流、全国一流的企业，让战略性新兴产业、新能源企业、高新技术企业和现代服务业等在当地发展起来，避免传统的高污染企业给当地环境带来的破坏。

第三，民族地区不仅需要国家政策的大力扶持，还需要人才的大量储备。我们目前在对少数民族地区的支援中，主要是资金和物质支援，尽管也有干部挂职和支教，但规模小、影响力不够。今后还应通过加大智力支持，尽快提高当地农牧民的思想文化素质和科学素质，帮助他们改变传统的生活方式，减少对自然的人为破坏。

记者：在您多年的调研经历中，根据您的观察和了解，我国哪些民族地区在这方面做得比较好？

专家：有很多地方都做得很不错。比如，在国家政策、资金的支持和地方领导坚持不懈的努力下，加上当地农牧民逐渐形成了强烈的保护意识，青海省保护三江源的工作就开展得很好。

另外，虽然贵州省当地发展经济的需求非常强烈，但近年来，仅贵阳市每年拒绝的与生态文明城市要求不符的高能耗、高污染投资项目金额就高达数百亿。这是因为贵州省委、省政府和贵阳市委、市政府一直以来都坚持"只有保住了绿树青山，才有金山银山"的理念。我们发现，绿水青山本身就是生产力，包括在东部发达地区也是如此，凡是生态环境好的地方，都能吸引更多的投资。

今年年初，我连续四次去内蒙古自治区的锡林郭勒盟进行调研，几乎跑遍了 13 个旗县。锡林郭勒盟也在努力探索经济发展与生态保护之间的平衡点。他们的理念是"开发 1% 的草原来保护好 99% 的草原"，即集中、定点进行开发建设，即使有破坏有影响，也只是涉及 1% 的区域，其余地方仍处于被保护的状态，让经济开发的负面作用控制在最小的范围内。这也是一种比较合理的发展方式。

【案例点评】

党的十八大将生态文明建设放在突出位置，使得其与经济建设、政治建设、文化建设和社会建设一起，被纳入中国特色社会主义事业"五位一体"的总体格局之中。十八大报告明确提出必须树立尊重自然、顺应自然、保护自然的生态文明理念，努力建设美丽中国，实现中华民族永续发展。民族地区的生态环境的特殊性，对生态文明建设提出了更高的要求，树立科学正确的生态文明理念是民族地区生态文明建设顺利进行的根本保证。

【思考题】

谈谈你对民族地区生态文明建设特殊性的认识。

【案例提示】

本案例适用于第八章第五节"建设社会主义生态文明"中的第二个标题——"树立生态文明理念"。建设社会主义生态文明，需要充分认识民族地区生态文明建设的特殊性，科学客观地认识这一特殊性，就是一种生态文明理念的树立。

案例二十一　生态建设工程的"旗舰工程"——三江源自然保护区建设

【案例材料】

材料 1：三江源自然保护区基本情况介绍。①

---

①　青海新闻网记者：《三江源自然保护区之生态环境状况》，青海新闻网，2006 年 9 月 22 日。

青海三江源地区地处青藏高原腹地，是长江、黄河、澜沧江三大河流的发源地。历史上，三江源区曾是水草丰美、湖泊星罗棋布、野生动物种群繁多的高原草原草甸区，被称为生态"处女地"。近些年来，随着全球气候变暖，冰川、雪山逐年萎缩，直接影响高原湖泊和湿地的水源补给，众多的湖泊、湿地面积缩小甚至干涸，沼泽地消失，泥炭地干燥并裸露，沼泽低湿草甸植被向中旱生高原植被演变，生态环境已十分脆弱。随着人口的无节制增加和人类无限度的生产经营活动，又大大加速了该地区生态环境恶化的进度。特别是草地大规模的退化与沙化，不仅使该地区草地生产力和对土地的保护功能下降，优质牧草逐渐被毒、杂草所取代，一些草地危害动物如鼠类乘虚而入，导致草地载畜量减少，野生动物栖息环境质量减退，栖息地破碎化，生物多样性降低。更为重要的是，随着源区植被与湿地生态系统的破坏，水源涵养能力急剧减退，导致三江中下游广大地区旱涝灾害频繁、工农业生产受到严重制约，并已直接威胁到了长江、黄河流域、乃至东南亚诸国的生态安全。

这一地区的严峻形势引起了党和政府及国际社会的广泛关注。1999年，中国探险协会组织了水资源专家与其他科学家对澜沧江的综合考察，通过考察提出了"开发大西北，保护三江源"的建议。这一建议得到国家林业局、青海省政府、中国科协及中国科学院和有关部门的重视与支持。2000年2月2日，国家林业局以林护自字〔2000〕31号文《关于请尽快考虑建立青海三江源自然保护区的函》下发青海省。青海省人民政府立即组织有关部门编写了青海三江源省级自然保护区规划初步意见，并在2000年3月21日，由国家林业局、中国科学院和青海省人民政府联合召开了"青海三江源自然保护区可行性研讨会"，会议认为："中华水塔"面临着严重威胁，建立三江源自然保护区是西部大开发中生态环境建设的一大战略任务，不仅将为西部地区的开发创造良好的自然环境，也为我国及东南亚各国的经济发展及生态安全提供重要保证。加强三江源区的生态保护是历史赋予中国人民的重要使命，不仅意义重大，而且刻不容缓。目前，建立保护区的时机和条件基本成熟，要不失时机地推进三江源自然保护区的建设。会后，青海省人民政府经过认真调研，于2000年5月批准建立三江源省级自然保护区，并于2001年9月批准成立了青海三江源自然保护区管理局。

三江源自然保护区的建立受到了党和国家领导人的高度重视，江泽民总书记亲笔题写了"三江源自然保护区"碑名，人大常委会副委员长布赫题写了碑文，表达了中国政府对生态环境保护的决心。为具体落实江泽民总书记"再造一个山川秀美的西北地区"的重要指示，为西部大开发创造一个良好的生态环境，国家林业局将三江源自然保护区建设作为全国重点林业生态建设工程的"旗舰工程"，已先期于2001年投资启动实施。

　　2001年8月，国家级自然保护区评审委员会办公室派出专家组赴三江源地区进行了实地考察，国家环境保护总局、国家林业局、农业部、水利部也派员参与了考察。依据这次考察的成果，国家林业局规划院和三江源保护区管理局依制定三江源保护区2001—2010年的10年建设总体规划。2003年1月，国务院正式批准三江源自然保护区晋升为国家级。《青海三江源国家级自然保护区总体规划》就是在原有规划的基础上，按照国家级保护区总体规划编制要求、结合三江源保护区及主管部门提出的修改意见进一步修改而成。该规划将作为青海三江源自然保护区中长期建设的纲领性文件。

　　材料2：三江源自然保护区之生态环境状况。①

　　（一）存在主要问题。

　　1. 草场退化与沙化加剧。

　　据调查，保护区所在的三江源区50%—60%的草地出现了不同程度的退化。1996年退化草场面积达250万公顷，占本区可利用草场面积的17%。同20世纪50年代相比，单位面积产草量下降了30%—50%，有毒有害类杂草增加了20%—30%。仅黄河源头80—90年代平均草场退化速率比70年代增加了一倍以上。三江源区"黑土滩"面积已达119万公顷，占土地总面积的4%，占可利用草场面积的7%，占全省"黑土滩"面积的80%。而沙化面积也已达253万公顷，每年仍以5200公顷的速度在扩大。荒漠化平均增加速率由70—80年代的3.9%增至80—90年代的20%。原生生态景观破碎化，植被演替呈高寒草甸→退化高寒草甸→荒漠化地区的逆向演替趋势。

　　2. 水土流失日趋严重

　　三江源区是全国最严重的土壤风蚀、水蚀、冻融地区之一，受危害面

---

　　① 青海新闻网记者：《三江源自然保护区之生态环境状况》，青海新闻网，2006年9月22日。

积达 1075 万公顷，占三江源区总面积的 34%。其中极强度、强度和中度侵蚀面积达 659 万公顷。黄河流域水土流失面积为 754 万公顷，多年平均输沙量达 8814 万吨；长江流域水土流失面积达 321 万公顷，多年平均输沙量达 1303 万吨；澜沧江流域水土流失面积也达 240 万公顷。既损失了土壤，加快了生态环境的恶化，也给下游的河道淤塞、水利设施的危害造成了一定的影响。

3. 草原鼠害猖獗

三江源区发生鼠害面积约 503 万公顷，占三江源区总面积的 17%，占可利用草场面积的 28%，高原鼠兔、鼢鼠、田鼠数量急剧增多。黄河源区有 50% 多的黑土型退化草场是因鼠害所致。严重地区有效鼠洞密度高达 1334 个/公顷，鼠兔密度高达为 412 只/公顷。

4. 源头来水量逐年减少

近年来源区来水量逐年减少，黄河流域的形势更为严峻。水文观测资料表明：黄河上游连续 7 年出现枯水期，年平均径流量减少 22.7%，1997 年第一季度降到历史最低点，源头首次出现断流；源头的鄂陵湖和扎陵湖水位下降了近 2 米，两湖间发生断流。源头来水量减少不仅制约了源区社会经济发展和农牧民的生产生活，还由于黄河青海出境水量占到黄河总流量的 49%，源头水量的持续减少致使下游断流频率不断增加，断流历时和河段不断延长，下游地区 25 万平方公里、1 亿多人口的生产生活发生严重困难。

5. 生物多样性急剧萎缩

青藏高原部分生物及其种群数量呈现锐减状态，生物多样性已经遭到并将持续面临巨大的破坏与威胁。一是生境破碎化、岛屿化和多样性的丧失；二是物种多样性面临严峻形势，目前青藏高原受到威胁的生物物种占总种数的 15%—20%，高于世界 10%—15% 的平均水平；三是高原生物具有强大的抗逆基因和特殊种性，随着高寒生物物种资源的灭绝与濒危，这种适应高寒生境的遗传基因优势也受到了威胁。

6. 生态难民逐年增加

由于冰川退缩、湖泊萎缩，使得地下水位下降、湿地退化。由此，一方面使地表水径流减少，引起一些居民点（包括一些城镇）水资源危机，到了守着源头没水喝的尴尬境地。另一方面草场退化，可放牧草原资源减少，牧民为了维持生活，只得增加牧压，引起草原退化加剧，草原退化的最终结果是牧民搬家。再是自然灾害加剧。在牧区交通、通信等基础设施还很欠缺的情况下，防灾抗灾能力有限，一旦遇上干旱、洪涝或雪灾，将给牧民造成很大的财产损失。

（二）主要影响因素

1. 自然因素

全球气候变化是三江源区生态环境恶化的最根本的自然因素，使原本很脆弱的生态系统稳定性更低，恢复能力更弱。气候变暖、蒸发加大成为生态环境逆向演化的驱动力。

与70年代初相比，高原上的年平均气温升高了0.2℃—0.4℃，尤其是冬季气温升幅较大，气温年较差逐年减小。由此，除造成冰川萎缩、雪线上移、湿沼旱化外，关键是导致高原多年冻土呈区域性退化状态，表现为季节冻结深度变小，融化深度增大，在多年冻土区边缘地带及融区附近形成呈向上不衔接的具有融化夹层或深埋藏的多年冻土，尤其是高原东部大面积的岛状冻土区内，多年冻土下界分别升高50—150米，多年冻土总面积约减少10%。气候转暖也不同程度地影响到40米深以上的地温，特别是20米以上的浅层地温最为明显。近15—20年来的地温对比表明，高原季节冻土区，河流融区及岛状冻土区内含冰（水）量较小的地段，年平均地温升高了0.3℃—0.5℃，大片连续多年冻土层内地温上升0.1℃—0.3℃，多年冻土层减薄5—7米。冻土退化的影响不仅局限于多年冻土层，更明显的是表现在季节融化层和天然地表层的恶化，如草场严重退化，土地冻融性沙化和荒漠化，地表景观变劣等。

2. 人为因素

区域社会经济发展过分依赖畜牧业和采矿业等资源开发型产业，以及资源管理监督不力造成偷捕乱猎、乱采滥挖泛滥等是诱发生态环境问题的主要因素。

——草场超载过牧

三江源区少数民族占绝对优势，在观念上崇尚"多生孩子、多养牛羊"的习俗。自50年代以来，区域内人口增加了三倍，家畜数量也成倍增长，而每个羊单位占有的可利用草场则从1953年的35.3亩降低到1994年的16.8亩，致使牧压成倍增加。草场的超载过牧直接导致草地生产力下降，迫使部分牧民迁往高海拔的山地放牧，最高达到了5500米，使人为影响或破坏的范围更大。

——偷捕乱猎

青海是一个野生动物资源大省,分布着许多高原特有、经济价值极高的野生动物种群。80 年代以来,大肆猎捕野生动物行为愈演愈烈,并且随着国内外市场的变化,偷猎对象也有明显的变化。从 80 年代初的围捕麝类,使青海麝资源损失 10 万余只。80 年代后期掠夺鹿类,使区内鹿类急剧下降了 90%。到 90 年代初的乱杀猫科大型动物,使雪豹等珍稀动物已难觅踪迹。90 年代中后期的大规模猎杀藏羚,几年内损失藏羚近 3.2万只。当前的偷猎野牦牛、野驴,使珍稀和有经济价值的野生动物数量急剧减少。另外,保护区内的扎陵湖、鄂陵湖等高原湖泊中,盛产无鳞花斑裸鲤等经济鱼类 7—8 种,但因长期无计划大量捕捞,致使渔业资源和湖区生态环境遭到极大破坏。

——乱采滥挖

近年来,数以万计的人员受利益驱动,进驻三江源区无序采挖沙金、药材,当地政府也鼓励这种破坏生态、自杀式的短期经济行为,植被人为破坏极为严重。80 年代采金占用草地 107 万公顷,毁坏草原 3.3 万公顷。2000 年进入三江源区采挖药材的外来人员达 20 万人,仅一天砍挖灌木作燃料就破坏灌木林地 200 公顷左右。当地牧民的生活能源也以畜粪、茅柴占主导地位,使草原植被也遭到了不同程度的破坏。

一般看来,自然因素对生态环境的影响速度毕竟很慢,需要较长时间才能显现出来,而恶化速度加快是在近半个世纪内发生的。因而,可以认为社会因素占有主导地位,即不当利用自然资源和人口快速增加加剧了本已十分脆弱的自然生态系统恶化的程度,而牲畜超载、过度放牧则是在较大范围内破坏高原草地生态系统的主导因素。由于过份依赖天然畜牧业,导致了两次牲畜数量失控。在载畜量过大的情况下,抑制了植物群落的繁衍和更新,草被高度和盖度明显下降,优良牧草比例逐年减少,有些地方还采用焚烧草地灌木林的来扩大草场,破坏了草地生态系统结构,使众多的鸟兽消失,虫鼠害无法得到有效控制,从而加剧了草地的退化。

(三)生态环境保护现状

为了从根本上扭转生态环境恶化的趋势,保护"中华水塔",中央和青海省地方政府以及有关部门做了大量的工作,开展了一批生态工程。到1997 年底,江河源区累计治理水土流失面积 5435.69 公顷,封山育林保存面积 23 万公顷,植树造林保存面积 27 万公顷,建设围栏草场 174.1 万公顷，改良草场90.6万公顷。使黄河上游水土流失区土壤侵蚀模数总体下降30%—50%，流入黄河的泥沙量平均减少10%。

目前，三江源区已建、在建或规划建设的主要国家级生态工程有：

1. 长江、黄河中上游天然林资源保护工程。

以1998年由青海省政府发布禁止天然林资源采伐的公告为标志，正式启动青海省天然林资源保护工程，天然林全面停止采伐，林业职工转岗分流。工程主要涉及保护区内的所有国有林场和玛可河林业局。

2. 退耕还林还草工程。

已规划将区内的那些水土流失严重、产出水平低的25度以上陡坡耕地，干旱缺水、广种薄收、农作物保收率低的25度以下的山旱地，不利于农作物生长的高寒耕地和80年代以来毁林毁草新垦耕地共计95.32万亩全部退耕还林还草，包括玉树州的玉树、囊谦、称多、治多、杂多、曲麻来县和果洛州的班玛县，2000年开始了试点示范工作。

3. 长江中上游防护林工程。

一期工程列入玉树、果洛两州的玉树、称多、斑马县和玛可河林业局，建设期从1990—2000年，共完成人工造林4833公顷，封山育林10.8公顷，新建苗圃40公顷，设置网围栏20万米，建设树木钢制保护圈2万个，公路绿化近40千米。

4. "三北"防护林体系建设工程。

1978年启动的"三北"防护林体系建设工程包括保护区黄河流域的县，经过了三期工程建设，主要进行人工造林、封山育林和农田林网、四旁植树，使民用木材和薪炭材的供需矛盾得到了缓解。"三北"防护林体系四期建设工程规划列入了保护区内的兴海、同德二县，其中人工造林1000公顷，封山（沙）育林40000公顷。

5. 治沙工程。

1991年启动治沙工程，主要涉及治多、曲麻来等沙化严重的县，进行人工造林、封沙育林育草、人工种草及改良草场、设置网围栏，目前已经结束。

6. 保护母亲河绿化工程。

1999年开始，沿黄河流域植树造林、绿化荒山，完成造林200公顷，整地667公顷。

7. 野生动植物保护与自然保护区建设工程。

2000 年，国家林业局已开始对三江源自然保护区进行投资建设，包括保护区碑址处造林绿化、四个管理站建设和鄂陵湖—扎陵湖核心区保护示范建设工程。

8. 休牧育草工程。

从 2001 年开始，三江源地区 10 年规划休牧育草 11354 万亩，草地建设内容包括草地改良、围栏封育、人工种草、"黑土滩"治理、鼠虫害治理。

材料 3：倡导低碳生活节约资源节能环保理念深入居民心。[①]

最近，西宁市城东区八一路街道办事处泰宁社区工作人员将一块宣传板设置成"低碳专版"，上面介绍了 10 条日常生活小窍门，宣传板赢得居民好评。"淘米水可以用来洗手擦家具，干净卫生，自然滋润""将废旧报纸铺垫在衣橱的最底层，不仅可以吸潮，还能吸收衣柜中的异味……"内容都与日常生活相关。居民们仔细看着，有的居民还抄了下来。

据了解，不少社区通过各种形式大力倡导低碳生活，同样，很多居民主动学习节能环保方面的知识，崇尚绿色消费。在日常生活中，龙泰社区居民曾女士和家人坚持少用纸巾，多用手帕，在家中不用灯时，就随手关灯。她和家人很少喝瓶装饮料，购物使用布袋子，一点一滴实践低碳生活的理念。曾女士说，经过媒体的大量报道，使她对低碳生活有了详尽了解。她的家中早已换上了节能灯泡。

连日来，记者在社区采访时了解到，随着节能环保理念逐渐深入人心，越来越多的居民开始把节能环保当做一种生活方式，他们的消费和生活观念发生了明显变化，他们从生活细节做起。家住南川东路的张顺才说，前一段时间，《西海都市报》报道了大学生志愿者热情向社区居民宣传和普及低碳知识，倡导广大居民参与低碳生活一事，大学生志愿者的这种做法很好！实现低碳生活急需政府、社区、家庭和个人等各方的共同努力。倡导和践行节能环保，这是一种社会责任。在社区，家庭是践行节能环保不容忽视的力量。

---

① 张普：《倡导低碳生活节约资源节能环保理念深入居民心》，《西海都市报》2010 年 5 月 9 日。

材料4：青海省消协呼吁关注旧手机对环境的污染问题。①

手机中含有铅、砷、镉、铜、锌等重金属，一块废旧电池的污染强度是普通干电池的100倍，如果任意丢弃，这些元素就会释放到土壤、地下水、空气和地表径流中，对人体和环境造成危害。为此，省消费者协会呼吁全社会都来关注旧手机对环境的污染问题，广大消费者更不要随意丢弃旧手机。

我国从2011年起正式实施的《废旧电器电子产品回收处理管理条例》未将手机涵盖在内。为此，省消费者协会呼吁手机制造商、经销商、通讯企业等相关单位，要以对社会负责的态度建立废旧手机回收管理机制，多设立废旧手机回收网点，并建议像推行家电"以旧换新"一样推行废旧手机回收。而消费者也要有"旧手机污染环境"的理念，自觉配合商家将废旧手机送到正规回收点，并树立节约资源和保护环境的消费意识，尽量少更换手机。

【案例点评】

青海省生态环境脆弱，生态地位重要，保护生态环境是青海省一项重要战略。青海省人大常委会围绕这一重大战略，自2000年以来，先后制定、修订了《青海省湟水流域水污染防治条例》、《青海省实施〈中华人民共和国环境保护法〉办法》、《青海省实施〈中华人民共和国大气污染防治法〉办法》、《青海省盐湖资源开发与保护条例》、《青海省绿化条例》、《青海湖流域生态环境保护条例》、《青海省饮用水水源保护条例》等十多部生态文明建设方面的地方性法规，有力保障了生态立省战略的实施，促进了青海省的生态文明建设。

坚持节约资源和保护环境的基本国策：

第一，坚持节约优先、保护优先、自然恢复为主。

第二，着力推进绿色发展、循环发展、低碳发展。

第三，形成节约资源和保护环境的空间格局、产业结构、生产方式、生活方式。

第四，建立系统完整的生态文明制度体系，用制度保护生态环境。

---

① 卢海、熊永生：《青海省消协呼吁　关注旧手机对环境的污染问题》，《青海日报》2014年8月3日。

【思考题】

1. "三江源自然保护区"生态环境保护的重要性。
2. "节约资源和保护环境"应从小事做起。

【案例提示】

本案例适用于第八章第五节"建设社会主义生态文明"中的第三个标题——"坚持节约资源和保护环境的基本国策"。"三江源"的环境保护，对我国的社会主义生态文明建设有着特殊的作用和地位，党和政府非常重视"三江源"的生态建设，保护生态环境也是青海省的一项重要战略，为此制定和修订了十多部生态文明建设方面的地方性法规。而作为每一位公民，应树立生态文明的理念，从小事做起，节约资源和保护环境。[①]

本章编写：马文祥　马玉英

---

① 本章案例十九—二十一内容由马文祥编写。

第九章

实现祖国完全统一的理论

案例一　澳门回归——千年之交的中华历史盛事①

【案例材料】

1999 年 12 月 20 日，作为一个伟大的日子，载入中华民族的史册。这一天，中华人民共和国对澳门恢复行使主权。骨肉分离重团圆的喜悦荡漾在每一个爱国仁人之胸。曾经屈辱的历史，就此远去。

一　昨天的澳门——千年中叶不幸沦落（昔日澳门）

澳门，包括澳门半岛、凼仔岛和路环岛，自古以来就是中国的领土，16 世纪中叶以后被葡萄牙逐步占领。

第一位葡萄牙人欧雅治 1513 年夏至 1514 年初将船停在广东东莞县屯门湾（今香港新界青山湾），高价卖光货物而归。

1516—1517 年，葡萄牙总督果阿派海盗头子安特拉德率舰船侵略中国。他们强行在屯门上岸，修筑工事。1521 年，中国军队开进屯门，迫使葡萄牙人仓皇逃离屯门。1522 年，葡萄牙人再闯中国海域，被中国海军击退。此后，葡萄牙殖民者被迫变换了侵略手法。

1553 年，葡萄牙人以船只触礁裂缝需要修理、船上打湿货物需要晾晒为借口，贿赂中国海道副使汪柏，获准上岸。1557 年，形成一稍有规模的居留地。

1840 年鸦片战争爆发，葡萄牙人趁机采取冒险措施，悄悄在界墙以北地区编号竖界，勒收地租，后遭中国查禁。1845 年，葡萄牙女王玛丽

① 李如意、沙莉：《澳门回归——千年之交的中华历史盛事》，《东北大学学报》（社会科学版）2000 年第 1 期。

亚二世宣布澳门为自由港，任命海军上校亚马留为澳门总督，要求绝对夺取澳门主权。清政府在葡萄牙人威胁下，实际上逐渐放弃了对澳门的主权。1851 年和 1864 年葡萄牙人又先后强占了凼仔岛和路环岛。

1887 年 12 月 1 日，葡萄牙在英国的支持下，强迫清政府与之在北京签署了《中葡和好通商条约》。条约同意葡萄牙永远居住并管理澳门，未经中国首肯，葡萄牙不得将澳门让予他国。这样，清政府实际上正式承认了葡萄牙占领澳门的事实。

二　今天的澳门——千年结束之际，昂首踏上回归路

新中国成立后，在中国共产党领导下澳门问题得到圆满解决。

第一阶段，从新中国成立到 1972 年，对港、澳采取了"长期打算，充分利用"的战略方针。中国政府一直坚持香港、澳门是中国领土不可分割的一部分，不接受帝国主义强加给中国的不平等条约。同时，制定出相应的政策。主要包括"三项原则"（过去的不平等条约必须废除；在条件成熟时通过和平方式解决；在未解决以前维持现状）和"暂不收回"的战略安排。这一策略为新中国留下两个观察国际形势的"窗口"，又从政治上稳定了港、澳，经济上支持了港、澳，为今天的香港繁荣和澳门腾飞打下了深厚的基础。

第二阶段，从 1972 年到中共十一届三中全会前后，中国政府不承认澳门属于"殖民地范畴，重申澳门是中国领土，适当时候予以收回"。联合国非殖民地化特别委员会于 1972 年 6 月 16 日通过决议向联合国大会建议从殖民地名单中删去香港和澳门。1972 年 11 月 8 日，第 27 届联合国大会通过决议批准了该委员会的报告。这为日后中国政府解决港澳问题打下了坚实的基础。

1979 年 2 月 8 日，中葡两国正式建立外交关系。在建交谈判中，双方已签订了一份当时未公开的谅解备忘录，其大意是：澳门是中国的领土，目前由葡萄牙政府管理，在适当的时期，中葡两国通过友好协商来解决。这为澳门问题的最终解决铺平了道路。

第三阶段，中共十一届三中全会以后，我国政府用"一国两制"这把金钥匙，圆满解决了澳门问题。

从 1986 年 6 月到 1987 年 2 月，中葡两国关于澳门问题的外交谈判共举行了四轮。中葡双方在许多重大问题上取得广泛一致的同时，在有些问题上也存在分歧。双方分歧的一个主要问题就是澳门归还中国的时间问

题。葡萄牙执政的社会民主党发言人巴度里公开宣称：中国在 2000 年以前收回澳门主权的意见难以接受。他认为最适当的时间是 2017 年。这是葡萄牙国内及澳门当局中少数人眷恋殖民主义的心态的反映。对中葡会谈中出现的这种不和谐的噪音，中国方面发出明确的信息，表明在 20 世纪末以前完成港澳回归祖国大业，是亿万中国人民的意愿，也是中国政府的决心。1987 年 1 月 6 日，葡萄牙国务会议经过四个多小时的讨论后，原则上同意于 1999 年将澳门交还给中国。中国与葡萄牙关于澳门问题的分歧已经完全消除。

1987 年 3 月 26 日，中葡关于澳门问题的《联合声明》这一历史性文件在北京人民大会堂草签，4 月 13 日，正式签字。

1993 年 3 月 31 日，八届人大一次会议通过《中华人民共和国澳门特别行政区基本法》，澳门进入后过渡期。后过渡期的主要工作是解决中文的官方语言地位、公务员本地化和法律本地化等三大问题和组建特别行政区。1999 年 5 月 15 日，选举产生了澳门第一位行政长官何厚铧。

澳门回归前夕各国传媒云集濠江，采访中令他们惊讶的是，几乎没有听到反对回归的声音。回归前的澳门，经济连续四年负增长，失业率不断上升；治安形势恶化，法制不完备，政府效率低下，百姓怨声载道。澳门同胞普遍地盼望回归，盼望迎来澳门历史新的一页。1999 年 12 月 20 日，中国政府正式恢复对澳门行使主权。澳门回归宣告了中国人民结束了长达四个多世纪的梦魇，彻底洗刷了中华民族的历史耻辱。

三　"一国两制"在澳门的成功实践

1. 澳门在政治上更加稳定。

中央政府严格按照澳门特别行政区基本法办事，坚定的支持特别行政区行政长官和政府依法施政，不干预特别行政区自治范围内的事务。澳门特别行政区依照基本法的规定实行"澳人治澳"、高度自治。澳门人民将首次以主人的地位真正独立地走上政治舞台，行使自己管理自己的权利。这是澳门政治稳定的最根本基础。特区政府根据基本法规定，逐步健全了政府架构，基本完成了由"葡人治澳"转为"澳人治澳"、高度自治的政治体制和行政架构的建构工作。公务员队伍面貌焕然一新，政府行政效率明显提高。特区政府廉政公署一改回归前被市民喻为"无牙老虎"的形象，通过培训精干队伍和加强职权，进行了颇有成效的反贪倡廉、反行政违法的工作。

2. 澳门在经济上更加繁荣。

中央政府全力支持澳门拓展对外联系，加强区域合作，实施内地与澳门更紧密经贸关系安排、开放内地部分地区居民个人赴澳门旅游在内的一系列政策措施，为澳门的发展注入了活力、拓宽了空间。从回归前的连续四年负增长，到回归后的连年跨越式增长，澳门交出了一份出色的经济答卷。回归头一年澳门就遏制住过去连续四年负增长的经济颓势，到2001年取得4%的增长率。2002年和2003年分别增长10%和15%，增长速度令海内外刮目相看。回归后，粤澳两地建立了高层会晤制度，发展为"泛珠三角区域合作"。2004年6月，"泛珠三角区域合作与发展论坛"举行并签署《泛珠三角区域合作协约框架》，使澳门作为区域性商贸平台的功能进一步强化。

3. 澳门的社会更加安定——今日澳门。

澳门回归前后的变化，在人们记忆中反差最大、留下印象最深的，可能要数社会治安的"逆转"。特别行政区政府推行"固本培元，稳健发展"施政方针，一方面雷厉风行地强化治安队伍，扑灭犯罪行为，另一方面积极采取各种措施改善投资环境，整顿市场秩序。回归后不久，澳门整个治安形势就发生了大的逆转，令人谈虎色变的黑社会敛踪匿迹，杀人、绑架、纵火等严重刑事案件的发案率逐年下降，破案率大为提高。澳门回归后这几年的治安与以往相比恍如隔世。

今天的澳门，社会安定祥和，经济持续增长，民众安居乐业。实践证明，澳门人是完全有智慧、有能力、有办法管理好、建设好、发展好澳门的。澳门回归是千年世纪之交的中华历史盛事，澳门必将与祖国一道奔向新的辉煌。澳门的明天会更美好。

【案例点评】

"你可知Macao不是我真姓，我离开你太久了，母亲……"伴随着这首真情流露的《七子之歌》，澳门回家了。1999年12月20日，中国政府正式恢复对澳门行使主权。澳门回归宣告了中国人民结束了殖民主义在港澳的统治，标志着外国人占据和统治中国领土的历史彻底结束，彻底洗刷了中华民族的历史耻辱，体现了社会主义中国综合国力和国际地位的提高。澳门的顺利回归，是祖国统一大业进程中的重要里程碑。

香港、澳门如此顺利、平稳地脱离殖民统治，这在世界上是绝无仅有的。可以说，"一国两制"为国际上以和平方式解决争端和历史遗留问题开创了典范。"一国两制"构想是充分尊重历史和现实、照顾各方面利益、维护民族团结、实现祖国完全统一和民族伟大复兴的战略构想。澳门问题的解决以及澳门回归后的繁荣景象再一次证明"一国两制"战略构想的高度科学性和现实可行性。香港、澳门的顺利回归对解决台湾问题具有重要的示范作用，为最终解决台湾问题创造了条件，积累了经验。

实现祖国的完全统一，是海内外中华儿女的共同心愿，是中华民族的根本利益所在，是中国社会发展不可阻挡的历史潮流。1999 年 12 月 20 日，作为伟大的日子，将永载中华民族的史册。

【思考题】

澳门顺利回归是"一国两制"构想的又一次成功实践。请问："一国两制"在澳门的成功实践对最终完成祖国统一大业具有什么重大意义？

【案例提示】

本案例可用于第九章"实现祖国完全统一的理论"第二节"和平统一、一国两制的科学构想及其实践"。通过本案例的教学，使学生明确以"一国两制"方针推进祖国统一大业，是海内外中华儿女的共同心愿，是中华民族的根本利益所在，是中国社会发展不可阻挡的历史潮流。

案例二 "台独"势力是如何出现和膨胀起来的[①]

【案例材料】

"台独"是谋求将台湾从中国分离出去，成为一个"独立国家"。"台独"思潮及"台独"运动作为一种非常复杂的社会政治意识及行动，经历了一个长期的演变和发展的过程。

1895 年《马关条约》割让台湾，台湾被日本霸占达 50 年之久。日本为了强化对台湾的殖民统治，从 20 世纪 30 年代开始在台湾推行了所谓的

---

① 王升：《台湾问题的由来与发展》，《人民公安》2000 年第 7 期。

"皇民化运动"，强迫台湾同胞认同日本，改姓日本姓、改说日本话、改穿日本和服。有一小部分所谓"上等台湾人"因而被改造成了"台湾皇民"。抗日战争胜利后，一些"台湾皇民"不愿意回归中国，有几个人与当时的驻台日军少壮派军官秘密组织了台独小团体，企图在台湾建立"第二个满洲国"，抗拒中国恢复对台湾行使主权。这就是最早出现的"台独"。

除日本外，"台独"的始作俑者还有美国。太平洋战争爆发后，美国军方曾计划攻打台湾，登陆后成立军事临时政府，对台湾实行托管，但碍于与中国的同盟关系没有实施。但是，美国军方霸占台湾的野心不死，仍然暗中培训托管台湾的军政人员，物色他们的代理人。于是，具有"上等台湾人"身份并且顶着美国俄亥俄州州立大学化工博士头衔的廖文毅被选中，派回台湾。廖文毅回台后，四处散播台湾应交由联合国托管的言论，炮制民意调查，制造"台湾人不愿意受中国管而愿受美国管"舆论，廖文毅还向美国特使魏德迈递交所谓"台湾人民的意见书"，主张台湾脱离中国，交联合国托管。

1947年2月，在国民党接收台湾后短短一年半的时间里，其腐败残暴的统治就激起了台湾人民的反抗，爆发了"二二八"起义。国民党的残酷镇压，埋下了台湾同胞仇恨国民党的种子，也为"台独"的滋生提供了土壤。廖文毅在"二二八"起义后从台湾来到日本，联合一批逃到日本的"台湾皇民"，成立了"台湾民主独立党"，还拼凑了"台湾共和国临时政府"，自任"大统领（总统）"。使用日本昭和纪年，"国旗"是一面加上月亮的日本太阳旗，开会讲日本语、唱日本歌，十足地体现了"台湾皇民"的本质。但是，后来由于内讧和国民党特务的策反，廖文毅于1965年宣布放弃"台独"立场，解散"台独"组织，回台湾参加"三民主义建设"，由此，在日本的"台独"势力基本瓦解。

20世纪五六十年代，在台湾赴美留学的人员当中也出现了几个"台独"小团体。1964年，台湾大学教授彭明敏起草《台湾人民自救宣言》，主张推翻国民党政权，制定新宪法，建立新国家，因此被捕判刑。此事传到美国后，大大刺激了留美台籍学生的"台独意识"，很快就公开成立了"全美台湾独立联盟"。1970年1月，彭明敏在美国中央情报局特工的帮助下，进入美国政治避难。一批台籍留学生迅速聚集在他的周围，尊他为"台独教父"，同时成立了"全球台湾人争取独立联盟"，集合了几乎所有的海外"台独"团体，盟员遍及美、日两国及欧洲、南美洲、澳洲等地。

"台独"势力在日本和美国的活动，虽然在海外的台湾人中有所影响，但在国民党的严密控制下，"台独"势力把"台独运动落实到台湾岛内"的企图始终无法实现。国民党当局在刑法 100 条中专门规定了"分裂国土罪"，发现有"台独"活动则毫不留情地镇压，境管部门还列出了所谓"黑名单"，严格禁止"台独"分子入境。但是，李登辉上台后，情况发生了变化。1988 年 8 月，李登辉允许被"台独"分子把持的"世界台湾同乡会"第十五届年会首次在台湾召开，一些"台独"分子得以大摇大摆地回到台湾。1990 年 7 月，李登辉召开所谓"国事会议"，被国民党当局长期通缉的彭明敏赫然出现在邀请出席会议的名单中。这件事给"台独"势力以极大纵容，因而开始酝酿把活动重心由海外转移到岛内。随后，李登辉以推行民主的名义，修改了刑法 100 条，取消了所谓"黑名单"，宣布"台独"属于言论自由范畴，从而为"台独"分子返台打开了方便之门。"台独"分子返台后，组织了五花八门的"台独"组织，传播"台独"主张，他们还投入选举，堂而皇之地跨入政治舞台，从通缉犯一跃变成了"立法委员"或"国大代表"，有人还担任了县长。"台独"在李登辉纵容下迅速在岛内蔓延开来。

李登辉对"台独"的纵容还体现在对主张"台独"的民进党的包庇上。1986 年成立的民进党原是一支反对国民党专制统治的力量，但后来逐渐为"台独"分子所控制，于 1991 年 10 月该党第五次代表大会上通过了"台独党纲"，变成一个地地道道的"台独党"。李登辉对民进党的这一变化极力进行包庇，不但不追究"台独党纲"违反"人民团体法"有关条文的违法行为，反而以实行"政党政治"为借口，主张培养在野力量，支持民进党的发展。在李登辉的支持下，民进党在台湾政坛上快速膨胀，不断蚕食国民党政权。李登辉还以《圣经》中带领以色列人逃离埃及独立建国的摩西自居，暗示民进党的陈水扁是约书亚（摩西的继承人）。

在 2000 年台湾当局领导人的选举中，李登辉认定主张"台独"的陈水扁是他分裂路线的最佳继承人，因而表面上支持国民党的候选人连战，暗中却在帮助陈水扁，特别是在最后的关键时刻，指示国民党"放水"，在台湾南部发动"弃连保陈"，如其所愿地把陈水扁扶上"总统"宝座。台独势力由此得到了前所未有的大发展。现在，台独势力已成为阻碍中国实现完全统一的一个重要因素。

【案例点评】

台湾是中国不可分割的一部分，我们决不允许台湾从中国分割出去。实现祖国的完全统一，是包括台湾同胞在内的全体中国人民的共同心声。搞"台独"违背了两岸人民的根本利益，特别是违背了绝大多数台湾人民求和平、求安定、求发展的意愿。正如胡锦涛在十七大开幕式上所说：我们愿以最大诚意、尽最大努力实现两岸和平统一，但绝不允许任何人以任何名义任何方式把台湾从祖国分割出去。胡锦涛郑重呼吁，在一个中国原则的基础上，协商正式结束两岸敌对状态，达成和平协议，构建两岸关系和平发展框架，开创两岸关系和平发展新局面。

【思考题】

你认为我们能允许"台独"势力发展膨胀并把台湾分割出去的企图吗？

【案例提示】

本案例可用于第九章"实现祖国完全统一的理论"第二节"和平统一、一国两制的科学构想及其实践"。通过本案例的教学，使学生了解中国共产党对台方针政策的演变与发展，明确台湾是中国不可分割的一部分，我们决不允许台湾从中国分割出去。实现祖国的完全统一，是包括台湾同胞在内的全体中国人民的共同心声。

案例三　"一国两制"的伟大构想①

【案例材料】

"一国两制"作为实现祖国统一大业的创造性构想，首先是从探索解决台湾问题开始。台湾问题是国内战争遗留下来的内政问题。为了谋求

---

①　黄春英：《"一国两制"与祖国统一》，《长江工程职业技术学院学报》2004 年第 2 期。

这一问题及早解决，早在 20 世纪 50 年代我党和政府就提出了"第三次国共合作""和平解决问题"的设想。60 年代初，毛泽东、周恩来进一步提出"一纲四目"的政策。"一纲"是台湾必须回归祖国。"四目"包括：台湾回归祖国后，除外交必须统一于中央，所有军政大权、人事安排由台湾领导人决定；所有军政及建设经费不足部分，由中央拨付；台湾社会改革可以从缓，协商解决；双方互不派人进行破坏对方团结之事。由于受当时国际环境的影响和其他因素的制约，我们的这些积极主张和设想，未能付诸实践。

70 年代初到 80 年代，国际形势发生了巨大变化。1971 年 10 月联合国恢复了中华人民共和国在联合国的合法席位。1972 年，中美两国签署了《上海公报》，美国承认台湾是中国的一部分，世界上只有一个中国。1976 年 10 月我国结束了长达十年的"文化大革命"。国内形势的变化和国际局势的缓和，为我国和平解决台湾问题提供了有利时机。

1979 年元旦，全国人大常委会发表《告台湾同胞书》，提出结束两岸分裂状态，实现祖国和平统一的设想和主张。1981 年 9 月 30 日，全国人民代表大会常务委员会委员长叶剑英发表《关于台湾回归祖国实现和平统一的方针政策》的谈话，具体提出了实现祖国统一的九条方针。就叶剑英的上述谈话邓小平指出："九条"方针是以叶剑英委员长名义提出来的，实际上就是"一个国家，两种制度"。"两制"是可以允许的，他们不破坏大陆的制度，我们也不要破坏它那个制度。关于"一国两制"的概念，正是从这时（第一次）开始正式使用的。

1982 年 9 月，邓小平会见英国首相撒切尔夫人时明确指出，关于收回香港主权问题，可以用"一个国家，两种制度"的方法解决。同年 12 月，全国人大五次会议通过的《中华人民共和国宪法》明确规定，国家在必要时可设立特别行政区，在特别行政区内实行的制度按照具体情况由全国人民代表大会的法律规定。这就为实现"一国两制"构想提供了法律依据。1983 年后，邓小平又多次对"一国两制"作了更具体深入的阐述，使这一科学的构想进一步具体化。1984 年 5 月，在第六届全国人大二次会议上，正式提出了"一国两制"的战略构想，并获得大会通过。这样"一国两制"就成为一项具有法律效率的基本国策。

1984 年 6 月，邓小平接见香港工商界访京团时指出："我们的政策是实行一个国家，两种制度。具体说，就是在中华人民共和国内，十亿人口的大陆实行社会主义制度，香港、台湾实行资本主义制度。"1984 年 12 月，中英两国政府签署了《联合声明》，宣布中国政府将于 1997 年 7 月 1 日对香港恢复行使主权；1987 年 4 月，中国和葡萄牙政府签署了关于澳门的《联合声明》，宣布中国政府将于 1999 年 12 月 20 日对澳门恢复行使主权。根据宪法规定，设立香港和澳门特别行政区，香港和澳门现行的社会制度和生活方式保持不变。"一国两制"构想进一步发展。

1997 年 6 月 30 日香港回归，1999 年 12 月 20 日澳门回归，这样"一国两制"基本国策由理论变为现实。它们的回归，是中国历史上的两件大事，标志着中华人民共和国的强大和中国人民在完成祖国统一大业的斗争中所取得的重大胜利，标志着"一国两制"基本国策在解决香港和澳门问题上获得圆满成功。香港和澳门的回归，对于振奋民族精神，进一步推动祖国统一进程产生了重大而深远的影响。

【案例点评】

为了实现祖国统一大业，邓小平创造性的提出了"一国两制"的伟大构想。这一构想既体现了坚持祖国统一、维护国家主权的原则性，也体现了照顾历史实际和现实可能的灵活性，是中华民族政治智慧的伟大创造，是当今世界最富想象力和最具时代特征的全新的政治思想之一。它是指导我们完成国家和民族统一大业的重要的理论基石。

【思考题】

为什么说"一国两制"是实现祖国统一大业的最佳方案？

【案例提示】

本案例可用于第九章"实现祖国完全统一的理论"第二节"和平统一、一国两制的科学构想及其实践"。通过本案例的教学，使学生明确"一国两制"是中国特色社会主义理论的重要组成部分，是实现祖国完全统一的最佳方案。

本章编写　马玉英

第十章

中国特色社会主义外交和国际战略

案例一　早熟的战争与晚熟的和平——写在 20 世纪末的叹息①

【案例材料】

20 世纪的人类历史，是一部早熟的战争与晚熟的和平贯穿全部的历史。和平并没有像人们期盼的那样早日来临。它以战争开始又以战争结束，100 年里全世界共进行了 373 次战争。1 亿多人付出了生命，直接经济损失超过 5 万亿美元。

20 世纪，由于资本主义列强瓜分世界，争夺霸权，引起了两次世界大战，使世界 2/3 的人口卷入战争，死亡 8600 多万人，造成的损失达 12000 多亿美元。

但是，人类两次世界大战的苦难和劫后余生的智慧，并没有感动也没有教会政治家和战略家懂得在何处止步。第二次世界大战后，国际政治力量重新组合，美苏同盟却因大战结束失去了存在的基础而破裂，形成了长达 40 年冷战对峙阶段，使世界始终笼罩着核大战的阴云，世界变得更加不安全。世界范围的军备竞赛愈演愈烈，1949 年世界军费约 2000 亿美元，1980 年达到 4000 亿美元，1986 年高达 10000 亿美元。据世界银行统计，1986 年，发展中国家 10000 亿美元的外资中，1/4 源于武器采购。过度的开支，使这些国家的能源、环境、难民、贫困等诸多问题越发暴露出来，严重地阻滞了社会的发展。

20 世纪 90 年代，人们期盼已久的冷战终于结束，但随后爆发的海湾

---

① 王卫星：《早熟的战争与晚熟的和平——写在 20 世纪末的叹息》，《解放军报》2000 年 12 月 28 日。

战争、科索沃战争，又展现了前所未有的全新战争图景，对人类和平的美好愿望是一个沉重打击。许多在两极格局下被长期掩盖和抑制的矛盾和争端等历史遗留问题暴露出来，旧的历史恩怨未除，新的利益纷争又生，战争问题还没有解决，恐怖主义活动又发展到了世界的各个角落，给这个本来就动荡不安的世界，又投下了巨大的阴影。在过去的100年里，整个世界和平与发展的两大问题一个都没有解决，仍将成为21世纪的主要问题。

两次世界大战虽然结束，但引发两次世界大战的根源和遗留下来的国际社会矛盾还可以找到，并且远远没有结束。冷战虽然结束，但西方大国的冷战思维并没有结束，两极对抗时期的兵力部署、海外基地和同盟依然存在。

20世纪虽然过去，但恐怖主义却在悄悄地与更复杂的种族和宗教因素搅在一起，成为一种新的"无休止的地下世界大战"。这些所谓的"世纪资产"，将在新的千年继续与强权政治、霸权主义结合，成为新世纪动乱的根源。可以肯定，21世纪的发展仍然存在着许多不确定因素，我们绝不能高枕无忧，幻想和平。

【案例点评】

本案例具有很强的现实意义。在和平与发展成为时代主题的今天，本案例警示我们21世纪的发展仍然存在许多不确定因素，我们绝不能高枕无忧，幻想和平，要真正解决和平与发展两大问题，必须认真面对当今国际社会存在的不安定因素，只有世界各国共同努力，才能真正实现人类社会的和平与发展。

【思考题】

阅读本案例，谈谈威胁当今国际社会安全的因素有哪些。

【案例提示】

本案例可用于第十章"中国特色社会主义外交和国际战略"第一节"外交和国家战略理论形成的依据"。通过本案例的教学，使学生了解尽管和平与发展是当今时代的主题，但由于种种原因，国际社会还存在很多不安定因素。维护世界和平、实现共同发展，还需世界各国的共同努力。

案例二　新中国外交历程（节选）①

【案例材料】

50 多年来，中国外交在以毛泽东、邓小平、江泽民为核心的三代领导集体的正确领导下，坚持奉行独立自主的和平外交政策，经受了国际风云的考验，取得了引人注目的成就。独立自主和平外交政策的形成与发展，体现了中国人民热爱和平的真诚愿望，展现了中国共产党人的世界眼光、宽广胸怀和外交能力，提高了中国在国际上的地位，为我国社会主义建设事业创造了良好的周边和国际环境，为推动建立公正合理的国际新秩序作出了积极贡献。

新中国成立到 50 年代末期

……

50 年代后期到 60 年代末

……

60 年代末到 70 年代末

苏联军事实力迅速膨胀，到处伸手，苏美争霸出现了苏攻美守的态势。美国为对付苏联的挑战，谋求从越南脱身，寻求同中国接近。

针对当时的国际形势，毛主席提出了划分三个世界的战略思想和从日本到欧洲一直到美国的"一条线"的战略，团结一切可以团结的力量集中对付苏联的威胁。

中美之间的坚冰开始被打破，从恢复中美大使级谈判，开展乒乓外交，接待基辛格秘密访问，直到实现尼克松总统访华。中美双方先后发表《上海公报》、《建交公报》和《八·一七公报》。1979 年中美建交后，邓小平副总理应邀访美，推动了两国关系的发展。

1972 年中日建交，1978 年两国签署《中日和平友好条约》。

这一时期，苏联从北、西、南三个方面对中国形成包围之势。《中苏友好同盟互助条约》已名存实亡，我全国人大常委会决定不再延长该条

①　唐家璇：《新中国外交五十年》，《党建研究》1999 年第 10 期。

约，中苏同盟关系正式结束。苏联入侵阿富汗后，我国同世界各国一道反对苏联的入侵，支持阿富汗人民的反抗斗争，有力地遏制了苏联的扩张势头。

1971 年 10 月，第 26 届联合国大会以压倒多数，通过了关于恢复中华人民共和国在联合国的一切合法权利，并立即把国民党集团的代表从联合国一切机构中驱逐出去的提案，帝国主义孤立中国的政策彻底破产。1974 年 4 月，邓小平副总理率领中国代表团出席联合国第六次特别会议，阐述了中国对世界局势和建立国际经济新秩序的主张。

80 年代

苏联由于不断向外扩张，战线过长，特别是陷入阿富汗战争后，内外矛盾加深，国力下降。美国从越南脱身后，内外处境有所改善。美苏争霸态势转入均衡、僵持阶段。西欧、日本进一步崛起。

面对新的国际形势，邓小平同志对国内、国际战略作出新的调整：（1）改变"以阶级斗争为纲"，坚持以经济建设为中心；（2）改变原来认为战争危险迫在眉睫的看法，认为在较长时间内不发生大规模的世界战争是可能的，维护世界和平是有希望的；（3）改变"一条线"战略，坚定地站在和平力量一边，谁搞和平我们就拥护，谁搞霸权和战争，我们就反对。

根据这一新战略，我国努力争取继续改善和发展同美、日、欧的关系，同时改善对苏关系。1989 年 5 月，苏联总统戈尔巴乔夫访华，同邓小平同志举行了最高级会晤，本着"结束过去，开辟未来"的精神，两国实现了关系正常化。

继续发展同周边国家和广大发展中国家的关系。在处理我国与邻国之间海域领土争端的问题上，邓小平同志提出"主权属我、搁置争议、共同开发"的主张，缓解了我国同有关国家的关系。我国按照"平等互利、讲求实效、形式多样、共同发展"四项原则，不断扩大同发展中国家的经贸合作与交流。

根据"和平统一，一国两制"构想，我国同英国和葡萄牙经过谈判，确认中华人民共和国政府分别于 1997 年 7 月 1 日和 1999 年 12 月 20 日恢复对香港和澳门行使主权。

90 年代

随着冷战结束、两极格局瓦解，各种力量重新分化组合，世界朝着多极化方向发展。和平与发展依然是世界的两大课题，但霸权主义和强权政治依然存在，威胁着世界和平与稳定。面对新的形势，以江泽民为核心的第三代中央领导集体，坚持以经济建设为中心，坚持邓小平外交思想和独立自主的和平外交政策，积极谋求在和平共处五项原则基础上同世界各国发展友好合作关系，推进国际政治、经济新秩序的建立，开创了我国外交工作的新局面。

（1）维护国家的独立、主权、统一和尊严。在打破西方制裁，反"台独"、反分裂，处理"炸馆"和"撞机"事件，反"西化""分化"图谋等一系列斗争中，以江泽民为核心的党中央既坚持原则，又策略灵活，既敢于斗争，又善于斗争，充分显示中国捍卫主权和民族尊严的坚强决心，赢得国际社会的广泛支持。

（2）加强同广大发展中国家的团结与合作。中国积极发展同朝鲜半岛北南双方的友好关系，参加旨在建立半岛和平机制的中、美、朝、韩四方会谈，为维护半岛及东北亚地区的和平与稳定作出了建设性贡献。我们与东盟建立起睦邻互信伙伴关系。中国先后于 1996 年和 1997 年同俄罗斯、哈萨克斯坦、吉尔吉斯斯坦和塔吉克斯坦签署了关于在边境地区加强军事领域信任和相互裁减军事力量的两个协定，参加中、俄、哈、塔、吉五国领导人会晤。

（3）推动建立国际新秩序。我国强调，国际政治、经济新秩序应以和平共处五项原则和公认的国际关系准则为基础，要尊重世界的多样性。

（4）致力于与大国和发达国家构筑新型关系的框架。1996 年 4 月，中俄建立平等信任、面向 21 世纪的战略协作伙伴关系。1997 年 5 月，中法建立面向 21 世纪的全面伙伴关系。同年 10 月，中美两国领导人决定，中美两国共同致力于建立面向 21 世纪的建设性战略伙伴关系。11 月中国和加拿大两国领导人就建立面向 21 世纪的中加全面合作伙伴关系达成共识。1998 年 10 月，中英建立全面伙伴关系。12 月，中日建立致力于和平与发展的友好合作伙伴关系。

（5）积极开展多边外交，在国际事务中发挥独特的建设性作用。我国积极参加联合国等组织发起的一系列旨在促进南北对话、加强南南合作的活动。我国同 77 国集团建立了行之有效的合作关系，并作为观察员参加了不结盟运动的重要活动。作为联合国安理会常任理事国，我国主持正义，力主通过和平方式解决伊拉克武器核查危机和南斯拉夫科索沃问题。

中国积极参与国际裁军领域的活动，为达成《禁止化学武器公约》和《全面禁止核试验条约》作出了积极贡献。

以胡锦涛为总书记的党中央在新的世纪，坚持和平与发展的时代观不动摇，积极推动各种力量和谐并存，维护世界和平与稳定，促进各国共同发展和繁荣，进一步开创了我国外交工作的新局面。中国在 2005 年提出了"和谐世界"的理念，促进了国际合作的进展，建立了新的对话机制，作出了援助发展中国家的具体承诺，加大了文化外交的力度，在灾害之年通过不同寻常的救援行动显现了中国与世界同呼吸共命运。

中国在发展中变，变得让世界刮目相看。但是中国也有不变的原则。独立自主，和平外交，这就是中国处理国际事务始终不变的原则。

【案例点评】

本案例系统地介绍新中国外交的风雨历程，对新中国几十年的外交成就进行了较为完善的总结，明确体现了我国独立自主的和平外交政策。新中国几十年的外交历程向世界表明了中国维护世界和平、促进世界发展的友好态度，新中国成立后所取得的外交成就也为中国的发展创造了良好的国际环境。

【思考题】

1. 新中国在几十年的外交历程中，面对不断变化的外交环境，我国始终坚持的外交政策、基本原则是什么？

2. 我国当前实行的独立自主的和平外交政策对今天中国的发展有什么意义？

【案例提示】

本案例可用于第十章"中国特色社会主义外交和国际战略"第二节"坚持走和平发展道路"。通过本案例的教学，使学生明确我国对外政策的宗旨是维护世界和平，促进共同发展；把握我国对外政策的根本原则是独立自主。

案例三   万隆会议①

【案例材料】

1955 年 4 月 18 日至 24 日，在缅甸、锡兰（今斯里兰卡）、印度、印度尼西亚和巴基斯坦五国总理的共同倡议下，第一次亚非会议在印度尼西亚的万隆举行，史称"万隆会议"。与会的 29 个国家的代表共 340 人。周恩来率领中国代表团出席会议。

1955 年 4 月 17 日，周恩来率我国代表团抵达万隆。会议第一天，周恩来静静听取各国代表的发言并认真思考。当天最后一位发言者伊拉克外交大臣公然声称到"共产主义"也是扰乱世界和平的一股势力，对此情况，周恩来镇定自若，仍在静静思考。4 月 19 日即会议的第二天下午 4 时 45 分，大会主席宣布："我现在请中华人民共和国的代表发言。"话音未落，会场就响起一阵热烈的掌声。周恩来身着浅灰色的中山装，从容不迫，步履矫健地走上讲台。在做了极短的说明之后，马上切入正题。首先，他以坚定洪亮的声音指出："中国代表团是来求团结而不是来吵架的。"全场都屏息倾听周恩来的发言（节选）：

"我们共产党人从不讳言我们相信共产主义和认为社会主义制度是好的。但是，在这个会议上用不着来宣传个人的思想意识和各国的政治制度，虽然这种不同在我们中间显然是存在的。

中国代表团是来求同而不是来立异的。在我们中间有无求同的基础呢？有的。那就是亚非绝大多数国家和人民自近代以来都曾经受过并且现在仍然在受着殖民主义所造成的灾难和痛苦。这是我们大家都承认的。

我们的会议应该求同存异。同时，会议应将这些共同愿望和要求肯定下来。这是我们中间的主要问题。我们并不是要求个人放弃自己的见解，因为这是实际存在的反映。但是不应该使它妨碍我们在主要问题上达成共同的协议。我们还应该在共同的基础上来互相了解和重视彼此的不同见解。"

---

① 参见吴建民《外交案例》，中国人民大学出版社 2007 年版。

此番发言震撼了整个会场。

4月24日，各国代表经过反复磋商，终于制定并通过了包括和平共处五项原则全部内容的关于国与国之间和平相处、友好合作的十项原则：尊重基本人权，尊重《联合国宪章》的宗旨和原则；尊重一切国家的主权和领土完整；承认一切种族的平等，承认一切大小国家的平等；不干预或不干涉他国内政；尊重每一个国家按照《联合国宪章》单独地或集体地进行自卫的权利……尊重正义和国际义务。

【案例点评】

该案例选取了新中国外交案例中最为经典的一个，一方面帮助学生巩固外交历史的重大事件，另一方面使学生通过案例中周恩来的风采、中国代表团的风采从历史角度理解我国一直奉行的独立自主的和平外交政策。案例充分体现了我国从新中国成立以来就一直坚持独立自主的和平外交态度。周恩来在万隆会议上的沉着与冷静体现出我国外交家的风采，彰显了我国的大国风范。

【思考题】

1. 本案例体现了我国怎样的外交政策？
2. 周恩来对我国外交的贡献有哪些？

【案例提示】

本案例可用于第十章"中国特色社会主义外交和国际战略"第二节"坚持走和平发展道路"。通过本案例的教学，使学生了解万隆会议的基本内容，感受周恩来总理的沉着与冷静所体现出的我国外交家的风采，把握我国独立自主的和平外交政策。

本章编写　马玉英

第十一章

建设中国特色社会主义的根本目的和依靠力量理论

案例一 "钱学森一个人抵得上五个师"①

【案例材料】

中国火箭之父钱学森，被公认为世界级的科技伟人。第二次世界大战结束时，美国空军高度赞扬钱学森为战争的胜利作出了"巨大的贡献""无法估计的贡献"。1950 年 7 月，已经下定决心返回祖国的钱学森，会见了主管他科研工作的美国海军次长，并说准备立即动身回国，这位次长大为震惊。他认为"钱学森无论在哪里都抵得上五个师"。他说："我宁肯枪毙他，也不愿意放他回中国。"钱学森不顾生命安危，历尽千辛万苦回到祖国。

【案例点评】

钱学森是中国千千万万个知识分子的优秀代表，他为我国科技事业的发展和进步作出了卓越的贡献。本案例告诉人们，国家之间的竞争是科技力量的竞争，归根到底是人才的竞争，知识分子在国家安全和现代化建设中承担重大历史责任。尤其是在当今世界，科学技术成为第一生产力，作为先进科学技术的载体——知识分子，对于加快现代化历史进程，有着特殊的重要作用。我们必须充分发挥知识分子的作用，要尊重知识，尊重人才，努力创造更加有利于知识分子施展聪明才智的良好环境，还要尽快地培养出更多的具有世界一流水平的科学技术专家，特别是一大批年轻的优

---

① 汤庭芬：《邓小平理论普及读本》，人民出版社 1998 年版。

秀专家，造就宏大的科学技术队伍。同时，对知识分子除了精神上的鼓励外，还要采取其他一些鼓励措施，包括改善他们的物质待遇，以充分调动他们的积极性。

【思考题】

1. 结合本案例谈谈知识分子在革命和建设中的地位和作用。
2. 谈谈对"尊重知识、尊重人才"重要性的理解和认识。

【案例提示】

本案例可用于第十一章"建设中国特色社会主义的根本目的和依靠力量理论"第二节"中国特色社会主义建设的依靠力量"。通过本案例的教学，使学生了解中国火箭之父钱学森以及他为我国科技事业的发展和进步作出的卓越贡献。

案例二 请别把望远镜拿倒！①

【案例材料】

中国真的尊重宗教信仰自由吗

五年前，我应邀到洛杉矶一个教堂访问。人们对我十分热情，纷纷来与我握手。但他们不断重复的一句话是："欢迎你，你真幸运，逃出了红色中国！"

听到此话，你会是什么感觉，怎么会发生这样的事情？由于美国一些媒体的反复渲染，不少善良的美国人都认为在中国只有"宗教迫害"，共产党不可能尊重宗教信仰自由。

作为中国国家宗教事务局局长，我愿意告诉他们：我们尊重宗教信仰自由是深刻的、真诚的、一贯的和牢固的，是由我们的基本观点和根本利益决定的，既有现实的理由也有历史的根据，既是理性的抉择更有法律的

---

① 叶小文：《中国的宗教和宗教政策—在洛杉矶美国西部基督教人士研讨会上的演讲》，《人权》2003 年第 3 期。

保障。20多年来，在中国大地上，平均两天就开三个教堂。在北京最繁华的商业中心王府井大街上，在这个"寸土寸金"的地段，就有一座天主教堂。它始建于1655年，历史上曾两次毁于大火。近几年，北京市政府顶住巨大的商业压力维修教堂，扩建堂前广场。这难道不是我们尊重宗教信仰自由的有力证明吗？

当然，以中国之大，难免局部不出一点问题。这就是我们为什么提出要依法对宗教事务进行管理的重要原因，也即需要对有关宗教的法律、法规和政策的贯彻实施进行行政管理和监督的原因。我所领导的国家宗教局和其他各级政府宗教事务部门的责任，就是要保护我国宗教界的合法权益，依法管理宗教事务，保证宗教信仰自由政策的贯彻实施。

中美两国相隔万里，相互观察和理解需要借助望远镜。中国人用我们的望远镜仔细看美国，把美国看得很大很清楚，看作一个"美丽的国家"（America，美国）。但是有些美国人用他们的望远镜看中国，把中国看得渺小而丑陋，以至于他们认为中国很脆弱，就像一个易碎的"瓷器"（china）。为什么，因为他们把望远镜拿倒了！但愿他们把颠倒的望远镜颠倒过来，把颠倒的事实颠倒过来。

中国的宗教为什么要坚持独立自主自办的原则

朋友们，我知道你们把对圣经的信仰和传福音视作自己的生命，正如使徒保罗所说："我若不传福音，我就有祸了。"其实，中国人对这"福"和"祸"两个字，也很熟悉和敏感。大家可能听说中国古代的哲学家老子的名言："福兮祸之所倚，祸兮福之所伏。"就是说，福祸是相互依存和相互转化的，只有处理得当，才能得福避祸。你们说不传福音会有祸，但如果不根据时地、环境等具体情况而盲目传福音，会不会也有祸，会不会使"福音"变成"祸音"，把"传福音"变成"种祸因"？基督教传入中国的历史证明，"你若乱传福音，你就有祸了"。

近代随着西方殖民主义和帝国主义的侵略，中国沦为半封建半殖民地社会，鸦片战争后基督教是随着血与火大规模传入中国的，正如前北京大学校长蒋梦麟先生所说："如来佛是骑着白象来到中国的，而耶稣基督却是骑在炮弹上飞过来的。"一个本来是传播福音的宗教，却不幸沦为侵略者的工具；一个宣扬爱人如己的宗教，却倚仗治外法权的庇护走向了它的反面。传教士本来是应该做善事好事的，但在这样的历史背景下，竟然有"传教士"参与贩卖鸦片，掠夺地产，作奸犯科，借教肆虐。所以，在当时多数中国人的心目中，基督教是侵略者的帮凶，不是"福音"而是"祸水"。中国的社会学家潘光旦认为，"这不一定指基督教自身是一股祸水；不过说，一个种子——也许是好种子——种得不得水土之宜，就结成恶果了"。虽然种下这恶果的并不是中国基督徒，但中国基督徒身上却不得不因此而背负"洋教"的恶名，背负着这历史的包袱，背负着沉重的十字架。中国基督徒和基督教会在那样一种艰难的境遇中多么渴望进行再造，多么渴望获得新生。正是在这样一种内心的呼唤下，中国基督徒发起了本色化运动和自立运动，提出了"自治、自养、自传"的三自口号，并在国家获得独立解放之后开展了轰轰烈烈的三自爱国运动。中国信徒们欢呼这是"中国基督教的新生"。

几十年来，中国基督教坚持独立办教，得到了广大信教群众的认同，也得到了全国人民的支持，教会和宗教活动有了健康发展。改革开放20多年来中国基督教发展的事实证明，中国基督教要继续树立自己新的形象，成为爱国的、爱世人的、服务社会的宗教。中国著名的宗教领袖丁光训主教强调，上帝就是爱，应该把中国基督教建设成为道德型、服务型的宗教，他呼吁"让我们把被掩盖了的道德伦理信息予以显明出来吧，令人愿意听听宗教有以告人的信息"。

我们理解基督教福音派"广传福音、多结果子"的使命，但历史充分表明，若要传福音，就要尊重其传播对象的历史传统，尊重其国情，尊重其需求。中国有"南橘北枳"的故事，意思是同一粒种子，在此地可能会结成善果，在彼地就可能结成恶果。所以希望大家尊重和理解中国基督教的教情、中国基督徒独立自主自办教会的历史选择，以免可能再结恶果，再次把中国基督教推回到"洋教"的逆境。

以和为贵，和而不同

基督教是倡导和平的。

在中国，"以和为贵"是中华民族普遍具有的价值观念和理想追求，对中国人民的生活、工作、交往、处世乃至内政和外交等各个方面都产生了深刻的影响。因此，中国历史上在信教与不信教者之间，在信仰不同宗教者之间，很少因为宗教信仰而发生大规模的纠纷或争斗，而是更多地体现出不同教派和不同宗教之间的理解与宽容。

中国"以和为贵"的思想，也曾受到许多西方思想家的重视和推崇。20世纪30年代英国著名哲学家罗素在他的《中国问题》一书中写道：

"中国至高无上的伦理品质中的一些东西，现代世界极为重要。这些品质中我认为和气是第一位的。"这种品质"若能够被全世界采纳，地球上肯定会比现在有更多的欢乐祥和"。类似的看法还有很多，比如在德国学者莱布尼茨的《中国新事萃编》、法国学者伏尔泰的《风俗论》以及当代英国学者汤因比的《历史研究》等著作里，都有这方面的阐述。

今天的中国，愿意与国际社会一起共同维护宗教方面的人权。基于《世界人权宣言》中早已确认的有关宗教信仰自由的基本原则，基于中国"以和为贵"的传统，基于中国维护宗教信仰自由的实践经验，我们提出如下主张：

——面对宗教信仰自由被歪曲和践踏，我们主张：通过各国立法、司法和行政措施，更加卓有成效地实现和保障宗教信仰自由。

——面对打着宗教旗号的宗教极端主义、恐怖主义的猖獗与威胁，我们主张：国际社会共同反对破坏人类和平的宗教极端主义和恐怖主义。

——面对有些国家利用宗教干涉别国内政和强权政治利用宗教问题对别国的欺压与干预，我们主张：尊重各国的主权和保护宗教信仰自由的实践，以对话代替对抗。

——面对冷战结束后因民族、宗教因素引发的局部冲突与危机，我们主张：信教与不信教者之间，各宗教、各教派之间相互尊重和宽容。

——面对世界多元文化的激荡与融合，我们主张：求同存异，增进了解，加强交流，共同促进人类文明的发展。

【案例点评】

我国是一个存在多种宗教的国家。我国对宗教信仰自由的尊重，是对客观存在、客观过程和对社会发展的内在规律的尊重，是对公民基本人权的尊重。这种尊重，扎根于深厚的文化传统之中，并且有宪法和法律作保障。所以，我国尊重宗教信仰自由是深刻的、真诚的、一贯的和牢固的。然而，一些西方国家以"宗教保护者"的身份自居，无端指责我国政府控制和迫害宗教人士，编造所谓"宗教迫害"事件，干涉我国内政。对此，我们必须保持高度警惕。

【思考题】

宗教问题解决得好坏关系重大，中国解决宗教问题的基本政策是什么?

【案例提示】

本案例可用于第十一章"建设中国特色社会主义的根本目的和依靠力量理论"第三节"巩固和发展爱国统一战线"。通过本案例的教学,使学生明确我国是一个存在多种宗教的国家,我们只有全面贯彻党的宗教政策,正确处理宗教问题,才能实现社会的和谐稳定与发展。

案例三 改革开放以来阶级阶层关系的新变化①

【案例材料】

党的十一届三中全会以来,随着改革开放和现代化建设的发展,我国的阶级阶层状况发生了重大的变化。虽然阶级构成的基本格局没有改变,但每个阶级内部发生了重大变化。我国目前的阶级和十一届三中全会以前一样,有两大阶级——工人阶级和农民阶级。但每个阶级自身都发生了重大的变化,而且在两个阶级的关系上出现了大量的农民转变为工人的现象。

我国工人阶级的变化表现在:第一,过去我国的职工基本是城市公有制单位的产业工人,现在则呈现多元化的结构。第二,我国的工人正在由计划经济的工人变为市场经济的工人。市场经济对工人的影响是巨大的,主要有三个方面:一是工作由统一计划分配变为进入劳动力市场自由择业,由终生固定在一个单位到可以在地区、部门、单位之间自由流动。二是要面对优胜劣汰的市场竞争。它一方面成为提高工人素质的强大动力,同时也产生了下岗失业问题。三是职工的收入主要取决于企业效益及个人劳动,拉开了地区、部门、单位和个人的收入差距。第三,我国工人阶级中知识分子人数大量增加,作用明显增强。

我国的农民阶级也处在重大的变化之中。这个变化主要是出现了三个层次的分化与流动:第一个层次是一部分农民由种植业转向林牧渔等其他

① 内部文稿,2006 年 5 月 18 日。

经济效益更高的部门；第二个层次是一部分农民由农业转移到农村非农产业，其中最引人注目的是乡镇企业的兴起；第三个层次是大量的农民从农村流向城市，有相当一部都分已经变为城镇居民。但这种流动主要是增量的流动和就地的行业流动，整个农村的人数，不但没有减少，而且还有少量增加，我国的主要人口依然是农民。

社会分层化趋势十分明显，出现了若干新的社会阶层。工人阶级内部，已明显地分化为五个社会阶层：（1）体力劳动工人（西方国家称为蓝领工人，我国称为产业工人）；（2）办公室工作人员（西方国家称为白领工人，我国过去称为职员）；（3）文化教育和体育卫生工作者；（4）科学技术人员；（5）党政机关和企事业单位的领导干部。

农民阶级内部已经明显地分化成七个社会阶层：（1）种植业劳动者；（2）林牧渔业劳动者；（3）农民企业家；（4）乡镇企业工人；（5）外出打工农民；（6）农村知识分子；（7）农村党政干部。

在我国社会分层化过程中最令人注目的，是出现了一些不属于这两个阶级的新的社会阶层。他们是民营科技企业的创业人员和科技人员、受聘于外资企业的管理技术人员、个体户、私营企业主、中介组织的从业人员、自由职业者。

【案例点评】

在我国经济社会发展过程中，出现了一个新的社会阶层。他们是民营科技企业的创业人员和科技人员、受聘于外资企业的管理技术人员、个体户、私营企业主、中介组织的从业人员、自由职业者。新的社会阶层人士主要由非公有制经济人士和自由择业的知识分子组成。改革开放以来，新的社会阶层中的广大人员，通过诚实劳动、合法经营，为发展社会主义社会的生产力和其他事业做出了重要贡献。他们的贡献主要体现在以下几个方面：第一，推动了经济发展，增加了国家税收。第二，扩大了就业门路，缓解了就业压力。第三，为社会公益事业做出贡献。新的社会阶层中的不少人，自己富了不忘国家，不忘社会，积极参加"希望工程"等社会公益活动，以各种方式回报社会。

从总体上看，新的社会阶层拥护党的领导和社会主义制度，拥护党的路线方针政策，遵纪守法，热爱祖国。他们勇于开拓，为我国的经济发展和社会进步做出了自己的贡献，他们都是中国特色社会主义事业的建设者。

【思考题】

1. 如何认识改革开放后我国社会阶级阶层关系的新变化？
2. 如何理解新的社会阶层也是中国特色社会主义事业的建设者？

【案例提示】

本案例可用于第十一章"建设中国特色社会主义的根本目的和依靠力量理论"第二节"中国特色社会主义建设的依靠力量"。通过本案例的教学，使学生对我国出现的新的社会阶层有一个总体的了解，同时，正确认识新的社会阶层中的广大人员，为我国的经济社会发展做出了重要贡献，是中国特色社会主义事业的建设者。

案例四　深刻认识当代中国工人阶级的地位和使命[①]

【案例材料】

胡锦涛同志在 2010 年全国劳动模范和先进工作者表彰大会上的重要讲话，坚持马克思主义基本原理，站在新的时代高度，对当代中国工人阶级的地位和使命作了精辟论述，具有重大的现实意义和深远的历史意义。

一　进一步深刻认识工人阶级是我国先进生产力和生产关系的代表

纵览人类历史，劳动是人类文明进步的源泉，劳动创造世界。正是一代又一代的劳动者用辛勤劳动、伟大创造和英勇斗争，把人类文明不断推向前进。近代以来，工人阶级作为劳动者的最高代表登上历史舞台，预示了一个新世界的诞生。在近现代社会的两大阶级中，代表先进生产力和生产关系的是从事劳动的工人阶级，而不是新的"奴役劳动"阶级——资产阶级。马克思、恩格斯在深入研究资本主义社会后指出：无产阶级即现代工人阶级不仅是与资产阶级"在同一程度上得到发展"的阶级，而且是"掌握着未来的阶级"；"其余的一切阶级都随着大工业的发展而日趋

①　来源：人民网—《人民日报》2010 年 5 月 5 日。

衰落和灭亡，无产阶级却是大工业本身的产物。"

在当代中国，工人阶级代表着先进生产力和生产关系。19 世纪中叶，在外国资本进入中国开办工厂、矿山的背景下，中国工人阶级作为一个阶级先于中国资产阶级产生，比中国资产阶级更早与近代工业和社会化生产相联系。在中国近代工业和社会化生产的发展中，工人阶级成长和进步得比资产阶级更快，她不仅掌握着先进生产方式，而且掌握着先进的思想和科学文化。正是由于代表着先进生产力和生产关系，中国工人阶级在中华民族反抗外来侵略、争取民族独立和人民解放的伟大斗争中所具有的觉悟程度、组织程度和革命的坚决性、彻底性以及奋斗牺牲精神都远胜于中国资产阶级，因而取代资产阶级成为中国革命的领导者，并最终把中国革命引向胜利。新中国成立后，我国工人阶级不仅创造了过去任何时代都不曾达到的先进生产力，而且推动形成了先进的社会主义生产关系。改革开放以来，我国工人阶级在人数、素质、构成、分布等方面都发生了历史性变化，以崭新的形象和姿态代表着我国先进的生产力和生产关系。

展望未来，工人阶级仍将是我国先进生产力和生产关系的代表。当前，以经济全球化与日新月异的科技进步为主要标志，人类文明发展正在进入新的时代。然而，无论经济社会面貌如何改变，无论科技进步和知识更新达到何种程度，其中的主导因素仍然是并且只能是工人阶级的生产劳动和创造活动。工业化、信息化在全球的迅猛发展，使工人阶级在各国都成为一个人数迅猛增加、比重持续增长、素质迅速提升、构成和分布不断优化的阶级，成为生机活力最强、前途最为远大的阶级。在社会主义中国，这一发展趋势尤为明显。

二　进一步深刻认识工人阶级是我们党最坚实最可靠的阶级基础

20 世纪初，马克思主义与蓬勃兴起的中国工人运动相结合，催生了中国共产党。从成立之日起，中国共产党就明确宣布自己是中国工人阶级的先锋队。作为马克思主义政党，我们党的先进性来自工人阶级的先进性，来自工人阶级的历史地位和历史使命。离开工人阶级这一阶级基础，我们党就会丧失先进性、丧失生机活力。

我们党始终保持工人阶级的先进性。在长期的革命、建设和改革奋斗历程中，我们党之所以有着取之不尽、用之不竭的力量源泉，根本原因就在于始终保持工人阶级的先进性，与工人阶级和劳动群众血肉相联、密不可分。在艰苦的革命战争年代，在远离城市、大工业和农民成分居多的条件下，我们党为了保持工人阶级的先进性，开展了毛泽东同志称之为"伟大的工程"的党的建设，加强对非无产阶级思想和作风的改造，把党建设成为思想上、政治上、组织上完全巩固的马克思主义政党。新中国成立后特别是改革开放以来，面对新的历史任务，面对复杂多变的国际国内形势，我们党为了保持工人阶级的先进性，进一步加强党的自身建设，实施了党的建设新的伟大工程，不断发展党的先进性，不断提高党的执政能力，不断密切党同人民群众的血肉联系，把党建设成为全心全意为人民服务、思想上政治上组织上完全巩固、能够经受住各种风险、始终走在时代前列、领导全国人民建设中国特色社会主义的马克思主义政党。

我们党高度重视巩固自己的阶级基础。长期以来，我们党始终把全心全意依靠工人阶级作为根本方针，越是在重大历史关头、越是在应对各种风险挑战之际，越是强调"必须全心全意地依靠工人阶级"。我们党一贯重视加强和改善对工人运动和工会工作的领导，始终坚持工人运动和工会工作的正确方向和主题，努力保持工人阶级的团结统一。毛泽东同志提出，我国工人阶级要"为实现我国的社会主义工业化而奋斗"。邓小平同志提出，把我国建设成现代化的伟大的社会主义强国是我国工人阶级新的伟大历史使命和新时期工人运动的奋斗目标。江泽民同志提出，我国工人阶级要为改革开放和现代化建设作出新的贡献。胡锦涛同志提出，我国工人阶级要紧紧把握全面建设小康社会、坚持和发展中国特色社会主义这个当代中国工人运动的主题，成为继续解放思想、锐意改革创新的时代先锋，成为推动科学发展、促进社会和谐的行动楷模。与此同时，我们党高度重视提高工人阶级思想道德素质和科学文化素质。毛泽东同志提出了建立无产阶级知识分子队伍的战略目标。邓小平同志提出，"要有一支浩浩荡荡的工人阶级的又红又专的科学技术大军"。江泽民同志提出，要"把工人阶级锻炼成一支真正具有先进阶级理想、社会主义道德、现代科学文化知识和严格纪律的强大阶级队伍"。胡锦涛同志提出，要"大力推进工人阶级队伍的知识化进程，努力提高整体素质"。

三　进一步深刻认识工人阶级是社会主义中国当之无愧的领导阶级

工人阶级领导地位和作用的形成是历史的必然。马克思主义早已揭示出，人类社会必然要从阶级社会走向没有阶级、没有剥削和压迫的社会。而能够领导这个伟大社会变革的，唯有工人阶级。中国工人阶级以其先进性、革命性、组织性和大公无私、英勇无畏精神，在反对帝国主义、封建主义、官僚资本主义三座大山的斗争中成为领导阶级。毛泽东同志指出："在帝国主义时代，任何国家的任何别的阶级，都不能领导任何真正的革命达到胜利"。邓小平同志指出："我国工人阶级不愧是久经考验的立场坚定的革命领导阶级。"

工人阶级是社会主义中国的领导阶级。中华人民共和国是工人阶级领导的、以工农联盟为基础的人民民主专政的社会主义国家。我国的这一国体及其产生的政体由宪法和法律确认和规定下来。工人阶级的领导地位和作用体现为工人阶级当家作主的地位，体现为工人阶级在国家和社会事务、经济和文化事业上真正行使了管理权。

工人阶级在我国的领导地位是通过共产党的领导实现的。1949 年 6 月，毛泽东同志在为纪念中国共产党成立 28 周年所写的《论人民民主专政》一文中，对此作了极为明确的表述："工人阶级（经过共产党）领导。"在当代中国，坚持共产党的领导，就是坚持工人阶级的领导；否定和取消共产党的领导，就是否定和取消工人阶级的领导。新中国成立后，我们党紧紧依靠工人阶级，顺利进行了社会主义改造，完成了从新民主主义到社会主义的过渡，确立了社会主义基本制度。改革开放后，我们党紧紧依靠工人阶级，在新的时代条件和国际环境下坚持社会主义、发展社会主义，开辟了中国特色社会主义道路，取得了改革开放和社会主义现代化事业的辉煌成就。

我国经济社会的新发展新变化没有改变工人阶级的领导地位和作用。在社会主义中国，工人阶级无论在人数、素质、构成、分布等方面发生怎样的变化，始终是当之无愧的领导阶级。胡锦涛同志指出：我国工人阶级"国家领导阶级的地位必将进一步巩固"。否定工人阶级是先进生产力和生产关系的代表，否定工人阶级是我国的领导阶级，就是否定共产党的阶级基础、否定共产党的领导地位和执政地位。

四　进一步深刻认识工人阶级是全面建设小康社会、坚持和发展中国特色社会主义的主力军

新中国成立后特别是改革开放以来，我国社会主义现代化建设之所以能够取得举世瞩目的伟大成就，社会主义中国之所以能够战胜各种困难、风险和挑战，一个重要原因就在于拥有团结一心、辛勤劳动、不懈奋斗的工人阶级和广大劳动群众这支主力军。

中国工人阶级和广大劳动群众是我国社会主义建设和改革的主力军。

从"一五"到"十一五"，从鞍钢"三大工程"到大庆油田、长江大桥、"两弹一星"，再到三峡工程、青藏铁路、载人航天、首次月球探测、北京奥运会、上海世博会等，中国工人阶级和广大劳动群众创造了无数的人间奇迹，书写了无数的壮丽篇章，形成了孟泰精神、大庆精神、铁人精神、劳模精神、雷锋精神、焦裕禄精神、抗洪精神、载人航天精神、奥运精神、抗震救灾精神等。这些功绩属于英雄的中国工人阶级和广大劳动群众，这些精神是社会主义先进文化的精华、是中华民族最可宝贵的精神财富。

中国工人阶级和广大劳动群众是实现科学发展的主力军。工人阶级和广大劳动群众始终是实现科学发展的主体力量。尊重工人阶级和广大劳动群众的主体地位，凝聚工人阶级和广大劳动群众的智慧和力量，是贯彻落实科学发展观的必然要求。实现以人为本为核心的科学发展，就是工人阶级和广大劳动群众在党的领导下，以高度的历史主动性开展新的实践和创造活动，争当锐意改革创新的先锋，争当推动科学发展的楷模，向着全面建设小康社会、坚持和发展中国特色社会主义的伟大目标奋进。

中国工人阶级和广大劳动群众是加快经济发展方式转变的主力军。加快经济发展方式转变是我国经济领域的一场深刻变革。在这场深刻变革中，工人阶级和广大劳动群众是主力军。只有尊重劳动、尊重知识、尊重人才、尊重创造，充分发挥工人阶级和广大劳动群众的积极性、主动性、创造性，把党和国家的发展目标变成工人阶级和广大劳动群众的自觉行动，才能打好加快经济发展方式转变这场攻坚战和持久战，推动我国经济又好又快发展，实现全面建设小康社会的奋斗目标，开创中国特色社会主义事业新局面。

【案例点评】

新中国成立后，工人阶级成为我国的领导阶级。改革开放以来，我国社会经济发生了深刻变化，工人阶级队伍发生了明显变化，呈现出队伍迅速壮大、内部结构发生重大变化、工人阶级中知识分子的比重大大增长、职工所依存的经济组织的所有制形式日益多样化、"铁饭碗"已被打破、职工对单位的依赖性大为减弱等新的特点。工人阶级队伍发生的这些变化，没有改变中国工人阶级的作为国家主人的地位。工人阶级仍然是社会主义现代化的主要建设者、社会财富的主要创造者、先进生产力的代表者，仍然是推动中国社会发展的基本力量，仍然是人民民主专政国家的领导阶级。

在改革和社会主义现代化建设的全部活动与整个进程中，都必须全心全意地依靠工人阶级。我们要从巩固党的阶级基础和执政基础的战略高度，深刻认识今日工人阶级的地位和作用，认真研究和解决新时期全心全意依靠工人阶级在实践中遇到的新情况、新问题，切实维护和发展好工人阶级的利益，始终保持党同工人阶级的血肉联系。

【思考题】

改革开放以来，我国工人阶级出现了许多新变化。应当怎样正确认识当代中国的工人阶级？

【案例提示】

本案例可用于第十一章"建设中国特色社会主义的根本目的和依靠力量理论"第二节"中国特色社会主义建设的依靠力量"。通过本案例教学，使学生了解工人阶级的地位和作用，明确在我国改革和现代化建设的整个进程中，都必须全心全意地依靠工人阶级。

案例五　扎实推进国防和军队建设改革坚决完成党和人民赋予的各项任务①

【案例材料】

盛夏八闽，山海澄碧。八一建军节到来之际，中共中央总书记、国家主席、中央军委主席习近平来到福建，亲切看望慰问部队官兵和双拥模范代表，代表党中央、中央军委向解放军指战员、武警部队官兵、民兵预备役人员致以诚挚的问候和节日的祝贺。他强调，面对新的形势任务，各级要深入贯彻强军目标，扎实推进部队建设、改革和军事斗争准备，增强履行使命能力，坚决完成党和人民赋予的各项任务。

---

① 人民网—人民日报，2014 年 8 月 1 日。

习近平在福建工作 17 年，长期关心支持国防和军队建设，始终注重搞好军政军民团结。离开福建后，习近平一直牵挂着驻闽部队官兵。2014年 7 月 30 日下午 3 时许，习近平来到福建省军区指挥大楼，接见了驻福州部队师以上领导干部，同大家合影留念，随后发表重要讲话。他充分肯定驻闽部队为维护国家主权、安全和领土完整，促进地方经济社会发展作出的重要贡献。习近平强调，要铸牢强军之魂，毫不动摇坚持党对军队的绝对领导，把福建革命老区的红色资源利用好、红色传统发扬好，坚定不移听党的话、跟党走。要提高实战化水平，坚持从难从严训练部队，大力培育敢打必胜的战斗精神，确保召之即来、来之能战、战之必胜。要改作风正风气，高标准抓好党的群众路线教育实践活动，坚决纠治"四风"、坚决惩治腐败，始终保持人民军队良好形象。要加强军政军民团结，不断谱写军民鱼水情时代新篇。

离开省军区机关，习近平驱车前往福建预备役高炮师。在担任福建省委副书记、代省长和省长期间，习近平兼任这个师第一政委长达 7 年，亲自参与部队的组建，为推动部队全面建设倾注了大量心血，同官兵结下了深厚情谊。这个师先后获得"全国民兵预备役政治工作先进单位""全军预备役部队军事训练先进单位"等荣誉。在预备役高炮师军史馆，习近平仔细察看一幅幅照片、一件件实物，不时询问各项工作进展情况，深情回忆起当年同官兵们并肩奋斗的难忘岁月。看到近些年部队建设取得了新进步，习近平感到十分欣慰，勉励大家再接再厉，争取更大成绩。

习近平一贯重视双拥工作，亲力亲为指导推动。在八一这个军民共同的节日，习近平特意把来自不同岗位的 11 位双拥模范代表请到预备役高炮师机关，向长期关心支持国防建设、为双拥工作作出贡献的同志们表示衷心感谢和诚挚问候。习近平同大家亲切交谈，一起重温军爱民、民拥军的光荣传统。大家回忆起 1991 年全国双拥工作会议在福州召开前夕，习近平所作的《军民情·七律》："挽住云河洗天青，闽山闽水物华新。小梅正吐黄金蕊，老榕先掬碧玉心。君驭南风冬亦暖，我临东海情同深。难得举城作一庆，爱我人民爱我军。"习近平动情地说，作这首七律是为了表达人民军队爱人民、人民军队人民爱的鱼水深情。

习近平强调，拥军优属、拥政爱民是我党我军特有的政治优势，坚如磐石的军政军民关系是我们战胜一切艰难险阻、不断从胜利走向胜利的重要法宝。地方各级党委、政府和广大人民群众要把支持部队建设作为义不容辞的责任,为部队多办好事、实事。部队的同志要视人民为亲人、把驻地当故乡,积极支持和参加地方经济社会建设。军地双方要共同努力,把双拥工作抓得更加扎实有效,为实现中国梦强军梦提供坚强保证。

习近平曾12次到第31集团军某师看望慰问官兵。下午5时许,习近平再次来到这个师的"红四连"。这是一个诞生于1927年的红军连队,参加过夜袭阳明堡、决战孟良崮等战役战斗,功勋卓著、英模辈出。习近平走进连队宿舍,参观荣誉室,听取情况介绍,详细了解战士们学习、训练、工作、生活情况。

宽阔的训练场上,近千名官兵迅速列队、精神饱满,迎接军委主席的到来。习近平顶着炎炎烈日,向大家致以亲切问候:"同志们好!""同志们辛苦了!"官兵们响亮作答:"为人民服务!"看到大家军容严整、士气高昂,习近平十分高兴。他语重心长地勉励大家,发扬光荣传统、当好红色传人,苦练打仗本领、争做精武标兵,在完成重大任务中当先锋、打头阵,为实现强军目标作出新的更大贡献。

"听党指挥,能打胜仗,作风优良!"军委主席的谆谆教诲和殷殷嘱托,全场官兵掷地有声的钢铁誓言,响彻闽山闽水,汇聚成强军兴军的时代强音。

【案例点评】

在新世纪新阶段,加强国防和人民军队建设具有重要意义。人民军队是人民民主专政的坚强柱石。在我国,虽然阶级斗争已经不是主要矛盾,但阶级斗争还将在一定范围内长期存在,在某种条件下还有可能会激化。为了维护国家的统一和社会稳定,为了切实保障人民的民主权利,对极少数敌对分子进行专政,必须以人民军队为坚强后盾。人民军队作为国家机器的主要支柱和人民利益忠实捍卫者的地位不可动摇;人民军队是捍卫社会主义祖国的钢铁长城。虽然和平与发展仍是当今时代的主题,但是国际环境复杂多变,霸权主义和强权政治仍然存在,战争威胁并未根本消除。为了维护国家的独立和主权,促进世界的和平和发展,必须加强和巩固我国的国防。人民解放军作为祖国的忠实保卫者,担负着保卫国家领土、领空、领海主权,维护祖国统一和安全的神圣使命;人民军队是建设中国特色社会主义的重要力量。搞好军队建设,增强国防实力,是全面增强国家综合国力的重要内容,是加快社会主义现代化建设和全面建设小康社会的重要保障。

【思考题】

如何认识在新世纪新阶段加强国防和人民军队建设的重要意义？

【案例提示】

本案例可用于第十一章"建设中国特色社会主义的根本目的和依靠力量理论"第四节"国防和军队现代化建设"。通过本案例教学，使学生正确认识人民军队是保卫和建设中国特色社会主义的重要力量，加强人民军队建设是维护国家安全统一和全面建成小康社会的重要保障。

案例六　尊重知识，尊重人才：邓小平 1977 年恢复高考制度[①]

【案例材料】

粉碎"四人帮"后的 1977 年，邓小平不顾重重阻力，勇于打破禁区，率先清理教育战线上"左"的错误，恢复了高考制度。据记载，当时我国报考大学的人数达到空前绝后的 1160 万！当时百废待兴的中国，居然拿不出足够的纸张来印试卷，一下子洛阳纸贵。为了解决恢复高考后第一届 77 级的急需考卷用纸，中共中央决定，调用印刷《毛泽东选集》第五卷的纸张。历史的"轮回"带来了"尊重知识，尊重人才"的大转折，全社会都沸腾了。然而，可谁知道恢复高考的历史举动经历了如何艰难与曲折。钟岩的《中国新三级学人》记述了这一大转折过程。

或许当时的学人还记得，1977 年夏季是如此的漫长。1977 年 6 月 29 日召开了粉碎"四人帮"后的第一次全国高等学校招生工作座谈会。而当时在整个中国大地上，还横亘着一座压在人们心头的大山，即"两个凡是"（凡是毛主席作出的决策，我们都坚决维护；凡是毛主席的指示，我们都始终不渝地遵循）。如果依照老路走下去，千百万优秀人才就还将被关在大学的校门外，千百万优秀的"老三届"必将错过上大学的最后

---

① 邓自力：《中国出了个邓小平》，新华出版社 1998 年版，第 368—370 页。

一次机会，岂不是继续为"白卷先生"敞开大门吗？

然而，历史是公正的法官，历史从不考虑"如果"。1977 年 8 月 4 日，邓小平在北京饭店组织召开了科学和教育工作座谈会。这是中国教育史上一次重大转折。在座谈会上，邓小平倾听了科学家们谈论高等教育令人不满和焦虑的现状。当时有人在讲到清华大学的教育质量时说，现在很多人小学毕业程度补习了八个月就学大学的课程，读三年就毕业。邓小平很不满意地说：那就应当称"清华中学""清华小学"。当时一位武汉大学的教授在座谈会上就非常强烈地呼吁："从今年就改进招生办法，再不能忽视新生质量了。"他说："招生是保证大学质量的第一关，它的作用好像工厂产出合格的产品，其原因之一是中小学的质量不高，二是招生制度有问题。不是没有合格人才可以招收，而是现行制度招不到合格的人才。"在座的科学家们发言踊跃，情绪热烈，一致建议国务院下大决心恢复大学招生制度。

邓小平在座谈会上坚决地说：今年就要下决心恢复从高中毕业生中直接招考学生，不要再靠群众推荐。从高中直接招生，我看可能是早出人才、早出成果的一个好办法。话音未落，发自科学家们内心的掌声爆发了，经久不息。

然而，希望一旦走出会议厅，就得准备付出艰辛和曲折的代价。紧接着 8 月 13 日又召开了第二次招生工作会议。当时曾有一首打油诗真实地记录了人们渴望"解放"的心情："招生会议两度开，众说纷纭难编排。虽说东风强有力，玉（育）门紧闭吹不开。"当时，邓小平也在承受着巨大的压力，但他又无时无刻不在深切关注着这场关系着中国高等教育前途命运的搏斗。

1977 年 9 月 19 日，邓小平为此专门同教育部主要负责人进行了关于"教育战线拨乱反正问题"的重要谈话。邓小平尖锐地批评了教育部个别同志的顾虑与裹足不前：你们的思想没有解放出来。你们管教育的不为广大知识分子说话，将来要摔筋斗的。现在教育工作者对你们教育部有议论，你们要心中有数，要敢于大胆讲话。对于高校招生的指导思想，邓小平具体指出，主要是抓两条：第一是本人表现好，第二是择优录取。

乍暖还寒的 1977 年终于迎来了"尊重知识，尊重人才"的春天，前所未有的一年内两次招生工作会像"马拉松"，历时 44 天，这就造成了后来 77 级大学生仅比 78 级早半年入学。在 1977 年 10 月 12 日，国务院批转了教育部《关于1977年高等学校招生工作的意见》。恢复统一考试，录取原则是德智体全面衡量，择优录取。这意味着被"积压"了十几年的几千万中学生，甚至是已届而立之年的"老三届"们，终于得到了一个最后的机遇，一个能使人激动、幸福、而又焦急落泪的历史机遇。当时的一大批学子如今已成为国家的栋梁之材，驰骋在祖国"四化"建设的各条战线，为祖国的繁荣富强贡献光和热。

人们将永远怀念邓小平，永远记住"尊重知识，尊重人才"这一历史大转折。

【案例点评】

1977年，刚刚复出的邓小平听到恢复高考的建议后马上拍板，决定当年恢复高考。这个果断的决定，向全社会传递了尊重知识、尊重人才的强烈信号，中国的教育事业开始走上正轨。此后，一批又一批学识丰厚的大学生走上工作岗位，成为各行各业的主力军。在邓小平主持下作出的恢复高考制度的重大举措，对此后国家经济、政治、文化的发展起到了智力支持的巨大作用。

【思考题】

谈谈你对"尊重知识、尊重人才"重要性的理解和认识。

【案例提示】

本案例可用于第十一章"建设中国特色社会主义的根本目的和依靠力量理论"第二节"中国特色社会主义的依靠力量"。通过本案例的教学，使学生了解我国高考制度是在邓小平同志的主持下恢复的，明确这一重大决策对此后我国经济、政治、文化的发展起到了巨大推动作用。

本章编写　马玉英

第十二章

中国特色社会主义领导核心理论

案例一　国际社会视野中的中国共产党①

【案例材料】

2002 年初冬时节召开的中国共产党第十六次全国代表大会，不但是中国人民政治生活中的大事，也广为世界瞩目。参与报道大会的境外媒体数量之众，热情之高，报道力度之大，出乎人们的预料。仅向大会新闻处报名的外国媒体记者和港澳台地区记者就达到了 800 多人，对这个有着 80 多年历史的世界上最大的执政党，国际社会究竟怎样作以评价？让我们从境外媒体的一系列报道中进一步感受国际社会视野中的中国共产党。

经济成就斐然，举世交口称赞

1949 年的新中国，曾是世界上最穷的国家之一。根据联合国亚太事务委员会的统计，1949 年中国的人均国民收入只有 27 美元。不仅不足印度 57 美元的一半，也远远低于当时整个亚洲 44 美元的人均收入。

51 年后，中共十六大前，法国《费加罗报》评述中国经济：全世界销售一半的摄像机、30% 的电视机和空调、25% 的洗衣机和 20% 的冰箱都贴着"中国制造"的标签。

前联合国秘书长加利前后十多次访问过中国。他曾回忆说："我第一次去北京时，看到大街小巷到处都是行人，很少有自行车。第二次到北京时，那里的老百姓已经基本以自行车代步了。后来再去时，街上出现了一些汽车。现在再访问北京，看见的则是满大街来回穿梭的汽车，其中不乏

---

① 朱玉、季平：《世界瞩目中国》，《人民日报》2002 年 11 月 22 日。

各种高级名牌汽车。"

俄罗斯塔斯社则用人民的消费作了对比：改革开放初期，中国人能买到"永久"自行车或黑白电视机，就已乐不可支；现在，连录像机都不好卖了，人们改买 DVD 机，骑三轮车送货的人都用上了手机。刊载此消息时，这家媒体用的标题十分意味深长：《老旗帜新现实》。

德国《经济周刊》惊叹于中国的发展动力之大："1988 年，中国的国内生产总值只有俄罗斯的一半，10 年之后情况恰恰相反。20 年前，中国的人均国内生产总值与印度持平，如今中国的人均国内生产总值是印度的两倍。"

无论是哪个投资者，都不愿把自己的钱扔在一个政局不稳、战火纷飞的国家里。此时，中国长达 20 多年的经济高速增长和政治安定，成为最大的投资诱惑力。这家媒体举出了数字的明证：今年中国将成为世界上接受外国直接投资最多的国家，得到的直接投资将达到 500 亿美元，占亚洲国家得到的所有直接投资的 80%，超过美国，而 15 年前，外国人在中国仅投资 20 亿美元。

德国《经济周刊》自问自答，解释了中国投资吸引力的原因。"世界陷入经济危机越深，到中国投资建厂的外国企业就越多。因为中国的生产成本比世界上任何一个国家都低，中国的顾客比世界上任何一个国家都多，在中国从事科研比在世界上任何一个国家都有利，在中国发展比在世界上任何一个国家都快。"

香港《虎报》认为，经济史学家在编纂 2002 年经济编年史的时候，会将今年命名为"中国年"。现在，各方投资正以前所未见的热情向中国涌来。香港《星岛日报》谈到中国形势时说，这应是中国近 200 年来未曾有过的，这反映出中国社会在经过过去 200 多年的重整，已达到大治的初期。

结合中国实践，创新马列理论

中共十六大的召开日期，恰逢俄国十月革命纪念节期间，不禁使了解这段历史的人感慨万端。

正是因为中国共产党的理论对中国前进与发展的决定性作用，外国媒体从未停止过它们对中国共产党理论创新的关心。

法新社评说十六大："从新党章来看，'中国共产党是工人阶级的先锋队'一语改成'中国共产党是中国工人阶级的先锋队，同时是中国人民和中华民族的先锋队'。"

日本《朝日新闻》也看到了十六大中国共产党理论创新和变化。"中国共产党又打破了一个禁忌。14 日闭幕的中共十六大正式允许吸收在改革开放和市场经济中出现的新阶层,实现'新共产党宣言'。"

1848 年,英国伦敦一家印刷所,出版了一本字数不多的小册子——《共产党宣言》。它的作者,卡尔·马克思被英国最著名的媒体评为 1000 年来最具影响力的名人。

没有《共产党宣言》就没有马克思主义,没有马克思主义,就没有中国革命,更罔提中国的改革开放。

马克思主义的科学性,不仅仅在于它揭示了人类社会的发展规律,还在于它具有与时俱进的理论品质,是一个随着实践、科学和时代的发展而发展的理论。1872 年,马克思和恩格斯在《共产党宣言》德文版序言中就已申明:"这些原理的实际运用,正如宣言中所说的,随时随地都要以当时的历史条件为转移。"

代表人民利益,应对世界潮流

法国《欧洲时报》用他们对中国共产党宗旨的最简洁理解,作为他们报道中共十六大文章的标题——《为了让老百姓过上好日子》。文章中说,中国共产党将以全面建设小康社会作为在新世纪里的奋斗目标,最终目的就是让中国人民过上好日子,这将获得最坚实的社会基础和最广泛的向心力。

这番话道出了中国共产党赢得民心的最根本原因。

中国共产党实事求是的做法和处处考虑人民利益的态度是"三个代表"重要思想的体现,罗马尼亚中国工商会主席加·盖尔梅加努这样评价中国共产党的功绩。

中国共产党的力量就在于它和人民群众的联系,只要和人民站在一起,永远能立于不败之地。而实践证明,人民信任和拥护中国共产党的根本原因,就是它不但代表了中国先进社会生产力和先进文化,而且忠实地代表了中国最广大人民的根本利益。在从未有任何政党能如此造福于中国人民的情况下,中国共产党这种位置和作用不可替代。

在经济发展的同时,中国共产党不断健全民主与法制,坚决惩治腐败。

香港大公网文章中说,取信于民、取信于天下,是由于中国共产党没有忘记为人民的承诺。而这正是这次十六大确立"三个代表"重要思想理论的重要性所在。它提出了同现代知识型经济社会、经济全球化这些全球发展大趋势相吻合的方向，必将会把中国人民的建设事业带向一个更广阔的天地，而中国共产党自身也必将在这个过程中变得更先进、更强大。一切具体工作、策略都可以改变，唯一不会变的，是执政为民的本质。

在夯实执政根基的同时，中国共产党还要面向全球化、信息化、多极化的世界。

法国《欧洲时报》说，世界舆论之所以关注中国、关注中共十六大，是因为中国在国际社会中的地位日益提高，中国的一举一动都会在世界上产生一定影响。

一个国家综合国力强大，在国际社会说话就有分量，这是一个十分简单而又实际的道理。现在世界关注中国，中国可以理直气壮地与世界对话，正是因为中国强大起来了。

1986 年，纽约证券交易所董事长来华，送给邓小平的礼物是纽约证券交易所的证章和证券样本。这位董事长心中十分忐忑，不知邓小平会如何看待他的礼物。让他意想不到的是，邓小平回赠了他中国刚刚上市的上海飞乐音响公司的股票。

这一行动寓意深刻。它的内涵之一，是用行动向世界宣布：中国的经济体制改革，将从世界所想象不到的角度，以世界想象不到的力度向前发展。

2002 年 11 月，美国前国务卿基辛格第 38 次访华。他说："我来过中国很多次，如果说中国的第一代领导人完成了国家独立和统一，第二代领导人确立了改革开放的路线，那么，以江泽民为核心的中国第三代领导集体的巨大功绩是，使中国进入现代化，并融入国际社会，这应被视作中国的历史性进步。"

【案例点评】

20 世纪 80 年代末 90 年代初，当东欧一些社会主义国家发生剧变、克里姆林宫的红旗黯然降落的时候，西方政治家们预言：20 世纪兴起的社会主义，将在 20 世纪内灭亡。许多友好人士也都担心：下一个倒下来的会不会是中国？然而，事实证明，中国成功地走了过来，并且走得很好。中国发展的秘密在哪里呢？

一靠发展经济。经济的发展是解决中国所有问题的关键。新中国成立后，特别是党的十一届三中全会后，中国开始改革开放，确立了与世界接轨的市场经济体制，中国经济以前所未有的高速度发展，取得了举世瞩目的巨大成就。二靠理论创新。中国共产党80多年的历史充分证明，理论创新是党的理论发展的前提，反映了党的领导水平，体现着党的领导能力，是党的各项事业发展的基础。三靠始终代表中国最广大人民的根本利益。我们党80多年来，在革命、建设、改革的各个历史时期，始终代表着中国最广大人民的根本利益，并通过制定正确的路线、方针、政策，为实现国家和人民的根本利益而不懈奋斗。

【思考题】

中国共产党为什么能够领导人民取得革命和建设的成功？

【案例提示】

本案例可用于第十二章"中国特色社会主义领导核心理论"第一节"党的领导是社会主义现代化建设的根本保障"。通过本案例的教学，使学生了解改革开放以来在中国共产党的领导下我国经济社会建设取得了巨大成就，明确只有坚持党的领导，坚持走中国特色社会主义道路，才能实现中华民族的伟大复兴。

案例二　历史"周期率"[①]

【案例材料】

在同黄炎培的一次谈话中，毛泽东问他有什么感想？黄炎培回答：我生六十多年，耳闻的不说，所亲眼看到的，真所谓"其兴也勃焉"，"其亡也忽焉"，一人，一家，一团体，一地方，乃至一国，不少单位都没有能跳出这周期律的支配力。大凡初时聚精会神，没有一事不用心，没有一人不卖力，也许那时艰难困苦，只有从万死中觅取一生，既而环境渐渐好

---

① 金冲及：《毛泽东》（下），中央文献出版社1996年版。

转了，精神也就渐渐放下了。有的因为历时长久，自然地惰性发作，由少数演为多数，到风气养成；虽有大力，无法扭转，并且无法补救，也有为了区域一步步扩大了，它的扩大，有的出于自然发展，有的为功业欲所驱使，强求发展，到干部人才渐见竭蹶，艰于应付的时候，环境倒越加复杂起来了，控制力不免趋于薄弱了。一部历史，"政怠宦成"的也有，"人亡政息"的也有，"求荣取辱"的也有，总之没有能跳出这周期率。他说："中共诸君从过去到现在，我略略了解的了。就是希望找出一条新路，来跳出这周期律的支配。"

听了黄炎培的这番见解后，毛泽东对他说："我们已经找到新路，我们能跳出这周期率。这条新路，就是民主，只有让人民来监督政府，政府才不敢松懈。只有人人起来负责，才不会人亡政息。"黄炎培认为："这话是对的。""只有大政方针决之于公众，个人功业欲才不会发生。只有把每一地方事，公之于每一地方的人，才能使地地得人，人人得事。把民主来打破这周期率，怕是有效的。"

【案例点评】

本材料是毛泽东同黄炎培的一次谈话的部分内容。应该说自有阶级社会以来，所有的政权几乎都经历了始兴终亡的"周期率"，黄炎培先生看到延安一片欣欣向荣的景象感到很高兴，同时也提请中国共产党人注意始兴终亡的问题。这也是中国共产党人极为重视和正在探索的问题，毛泽东把实行民主看作打破"周期率"的"新路"，正是抓住了人民政权同历史上任何一个剥削阶级政权的根本区别。一代伟人毛泽东走了，他所探索的始兴终亡"周期率"的历史课题并没有结束，跳出这"周期率"的探索过程是曲折的和长期的，打破始兴终亡"周期率"也是不能一次完成的，它是一个曲折长期的过程。毛泽东同志为我们开辟的打破"周期率"的"民主新路"，需要一代又一代的共产党人坚持不懈地努力下去！

【思考题】

历史"周期率"对中国共产党加强自身建设有何借鉴和意义？

【案例提示】

本案例可用于第十二章"中国特色社会主义领导核心理论"第二节

"全面提高党的建设科学化水平"。通过本案例的教学，使学生了解什么是历史"周期率"，搞清楚历史"周期率"对中国共产党加强自身建设的重要意义。

案例三　历史并不遥远①

【案例材料】

13 年前，一个重大事变使全世界感到震惊，也使中国人民和中国共产党人深感忧虑，这就是苏共亡党和苏联亡国的事变。

1991 年 8 月 23 日，俄罗斯联邦总统叶利钦发出"禁共令"，宣布苏联共产党在俄罗斯的活动为非法。悍然查封了苏共中央和苏共莫斯科市委等 5000 多个各级领导机关，并关闭了《真理报》、《苏维埃俄罗斯报》等苏共的各级机关报。

同年 8 月 24 日，戈尔巴乔夫宣布辞去苏共中央总书记职务，并建议苏联共产党中央解散。苏共中央书记处竟然接受了这个建议，只是提出召开一次中央全会予以确认，但这个提议由于得不到叶利钦许可而作罢。就这样，苏联共产党不明不白地被判了死刑，退出了历史舞台。短短几天里，红场上一座又一座革命领袖的塑像被推倒了；一些老布尔什维克自杀了；一批党的领导人被解职或逮捕了……

亡党必然亡国。1991 年 12 月 21 日是个悲剧性的日子，俄罗斯、乌克兰等 11 个加盟共和国正式签署了《阿拉木图宣言》，宣布"独立国家联合体正式成立，苏维埃社会主义共和国联盟不复存在。"12 月 25 日晚，戈尔巴乔夫在中央电视台向全国、全世界宣布："鉴于独联体成立之后的局势，我停止自己作为苏联总统的活动。"晚上 7 时 30 分，克里姆林宫上空飘扬了 74 个春秋的苏联国旗——镰刀锤子红旗在凛冽的寒风中悄然降下，取代它的是俄罗斯的红蓝白三色旗。

苏联共产党是列宁缔造的一个有着 88 年历史、1500 万党员的大党；苏联是有着 74 年历史、2.9 亿人民的世界上第一个社会主义国家，却在

---

① 黄苇町：《谁是苏共和苏联的真正掘墓人》，《领导文萃》2002 年第 7 期。

没有战争、没有外敌侵略的情况下顷刻瓦解。对此，每一个致力于社会主义事业的人无不深感痛惜。

那么，究竟谁是苏共和苏联的真正掘墓人呢？

剧变刚发生时，很多人认为，西方资本主义的颠覆破坏及国内持不同政见者、新生资产阶级分子的活动，是发生剧变的国际国内诱因，而戈尔巴乔夫的投降主义导致反动势力步步进逼直至阴谋得逞。但这些原因却不能圆满地解释剧变中的两个最大的谜：一是有这样悠久历史、众多党员和掌握国家全部权力的大党，竟能被叶利钦登高一呼便顷刻瓦解，政权交替之顺利出人意料。二是最大的赢家不是反共的持不同政见者，也不是黑市倒爷，而是原来苏共各级委员会里彼此同志相称的人。最近一项调查显示，苏联时期的干部在总统班子中占75%，在政府部门占74%，在地方政权中更高达80%。而国内企业家中原来的共产党员占85%，很多是直接由国有企业经理变为老板。

导致苏联剧变的原因很多，但有一个曾经一度被忽略的重要原因，就是党的领导层中的腐败已发展到这种程度，即他们所攫取的财富和利益之多，使社会主义和共产党的外衣已成为束缚，不便于他们更放手、更放心地去侵占和鲸吞更多的社会财富。他们已不满足于能够贪污腐化、以权谋私的事实制度，而要通过国家政治制度的公开变更来从法律上承认他们所攫取的东西，并能名正言顺地传子传孙。因此，尽管点燃剧变导火索的是反共分子，但正中那些挂着共产党招牌的权贵们的下怀，自然一呼百应，顺水推舟，纷纷重新站队。因为他们明白这样不仅可以继续当官，而且还能更快发财。

所以，需要对苏联剧变提出一种新的解释。从社会历史的大视角来看，苏联的剧变，在很大程度上是苏联既得利益集团的"自我政变"，是为了使他们长期以来通过不合法、不正当手段占有的社会财富和各种权益合法化。剧变表明化公为私的量变，积累到了发生质变的程度；或者说，是社会制度的不断部分蜕变，已经到了应该扯去最后一块遮羞布的时候……

1991年6月，也就是发生剧变前两个月，美国一个社会问题调查机构，在莫斯科作了一次以掌握高层权力的若干党政要员为对象的调查。调查者要同调查对象进行4—5小时的谈话，通过谈话来明确他们的思想观点。分析结果是：大约9.6%的人支持改革前的社会主义模式；12.3%的人拥护改革，并希望社会主义国家实现民主化；76.7%的人认为应当实行资本主义……即使由于调查者的主观倾向会产生误差，即使误差大到50%，修正后的数字也相当惊人了。它足以说明苏联剧变的原动力，或者说苏共的掘墓人来自哪里。这种"文明与宽容的革命"，本质上是一场从党内特别是高层开始的使腐败合法化的"革命"。

苏联剧变是《共产党宣言》诞生以来国际共产主义运动遭受的最大挫折，是人类社会发展长河的重大曲折。苏共苏联与我党我国有着太多的历史渊源：十月革命一声炮响催生了中国共产党；大革命时代我们"以俄为师"；新中国成立后尊苏联为"老大哥"；虽在斯大林逝世后两党两国发生了分歧，但苏共亡党、苏联亡国还是给中国人民和中国共产党人心里蒙上了一层重重的阴影。当然，它带给我们更多的是思考和警示。无产阶级政党夺取政权不容易，执掌好政权，尤其是长期执掌好政权更不容易；党的执政地位不是与生俱来的，也不是一劳永逸的。我们必须居安思危，增强忧患意识，深刻吸取世界上一些执政党兴衰成败的经验教训，更加自觉地加强执政能力建设，始终为人民执好政、掌好权。历史并不遥远，苏联剧变的一幕幕悲剧好像就在眼前，正如邓小平同志所说的那样，促使我们很冷静地考虑一下过去，也考虑一下未来。

【案例点评】

1991年12月25日，克里姆林宫上空的苏联国旗在寒风中悄然飘落，苏共这样一个有着88年历史的大党和苏联这样一个有着74年辉煌历史的世界上第一个社会主义国家，在没有外敌侵略、没有战争的情况下瞬间解体了。对此，每一个致力于社会主义事业的人无不深感痛惜。那么，究竟谁是苏共和苏联的真正掘墓人呢？苏共和苏联的真正掘墓人不是西方资本主义的颠覆破坏，不是新生资产阶级分子的活动，也不是戈尔巴乔夫的投降主义，而是曾经一度被忽略的党的领导层中的腐败。苏联的解体，为致力于社会主义事业的国家留下了深刻的经验教训。

【思考题】

1. 1991年，苏共这样一个有着88年历史的大党和苏联这样一个有着74年历史的国家在没有战争、没有外敌侵略的情况下瓦解了，谁是苏共和苏联的真正掘墓人？

2. 邓小平说，苏联剧变促使我们很冷静地考虑一下过去，也考虑一下未来。反思苏联剧变给我们留下了什么样的经验教训？

【案例提示】

本案例可用于第十二章"中国特色社会主义领导核心理论"第二节"全面提高党的建设科学化水平"。通过本案例的教学，使学生搞清楚苏联解体的原因及教训，明确我国要坚持和巩固社会主义制度，必须要坚持和改善党的领导，不断提高党的建设的科学化水平。

案例四　"两个务必"——永不熄灭的思想火炬[①]

【案例材料】

党的十六大闭幕不久，2002 年 12 月 6 日，胡锦涛就与中央书记处的几位同志一起去了河北平山县西柏坡学习考察，并发表了寓意深长的讲话。西柏坡之所以出名，是因为解放战争后期，以毛泽东为首的党中央在这里指挥了三大战役，召开了著名的七届二中全会，并在从这里出发进北京时，说了"进京赶考"那一番风趣而富于哲理的名言。

胡锦涛刚刚走上总书记的岗位就来到西柏坡，当然有一种象征意义，表明中国今后遵循的道路，仍将是毛泽东、邓小平、江泽民为核心的三代领导集体，带领中国共产党和中国人民开辟、继承、发展的道路。同时，胡锦涛的讲话，又包含着对国情、党魂、民心的深刻理解与提示，宣示了新一代领导集体施政的基本取向。

胡锦涛在西柏坡的讲话，着重发挥的是毛泽东在七届二中全会讲话中提出的"两个务必"，即"务必使同志们继续地保持谦虚、谨慎、不骄、不躁的作风，务必使同志们继续地保持艰苦奋斗的作风"。在今天重提这些老话，有着十分鲜明的现实针对性。

抗日战争胜利后，中国共产党对全国胜利的到来，估计会要用更长一些时间。结果只用了短短三年，就击败了国民党反动政权。从农村到城

---

① 黄根喜：《从毛泽东到邓小平、江泽民、胡锦涛——"两个务必"思想永放光芒》，《市场周刊·管理探索》2005 年第 2 期。

市，从在野到执政，对于中国共产党，是一个根本转变。当时的毛泽东，头脑是清醒的。他知道，拥有几百万军队、看似强大的国民党之所以如此不堪一击，兵败如山倒，根本原因是国民党政权已经烂透了，民心丧尽。而共产党正是在黑暗中生活的人民的唯一的希望。人民迎接共产党时唱的是；"她坚持抗战八年多，改善了人民的生活，她建立了敌后根据地，实现了民主好处多"。人民希望共产党带来的是一个独立、民主、繁荣、富强的新中国。能不能得民心、孚众望，就成了中国共产党建立的政权能不能巩固的根本问题。因此，尽管在七届二中全会之前，毛泽东已将郭沫若的《甲申三百年祭》印发全党，提醒全党不要重蹈李自成的覆辙，在七届二中全会上又一次强调，全国胜利只是"一出长剧的一个短小的序幕"，今后的"路程更长，工作更伟大、更艰苦"，一定要警惕出现骄傲自满、贪图享乐、不愿再做艰苦工作的思想情绪。如果不坚决防范和克服这种情绪，党的事业就不能继续向前发展，甚至失败。

胡锦涛在引用了毛泽东关于"两个务必"的重要讲话后，郑重向全党指出：毛泽东这段论述中的两个重要思想具有长远的指导意义："一是，在伟大的成就面前，党内一部分同志可能会骄傲起来，贪图享乐的思想可能滋长，不愿意再做艰苦的工作，如果不坚决防范和克服这种情绪，党的事业就不能继续向前发展，甚至会失败。二是，不论我们党取得什么样的成就，都必须长期艰苦奋斗，始终坚持马克思主义政党的本色和宗旨，不断维护和实现最广大人民的根本利益，这样我们党才能始终保持同人民群众的血肉联系，始终得到广大人民群众的拥护和支持，始终立于不败之地。"

密切联系群众，是我们党最大的政治优势。我们的一切胜利，都是人民群众支持的结果。淮海战役胜利后，陈毅同志感慨地说，淮海战役的胜利是人民群众用小车推出来的。而脱离群众是党执政后的最大危险。毛泽东当年所说的"赶考"，就是指经受执政的考验，而执政的考验，最大的危险是脱离群众。这些年，世界上一些大党、老党先后丧失执政地位，原因很多，其中最重要的原因是党群关系出了问题。1989 年 10 月，苏联《西伯利亚报》曾经进行过一次抽样问卷调查，被调查者认为苏共代表工人的占4%，认为苏共代表全体人民的占7%，认为苏共代表全体党员的也只占11%，而认为苏共代表党的官僚、代表干部、代表机关工作人员的竟占85%！也就是说，绝大多数苏联人民并不认为苏联共产党是他们利益的代表！在这种情况下，人民乃至普通党员自然不会有当年保卫苏维埃政权和社会主义祖国那种政治热情和奋不顾身的精神了。还有柬埔寨共产党，从无到有，从弱到强，曾经取得全国政权，建立了民主柬埔寨政府。但后来由于思想僵化，执行"左"的错误路线，取消货币，完全实行实物配给，将全国城市人口全部疏散到农村过集体生活，而且拆散家庭，从而失去了人心，最终分崩离析。历史和现实都表明，一个政权，一个政党，其前途和命运最终取决于人心向背。

胡锦涛在西柏坡的这次讲话中最后说：1949 年 3 月 23 日上午，从西柏坡动身前往北京的时候，毛泽东同志说："今天是进京赶考的日子。"这是一句意味深长的话。毛泽东同志充分估计到，在这个重大历史关头，党所肩负的任务是繁重的，党所面临的挑战是严峻的，需要全党同志继续进行艰苦的努力。50 多年的实践证明，在党的三代中央领导集体的领导下，我们党在这场考试中取得了优异的成绩。今天，在新世纪、新阶段，我们党要带领人民实现全面建设小康社会的奋斗目标，不断开创中国特色社会主义事业新局面，是这场考试的继续。我们新一届中央领导集体的同志，所有领导干部和全体党员，一定要高举邓小平理论伟大旗帜，全面贯彻"三个代表"重要思想，紧紧依靠全国各族人民，在这场考试中经受考验，努力交出优异的答卷。

在以胡锦涛为总书记的新一届中央领导集体的领导下，中国共产党全党有决心有信心，高举邓小平理论伟大旗帜，全面贯彻"三个代表"重要思想，牢记"两个务必"，加强和改进党的领导，全面推进党的建设新的伟大工程，紧紧依靠全国各族人民，不断开创中国特色社会主义事业新局面。

【案例点评】

在党的七届二中全会上，毛泽东同志在借鉴吸取中国历史上政权兴衰、国家盛亡的经验教训的基础上，提出了"两个务必"思想，即"务必使同志们继续地保持谦虚、谨慎、不骄、不躁的作风，务必使同志们继续地保持艰苦奋斗的作风"。要求全党以史为鉴，始终保持清醒的头脑，始终保持顽强进取、力求上进的精神，不断夺取更大的胜利。半个多世纪以来，全党认真实践"两个务必"思想，夺取了改革开放和社会主义现代化建设的新胜利。"两个务必"思想是中国共产党对中国革命经验教训的深刻感悟，也是中国共产党对执政后面临新的历史课题的清醒认识。党的十六大召开后，胡锦涛同志再次向全党发出牢记"两个务必"，继续发扬谦虚谨慎、艰苦奋斗的优良传统作风的伟大号召，进一步向世人昭示了中国共产党继承和发扬老一辈共产党人的优秀品质和崇高精神以及与时俱进的开创中国特色社会主义事业新局面的坚强决心。

【思考题】

1. 毛泽东是如何倡导和实践"两个务必"思想的？
2. 弘扬"两个务必"思想在今天有何现实意义？

【案例提示】

本案例可用于第十二章"中国特色社会主义领导核心理论"第二节"全面提高党的建设科学化水平"。通过本案例的教学，使学生了解"两个务必"思想的基本内容，明确大力弘扬"两个务必"思想，对于永葆党的生机和活力、巩固党的执政地位、推进全面建成小康社会的进程及实现中华民族新的伟大复兴具有十分重要的现实意义。

案例五　青海海东：固本强基抓党建"五有五能"创新篇①

【案例材料】

一　起因和背景

海东地区地处青海东部，位于西宁市与兰州市两个省会城市之间的河湟谷地，总面积 1.32 万平方公里，平均海拔 2125 米。辖 96 个乡（镇），农村党支部 1586 个，全区 158 万人，党员 65492 名，其中农牧民党员 41925 名，占 64%。回、藏、土、撒拉、蒙古族为主的少数民族人口 69 万人，占全区总人口的 43.9%。海东是全省的农业大区，其农业人口、耕地面积、主要农副产品均占全省的 40% 以上。党的基层组织是党在社会基层的战斗堡垒，是党的全部工作和战斗力的基础，是实现党的领导，

---

① 中国共产党新闻网：《海东地区农村党组织"五有五能"创建活动取得新成效》，中共青海省海东地委组织部，2012 年 3 月 23 日。

把党的路线、方针、政策落实到基层的重要保证。近年来，全区各级党委以农村基层党组织"五个好"的目标要求，建设好村级党支部，充分发挥了村级党组织领导核心作用，为新时期党在农村的路线、方针、政策的全面贯彻与落实提供有力保证，较好地解决了农业、农村、农民的问题，为农村的稳定与发展提供了政治保障。但是，随着农村改革的进一步深入，农村生产关系发生了急剧转变，不少农村党支部一时无法适应，在不同程度上出现班子软弱涣散、后备干部缺乏、农民增收难、民主意识不强、党员素质低等问题。这些问题解决不好，党支部在农村的领导核心作用就将丧失，党在农村的各项政策就无法得到贯彻落实，农村的改革就无法继续深入，农村的稳定与发展也得不到保证。鉴于此，海东地区在农村党组织中开展了"五有五能"（"有班子、能干事"、"有后备、能接任"、"有产业、能增收"、"有场所、能活动"、"有民主、能公开"）创建活动。其目的是将"五个好"农村党组织的创建目标更加具体化，努力提高农村基层党组织的凝聚力、战斗力和创造力，促进全区农村经济又好又快发展。

二　主要做法及成效

"五有五能"创建活动开展以来，各级党组织高度重视，周密安排部署，明确工作任务，采取有效措施，使创建活动得到顺利开展，为促进农村经济又好又快发展提供了组织保障。

以村级换届选举为契机，着力加强班子建设，努力实现了"有班子、能干事"。村级换届是加强村级班子建设的有利时机。地委、行署结合实际提出了"四个提高，两个改善，一个确保"的目标要求，全区各级党组织高度重视，周密安排部署，采取有效措施，圆满完成了村（社区）"两委"换届任务工作，这也是近几届换届选举中最顺利、最成功的一次。全区共选举产生村党支部书记 1586 名，村委会主任 1584 名。平均年龄为 43.1 岁，比上届下降了 2.2 岁，大专以上文化程度 44 名、中专及高中 834 名，年龄 35 岁及以下的 307 名。同时，将村干部培训工作作为换届后续工作的重中之重来抓，创新培训方式，加大培训力度，采取"集中培训、远程教育、外出考察、实地调研、交流研讨"的五位一体培训方式，加大了对村"两委"干部的培训力度，不断提高党员干部在新形势下带领群众发展经济、共同致富的能力和水平。每年地、县、乡采取课堂讲授、讨论交流、实地考察等方式，对全区 1586 个村的党支部书记和村委会主任都进行了为期 7 天的集中培训。同时，积极实施"换脑筋工程"，在山东、江苏、陕西等地建立培训基地，加大村干部外出培训力度，按照村党支部超过 200 个的县每年不少于 30%，村党支部少于 200 个的不少于 50% 的比例，每年外出培训村干部达 1260 余人次。一系列行之有效的措施不仅健全了村级班子，而且提高了村级班子的凝聚力和战斗力，这必将成为农村发展的领头雁和坚强有力的后盾。

以"四培双带"活动为抓手，着力培养后备干部，努力实现了"有后备、能接任"。扎实开展了"把党员培养成致富能手，把致富能手中的优秀分子培养成党员，把党员、致富标兵培养成村干部，把村干部培养成农村小康建设的带头人，党员干部带领群众共同致富，党组织带领致富能手共同进步"为主要内容的"四培双带"活动，全区共确定把党员培养成致富能手的有 1254 名，把致富能手中的优秀分子培养成党员的有 568 名，把党员致富标兵培养成村干部的有 453 人，把村干部培养成小康建设带头人的有 642 人。积极做好村级后备干部培养工作，全区各乡镇以 1：2 的比例共确定村干部后备干部 3460 余名。同时，充分发挥乡镇党校、村级活动场所的作用，利用远程教育站点等手段对后备干部加大培训力度，努力提高综合素质，充分做好接班任务。积极探索加强与改进党员教育管理的途径和方法，严格落实发展党员"十六字"方针，实行发展党员全程公示制，积极探索发展党员票决制，注重把那些比较年轻、思想政治觉悟和文化素质较高、带动致富能力较强的优秀分子和农村的"四培"对象吸收到党内，有效地改善了党员队伍的结构。仅去年，全区培养入党积极分子 4222 名，发展党员 1392 名。

以"园区建设"为引领，着力发展一村一品，努力实现了"有产业、能增收"。海东是一个农业大区，今年以来，海东地区举全区之力，集全民之智，攻坚克难，加快高原特色园区建设，加大特色种植、养殖力度，大力推广全膜双垄集雨栽培等技术，实现了由"农业大区"向"农业强区"的稳步转型。全区各村以园区建设为引领，大力发展"一村一品"，为农民增收找到了快车道。如化隆县甘都镇水车村，利用得天独厚的淡水资源，大力发展冷水网箱养殖。目前，会员达到 35 户，养殖网箱达到 80 个、2880 平方米，养殖品种有虹鳟、金鳟和花斑鱼等，年出售商品鱼可达 8 万公斤，收入达 104 万元，冷水网箱养殖已成为水车村群众增收致富的"摇钱树"；民和县马场垣乡翠泉村重点发展农家乐为一体的餐饮业。

如今，走在翠泉村的饮食一条街上，路两边的多家"农家乐"成为一道亮丽的风景线，每到春夏季节，从西宁、兰州等地来这里吃农家饭、品农家乐的游客总是爆满。目前该村农家乐已由最初的 6 家发展为 30 余家，人均增收 1200 多元；互助县塘川镇高羌村大力发展蔬菜种植业，成立"高羌蔬菜种植合作社"，规范地实行统一管理、分户经营、统一销售。如今，蔬菜种植已成为高羌村群众增收的支柱产业，全村农民人均纯收入从 2005 年的 2400 元上升到现在的 6200 余元，几乎不当！

以村级活动场所修建为抓手，着力抓好配套设施，努力实现了"有场所、能活动"。海东地区把村级组织活动场所建设作为一项政治任务、民心工程，地、县委组织部门牵头抓总，地县两级领导小组成员单位通力合作，切实加强组织领导，严格项目招投标手续，严把资金使用、工程质量项目验收关，克服困难足额落实配套资金，保质保量全面完成了每年的项目建设任务。近年来，先后累计投入项目及配套资金 13051.6 万元，建成高标准村级活动场所 863 个，完成危旧狭小活场所改建任务 629 个。另外，辖区六县及各乡镇自我加压，累计投入资金 2866 万元，自建高标准村级活动场所 233 个。截至目前，全区 92% 的村实现了"有场所能活动"。同时，地县两级组织部始终坚持把村级活动场所建设成精品工程的原则，努力做到了"四个统一"，努力实现村级活动场所"院落式"、庭院化。

以"三议一表决"为重点，着力健全民主制度，努力实现了"有民主、能公开"。全区把推行"三议一表决"制度作为加强农村党的建设，充分发挥农村基层组织推动发展、服务群众、凝聚人心、促进和谐的作用，保障村民民主自治权利的一项重要任务，加强领导，精心安排，使"三议一表决"制度及时在全区农村全面推开。目前，全区各村凡涉及危房改造、低保户评定等重大事情时，都能依照"三议一表决"（党支部提议、村"两委"会商议、党员大会审议、村民会议或村民代表会议表决）的相关程序解决，实现了民主决策，减少了群众上访，化解了村级矛盾。另外，为使"三议一表决"制度在农村开花结果，各乡镇党委、村党支部积极探索，大胆创新，不断完善了村务决策责任追究制、村级财务报账制、定期督查审计制、年终考核评议奖惩制、"户代表"议事、村级民主监督管理委员会、民情沟通日等制度，营造了基层民主建设的良好氛围。

【案例点评】

中国共产党是中国工人阶级的先锋队，同时是中国人民和中华民族的先锋队，是中国特色社会事业的领导核心。中国共产党的性质决定了党的宗旨就是全心全意为人民服务。党的领导是社会主义现代化建设的根本保证。坚持党的领导，必须要改善党的领导，坚持党的领导和改善党的领导是辩证统一的。如果说坚持党的领导所要解决的问题是社会主义事业要不要党的领导，党在社会主义事业中的地位和作用的问题，那么，改善党的领导所要解决的则是进一步改革和完善党的领导方式和执政方式，更好地实现党对社会主义建设事业的领导问题。海东地区在农村党组织中开展的"五有五能"（"有班子、能干事"、"有后备、能接任"、"有产业、能增收"、"有场所、能活动"、"有民主、能公开"）创建活动，针对农村基层党组织存在的班子软弱涣散、后备干部缺乏、农民增收难、民主意识不强、党员素质低等问题，将党的建设的内容与当地具体实际结合起来，将党的建设内容具体化，着力提高农村基层党组织的凝聚力、战斗力和创造力，把加强党的领导和改善党的领导统一起来，有效地提升了农村党支部对新形势的适应能力，增强了基层党组织的领导能力。

【思考题】

1. 为什么说要坚持党的领导必须改善党的领导？
2. 在新的历史条件下如何提高党的建设科学化水平？

【案例提示】

本案例可用于第十二章"中国特色社会主义领导核心理论"第二节"全面提高党的建设科学化水平"。通过本案例的教学，使学生了解青海省海东地区在农村党组织中开展的"五有五能"创建活动的基本情况，正确认识加强基层党组织建设的重大意义。

案例六　青海省以党的群众路线教育实践活动为契机着力推动基层党建工作再上新台阶①

【案例材料】

为认真贯彻落实全国、全省组织部长会议精神，青海省紧紧抓住深入开展党的群众路线教育实践活动的契机，坚持把学习习近平总书记系列讲话精神与党员教育管理结合起来，把坚持走群众路线与党员干部入乡驻村进社区工作结合起来，把建章立制与从严落实党建工作责任制结合起来，努力实现开展活动与加强基层党建工作借力共行、互促共进，下大力气推动基层党建工作迈上新台阶，形成了大抓基层的鲜明导向。

自十八大以来，青海省各级党委和组织部门就把学习习近平总书记系列讲话精神作为首要政治任务，精心组织、分层分类、压茬推进，通过省委理论中心组带头学、省管干部专题培训学、县（处）级干部分期分批轮训学，率先在全国掀起学习讲话精神热潮。与此同时，省委还配合中央宣传部、中央党校、教育部、中国社会科学院在西宁召开学习贯彻讲话精神交流会，为全省上下准确把握讲话精神实质奠定了理论基础。在第二批教育实践活动中，进一步把讲话精神纳入党员干部教育培训课程，作为必学内容，进行专题培训，认真地学、反复地学，引导党员干部深下去、拓展开，全省各级党员干部轮训覆盖面达到 98% 以上，一些地方还采取青海平弦、三句半、快板书等形式，用"青海话"讲大道理，把讲话精神传递到了"神经末梢"。讲话精神正在日益成为各级党员干部坚定理想信念、破解发展难题的重要指针，成为广大党员群众奔小康、圆梦想的精神支柱。

在加强理论武装的基础上，针对党员队伍中农牧民党员占比偏低的实际，积极引导各级党组织激活源头、提高质量，有效破解了农牧民党员发展工作中的难题。针对农牧民文化素质普遍不高、农牧区"空心化"的问题，引导基层党组织综合运用群众推荐、群团推优、从维稳一线和急难险重工作中推荐等方法，主动发现表现突出的优秀分子，为党员发展注入

---

① 《青海日报》2014 年 6 月 27 日。

"源头活水"。海东市乐都区推行"双推双选"制度，使全区推出优秀村民 4159 名，从中确定入党积极分子 981 名，选拔村级后备干部 1092 名。果洛州推行入党积极分子短期集中培训制度，纠正一些积极分子思想上的模糊认识，端正入党动机。海北州规定从递交入党申请书开始，据实对党员发展各环节情况进行记录。

在深入开展教育实践活动的过程中，省委及时制定下发《关于加强基层服务型党组织建设的实施意见》，因地制宜确定服务载体，使服务改革、服务发展、服务稳定、服务民生、服务群众、服务党员成为基层组织建设的鲜明主题。各地各单位把基层服务型党组织建设作为反"四风"、转作风、增活力、惠民生的创新之举，不断拓展服务渠道，完善服务功能，创新服务品牌，深化服务实效。西宁市围绕基层党建创新案例工作，总结提炼了城东区互助中路社区党工委"民心桥、户联网"、城中区人民街党工委"12550 服务在人民"等一批好经验好做法。海北州直机关开展"访民情七日行、办实事二百件"活动，从州直机关抽调 101 名干部，深入到全州 101 个村，走访 600 户，征求涉及人畜饮水、道路交通、民政救济等 12 个方面 182 条意见建议，帮助群众解决 51 项困难问题。

为进一步加强基层服务型党组织建设力量，切实提高服务能力，结合第一批教育实践活动整改落实和第二批教育实践活动启动工作，青海省组织开展了"万名干部下基层"行动，从全省抽调 9079 名干部进驻 3816 个基层单位和寺院开展帮扶和宣讲"中央一号文件"工作，其中 3804 名干部进驻 634 个问题村、贫困村、后进村开展长期帮扶，并向每个进驻村配套下拨 50 万元帮扶项目资金，重点解决村党组织软弱涣散、影响稳定的隐患多、政策落实不到位、贫困问题突出等问题，不断引导入乡驻村干部争当政策法规讲解员、矛盾纠纷调解员、村级发展助推员、农牧民群众服务员、基层组织建设指导员。所有入乡驻村党员的组织关系将全部转入入驻乡村党组织，接受当地党组织的管理，参加所在党组织的教育实践活动；各地驻村工作组与入驻村组建联合党支部 467 个，并区分不同情况选优配强联合党支部负责人。

在加强基层农牧区力量的同时，扎实推进在职党员到社区报到工作。省委常委带头、率先示范，组工干部以身作则、先下一步，带动全省在职党员纷纷走进所在社区报到，与群众交朋友，通过"心愿灯笼""心愿果""爱心墙""心愿树""爱心交换站"等载体，逐步建立居民点单、社区下单、在职党员接单的服务机制，不断夯实党在城市的执政基础。截至目前，全省已有4.98万名在职党员到社区报到，占全省在职党员总数的32.7%，认领服务岗位4053个（次），完成服务项目2211个（次），累计投入资金355.7万元，为群众办实事、办好事1228件。

【案例点评】

群众路线，就是一切为了群众，一切依靠群众，从群众中来，到群众中去。群众路线是毛泽东思想活的灵魂的三个基本方面之一，是中国共产党最根本的工作路线。坚持党的群众路线，这是我们党在长期革命和建设中制胜的法宝，要在新形势下发扬光大；要带领群众发展致富，把解决好群众的利益问题作为坚持群众路线的重要内容，维护好群众合法权益。自党的十八大以来，青海省紧紧抓住深入开展党的群众路线教育实践活动的契机，坚持把学习习近平总书记系列讲话精神与党员教育管理结合起来，把坚持走群众路线与党员干部入乡驻村进社区工作结合起来，把建章立制与从严落实党建工作责任制结合起来，努力实现开展活动与加强基层党建工作互促共进，下大力气推动基层党建工作迈上新台阶。

【思考题】

结合当今中国实际，谈谈深入开展党的群众路线教育实践活动的重要意义。

【案例提示】

本案例可用于第十二章"中国特色社会主义领导核心理论"第二节"全面提高党的建设科学化水平"。通过本案例教学，使学生搞清楚党的群众路线的主要内容，了解青海省开展党的群众路线教育实践活动的基本情况，正确认识推动基层党组织建设的必要性。

本章编写 马玉英

后　记

　　《毛泽东思想和中国特色社会主义理论体系概论》（2013 年修订版），是在中宣部、教育部广泛征求意见的基础上，组织课题组对教材进行了较大幅度的修订。教材充分体现了党的十八大、十八届三中全会精神和习近平总书记系列讲话精神，体现了中国特色社会主义理论和实践的新进展。《概论》以中国化的马克思主义为主题，以马克思主义中国化为主线，以建设中国特色社会主义为重点，讲授了马克思主义中国化即中国共产党将马克思主义基本原理与中国革命、建设和改革的具体实际相结合的历史进程，不断形成具有中国特色的马克思主义理论成果的过程。充分反映了马克思主义中国化的理论成果以及最新理论成果。

　　为了更好地落实《概论》课程的教育教学目的和要求，贯彻落实党的十八大、十八届三中全会精神和习近平总书记系列讲话精神，帮助学生系统学习和掌握毛泽东思想和中国特色社会主义理论体系，牢固树立共产主义远大理想和中国特色社会主义共同理想，青海民族大学马克思主义学院《概论》教研室集体编写了《〈毛泽东思想和中国特色社会主义理论体系概论〉特色案例》。本书以《毛泽东思想和中国特色社会主义理论体系概论》（2013 年修订版）为依据，按照教材体例设计教学案例，精心选取了与各章节目具有典型意义的案例，特别是有针对性地选取了具有地方特色的典型案例，紧密与本地实际相联系，以便于学生更好地学习、理解、认识和掌握《概论》的基本理论，更好地与具体实际相联系，这在《概论》案例式教学中是一种新的尝试。

　　本书在编写过程中，以党的十八大精神和习近平总书记系列讲话精神为指导，围绕全面建成小康社会、夺取中国特色社会主义新胜利的一系列重大思想观点和重大战略部署，贯彻落实十八届三中、四中全会决定精神，充分体现中国特色社会主义理论与实践的新成果。本书编写过程中，吸收了理论界和学术界的研究成果，参考了相关教学案例和教辅用书，在此表示衷心的的感谢。

本书由青海民族大学马克思主义学院概论教研室教师密切合作编写而成，全书共设十二章。各章撰写者分别是：汪丽萍（第一、二、三章）；陈国飞（第四、五、六、七章）；马文祥（第八章第一、二、三、五节）；马玉英（第八章第四节、第九、十、十一、十二章）。全书由陈国飞统稿。

由于编写者水平所限，资料有限，时间仓促，难免有许多疏漏等不足之处，敬请专家同行批评指正，我们将不胜感谢！

陈国飞
2015 年 2 月